KB127291

반 배치고사+3월·6월 전국연합 모의고사

예비 고1 수학

Contents

반 배치고사의 시험 범위는 대부분 중3 과정이며, **일부 지역 고등학교에서는 교과 외 내용이나 심화 과정을 포함**하고 있습니다. 이 경우 함께 수록된 **[고1] 3월과 6월 학력평가 문제를 함께 풀어보면 많은 도움**이 됩니다.

"강력한 해설로 새롭게 출시된 「2024 리얼 오리지널」"

혼자서도 학습이 충분하도록 문제 속 핵심 단서를 단계별 풀이로 알려주며, 문제 해결 꿀~팁까지 해설을 전면 보강했습니다.

01

신입생 [반 배치고사] 완벽 대비

고등학교 배정 후 시행되는 신입생 반 배치고사를 대비해 [3회분] 기출 모의고사를 수록했습니다.

❶ 최근 시행되고 있는 반 배치고사의 출제 형식에 맞춰 문항 수 및 유형까지 완벽하게 시험지 형식을 재현했습니다.

❷ 문제를 풀기 전 50분 타이머를 맞추어 놓고 실제 반 배치고사와 똑같은 조건으로 풀어보면 실전에서 큰 도움이 됩니다.

02

고1 첫 시험 [3월 학력평가] 대비

입학 후 첫 시험을 대비해 [고1] 3월 전국연합 학력평가 [4회분] 기출 모의고사를 수록했습니다.

❶ 고1 3월 전국연합 학력평가는 중3 과정이므로 총정리와 함께 실제 수능 모의고사 형태로 미리 풀어 볼 수 있습니다.

❷ 3월 전국연합 학력평가는 전국 단위 고1 첫 시험이므로 입학 후 자신의 실력과 위치를 파악하는 기준이 될 수 있습니다.

03

고1·1학기 [6월 학력평가] 대비

고1·1학기 학교시험 [중간·기말고사] 학습 진도에 해당하는 6월 전국연합 학력평가 [3회분] 문제를 수록했습니다.

❶ 고1 6월 학력평가는 고1·1학기 과정이므로 예비 고1 수험생이 남보다 한발 앞선 준비를 할 수 있습니다.

❷ 학교시험에 학력평가 문제를 변형하거나 그림, 도표를 활용해 문제를 출제하는 학교가 많아 내신까지 대비 할 수 있습니다.

★ 모의고사를 실전과 똑같이 풀어보면
내 실력과 점수는 반드시 올라갈 수밖에 없습니다.

04

3월 대비 [실전 모의고사] 제공

고1 첫 시험! 3월 전국연합 학력평가를 대비해 3월 [실전 모의고사] 1회분을 부록으로 제공합니다.

❶ 3월 모의고사 점수가 내신에는 들어가지 않지만 "고1 첫 시험 점수가 고3 까지 간다"는 속설처럼 매우 중요한 시험입니다.

❷ 실제 시험과 동일한 조건으로 모의고사를 풀어보면 학력평가 에서 좋은 점수와 모의고사에 대한 자신감까지 UP 됩니다.

05

회분별 등급 컷 & 명쾌한 해설 제공

문제를 푼 후 자신의 등급을 바로 확인할 수 있는 등급 컷과 혼자서도 학습이 가능한 명쾌한 해설을 수록했습니다.

❶ 회차별로 등급 컷을 제공하므로 문제를 풀고 바로 자신의 실력을 확인할 수 있고, 등급 컷은 학습 Check 표에 수록되어 있습니다.

❷ 혼자서도 학습이 충분하도록 왜 정답인지? 왜 오답인지? 명쾌한 해설을 수록해 답답함이 없습니다.

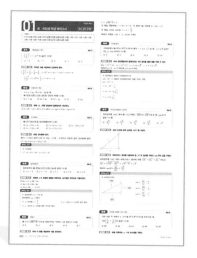

06

실전과 동일한 OMR 체크카드

정답 마킹을 위한 OMR 체크카드는 실전력을 높여주며 부록 형태로 모의고사 문제편 뒷부분에 수록되었습니다.

❶ OMR 체크카드는 실전과 동일한 형태로 제공되며, 모의고사에서 마킹 연습은 또 하나의 실전 연습입니다.

❷ 답을 밀려 썼을 때 교체하는 연습도 중요하며, 추가로 OMR 체크 카드가 필요하면 홈페이지 자료실에서 다운로드 받을 수 있습니다.

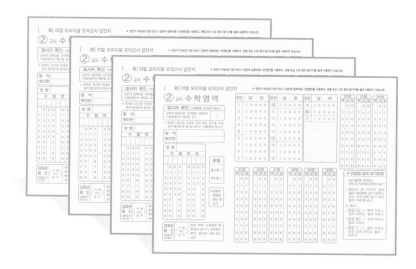

STUDY 플래너 & 등급 컷

① 문제를 풀기 전 먼저 〈학습 체크표〉에 학습 날짜와 시간을 기록하세요.

② 회분별 기출 문제는 영역별로 정해진 시간 안에 푸는 습관을 기르세요.

③ 정답 확인 후 점수와 등급을 적고 성적 변화를 체크하면서 학습 계획을 세우세요.

④ 리얼 오리지널은 실제 수능 시험과 똑같이 학습하는 교재이므로 실전을 연습하는 것처럼 문제를 풀어 보세요.

● 수학(반 배치고사) | 시험 개요

문항 수	문항당 배점	문항별 점수 표기	원점수 만점	시험 시간	문항 형태
25문항	3점, 4점, 5점	• 각 문항 끝에 점수 표기	100점	50분	5지 선다형

● 수학영역 | 시험 개요

문항 수	문항당 배점	문항별 점수 표기	원점수 만점	시험 시간	문항 형태
30문항	2점, 3점, 4점	• 각 문항 끝에 점수 표기	100점	100분	5지 선다형, 단답형

● 반 배치고사

회분	학습 날짜	학습 시간	채점 결과	틀린 문제	시간 부족 문제
01회 신입생 학급 배치고사	월 일	시 분 ~ 시 분			
02회 신입생 학급 배치고사	월 일	시 분 ~ 시 분			
03회 신입생 학급 배치고사	월 일	시 분 ~ 시 분			

● 수학영역 | 등급 컷 원점수

회분	학습 날짜	학습 시간	틀린 문제	채점 결과 점수	채점 결과 등급	1등급	2등급	3등급	4등급	5등급	6등급	7등급	8등급
04회 2023학년도 3월	월 일	시 분 ~ 시 분				88	79	69	57	44	32	19	13
05회 2022학년도 3월	월 일	시 분 ~ 시 분				88	77	66	54	43	31	21	14
06회 2021학년도 3월	월 일	시 분 ~ 시 분				85	74	63	51	39	28	18	12
07회 2020학년도 3월	월 일	시 분 ~ 시 분				90	80	71	59	47	33	23	15
09회 2023학년도 6월	월 일	시 분 ~ 시 분				88	76	65	53	39	24	16	12
10회 2022학년도 6월	월 일	시 분 ~ 시 분				85	76	65	52	35	22	15	10
11회 2021학년도 6월	월 일	시 분 ~ 시 분				84	75	63	49	35	24	16	12

※ 등급 컷 원점수는 추정치입니다. 실제와 다를 수 있으니 학습 참고용으로 활용하십시오.

● 실전 모의고사

회분	학습 날짜	학습 시간	채점 결과	틀린 문제	시간 부족 문제
08회 3월 대비 실전 모의고사	월 일	시 분 ~ 시 분			

제 2 교시

출신중학교		성명		수험번호	

○ 문제지에 성명과 수험 번호를 정확히 써 넣으시오.

○ 답안지에 성명과 수험 번호를 써 넣고, 또 수험 번호와 답을 정확히 표시하시오.

○ 문항에 따라 배점이 다르니, 각 물음의 끝에 표시된 배점을 참고하시오.

---

1. $\left(\dfrac{1}{2}\right)^2 \times (-2)^3$ 의 값은? [3점]

① -2 ② -1 ③ 0 ④ 1 ⑤ 2

2. $A = x + 4y$, $B = 3x - 2y$일 때,

$(2A + B) - (A - B)$를 간단히 하면? [3점]

① $x + 4y$ ② $5x + 2y$ ③ $7x - 4y$

④ $7x$ ⑤ $8y$

3. $x^2 - 5x + 6$ 을 인수분해하면? [3점]

① $(x-2)(x-3)$ ② $(x+2)(x-3)$ ③ $(x-2)(x+3)$

④ $(x-1)(x-5)$ ⑤ $(x+1)(x+5)$

4. 일차방정식 $3(2x+1) = 19 - 2x$ 를 풀면? [3점]

① $x = -3$ ② $x = -2$ ③ $x = 1$

④ $x = 2$ ⑤ $x = 3$

5. $1 \leq \sqrt{3n-2} < 3$ 을 만족시키는 자연수 n의 개수는? [3점]

① 3 ② 4 ③ 5 ④ 6 ⑤ 7

6. 이차방정식 $2(x-1)^2 = 14$ 의 해가 $x = p \pm \sqrt{q}$ 일 때, $p+q$의 값은? (단, p, q는 유리수) [4점]

① 2 ② 4 ③ 6 ④ 8 ⑤ 10

7. 직각삼각형 ABC에서 $\angle C = 90°$, $\overline{AB} = 4$, $\overline{BC} = 3$ 일 때, $\tan B$의 값은? [4점]

① $\dfrac{\sqrt{7}}{5}$ ② $\dfrac{\sqrt{7}}{4}$ ③ $\dfrac{\sqrt{7}}{3}$ ④ $\dfrac{\sqrt{7}}{2}$ ⑤ $\sqrt{7}$

8. 서로 다른 두 자연수 a, b가 $2^a + 2^b = 34$ 를 만족시킬 때, $128\left(\dfrac{1}{2^a} + \dfrac{1}{2^b}\right)$의 값은? [4점]

① 60 ② 62 ③ 64 ④ 66 ⑤ 68

9. 0이 아닌 두 실수 a, b에 대하여 $\sqrt{a^2} = -a$, $\sqrt{b^2} = b$가 성립할 때, 다음 중 이차함수 $y = ax^2 + bx$의 그래프로 알맞은 것은? [4점]

① 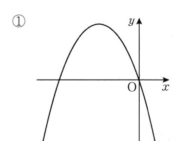 ②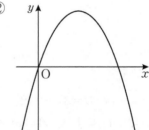

③ 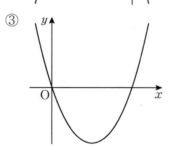 ④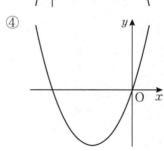

⑤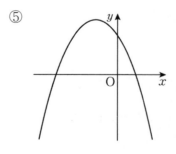

10. 다음은 어느 고등학교 학생 20명을 대상으로 이 학생들이 한 학기 동안 이수한 방과후학교의 이수시간을 조사하여 만든 도수분포표이다.

이수시간(시간)	도수(명)
$0^{이상} \sim 10^{미만}$	3
10 ~ 20	2
20 ~ 30	6
30 ~ 40	4
40 ~ 50	a
합 계	20

이 학생들 중에서 임의로 한 명을 뽑을 때, 뽑힌 학생이 한 학기 동안 이수한 방과후학교의 이수시간이 30시간 이상일 확률은? [4점]

① $\dfrac{1}{4}$　② $\dfrac{3}{10}$　③ $\dfrac{7}{20}$　④ $\dfrac{2}{5}$　⑤ $\dfrac{9}{20}$

11. 다음 연립방정식의 해가 $x=4$, $y=11$ 일 때, 상수 a, b에 대하여 $a+b$의 값은? [4점]

$$\begin{cases} x + ay = 15 \\ 3ax + by = 34 \end{cases}$$

① -1　② 0　③ 1　④ 2　⑤ 3

12. 그림과 같이 삼각형 ABC 에서 두 선분 AB, AC 의 중점을 각각 D, E 라 하고, 선분 BC 의 삼등분점을 각각 F, G 라 하자. 선분 DE 가 두 선분 AF, AG 와 만나는 점을 각각 H, I 라 할 때, 사각형 HFGI 의 넓이가 3 이다. 삼각형 ABC 의 넓이는? [4점]

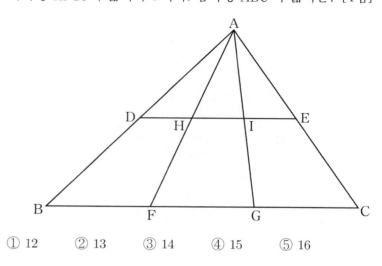

① 12　② 13　③ 14　④ 15　⑤ 16

13. 표는 4회에 걸쳐 실시한 수학 수행평가에서 수지, 현섭, 지민이가 얻은 점수와 평균이다. 수지, 현섭, 지민이가 얻은 점수의 분산을 각각 v_1, v_2, v_3라 할 때, 이들 사이의 대소 관계로 옳은 것은? [4점]

이름	1회	2회	3회	4회	평균
수지	9	6	7	10	8
현섭	8	8	8	8	8
지민	9	7	9	7	8

수학 수행평가

① $v_1 < v_2 < v_3$　　② $v_1 < v_3 < v_2$

③ $v_2 < v_1 < v_3$　　④ $v_2 < v_3 < v_1$

⑤ $v_3 < v_2 < v_1$

14. 그림과 같이 바위섬의 위치를 A, 해안 도로 위의 두 지점의 위치를 B, C 라 하면 $\overline{BC} = 200\,\text{m}$, $\angle ABC = 45°$, $\angle ACB = 60°$ 이다. 점 A 에서 선분 BC 에 내린 수선의 발을 H 라 할 때, 선분 AH 의 길이는? [4점]

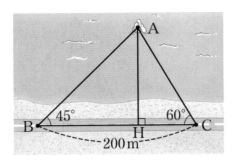

① $100\,\text{m}$

② $80(3-\sqrt{3})\,\text{m}$

③ $80(3-\sqrt{2})\,\text{m}$

④ $100(3-\sqrt{3})\,\text{m}$

⑤ $100(3-\sqrt{2})\,\text{m}$

15. 그림과 같이 좌표평면의 제1사분면에 있는 정사각형 ABCD 의 모든 변은 x축 또는 y축에 평행하다. 두 점 A, C 는 각각 이차함수 $y = x^2$, $y = \dfrac{1}{2}x^2$ 의 그래프 위에 있고, 점 C 의 y좌표는 점 C 의 y좌표보다 크다. 직선 AC가 점 $(2, 3)$을 지날 때, 직선 AC 의 y절편은? [4점]

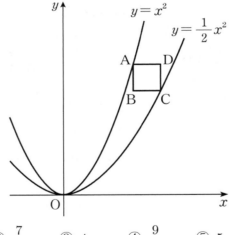

① 3　② $\dfrac{7}{2}$　③ 4　④ $\dfrac{9}{2}$　⑤ 5

16. 그림과 같이 평행사변형 ABCD 에서 $\angle A$ 와 $\angle D$의 이등분선이 $\overline{BC}$ 와 만나는 점을 각각 E, F 라 하자. $\overline{AB} = 30$, $\overline{AD} = 40$ 일 때, $\overline{EF}$ 의 길이는? [4점]

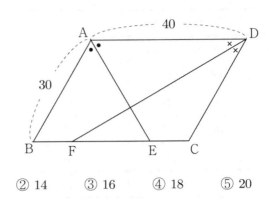

① 12　② 14　③ 16　④ 18　⑤ 20

17. 그림과 같이 주머니 속에 3, 4, 5, 6, 7이 각각 적혀 있는 5개의 공이 들어 있다. 이 주머니에서 임의로 두 개의 공을 차례로 꺼낼 때, 두 개의 공에 적힌 수를 각각 a, b라 하자. $\dfrac{3}{ab}$ 이 유한소수가 될 확률은? (단, 꺼낸 공은 다시 넣지 않는다.) [4점]

① $\dfrac{3}{10}$　② $\dfrac{2}{5}$　③ $\dfrac{1}{2}$　④ $\dfrac{3}{5}$　⑤ $\dfrac{7}{10}$

18. 다음은 두 자연수 x, y가

$$9xy - 6y + \frac{y}{x} = 242 \quad \cdots\cdots\cdots (*)$$

를 만족시킬 때, $x + y$의 값을 구하는 과정이다.

---

x, y가 자연수이므로

$9xy - 6y$는 자연수이고

$(*)$를 만족하려면

$\dfrac{y}{x}$도 자연수이어야 한다.

따라서 $y = kx$ (k는 자연수)이다.

$y = kx$를 $(*)$에 대입하여 정리하면

$9kx^2 - 6kx + k = k\left(\boxed{(가)}\right)^2 = 242$ 이다.

이때, $242 = 242 \times 1^2 = 2 \times \boxed{(나)}^2$ 이므로

$k = 242$ 또는 $k = 2$ 이다.

(i) $k = 242$ 일 때,

　$\boxed{(가)} = 1$ 이므로 $x = \dfrac{2}{3}$ 이다.

　따라서 $(*)$를 만족하는 자연수 x, y는 없다.

(ii) $k = 2$ 일 때,

　$\boxed{(가)} = \boxed{(나)}$ 이므로

　$(*)$를 만족하는 x, y가 모두 자연수이다.

그러므로 $x + y = \boxed{(다)}$ 이다.

위의 과정에서 (가), (나), (다)에 알맞은 것은? [4점]

	(가)	(나)	(다)
①	$3x-1$	11	15
②	$3x-1$	11	12
③	$3x-1$	12	15
④	$3x-2$	12	12
⑤	$3x-2$	12	15

19. 그림과 같이 $\overline{AB} = 5$, $\overline{BC} = 6$인 직사각형 ABCD와 선분 BC를 지름으로 하고 중심이 O인 반원이 있다. 선분 AD의 중점 M에서 이 반원에 그은 접선이 선분 AB와 만나는 점을 P라 하자. $\angle POB = \angle x$일 때, $\sin x$의 값은? [4점]

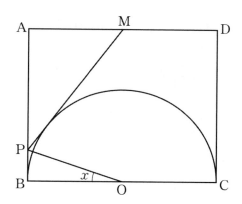

① $\dfrac{3}{10}$ ② $\dfrac{\sqrt{10}}{10}$ ③ $\dfrac{\sqrt{3}}{5}$ ④ $\dfrac{1}{2}$ ⑤ $\dfrac{\sqrt{3}}{3}$

20. 이차함수 $y = x^2 - ax + a$ 의 그래프에 대하여 <보기>에서 옳은 것만을 있는 대로 고른 것은? (단, a 는 실수이다.) [4점]

───────── <보 기> ─────────
ㄱ. 점 $(1, 1)$ 을 지난다.

ㄴ. x축의 방향으로 $-\dfrac{a}{2}$ 만큼 평행이동한 그래프는 y축에 대칭이다.

ㄷ. 꼭짓점이 x축 위에 있도록 하는 a의 개수는 1이다.
─────────────────────────────

① ㄱ　　　　② ㄷ　　　　③ ㄱ, ㄴ

④ ㄴ, ㄷ　　⑤ ㄱ, ㄴ, ㄷ

21. 그림과 같이 중심이 O 이고 반지름의 길이가 10인 구에서 평행한 두 평면으로 구를 잘랐을 때 생기는 단면을 각각 A, B라 하자. 이때 점 O 가 꼭짓점이고 두 단면 A, B를 각각 밑면으로 하는 두 원뿔의 높이의 비는 $1 : 2$이고, 밑면의 넓이의 비는 $41 : 14$이다. 두 원뿔의 부피의 합이 $k\sqrt{2}\,\pi$일 때, k의 값을 구하시오. [5점]

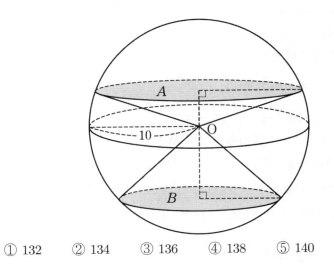

① 132　② 134　③ 136　④ 138　⑤ 140

22. 그림과 같이 두 대각선의 교점이 O인 마름모 ABCD에서 $\overline{BC}$ 위의 두 점 P, Q에 대하여 $\overline{BP} : \overline{PC} = 3 : 5$ 이고 $\overline{AP} /\!\!/ \overline{OQ}$ 라 하자. $\overline{BD} = 16$, $\overline{AC} = 12$ 일 때, $\triangle OQC$의 넓이는? [5점]

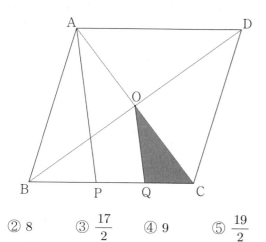

① $\dfrac{15}{2}$　　② 8　　③ $\dfrac{17}{2}$　　④ 9　　⑤ $\dfrac{19}{2}$

23. 그림과 같이 사각형 ABCD는 반지름의 길이가 4인 원에 내접한다. 삼각형 ABD는 직각이등변삼각형이고, $\angle CBD = 60°$ 이다. 점 C에서 두 선분 BD, AD에 내린 수선의 발을 각각 P, Q라 하고 두 선분 AC와 PQ가 만나는 점을 R라 하자. 선분 QR의 길이는? [5점]

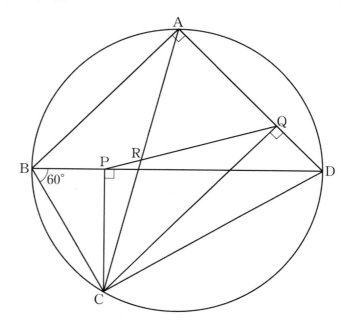

① $\sqrt{2} + 2$　　② $\sqrt{2} + \sqrt{5}$　　③ $\sqrt{2} + \sqrt{6}$
④ $\sqrt{3} + \sqrt{5}$　　⑤ $\sqrt{3} + \sqrt{6}$

24. 20 %의 설탕물 100 g이 들어 있는 그릇에서 설탕물 x g을 퍼내고 같은 양의 물 x g을 넣었다. 이 그릇에서 다시 설탕물 x g을 퍼내고 같은 양의 물 x g을 넣었더니 5 %의 설탕물이 되었다. 이때, x의 값은? [5점]

① 45 　 ② 50 　 ③ 55 　 ④ 60 　 ⑤ 65

25. 그림과 같이 길이가 10인 선분 AC를 지름으로 하는 원에 내접하는 사각형 ABCD에서 $\overline{AB}=8$이고 두 대각선 AC, BD가 점 E에서 서로 수직으로 만난다. 점 E에서 선분 BC에 내린 수선의 발을 F, 직선 EF와 변 AD가 만나는 점을 G라 하자. 선분 FG의 길이를 l이라 할 때, $25l$의 값은? [5점]

① 168 　 ② 172 　 ③ 176 　 ④ 180 　 ⑤ 184

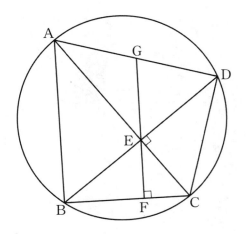

* 확인 사항

◦ 답안지의 해당란에 필요한 내용을 정확히 기입(표기)했는지 확인 하시오.

제 2 교시

02회

출신중학교		성명		수험번호	

○ 문제지에 성명과 수험 번호를 정확히 써 넣으시오.
○ 답안지에 성명과 수험 번호를 써 넣고, 또 수험 번호와 답을 정확히 표시하시오.
○ 문항에 따라 배점이 다르니, 각 물음의 끝에 표시된 배점을 참고하시오.

---

1. $\frac{1}{3} \times (-4)^2 + \frac{2}{3}$ 의 값은? [3점]

① $\frac{14}{3}$　② 5　③ $\frac{16}{3}$　④ $\frac{17}{3}$　⑤ 6

2. 함수 $f(x) = -3x + 2$에 대하여 $f\left(\frac{1}{2}\right)$의 값은? [3점]

① -1　② $-\frac{1}{2}$　③ 0　④ $\frac{1}{2}$　⑤ 1

3. 이차방정식 $x^2 + ax + \frac{9}{4} = 0$이 중근을 갖도록 하는 모든 상수 a의 값의 곱은? [3점]

① -9　② -8　③ -7　④ -6　⑤ -5

4. 이차함수 $y = -3x^2 + 6x + 1$의 꼭짓점의 좌표가 $(p,\ q)$일 때, $p + q$의 값은? [3점]

① 1　② 2　③ 3　④ 4　⑤ 5

5. 두 순환소수 $0.272727\cdots = \dfrac{a}{11}$, $1.2333\cdots = \dfrac{37}{b}$일 때, $a+b$의 값은? [3점]

① 30 ② 31 ③ 32 ④ 33 ⑤ 34

6. [그림1]의 두 정사각형은 한 변의 길이가 각각 1, $2x+1$이고, [그림2]의 사다리꼴은 윗변과 아랫변의 길이가 각각 x, $x+2$ 이다. [그림1]과 [그림2]의 어두운 부분의 넓이가 같을 때, [그림2]의 사다리꼴의 높이는? (단, $x > \dfrac{1}{2}$) [4점]

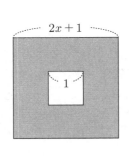

[그림1]   [그림2]

① $4x-2$ ② $4x-1$ ③ $4x$
④ $4x+1$ ⑤ $4x+2$

7. 다음은 모자이크 퍼즐을 만드는 과정이다.

> [1단계] 정삼각형을 그린다.
> [2단계] 세 꼭짓점과 각 대변의 중점을 잇는다.
> [3단계] 세 중선을 각각 3등분한다.
> [4단계] 그림과 같이 정육각형을 만든다.

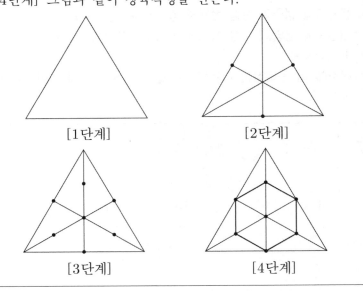

[1단계]   [2단계]

[3단계]   [4단계]

[1단계]에서 그린 정삼각형의 한 변의 길이가 4일 때, [4단계]에서 만들어진 정육각형의 한 변의 길이는? [4점]

① $\dfrac{\sqrt{3}}{2}$ ② $\dfrac{2\sqrt{3}}{3}$ ③ $\dfrac{5\sqrt{3}}{6}$

④ $\sqrt{3}$ ⑤ $\dfrac{7\sqrt{3}}{6}$

8. 정팔각기둥에서 밑면의 어느 한 모서리와 꼬인 위치인 모서리의 개수는? [4점]

① 12 ② 14 ③ 16 ④ 18 ⑤ 20

9. 그림과 같이 상자 A에는 $-2, -1, 1, 2, 3$의 수가 각각 적힌 카드 5장이 들어있고, 상자 B에는 $-3, -2, -1, 1, 2$의 수가 각각 적힌 카드 5장이 들어있다.

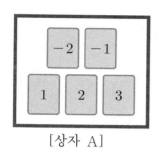

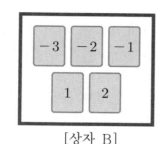

[상자 A]   [상자 B]

두 상자 A, B에서 각각 한 장의 카드를 꺼내어 그 카드에 적힌 수를 차례대로 p, q라 할 때, 이차함수 $y = (x-p)^2 + q$의 그래프의 꼭짓점이 제3사분면 위에 있을 확률은? [4점]

① $\dfrac{4}{25}$ ② $\dfrac{1}{5}$ ③ $\dfrac{6}{25}$ ④ $\dfrac{9}{25}$ ⑤ $\dfrac{4}{5}$

10. 직선 $y = -x + \dfrac{3}{4}$과 x축, y축의 교점을 각각 A, B라 하고,

직선 $y = -x + \dfrac{3}{4}$과 포물선 $y = x^2$의 교점 중 제1사분면 위의

점을 P라 할 때, $\dfrac{\overline{AP}}{\overline{BP}}$의 값은? [4점]

① $\dfrac{1}{6}$ ② $\dfrac{1}{5}$ ③ $\dfrac{1}{4}$ ④ $\dfrac{1}{3}$ ⑤ $\dfrac{1}{2}$

11. 신윤복의 '월야밀회'는 보름달 아래 남녀의 모습을 그린 그림이다. 그림과 같이 앞쪽 담장의 직사각형 A보다 뒤쪽 담장의 평행사변형 B가 넓어 보인다. 신윤복은 이런 기법을 통해 등장인물의 내면세계를 극대화하였다.

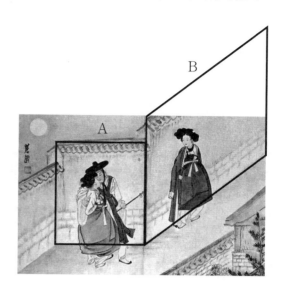

위의 그림에서 직사각형 A와 평행사변형 B는 다음 조건을 만족시킨다.

(가) A의 세로의 길이는 A의 가로의 길이보다 1만큼 크다.
(나) B의 높이는 A의 가로의 길이보다 2만큼 크고,
　　　 B의 밑변의 길이는 A의 가로의 길이보다 3만큼 크다.
(다) B의 넓이는 A의 넓이의 2.5배이다.

직사각형 A의 가로의 길이는? [4점]

① 1   ② 2   ③ 3   ④ 4   ⑤ 5

12. 한 개에 500원인 연필과 한 개에 1200원인 볼펜을 사려고
한다. 2500원으로 살 수 있는 연필의 최대 개수를 a,
2500원으로 살 수 있는 볼펜의 최대 개수를 b라고 할 때,
$a-b$의 값은? [4점]

① 1　　　② 2　　　③ 3　　　④ 4　　　⑤ 5

13. 그림과 같이 가로의 길이가 3cm, 세로의 길이가 1cm인
직사각형의 두 변 위에 1cm 간격으로 각각 4개의 점이
놓여있다. 윗변에서 2개의 점을 선택하여 A, B, 아랫변에서
2개의 점을 선택하여 C, D라 하자. 네 점 A, B, C, D를
꼭짓점으로 하는 사각형 ABCD에 대하여 <보기>에서 옳은
것만을 있는 대로 고른 것은? [4점]

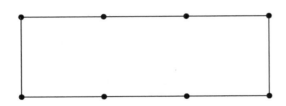

———— <보기> ————
ㄱ. 사각형 ABCD는 사다리꼴이다.
ㄴ. $\overline{AB}=\overline{CD}$이면 사각형 ABCD는 평행사변형이다.
ㄷ. $\overline{AB}=\overline{CD}=1$cm이면 사각형 ABCD는 정사각형이다.

① ㄱ　　　　② ㄴ　　　　③ ㄱ, ㄴ
④ ㄱ, ㄷ　　　⑤ ㄱ, ㄴ, ㄷ

14. 연속하는 네 짝수의 곱에 16을 더한 수는 어떤 자연수의
제곱이 된다. 어떤 연속하는 네 짝수의 곱에 16을 더하였더니
44의 제곱인 1936이 되었을 때, 다음은 그 연속하는 네 짝수를
구하는 과정이다.

1936에서 16을 빼서 소인수분해하면
$1920 = 2^7 \times$ (가) $\times$ (나) 이다.
(가) 와 (나) 는 홀수이기 때문에
각각 2를 곱해서 짝수로 만든다.
2^5을 (다) 와 (라) 의 곱으로 나타내면
연속하는 네 짝수
(다) , $2\times$ (가) , (라) , $2\times$ (나) 를 구할 수 있다.

위의 과정에서 (가), (나), (다), (라)에 알맞은 값을 차례대로
a, b, c, d라 할 때, $a+b+c+d$의 값은? [4점]

① 14　　　② 16　　　③ 18　　　④ 20　　　⑤ 22

15. 다음 조건을 만족시키는 정수 x, y에 대하여 $x+y$의 값은? [4점]

> (가) x는 16의 음의 제곱근이다.
> (나) y는 $24y$의 양의 제곱근이 자연수가 되도록 하는 가장 작은 수이다.

① -2 ② -1 ③ 0 ④ 1 ⑤ 2

16. 그림과 같이 모눈 한 칸은 한 변의 길이가 1인 정사각형이고, 22개의 점이 그려져 있다. 두 점 A, B를 제외한 20개의 점 중에서 한 점을 선택하여 C라 하고 세 점 A, B, C를 세 꼭짓점으로 하는 삼각형 ABC를 만들 때, 삼각형 ABC가 예각삼각형일 확률은? [4점]

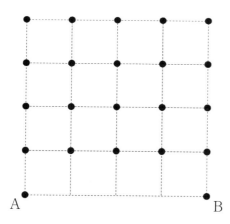

① $\dfrac{7}{20}$ ② $\dfrac{2}{5}$ ③ $\dfrac{9}{20}$ ④ $\dfrac{1}{2}$ ⑤ $\dfrac{11}{20}$

17. 그림과 같이 $\overline{FG}=3$, $\overline{GH}=2$, $\overline{HD}=\sqrt{5}$ 인 직육면체에서 $\angle CEG = x°$ 일 때, $\cos x°$ 의 값은? [4점]

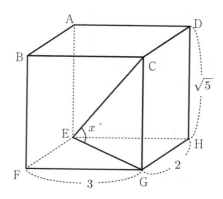

① $\dfrac{\sqrt{26}}{6}$ ② $\dfrac{\sqrt{26}}{5}$ ③ $\dfrac{\sqrt{26}}{4}$ ④ $\dfrac{\sqrt{26}}{3}$ ⑤ $\dfrac{\sqrt{26}}{2}$

18. 그림과 같이 일차함수 $y = -\dfrac{4}{3}x + 4$의 그래프가 x축, y축과

만나는 점을 각각 A, B라 하자. 일차함수 $y = ax + 2$의

그래프가 y축과 만나는 점을 C, 일차함수 $y = -\dfrac{4}{3}x + 4$의

그래프와 제1사분면에서 만나는 점을 D라 하자. 삼각형

BCD와 사각형 COAD의 넓이의 비가 $1 : 2$일 때, 상수 a의

값은? (단, O는 원점이다.) [4점]

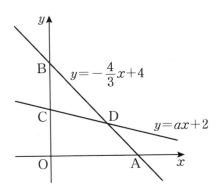

① $-\dfrac{1}{6}$ ② $-\dfrac{1}{5}$ ③ $-\dfrac{1}{4}$ ④ $-\dfrac{1}{3}$ ⑤ $-\dfrac{1}{2}$

19. 6개의 변량 '10, a, b, b, c, 18'에서

a, b, c는 10보다 크고 18보다 작은 서로 다른 자연수일 때,

이 자료는 다음 조건을 만족시킨다.

> (가) 중앙값, 최빈값, 평균은 모두 14이다.
>
> (나) 분산은 $\dfrac{25}{3}$이다.

a와 c의 차는? [4점]

① 2 ② 3 ③ 4 ④ 5 ⑤ 6

20. 그림과 같이 점 P에서 원 O에 그은 두 접선의 접점을 각각

A, B라 하고, 반직선 BO와 반직선 PA가 만나는 점을 Q라

하자. $\overline{PB} = 6$, $\overline{QA} = 2$일 때, 원 O의 반지름의 길이는?

[4점]

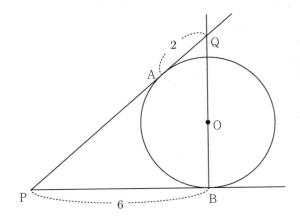

① $\dfrac{7\sqrt{7}}{8}$ ② $\dfrac{6\sqrt{7}}{7}$ ③ $\dfrac{5\sqrt{7}}{6}$ ④ $\dfrac{4\sqrt{7}}{5}$ ⑤ $\dfrac{2\sqrt{7}}{3}$

21. 이차함수 $y=x^2-2x$의 그래프가 x축과 만나는 두 교점을 O, A라 하고, 두 이차함수 $y=a(x-2)^2+4$, $y=x^2-2x$의 그래프의 두 교점을 O, B라 하자.

점 B를 지나고 x축에 평행한 직선과 이차함수 $y=a(x-2)^2+4$의 그래프의 두 교점을 B, C라 할 때, 사각형 OABC의 넓이는? (단, O는 원점이다.) [5점]

① 5　　　② 6　　　③ 7　　　④ 8　　　⑤ 9

22. 그림과 같이 이웃하는 두 점 사이의 거리가 모두 2가 되도록 원 위에 8개의 점이 놓여있고, 원의 내부에 정팔각형이 만들어지도록 점들을 선분으로 연결한다.

정팔각형 ABCDEFGH의 넓이는? [5점]

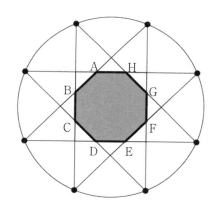

① $2(\sqrt{2}-1)$　　② $4(\sqrt{2}-1)$　　③ $6(\sqrt{2}-1)$

④ $8(\sqrt{2}-1)$　　⑤ $10(\sqrt{2}-1)$

23. 그림과 같이 $\overline{OA}=\overline{AB}=1$인 직각삼각형 OAB가 있다. 직각삼각형 OAB의 빗변을 밑변으로 하고 높이가 1인 직각삼각형을 그리고, 새로 그려진 직각삼각형의 빗변을 밑변으로 하고 높이가 1인 직각삼각형을 그리는 과정을 반복하였다. 9개의 직각삼각형에 각각 내접하는 내접원의 반지름의 길이의 합은? [5점]

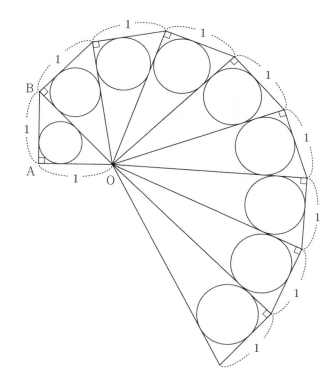

① $\dfrac{7-\sqrt{10}}{2}$　　② $\dfrac{8-\sqrt{10}}{2}$　　③ $\dfrac{9-\sqrt{10}}{2}$

④ $\dfrac{10-\sqrt{10}}{2}$　　⑤ $\dfrac{11-\sqrt{10}}{2}$

24. 그림과 같이 원기둥의 위쪽 밑면의 지름을 포함하면서 아래쪽 밑면과 한 점에서 만나도록 평면으로 잘라낸다. 잘라낸 단면과 아래쪽 밑면이 만나는 점을 A, 점 A에서 아래쪽 밑면의 원의 중심을 지나는 직선이 원과 만나는 점을 B, 위쪽 밑면의 원의 중심과 점 A를 잇는 선분의 중점을 M이라 하자.
원기둥의 밑면의 지름의 길이와 높이가 모두 2일 때, 선분 BM의 길이는? [5점]

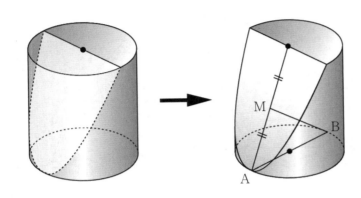

① $\dfrac{\sqrt{13}}{6}$ ② $\dfrac{\sqrt{13}}{5}$ ③ $\dfrac{\sqrt{13}}{4}$ ④ $\dfrac{\sqrt{13}}{3}$ ⑤ $\dfrac{\sqrt{13}}{2}$

25. [그림1]은 반지름의 길이가 1인 원 5개가 나란히 접해 있고, [그림2]와 [그림3]은 [그림1]의 맨 오른쪽 원을 움직여 2개의 원과 접하도록 한 것이다. 그림과 같이 5개의 원을 둘러싸는 굵은 선의 길이가 최소가 되도록 할 때, [그림1], [그림2], [그림3]의 굵은 선의 길이를 각각 a, b, c라 하자. a, b, c 중 최댓값과 최솟값의 차는? [5점]

[그림1]

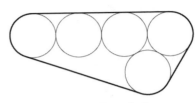

[그림2]

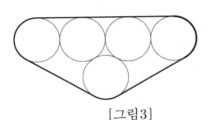

[그림3]

① $10-4\sqrt{3}$ ② $8-4\sqrt{3}$ ③ $4\sqrt{3}-2\sqrt{7}$
④ $10-2\sqrt{7}$ ⑤ $8-2\sqrt{7}$

＊ 확인 사항

○ 답안지의 해당란에 필요한 내용을 정확히 기입(표기)했는지 확인하시오.

| 출신중학교 | | 성명 | | 수험번호 | |

○ 문제지에 성명과 수험 번호를 정확히 써 넣으시오.
○ 답안지에 성명과 수험 번호를 써 넣고, 또 수험 번호와 답을 정확히 표시하시오.
○ 문항에 따라 배점이 다르니, 각 물음의 끝에 표시된 배점을 참고하시오.

---

1. $\dfrac{9}{8} \div \left(-\dfrac{3}{2}\right)^2 + \dfrac{1}{6}$의 값은? [3점]

① $\dfrac{1}{2}$ ② $\dfrac{2}{3}$ ③ $\dfrac{3}{4}$ ④ $\dfrac{4}{5}$ ⑤ $\dfrac{5}{6}$

2. $A = x+y$, $B = 2x-3y$일 때, $2A-B$를 간단히 하면? [3점]

① x ② $3x$ ③ $5y$ ④ $2x+y$ ⑤ $x+2y$

3. 순환소수 $0.\dot{2}\dot{7}$을 분수로 나타내면? [3점]

① $\dfrac{7}{33}$ ② $\dfrac{8}{33}$ ③ $\dfrac{3}{11}$ ④ $\dfrac{10}{33}$ ⑤ $\dfrac{1}{3}$

4. 일차방정식 $3(x-1) = 2x-1$의 해는? [3점]

① $\dfrac{1}{2}$ ② 1 ③ $\dfrac{3}{2}$ ④ 2 ⑤ $\dfrac{5}{2}$

5. 이차방정식 $x^2 - 3ax + 6 = 0$의 한 근이 a일 때, 양수 a의 값은? [3점]

① 1 ② $\sqrt{2}$ ③ $\sqrt{3}$ ④ 2 ⑤ $\sqrt{5}$

6. 그림과 같이 평행사변형 ABCD에서 두 삼각형 ABC, CDA의 무게중심을 각각 E, F라 하자. $\overline{BD}=24$일 때, 선분 EF의 길이는? [4점]

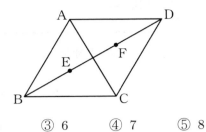

① 4   ② 5   ③ 6   ④ 7   ⑤ 8

7. 이차함수 $y=x^2-2$의 그래프를 x축의 방향으로 m만큼, y축의 방향으로 n만큼 평행이동 하였더니 이차함수 $y=(x+1)^2+1$의 그래프가 되었다. $m+n$의 값은? [4점]

① -2 ② -1 ③ 0 ④ 1 ⑤ 2

8. 두 정수 a, b에 대하여 다음 두 조건을 만족시키는 모든 b의 곱은? [4점]

(가) $\|a\|=2$
(나) $a-b=5$

① 21   ② 23   ③ 25   ④ 27   ⑤ 29

9. a의 양의 제곱근이 $\sqrt{6}$이고 12의 음의 제곱근이 b일 때, $\dfrac{a}{b}$의 값은? [4점]

① $-\sqrt{3}$ ② $-\sqrt{2}$ ③ -1

④ $-\dfrac{\sqrt{2}}{2}$ ⑤ $-\dfrac{\sqrt{3}}{3}$

10. 두 수 a, b의 평균은 4, 표준편차는 $\sqrt{2}$일 때, ab의 값은? [4점]

① 10   ② 11   ③ 12   ④ 13   ⑤ 14

11. 그림과 같이 $\angle C = 90°$, $\overline{BC} = 12$인 직각삼각형 ABC의 내접원의 반지름의 길이가 2이다. 이 직각삼각형 ABC의 외접원의 둘레의 길이는? [4점]

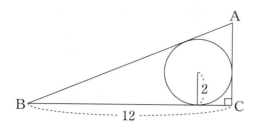

① 13π ② 14π ③ 15π ④ 16π ⑤ 17π

12. 그림과 같이 원점을 지나는 이차함수 $y = x^2 + 4x$의 그래프가 x축과 만나는 점을 A, 그래프의 꼭짓점을 B라 하자. □ABOC가 평행사변형이 되도록 하는 점을 C(a, b)라 할 때, $a + b$의 값은? (단, O는 원점이다.) [4점]

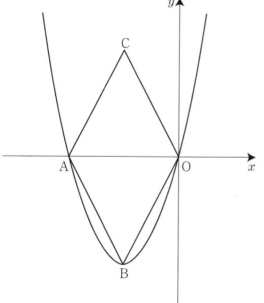

① $\dfrac{1}{2}$ ② 1 ③ $\dfrac{3}{2}$ ④ 2 ⑤ $\dfrac{5}{2}$

13. 그림과 같이 부피가 60인 삼각기둥 ABC$-$DEF를 꼭짓점 A, E, F를 지나는 평면으로 자를 때 만들어지는 사각뿔 A$-$BEFC의 부피는? [4점]

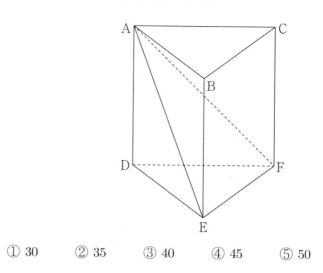

① 30   ② 35   ③ 40   ④ 45   ⑤ 50

14. 그림과 같이 정오각형 ABCDE에서 $\overline{CD}$를 한 변으로 하는 정사각형 CDFG를 그린다. 점 B에서 두 점 D, G에 연결한 선분 BD, BG에 대하여 $\angle$GBD의 크기는? [4점]

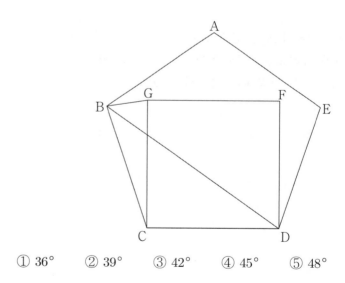

① $36°$ ② $39°$ ③ $42°$ ④ $45°$ ⑤ $48°$

15. 일차함수 $y = ax - 2$ 의 그래프가 두 점 A(1, 5), B(4, 3)을 이은 선분 AB와 만나도록 하는 자연수 a의 개수는? [4점]

① 6   ② 7   ③ 8   ④ 9   ⑤ 10

16. 그림과 같이 두 원판 A, B가 있다.

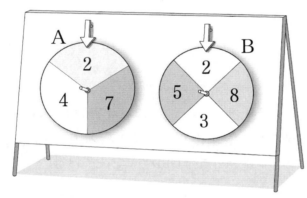

두 원판 A, B를 각각 한 번씩 돌려 회전이 멈추었을 때 화살표(⬇)가 가리키는 수를 각각 a, b라 하자. 이때, $a < b$ 인 경우의 수는? (단, 화살표가 경계선을 가리키는 경우는 생각하지 않는다.) [4점]

① 5   ② 6   ③ 7   ④ 8   ⑤ 9

17. 그림과 같이 학교와 일직선 위에 있는 두 지점 B, C에서 학교 건물의 꼭대기 A 지점을 올려다본 각의 크기가 각각 30°, 45° 이고 $\overline{BC} = 120\,\text{m}$ 일 때, 이 학교 건물의 높이는? (단, A지점에서 지면에 내린 수선의 발은 $\overline{BC}$ 위에 있다.) [4점]

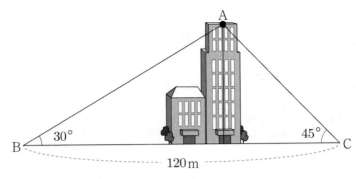

① $60(\sqrt{3} - \sqrt{2})\,\text{m}$ ② $60(\sqrt{2} - 1)\,\text{m}$

③ $60(\sqrt{3} - 1)\,\text{m}$ ④ $60(\sqrt{2} + 1)\,\text{m}$

⑤ $60(\sqrt{3} + 1)\,\text{m}$

18. 그림과 같이 반지름의 길이가 같은 세 원 O, O′, O″이 각각 서로 다른 두 원의 중심을 지난다. 반지름의 길이가 3일 때, 어두운 부분의 넓이는? [4점]

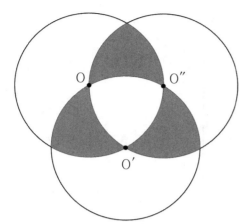

① 4π　　② $\dfrac{9}{2}\pi$　　③ 5π　　④ $\dfrac{11}{2}\pi$　　⑤ 6π

19. 그림과 같이 $\overline{BC}=2\overline{AB}$ 인 직사각형 ABCD의 대각선 AC에 대하여 $\overline{CE}=2\overline{AC}$ 인 직사각형 ACEF를 그리고, 직사각형 ACEF의 대각선 AE에 대하여 $\overline{EG}=2\overline{AE}$ 인 직사각형 AEGH를 그린다. 직사각형 ABCD의 넓이를 S, 직사각형 AEGH의 넓이를 T라 할 때, $\dfrac{T}{S}$ 의 값은? [4점]

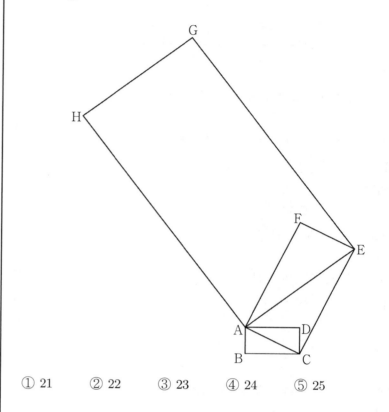

① 21　　② 22　　③ 23　　④ 24　　⑤ 25

20. 그림과 같이 밑변의 길이가 20인 이등변삼각형 ABC에서 선분 BA의 연장선 위에 ∠ACB = ∠ACD인 점 D에 대하여 $\overline{CD} = 8$이다. 두 점 A, D에서 변 BC에 내린 수선의 발을 각각 E, F라 하자.

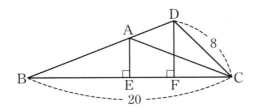

다음은 선분 FC의 길이를 구하는 과정이다.

삼각형 ABC는 이등변삼각형이므로
$$\overline{BE} = \boxed{(가)}$$
이다.
∠ACB = ∠ACD 이므로
$$\overline{BA} : \overline{AD} = 5 : \boxed{(나)}$$
이다.
두 선분 AE와 DF는 평행하므로
$$\overline{BA} : \overline{AD} = \overline{BE} : \overline{EF}$$
이다. 따라서
$$\overline{FC} = \boxed{(다)}$$

위의 (가), (나), (다)에 알맞은 수를 각각 a, b, c라 할 때, $a+b+c$의 값은? [4점]

① 16　　② 17　　③ 18　　④ 19　　⑤ 20

21. 그림과 같이 정사각형 ABCD의 변 BC 위에 $\overline{BE} = 4$인 점 E를 잡고 변 CD 위에 $\overline{CF} = 5$인 점 F를 잡는다. 사각형 AECF의 넓이가 78일 때, 정사각형 ABCD의 넓이는? [5점]

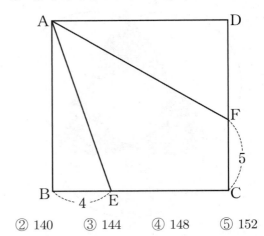

① 136　　② 140　　③ 144　　④ 148　　⑤ 152

22. 그림과 같이 선분 AB를 지름으로 하는 원 O와 선분 AB 위의 점 C에 대하여 선분 BC를 지름으로 하는 원 O'이 있다. 점 A에서 원 O'에 그은 두 접선이 원 O'과 만나는 점을 각각 D, E라 하고, 원 O와 만나는 점을 각각 F, G라 하자.

다음은 두 선분 DE, AB의 교점을 H라 하고 $\angle DAE = 40°$일 때, $\angle FHG$의 크기를 구하는 과정이다.

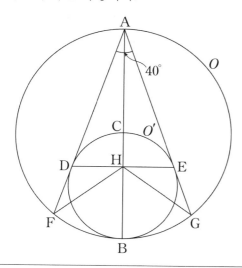

원 O'의 중심을 I라 할 때,

$\angle DFB = \angle DHB = 90°$ ······ ㉠

선분 DB는 공통인 변 ······ ㉡

$\angle DIH = \boxed{(가)} \times \angle DBH$ 이고 $\overline{DI} /\!/ \overline{FB}$ 이므로

$\angle DBF = \angle DBH$ ······ ㉢

㉠, ㉡, ㉢에 의해 $\triangle DFB \equiv \triangle DHB$ 이다.

한편, $\overline{AD} = \overline{AE}$ 이므로 $\angle ADH = \boxed{(나)}°$

$\angle DHF = \dfrac{1}{2} \times \boxed{(나)}°$

따라서 $\angle FHG = \boxed{(다)}°$ 이다.

위의 (가), (나), (다)에 알맞은 수를 각각 a, b, c라 할 때, $\dfrac{ac}{b}$의 값은? [5점]

① $\dfrac{18}{7}$ ② $\dfrac{20}{7}$ ③ $\dfrac{22}{7}$ ④ $\dfrac{24}{7}$ ⑤ $\dfrac{26}{7}$

23. 그림은 어느 지역에 있는 토지를 정사각형 ABCD로 나타낸 것이다. 변 AD 위에 $\overline{AE} = 5\,\mathrm{m}$가 되는 점 E와 변 CD 위에 $\overline{CF} = 3\,\mathrm{m}$가 되는 점 F를 일직선으로 연결한 경계선을 만들었다. 오각형 ABCFE의 넓이가 $129\,\mathrm{m}^2$일 때, 정사각형 ABCD의 넓이는 $a\,\mathrm{m}^2$이다. a의 값은? [5점]

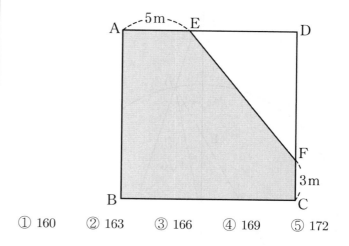

① 160 ② 163 ③ 166 ④ 169 ⑤ 172

24. 그림과 같이 원 O에 내접하는 △ABC에서 $\overline{CA}$의 연장선 위의 점 D와 원의 중심 O를 지나는 직선이 $\overline{AB}$, $\overline{BC}$와 만나는 점을 각각 E, F라 하자. $\overline{DF} \perp \overline{BC}$ 이고 $\overline{DE} = 10$, $\overline{OA} = 4\sqrt{6}$ 일 때, $\overline{OE}$의 길이는? [5점]

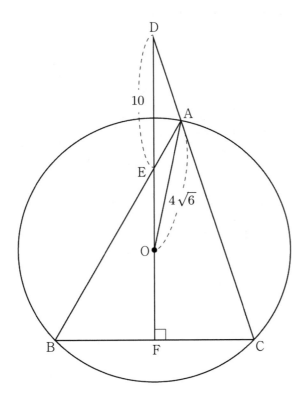

① 4　　② $\dfrac{9}{2}$　　③ 5　　④ $\dfrac{11}{2}$　　⑤ 6

25. 한 개의 주사위를 9번 던져 나온 눈의 수를 모두 나열한 자료를 분석한 결과가 다음과 같다.

> (가) 주사위의 모든 눈이 적어도 한 번씩 나왔다.
> (나) 최빈값은 6뿐이고, 중앙값과 평균은 모두 4 이다.

이 자료의 분산을 V라 할 때, $81V$의 값은? [5점]

① 246　　② 248　　③ 250　　④ 252　　⑤ 254

2023학년도 3월 고1 전국연합학력평가 문제지

수학 영역

1

제 2 교시

04회

● 문항수 30개 | 배점 100점 | 제한 시간 100분

● 배점은 2점, 3점 또는 4점

04회

5지선다형

1. $\sqrt{\dfrac{12}{5}} \times \sqrt{\dfrac{5}{3}}$ 의 값은? [2점]

① 1   ② 2   ③ 3   ④ 4   ⑤ 5

2. 다항식 $(2x+1)^2 - (2x^2 + x - 1)$ 의 일차항의 계수는? [2점]

① 1   ② 2   ③ 3   ④ 4   ⑤ 5

3. 그림과 같이 $\overline{AC} = 8\sqrt{3}$, $\angle A = 30°$, $\angle B = 90°$ 인 직각삼각형 ABC에서 선분 AB의 길이는? [2점]

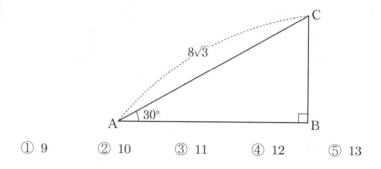

① 9   ② 10   ③ 11   ④ 12   ⑤ 13

4. 좌표평면 위의 두 점 $(1, -1)$, $(2, 1)$을 지나는 직선의 y절편은? [3점]

① -3 ② -2 ③ -1 ④ 0 ⑤ 1

5. 어느 회사가 위치한 지역의 일일 최저 기온(℃)과 이 회사의 일일 난방비(원)를 30일 동안 조사한 결과, 일일 최저 기온이 높을수록 일일 난방비가 감소한다고 한다. 일일 최저 기온을 x℃, 일일 난방비를 y원이라 할 때, x와 y 사이의 상관관계를 나타낸 산점도로 가장 적절한 것은? [3점]

①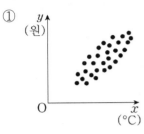

②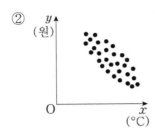

③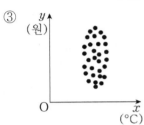

④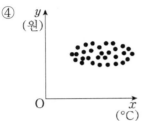

⑤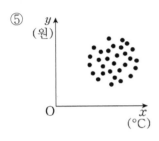

6. 원 위의 두 점 A, B에 대하여 호 AB의 길이가 원의 둘레의 길이의 $\frac{1}{5}$일 때, 호 AB에 대한 원주각의 크기는? [3점]

① 36° ② 40° ③ 44° ④ 48° ⑤ 52°

7. 한 변의 길이가 2인 정사각형을 밑면으로 하는 직육면체의 부피가 12일 때, 이 직육면체의 겉넓이는? [3점]

① 24 ② 26 ③ 28 ④ 30 ⑤ 32

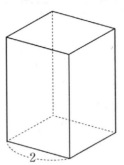

8. 다음은 어느 학급 학생 25명을 대상으로 키를 조사하여 나타낸 도수분포표이다.

키(cm)		학생 수(명)
150^{이상} ~160^{미만}		a
160 ~170		8
170 ~180		b
180 ~190		6
합계		25

이 학생들 중에서 키가 170cm 미만인 학생 수가 조사한 학생 수의 40%일 때, 키가 170cm 이상 180cm 미만인 학생 수는? [3점]

① 7   ② 8   ③ 9   ④ 10   ⑤ 11

9. 두 일차방정식 $ax+2y-b=0$, $2ax+by-3=0$의 그래프의 교점의 좌표가 $(2, 1)$일 때, $a+b$의 값은? (단, a, b는 상수이다.) [3점]

① $\dfrac{3}{2}$ ② 2   ③ $\dfrac{5}{2}$ ④ 3   ⑤ $\dfrac{7}{2}$

10. 그림과 같이 제1사분면 위의 점 $A(a, b)$는 이차함수 $y=x^2-3x+2$의 그래프 위에 있다. 이 이차함수의 그래프가 y축과 만나는 점 B에 대하여 삼각형 OAB의 넓이가 4일 때, $a+b$의 값은? (단, O는 원점이다.) [3점]

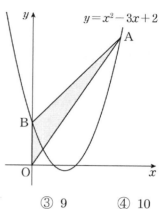

① 7   ② 8   ③ 9   ④ 10   ⑤ 11

11. 어느 학생이 집에서 출발하여 갈 때는 시속 3km로, 집으로 돌아올 때는 같은 경로를 시속 4km로 이동하려고 한다. 이동한 전체 시간이 2시간 이하가 되도록 할 때, 이 학생이 집에서 출발하여 집으로 돌아올 때까지 이동한 거리의 최댓값은? [3점]

① $\dfrac{45}{7}$ km   ② $\dfrac{48}{7}$ km   ③ $\dfrac{51}{7}$ km

④ $\dfrac{54}{7}$ km   ⑤ $\dfrac{57}{7}$ km

12. 이차함수 $y=f(x)$의 그래프 위의 서로 다른 네 점 A(1, 1), B(8, 1), C(6, 4), D(a, b)에 대하여 $\overline{AB} /\!/ \overline{CD}$일 때, $a+b$의 값은? [3점]

① 5   ② 6   ③ 7   ④ 8   ⑤ 9

13. 두 자연수 a, b에 대하여 다항식 $2x^2+9x+k$가 $(2x+a)(x+b)$로 인수분해되도록 하는 실수 k의 최솟값은?

[3점]

① 1   ② 4   ③ 7   ④ 10   ⑤ 13

14. 수직선 위의 두 점 P, Q가 원점에 있다. 동전을 한 번 던질 때마다 두 점 P, Q가 다음 규칙에 따라 이동한다.

> (가) 동전의 앞면이 나오면 점 P가 양의 방향으로 2만큼 이동한다.
>
> (나) 동전의 뒷면이 나오면 점 Q가 음의 방향으로 1만큼 이동한다.

동전을 30번 던진 후 두 점 P, Q 사이의 거리가 46일 때, 동전의 앞면이 나온 횟수는? [4점]

① 12   ② 13   ③ 14   ④ 15   ⑤ 16

15. 그림과 같이 $\overline{AB}=a(4<a<8)$, $\overline{BC}=8$인 직사각형 ABCD가 있다. 점 B를 중심으로 하고 점 A를 지나는 원이 선분 BC와 만나는 점을 P, 점 C를 중심으로 하고 점 P를 지나는 원이 선분 CD와 만나는 점을 Q라 하자. 사각형 APQD의 넓이가 $\dfrac{79}{4}$일 때, a의 값은? [4점]

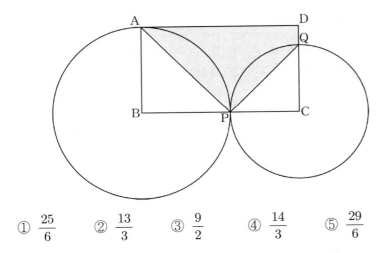

① $\dfrac{25}{6}$ ② $\dfrac{13}{3}$ ③ $\dfrac{9}{2}$ ④ $\dfrac{14}{3}$ ⑤ $\dfrac{29}{6}$

16. 그림과 같이 마름모 ABCD와 이 마름모의 외부의 한 점 E에 대하여 $\angle ADE=72°$이고 직선 CD가 선분 BE를 수직이등분할 때, 각 CEB의 크기는? (단, $0°<\angle ADC<72°$) [4점]

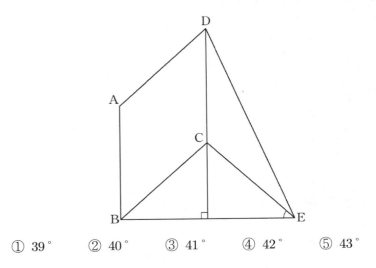

① $39°$ ② $40°$ ③ $41°$ ④ $42°$ ⑤ $43°$

17. 두 이차함수 $f(x)=ax^2-4ax+5a+1$, $g(x)=-x^2-2ax$의 그래프의 꼭짓점을 각각 A, B라 하자. 이차함수 $y=f(x)$의 그래프가 y축과 만나는 점 C에 대하여 사각형 OACB의 넓이가 7일 때, 양수 a의 값은? (단, O는 원점이다.) [4점]

① $\dfrac{2}{5}$ ② $\dfrac{1}{2}$ ③ $\dfrac{3}{5}$ ④ $\dfrac{7}{10}$ ⑤ $\dfrac{4}{5}$

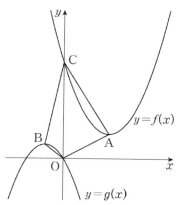

18. [그림1]과 같이 $\overline{AB}=\overline{AC}=\sqrt{2}$, $\angle CAB=90°$인 삼각형 ABC의 무게중심 D에 대하여 $\overline{DE}=\overline{DF}=2\sqrt{2}$, $\angle FDE=90°$이고 $\overline{BC}/\!/\overline{EF}$인 삼각형 DEF가 있다.

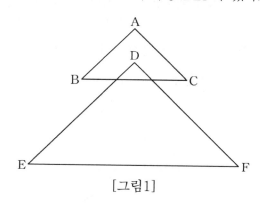

[그림1]

[그림2]와 같이 두 삼각형 ABC와 DEF로 만들어지는 ⛰ 모양 도형의 둘레의 길이는? (단, 점 A는 삼각형 DEF의 외부에 있다.) [4점]

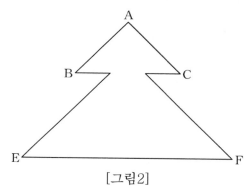

[그림2]

① $\dfrac{16+16\sqrt{2}}{3}$ ② $\dfrac{17+16\sqrt{2}}{3}$ ③ $\dfrac{16+17\sqrt{2}}{3}$

④ $\dfrac{17+17\sqrt{2}}{3}$ ⑤ $\dfrac{18+17\sqrt{2}}{3}$

19. 그림과 같이 반비례 관계 $y=\dfrac{a}{x}(a>0)$의 그래프가 두

정비례 관계 $y=mx$, $y=nx$의 그래프와 제1사분면에서 만나는 점을 각각 P, Q라 하자. 점 P를 지나고 y축과 평행한 직선이 정비례 관계 $y=nx$의 그래프와 만나는 점 R에 대하여 삼각형 PRQ의 넓이가 $\dfrac{3}{2}$이다. 점 Q의 x좌표가 점 P의 x좌표의 2배일 때, 실수 a의 값은? (단, $m>n>0$) [4점]

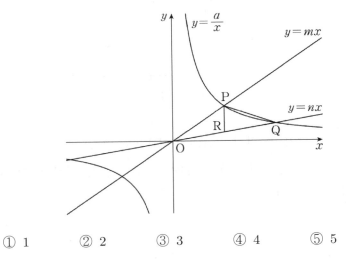

① 1   ② 2   ③ 3   ④ 4   ⑤ 5

20. 그림과 같이 중심이 O이고 중심각의 크기가 120°인 부채꼴 OAB가 있다. $\angle AOC = \angle DOB = 30°$인 호 AB 위의 두 점 C, D에 대하여 선분 OC와 선분 AD가 만나는 점을 E라 하자. 선분 OD의 수직이등분선과 선분 OB가 만나는 점 F에 대하여 $\overline{BF}=\dfrac{2\sqrt{3}}{3}$일 때, 삼각형 ODE의 넓이는? [4점]

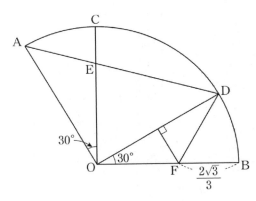

① $\dfrac{3+\sqrt{3}}{2}$ ② $\dfrac{4+\sqrt{3}}{2}$ ③ $\dfrac{3+2\sqrt{3}}{2}$

④ $2+\sqrt{3}$ ⑤ $\dfrac{3+3\sqrt{3}}{2}$

21. 그림과 같이 삼각형 ABC의 내심 I를 지나고 선분 BC에 평행한 직선이 두 선분 AB, AC와 만나는 점을 각각 D, E라 하자. $\overline{AI}=3$이고, 삼각형 ABC의 내접원의 반지름의 길이가 1이다. 삼각형 ABC의 넓이가 $5\sqrt{2}$일 때, <보기>에서 옳은 것만을 있는 대로 고른 것은? [4점]

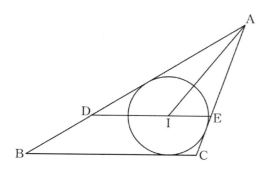

――――――― < 보 기 > ―――――――

ㄱ. $\angle BID = \angle IBD$

ㄴ. 삼각형 ADE의 둘레의 길이는 $7\sqrt{2}$이다.

ㄷ. $\overline{DE}=2\sqrt{2}$

① ㄱ   ② ㄱ, ㄴ   ③ ㄱ, ㄷ

④ ㄴ, ㄷ   ⑤ ㄱ, ㄴ, ㄷ

22. 이차방정식 $x^2-2ax+5a=0$의 한 근이 $x=3$일 때, 상수 a의 값을 구하시오. [3점]

23. 연립일차방정식 $\begin{cases} x-y=4 \\ 2x+y=11 \end{cases}$의 해가 $x=a$, $y=b$일 때, $a+b$의 값을 구하시오. [3점]

24. 그림과 같이 $\angle B = 72°$, $\angle C = 48°$인 삼각형 ABC가 있다. 점 C를 지나고 직선 AB에 평행한 직선 위의 점 D와 선분 AB 위의 점 E에 대하여 $\angle CDE = 52°$이다. 선분 DE와 선분 AC의 교점을 F라 할 때, $\angle EFC = x°$이다. x의 값을 구하시오. (단, $\angle BCD > 90°$이고, 점 E는 점 A가 아니다.) [3점]

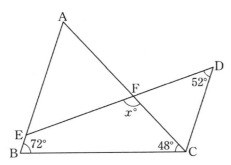

25. 한 개의 주사위를 두 번 던져서 나오는 눈의 수를 차례로 a, b라 할 때, $a+b$가 14의 약수가 되도록 하는 모든 순서쌍 (a, b)의 개수를 구하시오. [3점]

26. 세 실수 a, b, c에 대하여 다음 자료의 중앙값이 6.5, 평균이 6, 최빈값이 c일 때, $a+b+c$의 값을 구하시오. [4점]

$$9, \ 5, \ 6, \ 4, \ 8, \ 1, \ a, \ b$$

27. 가로의 길이가 150cm, 세로의 길이가 120cm인 직사각형 ABCD 모양의 종이가 있다. [그림1]과 같이 $\overline{CE}=60$cm인 선분 BC 위의 점 E와 $\overline{CF}=48$cm인 선분 CD 위의 점 F에 대하여 두 선분 CE, CF를 변으로 하는 직사각형 모양의 종이를 잘라내고 남은 ⌐ 모양의 종이를 만들었다.

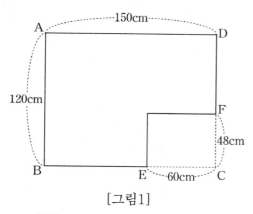

[그림1]

[그림2]와 같이 ⌐ 모양의 종이의 내부에 한 변의 길이가 자연수이고 모두 합동인 정사각형 모양의 종이를 서로 겹치지 않고 빈틈없이 붙이려고 할 때, 붙일 수 있는 종이의 개수의 최솟값을 구하시오. [4점]

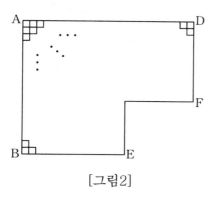

[그림2]

28. $p<q$ 인 두 소수 p, q에 대하여 $p^2q<n\leq pq^2$을 만족시키는 자연수 n의 개수가 308일 때, $p+q$의 값을 구하시오. [4점]

04회

29. 그림과 같이 삼각형 ABC의 선분 AC 위의 점 D와 직선 BD 위의 점 E에 대하여 $\overline{DE}:\overline{DA}:\overline{DB}=1:2:4$이다. 점 D를 지나고 직선 BC와 평행한 직선이 두 선분 AB, EC와 만나는 점을 각각 F, G라 할 때, $\overline{FD}=2$, $\overline{DG}=1$이고 삼각형 AFD의 넓이가 3이다. 삼각형 EDG의 넓이가 $\frac{q}{p}$일 때, $p+q$의 값을 구하시오. (단, 점 E는 삼각형 ABC의 외부에 있고, p와 q는 서로소인 자연수이다.) [4점]

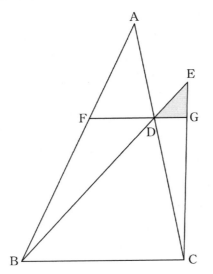

30. 그림과 같이 $\overline{AB}=\overline{BC}=2$인 삼각형 ABC에 외접하는 원 O가 있다. 점 B를 지나고 직선 AC에 수직인 직선이 원 O와 만나는 점 중 B가 아닌 점을 D, 선분 AC와 선분 BD가 만나는 점을 E라 하자. 원 O 위의 점 C에서의 접선과 점 D에서의 접선이 만나는 점을 F라 할 때, $\overline{FD}=2$이다.

$\overline{AE}=\dfrac{a+b\sqrt{17}}{2}$일 때, a^2+b^2의 값을 구하시오. (단, a, b는 정수이다.) [4점]

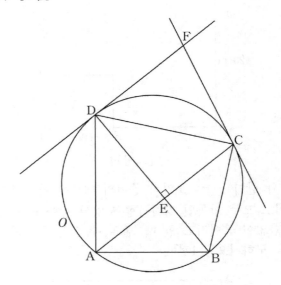

2022학년도 3월 고1 전국연합학력평가 문제지

1

수학 영역

제 2 교시

05회

● 문항수 30개 | 배점 100점 | 제한 시간 100분

● 배점은 2점, 3점 또는 4점

05회

5 지 선 다 형

1. $\sqrt{\dfrac{20}{3}} \times \sqrt{\dfrac{6}{5}}$ 의 값은? [2점]

① $\sqrt{2}$ ② $2\sqrt{2}$ ③ $3\sqrt{2}$ ④ $4\sqrt{2}$ ⑤ $5\sqrt{2}$

2. 다항식 $(2x-1)(x+3)$의 전개식에서 x의 계수는? [2점]

① 1 ② 2 ③ 3 ④ 4 ⑤ 5

3. $\sin 60° \times \cos 30°$ 의 값은? [2점]

① $\dfrac{1}{4}$ ② $\dfrac{3}{8}$ ③ $\dfrac{1}{2}$ ④ $\dfrac{5}{8}$ ⑤ $\dfrac{3}{4}$

4. 이차함수 $y = -x^2 + 4x + 3$의 그래프의 꼭짓점의 y좌표는?
[3점]

① 4 ② 5 ③ 6 ④ 7 ⑤ 8

5. 다음은 어느 봉사 동아리 학생들의 한 달 동안의 봉사 시간을 조사하여 나타낸 히스토그램이다.

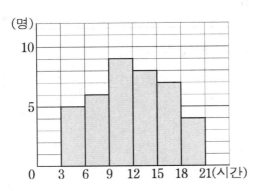

한 달 동안의 봉사 시간이 6시간 이상 12시간 미만인 학생의 수는?
[3점]

① 11　　② 13　　③ 15　　④ 17　　⑤ 19

6. 그림과 같이 삼각형 ABC의 외심을 O라 하자. ∠OBC = 17°, ∠OCA = 52° 일 때, 각 OAB의 크기는? [3점]

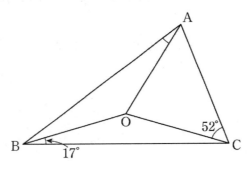

① 18°　　② 19°　　③ 20°　　④ 21°　　⑤ 22°

7. 일차부등식 $\frac{x+5}{2} - x \le a$의 해가 $x \ge 4$일 때, 실수 a의 값은?
[3점]

① $\frac{1}{8}$　　② $\frac{1}{4}$　　③ $\frac{3}{8}$　　④ $\frac{1}{2}$　　⑤ $\frac{5}{8}$

8. 그림과 같이 밑면의 반지름의 길이가 3이고 높이가 8인 원뿔과 밑면의 반지름의 길이가 2인 원기둥이 있다. 두 입체도형의 부피가 같을 때, 원기둥의 겉넓이는? [3점]

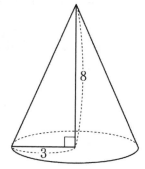 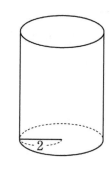

① 32π ② 34π ③ 36π ④ 38π ⑤ 40π

9. 두 일차방정식

$$ax + 4y = 12, \quad 2x + ay = a + 5$$

의 그래프의 교점이 y축 위에 있을 때, 상수 a의 값은? [3점]

① 2   ② $\dfrac{5}{2}$ ③ 3   ④ $\dfrac{7}{2}$ ⑤ 4

10. $2 - \sqrt{6}$ 보다 크고 $5 + \sqrt{15}$ 보다 작은 정수의 개수는? [3점]

① 7   ② 8   ③ 9   ④ 10   ⑤ 11

11. 세 변의 길이가 각각 x, $x+1$, $x+3$인 삼각형이 직각삼각형일 때, x의 값은? (단, $x>2$) [3점]

① $2\sqrt{3}$ ② $2+\sqrt{3}$ ③ $1+2\sqrt{3}$

④ $3\sqrt{3}$ ⑤ $2+2\sqrt{3}$

12. 어느 학교에서 학생들에게 나누어 줄 구슬을 구입하였다. 구입한 구슬을 한 상자에 250개씩 n개의 상자에 담았더니 50개의 구슬이 남았고, 한 상자에 200개씩 $n+1$개의 상자에 담았더니 100개의 구슬이 남았다. 이 학교에서 구입한 구슬의 총 개수는? [3점]

① 800   ② 1050   ③ 1300   ④ 1550   ⑤ 1800

13. 두 이차방정식

$$x^2 - x - 2 = 0, \ 2x^2 + kx - 6 = 0$$

이 공통인 해를 갖도록 하는 모든 실수 k의 값의 합은? [3점]

① -5　　② -4　　③ -3　　④ -2　　⑤ -1

14. 그림과 같이 반비례 관계 $y = \dfrac{a}{x} \, (a > 0)$의 그래프가 두 직선 $x = 2$, $y = 2$와 만나는 점을 각각 A, B라 하자. 점 C(2, 2)에 대하여 사각형 OACB의 넓이가 $\dfrac{22}{7}$일 때, 상수 a의 값은? (단, O는 원점이고, 점 A의 y좌표는 2보다 작다.) [4점]

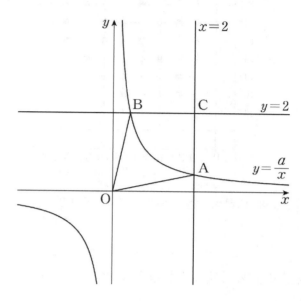

① $\dfrac{6}{7}$　　② 1　　③ $\dfrac{8}{7}$　　④ $\dfrac{9}{7}$　　⑤ $\dfrac{10}{7}$

15. 다음은 어느 학급 학생 20명의 수학 과목의 중간고사 점수와 기말고사 점수에 대한 산점도이다.

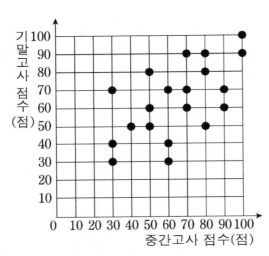

위의 산점도에 대하여 <보기>에서 옳은 것만을 있는 대로 고른 것은? [4점]

─── < 보 기 > ───

ㄱ. 중간고사와 기말고사의 점수에 변화가 없는 학생의 수는 5이다.

ㄴ. 기말고사 점수가 중간고사 점수보다 높은 학생의 비율은 학급 학생 20명의 40%이다.

ㄷ. 중간고사 점수의 평균은 기말고사 점수의 평균보다 크다.

① ㄱ   ② ㄱ, ㄴ   ③ ㄱ, ㄷ
④ ㄴ, ㄷ   ⑤ ㄱ, ㄴ, ㄷ

16. 서로 다른 네 실수 a, b, $\dfrac{1}{6}$, $\dfrac{2}{3}$에 대응하는 점을 수직선 위에 나타내면 이웃한 두 점 사이의 거리가 모두 같다. $ab < 0$일 때, $a+b$의 최댓값은? [4점]

① $\dfrac{3}{4}$ ② $\dfrac{5}{6}$ ③ $\dfrac{11}{12}$ ④ 1 ⑤ $\dfrac{13}{12}$

17. 한 개의 주사위를 두 번 던져서 나오는 눈의 수를 차례로 a, b라 하자. $a^2 \times 3^b \times 5$가 $2^2 \times 3^5$의 배수일 확률은? [4점]

① $\dfrac{1}{6}$ ② $\dfrac{7}{36}$ ③ $\dfrac{2}{9}$ ④ $\dfrac{1}{4}$ ⑤ $\dfrac{5}{18}$

18. 그림과 같이 $\angle ABC = 60°$인 삼각형 ABC의 두 변 AB, AC의 중점을 각각 D, E라 하자. 선분 DE를 지름으로 하는 원이 선분 BC와 접할 때, 이 원이 선분 AB와 만나는 점 중 D가 아닌 점을 F라 하자.

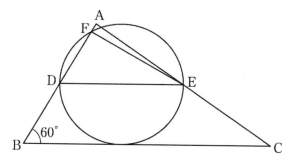

다음은 삼각형 ABC의 넓이가 16일 때, 삼각형 AFE의 넓이를 구하는 과정이다.

원의 반지름의 길이를 r라 하면
$$\overline{DE} = 2r, \quad \overline{BC} = 4r$$
이다.
점 A에서 선분 BC에 내린 수선의 발을 H라 하면
$$\overline{AH} = \boxed{(가)} \times r$$
이고, $\triangle ABC = 16$이므로
$$r = \boxed{(나)}$$
이다.
삼각형 ADE와 삼각형 ABC는 서로 닮음이므로
$\triangle ADE = 4$이다.
삼각형 FDE에서 꼭짓점 F는 원 위의 점이므로
삼각형 FDE의 넓이는 $\boxed{(다)}$ 이다.
따라서 구하는 삼각형 AFE의 넓이는 $4 - \boxed{(다)}$ 이다.

위의 (가), (나), (다)에 알맞은 수를 각각 a, b, c라 할 때, $a \times b \times c$의 값은? [4점]

① $5\sqrt{3}$ ② $6\sqrt{3}$ ③ $7\sqrt{3}$

④ $8\sqrt{3}$ ⑤ $9\sqrt{3}$

19. 그림과 같이 $\overline{AB}=\overline{AC}$인 이등변삼각형 ABC에 외접하는 원이 있다. 선분 AC 위의 점 D에 대하여 원과 직선 BD가 만나는 점 중 B가 아닌 점을 E라 하자. $\overline{AE}=2\overline{BC}$, $\overline{CD}=1$이고 $\angle ADB + \angle AEB = 180°$일 때, 선분 BC의 길이는? [4점]

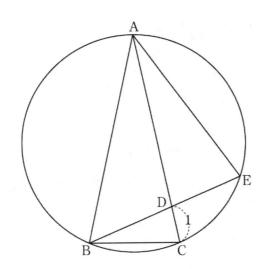

① $3-\sqrt{2}$ 　② $\dfrac{7}{3}$ 　③ $1+\sqrt{2}$

④ $\dfrac{5}{2}$ 　⑤ $4-\sqrt{2}$

20. 그림과 같이 제1사분면 위의 점 A를 꼭짓점으로 하는 이차함수 $y=ax^2+bx$의 그래프가 직선 $x=3$에 대하여 대칭이다. 점 $B\left(0, \dfrac{10}{3}\right)$에서 선분 OA에 내린 수선의 발 H에 대하여 $\overline{BH}=2$일 때, $a+b$의 값은? (단, a, b는 상수이고, O는 원점이다.) [4점]

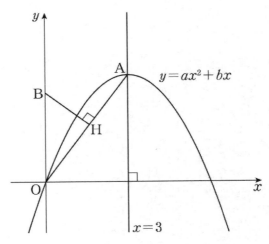

① $\dfrac{20}{9}$ ② $\dfrac{7}{3}$ ③ $\dfrac{22}{9}$ ④ $\dfrac{23}{9}$ ⑤ $\dfrac{8}{3}$

[해설편 p.043]

21. 그림과 같이 삼각형 ABC에서 선분 AB 위의 점 D에 대하여 $\overline{BD}=2\overline{AD}$이다. 점 A에서 선분 CD에 내린 수선의 발 E에 대하여 $\overline{AE}=4$, $\overline{BE}=\overline{CE}=10$일 때, 삼각형 ABC의 넓이는? (단, $\angle CAB > 90°$) [4점]

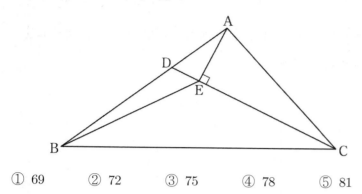

① 69   ② 72   ③ 75   ④ 78   ⑤ 81

단답형

22. 일차함수 $y=3x+a$의 그래프가 점 $(-3, 2)$를 지날 때, 상수 a의 값을 구하시오. [3점]

23. 다항식 $x^2-2x-80$이 $x+a$를 인수로 가진다. a가 자연수일 때, a의 값을 구하시오. [3점]

24. 그림과 같이 오각형 ABCDE에서 $\angle A = 105°$, $\angle B = x°$, $\angle C = y°$, $\angle D = 109°$, $\angle E = 92°$ 일 때, $x+y$의 값을 구하시오. [3점]

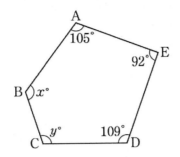

25. 다음 조건을 만족시키는 두 자리의 자연수 n의 최댓값을 구하시오. [3점]

(가) n은 4의 배수이다.
(나) n의 소인수의 개수가 3이다.

26. 그림과 같이 길이가 1인 선분 AB 위의 점 C에 대하여 선분 AC를 한 변으로 하는 정사각형 ACDE가 있다. 선분 CD를 삼등분하는 점 중 점 D에 가까운 점을 F라 하자. 정사각형 ACDE의 넓이와 삼각형 BFC의 넓이의 합이 $\dfrac{5}{8}$일 때, $\overline{AC} = \dfrac{q}{p}$이다. $p+q$의 값을 구하시오. (단, p와 q는 서로소인 자연수이다.) [4점]

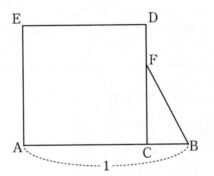

27. 그림과 같이 반지름의 길이가 2이고 중심각의 크기가 $90°$인 부채꼴 OAB가 있다. 선분 OA를 지름으로 하는 반원의 호 위의 점 P에 대하여 직선 OP가 호 AB와 만나는 점을 Q라 하고, 점 Q에서 선분 OA에 내린 수선의 발을 H라 하자.

$\angle QOA = 30°$일 때, 삼각형 PHQ의 넓이는 $\dfrac{a\sqrt{3}-b}{4}$이다. $a+b$의 값을 구하시오. (단, a와 b는 자연수이다.) [4점]

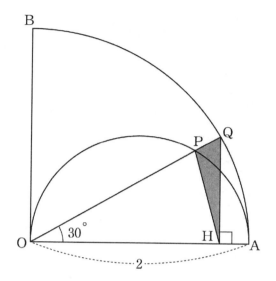

28. 다음은 8명의 학생이 1년 동안 읽은 책의 권수를 조사하여 나타낸 자료이다.

> 4, 3, 12, 5, 4, a, b, c

이 자료의 중앙값과 평균이 모두 7일 때, 분산을 구하시오. [4점]

29. 좌표평면에서 이차항의 계수가 양수인 이차함수 $y=f(x)$의 그래프 위의 두 점 A, B가 다음 조건을 만족시킨다.

(가) $a<2<b$인 두 수 a, b에 대하여 A(a, 1), B(b, 1)이다.

(나) 점 C(2, 1)에 대하여 $\overline{AC}=3\overline{BC}$이다.

이차함수 $y=f(x)$의 그래프 위의 점 D에 대하여 삼각형 ADB가 $\angle ADB=90°$인 이등변삼각형이고 넓이가 16일 때, $f(8)$의 값을 구하시오. [4점]

30. 그림과 같이 $\overline{AD} /\!/ \overline{BC}$인 사다리꼴 ABCD에서 두 대각선의 교점을 E라 하자. 점 E를 지나고 선분 AD와 평행한 직선이 선분 CD와 만나는 점을 F라 하고, 두 선분 AC, BF의 교점을 G라 하자. $\overline{AD}=4$, $\overline{EF}=3$일 때, 사다리꼴 ABCD의 넓이는 삼각형 EGF의 넓이의 k배이다. $9k$의 값을 구하시오. [4점]

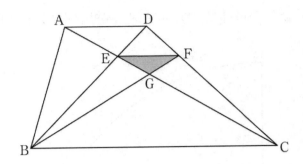

수학 영역

제 2 교시

● 문항수 30개 | 배점 100점 | 제한 시간 100분

● 배점은 2점, 3점 또는 4점

5 지 선 다 형

1. $6 \div (-4) - \dfrac{5}{2} \times (-3)$ 의 값은? [2점]

① 4　　② 5　　③ 6　　④ 7　　⑤ 8

2. 다항식 $2x(3x-1)-x(2x+3)$ 을 간단히 하였을 때, x^2 의 계수는? [2점]

① 1　　② 2　　③ 3　　④ 4　　⑤ 5

3. $\sqrt{\dfrac{2}{3}} \times \sqrt{\dfrac{15}{2}} + \sqrt{20}$ 의 값은? [2점]

① $\dfrac{5\sqrt{5}}{2}$　　② $3\sqrt{5}$　　③ $\dfrac{7\sqrt{5}}{2}$

④ $4\sqrt{5}$　　⑤ $\dfrac{9\sqrt{5}}{2}$

4. $9x^2 + 12x + k$ 가 완전제곱식이 되기 위한 상수 k 의 값은? [3점]

① $\dfrac{1}{9}$　　② $\dfrac{1}{4}$　　③ 1　　④ 4　　⑤ 9

5. 그림과 같이 밑면의 지름의 길이가 4인 원기둥의 겉넓이가
   38π일 때, 이 원기둥의 높이는? [3점]

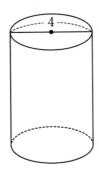

① $\dfrac{11}{2}$　　② 6　　③ $\dfrac{13}{2}$　　④ 7　　⑤ $\dfrac{15}{2}$

6. 일차함수 $y=ax+b$의 그래프는 일차함수 $y=-\dfrac{2}{3}x$의
   그래프와 평행하다. 일차함수 $y=ax+b$의 그래프의 x절편이
   3일 때, $a+b$의 값은? (단, a와 b는 상수이다.) [3점]

① $\dfrac{7}{6}$　　② $\dfrac{4}{3}$　　③ $\dfrac{3}{2}$　　④ $\dfrac{5}{3}$　　⑤ $\dfrac{11}{6}$

7. 다음은 어느 고등학교 1학년 학생 20명이 1년간 실시한 봉사
   활동 시간을 줄기와 잎 그림으로 나타낸 것이다. 이 자료의
   중앙값은? [3점]

(2 | 0은 20시간)

줄기	잎
0	4　5
1	1　2　4　7　7
2	0　1　1　5　8　9
3	4　4　8　9
4	0　0　2

① 23시간　　② 24시간　　③ 25시간
④ 26시간　　⑤ 27시간

8. $5^3 \times 6^4$이 n자리의 수일 때, n의 값은? [3점]

① 4   ② 5   ③ 6   ④ 7   ⑤ 8

10. 일차부등식 $2a - x \leq -3(x-2)$가 참이 되는 자연수 x의 개수가 4일 때, 정수 a의 값은? [3점]

① -2 ② -1 ③ 0   ④ 1   ⑤ 2

9. 한 개의 주사위를 두 번 던질 때, 첫 번째 던져서 나온 눈의 수가 두 번째 던져서 나온 눈의 수보다 작을 확률은? [3점]

① $\dfrac{11}{36}$ ② $\dfrac{1}{3}$ ③ $\dfrac{13}{36}$ ④ $\dfrac{7}{18}$ ⑤ $\dfrac{5}{12}$

11. [그림 1]은 가로의 길이가 $2x$, 세로의 길이가 $x+2$인 직사각형에서 가로의 길이가 1, 세로의 길이가 x인 직사각형을 잘라 낸 도형을 나타낸 것이다. [그림 2]는 세로의 길이가 x인 직사각형을 나타낸 것이다. [그림 1]의 도형과 [그림 2]의 직사각형의 넓이가 서로 같을 때, [그림 2]의 직사각형의 둘레의 길이는? (단, $x > \dfrac{1}{2}$) [3점]

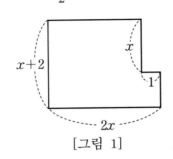

[그림 1]

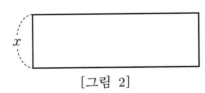

[그림 2]

① $4x+4$ ② $4x+6$ ③ $6x+6$

④ $6x+8$ ⑤ $8x+8$

12. 다음은 어느 반 학생 20명의 작년에 읽은 책의 수와 올해 읽은 책의 수에 대한 산점도이다.

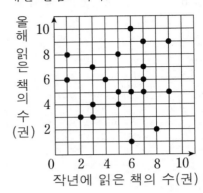

작년보다 올해 책을 더 많이 읽은 학생의 수를 a, 작년과 올해 해마다 5권 이상의 책을 읽은 학생의 수를 b라 할 때, $a+b$의 값은? [3점]

① 19   ② 21   ③ 23   ④ 25   ⑤ 27

06회

13. 어느 제과점에서 두 종류의 선물 세트 A, B를 각각 1상자씩 만드는 데 필요한 사탕과 쿠키의 개수는 다음과 같다.

	A	B
사탕(개)	20	5
쿠키(개)	15	25

선물 세트 A를 a상자, 선물 세트 B를 b상자 만드는 데 필요한 사탕과 쿠키의 개수가 각각 360, 440일 때, $a+b$의 값은? [3점]

① 24　　② 26　　③ 28　　④ 30　　⑤ 32

14. 그림과 같이 정비례 관계 $y=-\dfrac{1}{2}x$의 그래프와 반비례 관계 $y=\dfrac{a}{x}\,(a<0)$의 그래프가 있다. 이 두 그래프가 만나는 두 점을 A, B라 할 때, 두 점 A, B의 x좌표의 합이 0이다. 점 A를 지나고 x축에 평행한 직선과 점 B를 지나고 y축에 평행한 직선이 만나는 점을 C라 할 때, 삼각형 ABC의 넓이는 16이다. 상수 a의 값은? (단, 점 A는 제4사분면 위의 점이다.) [4점]

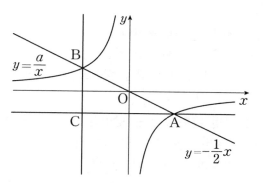

① -2　　② -4　　③ -6　　④ -8　　⑤ -10

15. 어느 동아리에서 부원 A, B, C, D, E의 5명 중에서 3명을 선택하여 다음과 같이 동아리실 청소 당번을 정하려고 한다.

> • 월요일, 수요일, 금요일의 당번을 각각 1명씩 서로 다르게 정한다.
> • A는 당번을 하고, B와 C 중 적어도 1명은 당번을 한다.

다음은 당번을 정하는 경우의 수를 구하는 과정의 일부이다.

> 세 가지 경우로 나누어 구한다.
> (i) B와 C가 모두 당번을 하는 경우
>   A, B, C 세 명이 당번을 하므로 당번을 정하는 경우의 수는 (가) 이다.
> (ii) B는 당번을 하고 C는 당번을 하지 않는 경우
>   A, B가 당번을 하고, C는 당번을 하지 않으므로 당번을 정하는 경우의 수는 (나) 이다.
> (iii) C는 당번을 하고 B는 당번을 하지 않는 경우
>   : (중략)
> (i), (ii), (iii)에 의하여 당번을 정하는 경우의 수는 (다) 이다.

위의 (가), (나), (다)에 알맞은 수를 각각 a, b, c라 할 때, $a+b+c$의 값은? [4점]

① 40   ② 44   ③ 48   ④ 52   ⑤ 56

16. 그림과 같이 $\angle A = 52°$인 예각삼각형 ABC의 외심을 O라 하고, 선분 BO의 연장선과 변 AC가 만나는 점을 D라 하자. $\overline{BD} = \overline{BC}$일 때, $\angle OCD$의 크기는? [4점]

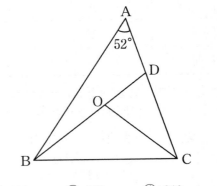

① 25°   ② 27°   ③ 29°   ④ 31°   ⑤ 33°

17. 다음 그림은 어느 수학 전시관의 입장권을 나타낸 것이다. 이 입장권은 고객용과 회수용의 두 부분으로 나누어져 있고 고객용 부분의 넓이가 입장권의 넓이의 $\dfrac{\sqrt{15}}{5}$ 이다. 회수용 부분의 넓이가 4일 때, 입장권의 넓이는? [4점]

① $10+2\sqrt{15}$ ② $11+2\sqrt{15}$ ③ $4+4\sqrt{15}$
④ $8+3\sqrt{15}$ ⑤ $9+3\sqrt{15}$

18. 한 변의 길이가 2인 정사각형 ABCD의 변 AB 위의 점 E와 변 AD 위의 점 F에 대하여 다음이 성립한다.

> (가) $\overline{EB} : \overline{FD} = 2 : 1$
>
> (나) 삼각형 AEF의 넓이는 $\dfrac{10}{9}$ 이다.

선분 AF의 길이는? [4점]

① $\dfrac{17}{9}$ ② $\dfrac{11}{6}$ ③ $\dfrac{16}{9}$ ④ $\dfrac{31}{18}$ ⑤ $\dfrac{5}{3}$

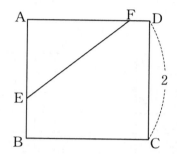

19. 어느 평평한 광장의 네 지점 A, B, C, D를 꼭짓점으로 하는 정사각형 ABCD가 있다. 그림은 크기가 같은 정사각형 모양의 흰색 타일과 검은색 타일을 겹치지 않게 이어 붙여 정사각형 ABCD의 내부를 빈틈없이 채운 모양을 일부 생략하여 나타낸 것이다.

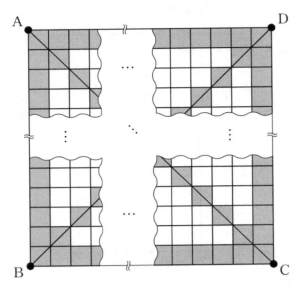

정사각형 ABCD의 변에 닿은 타일과 정사각형 ABCD의 대각선 위에 놓인 타일은 모두 검은색이고, 나머지 타일은 흰색이다. 정사각형 ABCD의 내부에 채워진 전체 타일 중에서 흰색 타일의 개수가 168일 때, 검은색 타일의 개수는? [4점]

① 156 ② 121 ③ 100 ④ 88 ⑤ 64

20. 그림과 같이 ∠A = 90°, $\overline{AB} = \overline{AC} = 3$인 직각삼각형 ABC가 있다. 변 AB 위의 두 점 D, E와 변 BC 위의 점 F에 대하여 삼각형 DEF는 높이가 1인 정삼각형이다. ∠DCA = x일 때, $\tan x$의 값은? (단, $\overline{AD} < \overline{AE}$) [4점]

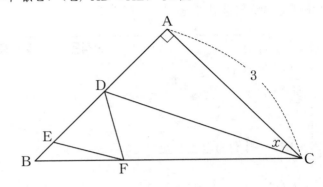

① $\dfrac{5 - \sqrt{3}}{9}$　　② $\dfrac{6 - \sqrt{3}}{9}$　　③ $\dfrac{5 - \sqrt{3}}{6}$

④ $\dfrac{7 - \sqrt{3}}{9}$　　⑤ $\dfrac{6 - \sqrt{3}}{6}$

21. 그림과 같이 $\overline{AB}=6$, $\overline{BC}=8$인 삼각형 ABC가 있다. 변 BC의 중점 M과 변 AC의 중점 N에 대하여 두 선분 AM, BN이 점 P에서 서로 수직으로 만날 때, <보기>에서 옳은 것만을 있는 대로 고른 것은? [4점]

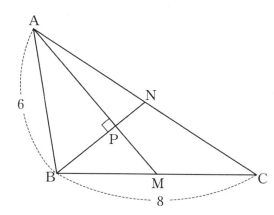

─────── < 보 기 > ───────

ㄱ. $3\overline{AP}=2\overline{AM}$

ㄴ. $\overline{BN}=\sqrt{21}$

ㄷ. 삼각형 ABC의 넓이는 $4\sqrt{35}$ 이다.

① ㄱ 　　② ㄷ 　　③ ㄱ, ㄴ
④ ㄴ, ㄷ 　　⑤ ㄱ, ㄴ, ㄷ

22. 일차방정식 $\dfrac{5-x}{2}=x-8$의 해가 $x=a$일 때, a의 값을 구하시오. [3점]

23. 30 이하의 자연수 중에서 99와 서로소인 자연수의 개수를 구하시오. [3점]

24. 다음은 어느 편의점에서 30일 동안 판매한 마스크의 일일 판매량을 조사하여 나타낸 히스토그램이다. 이 히스토그램에서 일일 판매량이 30개 이상인 일수는 전체의 $a\%$이다. a의 값을 구하시오. [3점]

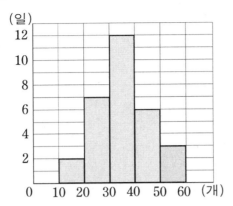

25. 다음 조건을 만족시키는 정수 a의 개수를 구하시오. [3점]

(가) $-50 < a < 50$

(나) $\dfrac{a}{7}$는 정수가 아닌 유리수이다.

26. 그림과 같이 삼각형 ABC의 변 AB 위의 두 점 D, E와 변 AC 위의 두 점 F, G에 대하여

$$\overline{AD} = \overline{DE}, \quad \overline{AE} = \overline{EB}, \quad \overline{AF} = \overline{FG}, \quad \overline{AG} = \overline{GC}$$

이다. 사각형 DEGF의 넓이가 24일 때, 삼각형 ABC의 넓이를 구하시오. [4점]

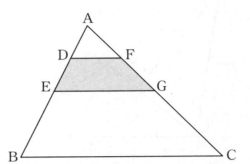

27. 그림과 같이 이차함수 $y = ax^2 \, (a > 0)$의 그래프 위의 두 점 A$(p, 3)$, B$(q, 3)$이 있다. 두 점 C$(-1, -1)$, D$(1, -1)$에 대하여 사각형 ACDB의 넓이가 자연수가 되도록 하는 자연수 a의 최댓값을 구하시오. (단, $p < q$) [4점]

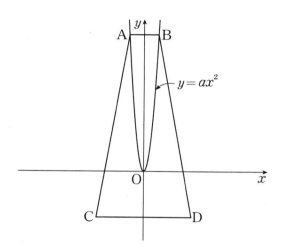

28. 그림과 같이 $\angle \mathrm{BCA} = 90°$, $\overline{\mathrm{BC}} = 30$, $\overline{\mathrm{AC}} = 16$인 직각삼각형 ABC가 있다. 변 AB의 중점 M과 변 BC의 중점 N에 대하여 선분 MN의 연장선 위에 $\overline{\mathrm{ND}} = 9$가 되도록 점 D를 잡는다. $\angle \mathrm{ADC} = x$일 때, $\sin x = \dfrac{q}{p}$이다. $p + q$의 값을 구하시오. (단, $\overline{\mathrm{MD}} > \overline{\mathrm{ND}}$이고 p와 q는 서로소인 자연수이다.) [4점]

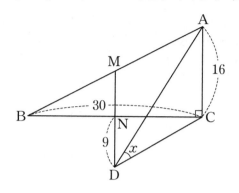

29. 좌표평면에 꼭짓점이 점 A로 일치하는 두 이차함수

$$y = -x^2 + 2x,$$

$$y = ax^2 + bx + c \,(a > 0)$$

의 그래프가 있다. 함수 $y = ax^2 + bx + c$의 그래프가 y축과 만나는 점을 B라 하고, 점 B를 지나고 x축에 평행한 직선이 함수 $y = ax^2 + bx + c$의 그래프와 만나는 점 중 B가 아닌 점을 C라 하자. 두 점 A, C를 지나는 직선이 y축과 만나는 점을 D라 할 때, 삼각형 BDC의 넓이가 12이다. $2a - b + c$의 값을 구하시오. (단, a, b, c는 상수이다.) [4점]

30. 그림과 같이 $\overline{AB} = \overline{AC} = 25$, $\overline{BC} = 30$인 삼각형 ABC가 있다. 점 A에서 변 BC에 내린 수선의 발을 D라 하고, 점 B에서 변 AC에 내린 수선의 발을 E라 하자. 선분 DE를 지름으로 하는 원이 변 BC와 만나는 점 중 D가 아닌 점을 F, 변 AC와 만나는 점 중 E가 아닌 점을 G라 하자. 삼각형 GFC의 둘레의 길이가 $\dfrac{q}{p}$일 때, $p + q$의 값을 구하시오. (단, p와 q는 서로소인 자연수이다.) [4점]

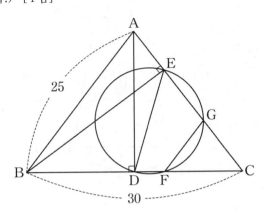

[해설편 p.057]

수학 영역

제 2 교시

● 문항수 30개 | 배점 100점 | 제한 시간 100분

● 배점은 2점, 3점 또는 4점

5 지 선 다 형

1. $-\dfrac{7}{2} \times (-3) + 4 \times \left(-\dfrac{5}{2}\right)$ 의 값은? [2점]

① -1　　② $-\dfrac{1}{2}$　　③ 0　　④ $\dfrac{1}{2}$　　⑤ 1

2. $\left(2^4\right)^3 \div 2^{10}$ 의 값은? [2점]

① 1　　② 2　　③ 4　　④ 8　　⑤ 16

3. 두 다항식 $A = 2a^2 + a$, $B = 3a - 1$ 에 대하여 $3A - B$를 간단히 하면? [2점]

① $6a^2 + 6a + 1$　　② $6a^2 - 6a + 1$　　③ $6a^2 - 1$

④ $6a^2 + 1$　　⑤ $6a^2$

4. 부등식 $5x - 7 \le 23 - x$를 만족시키는 자연수 x의 개수는?

[3점]

① 5　　② 6　　③ 7　　④ 8　　⑤ 9

5. 중심각의 크기가 $150°$ 이고 넓이가 15π 인 부채꼴의 반지름의 길이는? [3점]

① 2   ② 3   ③ 4   ④ 5   ⑤ 6

6. 함수 $f(x) = ax - 9$ 에 대하여 $f(3) = 3$ 일 때, $f(4)$ 의 값은? (단, a 는 상수이다.) [3점]

① 7   ② 8   ③ 9   ④ 10   ⑤ 11

7. 이차방정식 $2x^2 - 7x + 2a = 0$ 의 한 근이 $x = \dfrac{1}{2}$ 일 때, 상수 a 의 값은? [3점]

① 1   ② $\dfrac{3}{2}$ ③ 2   ④ $\dfrac{5}{2}$ ⑤ 3

8. $x = 2 - \sqrt{3}$일 때, $x^2 - 4x$의 값은? [3점]

　① -2　　② -1　　③ 0　　④ 1　　⑤ 2

10. 그림과 같이 대각선의 길이가 $\sqrt{6}$인 직사각형 ABCD의 두 꼭짓점 B, C는 각각 3, 4에 대응하는 수직선 위의 점이다. 또, 수직선 위의 두 점 P, Q에 대하여 $\overline{BA} = \overline{BP}$이고 $\overline{CD} = \overline{CQ}$이다. 두 점 P, Q에 대응하는 수를 각각 p, q라 할 때, $q - p$의 값은? [3점]

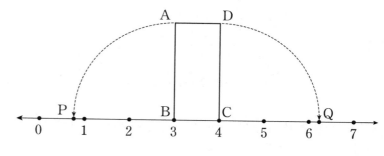

　① $7 - \sqrt{5}$　　② $1 + 2\sqrt{5}$　　③ $4 + \sqrt{5}$

　④ $2 + 2\sqrt{5}$　　⑤ $1 + 3\sqrt{5}$

9. 그림과 같이 $\angle A = 90°$, $\overline{AB} = 10$인 직각삼각형 ABC가 있다. 변 AC 위의 한 점 D에서 변 BC에 내린 수선의 발을 H라 하고 $\angle CDH = x°$라 하자. $\cos x° = \dfrac{2}{3}$일 때, 변 BC의 길이는?

[3점]

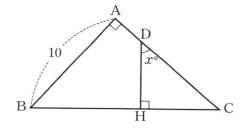

　① 12　　② 13　　③ 14　　④ 15　　⑤ 16

11. 어느 반 학생들의 1주일 동안의 스마트폰 사용 시간을 조사하여 나타낸 도수분포다각형이 그림과 같다.

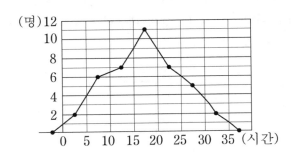

이 반 학생들 중 1주일 동안의 스마트폰 사용 시간이 10시간 미만인 학생의 비율이 $a\%$일 때, a의 값은? [3점]

① 10   ② 15   ③ 20   ④ 25   ⑤ 30

12. 그림과 같이 넓이가 x^2인 정사각형 3개, 한 변의 길이가 1이고 넓이가 x인 직사각형 7개, 넓이가 1인 정사각형 2개를 모두 사용하여 한 변의 길이가 $x+2$인 직사각형을 만들었다. 이 직사각형의 둘레의 길이는? (단, 도형끼리는 서로 겹치지 않도록 한다.) [3점]

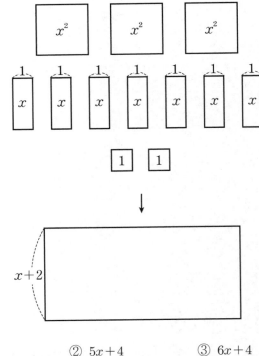

① $4x+2$ ② $5x+4$ ③ $6x+4$

④ $7x+6$ ⑤ $8x+6$

13. 다음은 어떤 모둠의 학생 7명이 가장 좋아하는 수를 각각 하나씩 적은 것이다.

> 4, 1, 6, 2, 8, 3, a

이 자료의 평균, 최빈값, 중앙값이 모두 같을 때, a의 값은? [3점]

① 2 ② 3 ③ 4 ④ 5 ⑤ 6

14. 다음은 두 직선 $y = ax + b$와 $y = c$를 나타낸 것이다.

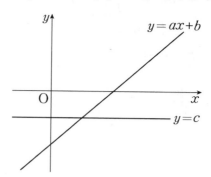

이차함수 $y = ax^2 + bx + c$의 그래프로 알맞은 것은? (단, a, b, c는 상수이다.) [4점]

①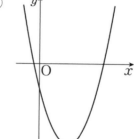

②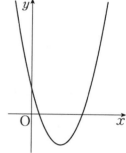

③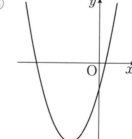

④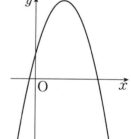

⑤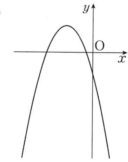

15. 두 일차함수 $y = ax$, $y = \frac{2}{3}x + 2$의 그래프와 y축으로 둘러싸인 부분의 넓이가 6이 되도록 하는 모든 실수 a의 값의 합은? (단, $a \neq \frac{2}{3}$) [4점]

① 1   ② $\frac{13}{12}$ ③ $\frac{7}{6}$ ④ $\frac{5}{4}$ ⑤ $\frac{4}{3}$

16. A, B 두 사람이 가위바위보를 하여 다음과 같은 규칙으로 점수를 얻는다.

- 이긴 사람은 4점을 얻고 진 사람은 1점을 얻는다.
- 비기면 두 사람 모두 2점씩 얻는다.

가위바위보를 10번 하고 난 결과, A는 27점을 얻었고 B는 21점을 얻었다. 이때 A가 이긴 횟수는? [4점]

① 3   ② 4   ③ 5   ④ 6   ⑤ 7

17. $\angle A > 90°$, $\overline{AB} = \overline{AC}$ 인 이등변삼각형 ABC 의 내심을 I, 외심을 O 라 하자. $\angle IBO = 33°$ 일 때, $\angle A$ 의 크기는? [4점]

① 98° ② 100° ③ 102° ④ 104° ⑤ 106°

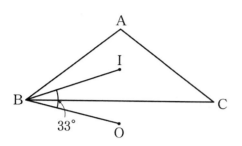

18. 다음은 숫자가 적힌 25개의 타일을 연결한 도로망과 두 지점 A, B를 나타낸 것이다.

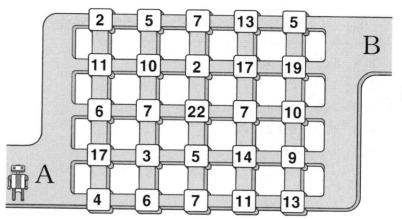

도로를 따라 ↑ 방향, ↓ 방향, → 방향으로만 이동하는 로봇이 있다. 이 로봇이 A 에서 B까지 도로를 따라 이동했을 때 지나간 타일에 적힌 모든 수의 곱이 382200 이었다. 지나간 타일에 적힌 모든 수의 합은? [4점]

① 50 ② 53 ③ 56 ④ 59 ⑤ 62

19. 다음 조건을 만족시키는 실수 a의 값의 범위는? [4점]

> **(가)** $0 < a < 1$
>
> **(나)** $a + \sqrt{7}$ 과 $a + 2\sqrt{2}$ 사이에 있는 정수의 개수는 1이다.

① $8 - 3\sqrt{7} < a < 3 - 2\sqrt{2}$

② $8 - 3\sqrt{7} < a < 3 - \sqrt{7}$

③ $3 - 2\sqrt{2} < a < 3 - \sqrt{7}$

④ $3 - 2\sqrt{2} < a < 2 - \sqrt{2}$

⑤ $3 - \sqrt{7} < a < 2 - \sqrt{2}$

20. 그림과 같이 한 변의 길이가 2인 정사각형 ABCD가 있다. 변 CD 위의 점 P에 대하여 직선 AP와 선분 BD의 교점을 Q라 하고, 직선 AP와 직선 BC의 교점을 R라 하자.

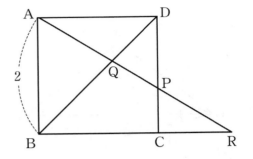

다음은 $\overline{AQ} = \overline{RP}$ 일 때, 선분 PC의 길이를 구하는 과정이다.

> $\overline{CR} = x$ 라 하자.
>
> $\overline{AD} \parallel \overline{BR}$ 이므로 $\triangle QDA \backsim \triangle QBR$
> 이다. 따라서
>
> $\boxed{\text{(가)}} : (x + 2) = \overline{AQ} : \overline{RQ}$ ...... ㉠
>
> 이다.
>
> $\triangle PCR \backsim \triangle PDA$ 이므로
>
> $x : 2 = \overline{RP} : \overline{AP}$ ...... ㉡
>
> 이다.
>
> $\overline{AQ} = \overline{RP}$ 이므로 $\overline{AP} = \overline{RQ}$ 이다.
>
> ㉠, ㉡에서 $x = \boxed{\text{(나)}}$ 이다.
>
> 따라서 $\overline{PC} = \boxed{\text{(다)}}$ 이다.

위의 (가), (나), (다)에 알맞은 수를 각각 a, b, c라 할 때, $a + b + c$의 값은? [4점]

① $2\sqrt{5} - 1$　　② 4　　③ $2 + \sqrt{5}$

④ $2\sqrt{5}$　　⑤ 5

21. 그림과 같이 반지름의 길이가 6인 원의 둘레를 12등분한 12개의 점이 있다. 이 12개의 점들 중에서 $\overline{AB}$가 원의 지름이 되도록 두 점 A, B를 잡고 $\overset{\frown}{AC} : \overset{\frown}{CD} : \overset{\frown}{DB} = 2 : 1 : 3$이 되도록 두 점 C, D를 잡는다. 마찬가지로 이 12개의 점들 중에서 $\overset{\frown}{AE} : \overset{\frown}{EF} : \overset{\frown}{FB} = 2 : 3 : 1$이 되도록 두 점 E, F를 잡는다. $\overline{AB}$와 $\overline{DE}$의 교점을 P, $\overline{AB}$와 $\overline{CF}$의 교점을 Q라 하자. <보기>에서 옳은 것만을 있는 대로 고른 것은? (단, 점 C와 E는 서로 다른 점이다.) [4점]

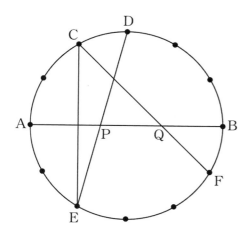

─────── < 보 기 > ───────
ㄱ. $\angle ECF = 45°$
ㄴ. $\overline{CE} = 6\sqrt{3}$
ㄷ. $\overline{PQ} = 9 - 3\sqrt{3}$

① ㄱ   ② ㄱ, ㄴ   ③ ㄱ, ㄷ
④ ㄴ, ㄷ   ⑤ ㄱ, ㄴ, ㄷ

단 답 형

22. $6 \times \sin 30°$의 값을 구하시오. [3점]

23. 이차함수 $y = x^2 + 2x + 3 + 4k$의 꼭짓점의 y좌표가 30일 때, 상수 k의 값을 구하시오. [3점]

24. 그림과 같이 함수 $y = -\dfrac{a}{x}$의 그래프가 있다. 점 A$(3, 4)$를 지나고 y축에 평행한 직선이 함수 $y = -\dfrac{a}{x}$의 그래프와 만나는 점을 B라 하자. $\overline{AB} = 8$일 때, 양수 a의 값을 구하시오. [3점]

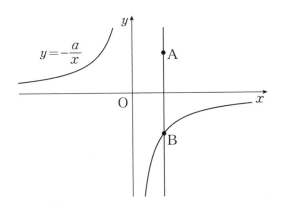

25. 다음은 어느 학교에서 실시하는 문화 체험의 날에 할 수 있는 체험을 조사한 것이다.

오전에 가능한 체험	오후에 가능한 체험
미술관 관람 고궁 관람 야구 경기 관람	전통 시장 방문 뮤지컬 관람 축구 경기 관람
박물관 견학(오전, 오후 모두 가능)	

위의 7가지 체험 중에서 오전과 오후에 각각 한 가지씩 선택하여 서로 다른 두 가지 체험을 하는 방법의 수를 구하시오. [3점]

26. A는 흰 공 9개, 검은 공 1개가 들어 있는 주머니를 가지고 있고 B는 흰 공 8개, 검은 공 2개가 들어 있는 주머니를 가지고 있다. A와 B가 동시에 자신의 주머니에서 각각 한 개씩 공을 꺼낼 때, 같은 색의 공이 나올 확률이 $\dfrac{q}{p}$이다. $p + q$의 값을 구하시오. (단, p와 q는 서로소인 자연수이다.) [4점]

27. 그림과 같이 세 모서리의 길이가 1, a, $\sqrt{2}$ 인 직육면체가 있다. 이 직육면체의 부피가 자연수가 되도록 하는 10 이하의 실수 a의 개수를 구하시오. [4점]

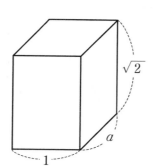

● 2017학년도 06월(고1)

28. 선분 AB를 지름으로 하는 반원이 있다. 그림과 같이 호 AB 위의 점 P에서 선분 AB에 내린 수선의 발을 Q라 하고, 선분 AQ와 선분 QB를 지름으로 하는 반원을 각각 그린다. 호 AB, 호 AQ 및 호 QB로 둘러싸인 ⌢⌢ 모양 도형의 넓이를 S_1, 선분 PQ를 지름으로 하는 반원의 넓이를 S_2라 하자. $\overline{AQ} - \overline{QB} = 8\sqrt{3}$ 이고 $S_1 - S_2 = 2\pi$일 때, 선분 AB의 길이를 구하시오. [4점]

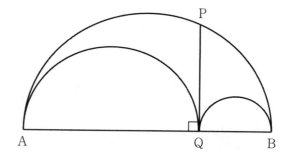

29. $\overline{AB}=\overline{AC}$ 인 이등변삼각형 ABC 의 무게중심을 G 라 하고, 두 삼각형 GAB, GCA 의 무게중심을 각각 P, Q 라 하자. 삼각형 APQ 의 넓이가 30 일 때, 삼각형 ABC 의 넓이를 구하시오.

[4점]

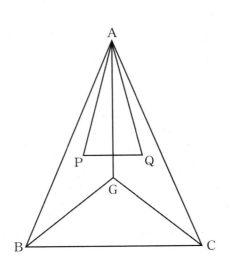

30. 한 변의 길이가 4인 정육각형 모양의 종이를 다음과 같이 차례로 접는다.

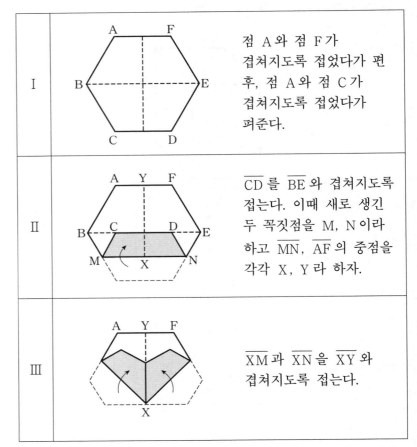

I		점 A와 점 F가 겹쳐지도록 접었다가 편 후, 점 A와 점 C가 겹쳐지도록 접었다가 펴준다.
II		$\overline{CD}$ 를 $\overline{BE}$ 와 겹쳐지도록 접는다. 이때 새로 생긴 두 꼭짓점을 M, N이라 하고 $\overline{MN}$, $\overline{AF}$ 의 중점을 각각 X, Y 라 하자.
III		$\overline{XM}$ 과 $\overline{XN}$ 을 $\overline{XY}$ 와 겹쳐지도록 접는다.

아래 그림은 위와 같은 방법으로 접은 모양을 나타낸 것이다.

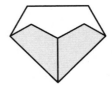

이 그림의 어두운 부분인 ⬙ 모양의 넓이가 $a+b\sqrt{3}$ 일 때, $a+b$의 값을 구하시오. (단, a, b는 유리수이고, 종이의 두께는 무시한다.) [4점]

★ **확인 사항**

○ 답안지의 해당란에 필요한 내용을 정확히 기입(표기) 했는지 확인하시오.

수학 영역

● 문항수 30개 | 배점 100점 | 제한 시간 100분　　　　　　　　　● 배점은 2점, 3점 또는 4점　● 출처 : 고1 학력평가

5 지 선 다 형

1. $\dfrac{5}{2} \div \left(-\dfrac{1}{2}\right)^2$ 의 값은? [2점]

① -10　　② -5　　③ 2　　④ 5　　⑤ 10

2. 두 수 $2^2 \times 3$, $2 \times 3 \times 5$ 의 최대공약수는? [2점]

① 2　　② 3　　③ 4　　④ 5　　⑤ 6

3. 일차방정식 $7x+3=5x+1$ 의 해는? [2점]

① -2　　② -1　　③ 0　　④ 1　　⑤ 2

4. 다항식 x^2+6x+8 을 인수분해하면 $(x+2)(x+a)$ 일 때, 상수 a의 값은? [3점]

① 1　　② 2　　③ 3　　④ 4　　⑤ 5

5. 함수 $y = \dfrac{a}{x}$ 의 그래프가 두 점 $(3, 4)$, $(6, b)$ 를 지날 때, 두 상수 a, b의 합 $a+b$의 값은? [3점]

① 13　　② 14　　③ 15　　④ 16　　⑤ 17

6. 두 자연수 a, b에 대하여 $(7^3 \times 9)^3 = 7^a \times 3^b$이 성립할 때, $a+b$의 값은? [3점]

① 11　　② 13　　③ 15　　④ 17　　⑤ 19

7. 일차함수 $y = 2x$의 그래프를 평행이동하였더니 일차함수 $y = ax+b$의 그래프와 겹쳐졌다. 이 그래프의 x절편이 3일 때, $a+b$의 값은? (단, a, b는 상수이다.) [3점]

① -8　　② -7　　③ -6　　④ -5　　⑤ -4

8. $\angle B = 90°$인 직각삼각형 ABC에서 $\sin A = \dfrac{2\sqrt{2}}{3}$일 때, $\cos A$의 값은? [3점]

① $\dfrac{1}{6}$ ② $\dfrac{1}{3}$ ③ $\dfrac{1}{2}$ ④ $\dfrac{2}{3}$ ⑤ $\dfrac{5}{6}$

9. 연립방정식

$$\begin{cases} 2x + y = 7 \\ 3x - 2y = 0 \end{cases}$$

의 해가 $x = a$, $y = b$일 때, $a + b$의 값은? [3점]

① 4 ② 5 ③ 6 ④ 7 ⑤ 8

10. 그림과 같이 사각형 ABCD에서 $\overline{AB} = 4$, $\overline{BC} = 9$, $\overline{AD} = 3$이다. 대각선 BD는 $\angle B$의 이등분선이고 $\angle BDA = \angle BCD$일 때, 선분 DC의 길이는? [3점]

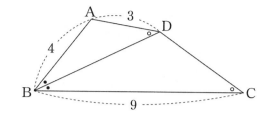

① 4 ② $\dfrac{17}{4}$ ③ $\dfrac{9}{2}$ ④ $\dfrac{19}{4}$ ⑤ 5

11. 숫자 1, 2, 3, 4, 5, 6이 하나씩 적혀 있는 카드 6장이 있다. 이 중 1장의 카드를 임의로 뽑을 때, 2의 배수 또는 5의 배수가 적혀 있는 카드가 나올 확률은? [3점]

① $\frac{1}{6}$　② $\frac{1}{3}$　③ $\frac{1}{2}$　④ $\frac{2}{3}$　⑤ $\frac{5}{6}$

12. 그림과 같이 $\angle C = 90°$, $\overline{BC} = 12$인 직각삼각형 ABC의 내접원의 반지름의 길이가 2이다. 이 직각삼각형 ABC의 외접원의 둘레의 길이는? [3점]

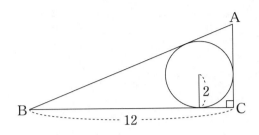

① 13π　② 14π　③ 15π　④ 16π　⑤ 17π

13. 그림은 어느 동호회 회원 25명의 나이를 조사하여 나타낸 히스토그램의 일부이다. 이 히스토그램을 이용하여 계산한 동호회 회원 25명의 나이의 평균은? [3점]

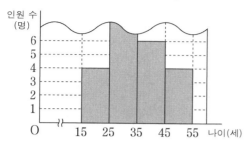

① 31세   ② 32세   ③ 33세   ④ 34세   ⑤ 35세

14. 그림과 같이 구름다리의 두 지점을 각각 A, B라 하자. 이 구름다리를 따라 두 지점 A, B를 연결하면 반지름의 길이가 6 m인 원의 일부가 된다. 선분 AB의 중점을 M, 점 M을 지나고 선분 AB에 수직인 직선이 호 AB와 만나는 점을 N이라 하자. $\overline{AB} = 8\,m$일 때, $\overline{MN} = a\,m$이다. a의 값은? (단, $a < 6$) [4점]

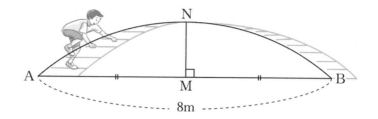

① $5 - 2\sqrt{5}$ ② $6 - 2\sqrt{5}$ ③ $7 - 2\sqrt{5}$

④ $5 - \sqrt{5}$ ⑤ $6 - \sqrt{5}$

15. 그림과 같이 $\overline{AB}=2$, $\overline{BC}=4$인 직사각형 ABCD가 있다. 대각선 BD 위에 한 점 O를 잡고, 점 O에서 네 변 AB, BC, CD, DA에 내린 수선의 발을 각각 P, Q, R, S라 하자. 사각형 APOS와 사각형 OQCR의 넓이의 합이 3이고 $\overline{AP} < \overline{PB}$일 때, 선분 AP의 길이는? [4점]

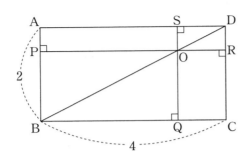

① $\dfrac{3}{8}$ ② $\dfrac{7}{16}$ ③ $\dfrac{1}{2}$ ④ $\dfrac{9}{16}$ ⑤ $\dfrac{5}{8}$

16. 그림과 같이 좌표평면에서 두 점 A(2, 6), B(8, 0)에 대하여 일차함수 $y=\dfrac{1}{2}x+\dfrac{1}{2}$의 그래프가 x축과 만나는 점을 C, 선분 AB와 만나는 점을 D라 할 때, 삼각형 CBD의 넓이는? [4점]

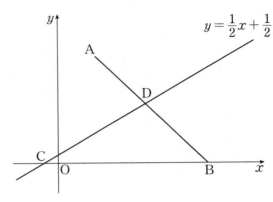

① $\dfrac{23}{2}$ ② 12 ③ $\dfrac{25}{2}$ ④ 13 ⑤ $\dfrac{27}{2}$

17. 그림과 같이 $\overline{AD}=3$, $\overline{DC}=2\sqrt{3}$ 인 직사각형 ABCD가 있다. 선분 AD 위의 점 E, 선분 BC 위의 점 F에 대하여 두 선분 EC, DF가 선분 AB를 지름으로 하는 반원 위의 두 점 G, H에서 각각 접한다. 선분 GH의 길이는? [4점]

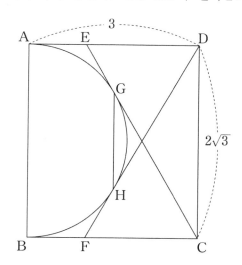

① 1 ② $\sqrt{2}$ ③ $\dfrac{3}{2}$ ④ $\sqrt{3}$ ⑤ 2

18. 좌표평면 위의 두 점 A(2, 2), B(8, 2)에 대하여 이차함수 $y=ax^2+bx+c\,(a<0)$의 그래프가 다음 조건을 만족시킬 때, $a+b+c$의 값은? (단, a, b, c는 상수이다.) [4점]

> (가) 꼭짓점의 y좌표는 4이다.
> (나) 선분 AB와 두 점 P, Q에서 만나고 $\overline{AP}=\overline{PQ}=\overline{QB}=2$이다.

① -28 ② -26 ③ -24 ④ -22 ⑤ -20

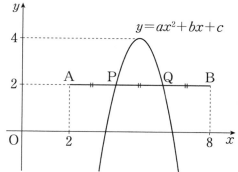

08회

19. 그림과 같이 $\angle A = 90°$이고 $\overline{AB} = 3$, $\overline{AC} = 4$인 직각삼각형 ABC에 대하여 점 A에서 선분 BC에 내린 수선의 발을 H라 하자. 선분 HC 위의 점 D에 대하여 $\tan(\angle ADH) = 2$일 때, <보기>에서 옳은 것만을 있는 대로 고른 것은? [4점]

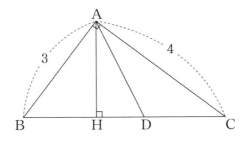

< 보 기 >

ㄱ. $\overline{AH} = \dfrac{12}{5}$

ㄴ. $\overline{BD} = \dfrac{16}{5}$

ㄷ. $\tan(\angle BAD) = 2$

---

① ㄱ   ② ㄴ   ③ ㄱ, ㄴ

④ ㄱ, ㄷ   ⑤ ㄱ, ㄴ, ㄷ

20. 좌표평면에서 두 이차함수

$$y = x^2 - 2x + 1, \quad y = -\frac{1}{2}x^2 + 3x - \frac{5}{2}$$

의 그래프가 x축에 수직인 직선과 만나는 두 점을 각각 A, B라 하자.

다음은 점 $C(k, 0)$에 대하여 삼각형 ABC가 정삼각형이 되도록 하는 양수 k의 값을 구하는 과정이다.

두 점 A, B를 지나는 직선의 방정식을 $x = t$라 하고 직선 $x = t$와 x축과의 교점을 D라 하자.

삼각형 ABC가 정삼각형이 되기 위해서는 직선 CD가 선분 AB를 수직이등분해야 한다.

그러므로 $\overline{AD} = \overline{BD}$에서

$$t^2 + \boxed{\ (가)\ } = 0$$

$$t = 1 \ \text{또는} \ t = \boxed{\ (나)\ }$$

이때 $t = 1$인 경우는 조건을 만족시키지 않고 $t = \boxed{\ (나)\ }$인 경우는 조건을 만족시킨다.

따라서 양수 k의 값은 $\boxed{\ (다)\ }$이다.

위의 (가)에 알맞은 식을 $f(t)$라 하고 (나), (다)에 알맞은 수를 각각 a, b라 할 때, $f(a) + b$의 값은? [4점]

① $-12 + 16\sqrt{3}$ ② $-11 + 16\sqrt{3}$ ③ $-12 + 17\sqrt{3}$

④ $-12 + 18\sqrt{2}$ ⑤ $-11 + 18\sqrt{2}$

21. 한 변의 길이가 $10\,\mathrm{cm}$인 정사각형 모양의 종이를 다음과 같이 차례로 접는다.

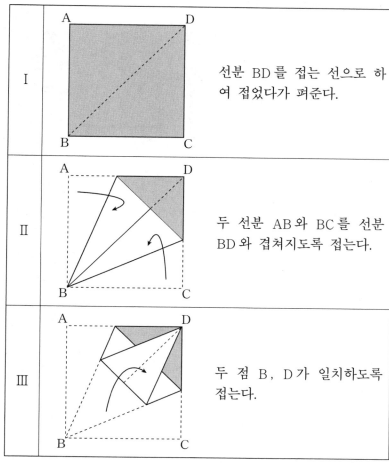

Ⅰ		선분 BD를 접는 선으로 하여 접었다가 펴준다.
Ⅱ		두 선분 AB와 BC를 선분 BD와 겹쳐지도록 접는다.
Ⅲ		두 점 B, D가 일치하도록 접는다.

아래 그림은 위와 같은 방법으로 접은 모양을 나타낸 것이다. 선분 PQ의 길이가 $(a+b\sqrt{2}\,)\,\mathrm{cm}$일 때, $a+b$의 값은? (단, a, b는 정수이고, 종이의 두께는 무시한다.) [4점]

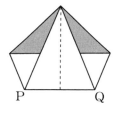

① 6 　　② 7 　　③ 8 　　④ 9 　　⑤ 10

22. 다항식 $\dfrac{1}{2}(4x+3)+4(x-1)$을 간단히 하였을 때, x의 계수를 구하시오. [3점]

23. 부등식 $2<\sqrt{3x}<\sqrt{26}$을 만족시키는 자연수 x의 개수를 구하시오. [3점]

24. 10보다 작은 두 자연수 a, b에 대하여 $\dfrac{15}{22}$ 를 순환소수로 나타내면 $0.6\dot{a}\dot{b}$ 이다. $10a+b$의 값을 구하시오. [3점]

26. 그림과 같이 두 밑면의 넓이는 각각 $4x$, x이고 높이는 $x+5$인 원뿔대가 있다. 이 원뿔대의 부피가 700일 때, x의 값을 구하시오. [4점]

[해설편 p.080]

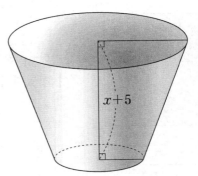

25. 그림과 같이 한 변의 길이가 a인 정사각형 2개와 한 변의 길이가 b인 정사각형 3개를 모두 사용하여 직사각형 ABCD를 만들었다. 직사각형 ABCD의 둘레의 길이가 88일 때, $a+b$의 값을 구하시오. [3점]

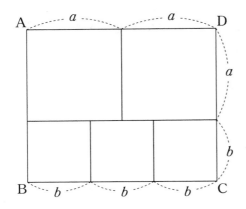

27. 6명의 학생이 팔씨름 시합을 하여 이기는 학생에게는 2점, 지는 학생에게는 0점을 주기로 하였다. 6명의 학생은 모두 서로 한 번씩 시합을 하였고 총 15번의 시합 중 비기는 경우는 없었다. 다음은 학생들이 받은 점수를 조사하여 표로 나타낸 것이다. 학생들이 받은 점수의 분산을 V라 할 때, $30V$의 값을 구하시오. (단, a, b는 상수이다.) [4점]

받은 점수(점)	학생 수(명)
2	1
4	a
6	b
8	1
합계	6

28. 좌표평면에서 이차함수 $y=f(x)$의 그래프의 꼭짓점을 A라 하고 이차함수 $y=f(x)$의 그래프가 x축과 만나는 두 점을 B, C라 할 때, 세 점 A, B, C가 다음 조건을 만족시킨다.

> (가) 점 A는 이차함수 $y=-x^2-2x-7$의 그래프의 꼭짓점이다.
>
> (나) 삼각형 ABC의 넓이는 12이다.

$f(3)$의 값을 구하시오. [4점]

29. 그림과 같이 삼각형 ABC에서 변 BC의 중점을 M, 변 AC를 삼등분하는 두 점을 각각 D, E라 하자. 또 선분 AM이 두 선분 BD, BE와 만나는 점을 각각 P, Q라 하자. $\overline{PQ}=1$일 때, $\overline{AM}=\dfrac{q}{p}$이다. $p+q$의 값을 구하시오. (단, p와 q는 서로소인 자연수이다.) [4점]

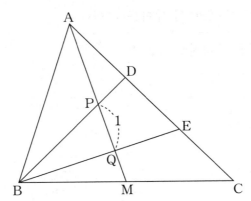

30. 한 눈금의 길이가 1인 모눈종이 위에 그림과 같이 두 점 A, B를 포함하여 81개의 점이 그려져 있다. 이 점 중에서 한 점을 선택하여 그 점을 C라 하자. 세 점 A, B, C를 꼭짓점으로 하는 삼각형이 예각삼각형이 되도록 하는 점 C의 개수를 구하시오. [4점]

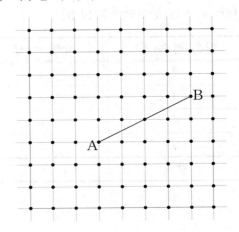

* 확인 사항
○ 답안지의 해당란에 필요한 내용을 정확히 기입(표기)했는지 확인하시오.

2023학년도 6월 고1 전국연합학력평가 문제지

수학 영역

제 2 교시

09회

● 문항수 **30**개 | 배점 **100**점 | 제한 시간 **100**분

● 배점은 **2**점, **3**점 또는 **4**점

1

5 지 선 다 형

1. $i(1-i)$의 값은? (단, $i=\sqrt{-1}$) [2점]

① $-1-i$ ② $-1+i$ ③ i ④ $1-i$ ⑤ $1+i$

2. 두 다항식 $A=2x^2-4x+3$, $B=-x^2+9x+6$에 대하여 $A+B$를 간단히 하면? [2점]

① x^2+5x+9 ② x^2+5x-9 ③ x^2-5x+9
④ $-x^2+5x+9$ ⑤ $-x^2-5x+9$

3. x에 대한 다항식 x^3-2x^2-8x+a가 $x-3$으로 나누어떨어질 때, 상수 a의 값은? [2점]

① 6 ② 9 ③ 12 ④ 15 ⑤ 18

4. 등식

$$x^2+ax-3=x(x+2)+b$$

가 x에 대한 항등식일 때, $a+b$의 값은? (단, a, b는 상수이다.) [3점]

① -5 ② -4 ③ -3 ④ -2 ⑤ -1

5. 부등식 $|2x-3|<5$의 해가 $a<x<b$일 때, $a+b$의 값은?

[3점]

① 2   ② $\dfrac{5}{2}$ ③ 3   ④ $\dfrac{7}{2}$ ⑤ 4

7. $\dfrac{2022\times(2023^2+2024)}{2024\times2023+1}$의 값은? [3점]

① 2018   ② 2020   ③ 2022   ④ 2024   ⑤ 2026

6. 이차함수 $y=x^2+5x+9$의 그래프와 직선 $y=x+k$가 만나지 않도록 하는 자연수 k의 개수는? [3점]

① 1   ② 2   ③ 3   ④ 4   ⑤ 5

8. $x=1-2i$, $y=1+2i$일 때, $x^3y+xy^3-x^2-y^2$의 값은?

(단, $i=\sqrt{-1}$) [3점]

① -24 ② -22 ③ -20 ④ -18 ⑤ -16

9. 연립방정식

$$\begin{cases} 4x^2 - y^2 = 27 \\ 2x + y = 3 \end{cases}$$

의 해를 $x = \alpha$, $y = \beta$라 할 때, $\alpha - \beta$의 값은? [3점]

① 2   ② 4   ③ 6   ④ 8   ⑤ 10

10. x에 대한 이차방정식 $2x^2 + ax + b = 0$의 한 근이 $2 - i$일 때, $b - a$의 값은? (단, a, b는 실수이고, $i = \sqrt{-1}$ 이다.) [3점]

① 12   ② 14   ③ 16   ④ 18   ⑤ 20

11. 최고차항의 계수가 1인 이차다항식 $P(x)$가 다음 조건을 만족시킬 때, $P(4)$의 값은? [3점]

(가) $P(x)$를 $x-1$로 나누었을 때의 나머지는 1이다.
(나) $xP(x)$를 $x-2$로 나누었을 때의 나머지는 2이다.

① 6 ② 7 ③ 8 ④ 9 ⑤ 10

12. x에 대한 삼차방정식 $x^3-(2a+1)x^2+(a+1)^2x-(a^2+1)=0$의 서로 다른 두 허근을 α, β라 하자. $\alpha+\beta=8$일 때, $\alpha\beta$의 값은? (단, a는 실수이다.) [3점]

① 16 ② 17 ③ 18 ④ 19 ⑤ 20

13. x에 대한 다항식 $x^5 + ax^2 + (a+1)x + 2$를 $x-1$로 나누었을 때의 몫은 $Q(x)$이고 나머지는 6이다. $a + Q(2)$의 값은? (단, a는 상수이다.) [3점]

① 33   ② 35   ③ 37   ④ 39   ⑤ 41

14. 분자 사이에 인력이나 반발력이 작용하지 않고 분자의 크기를 무시할 수 있는 가상의 기체를 이상 기체라 한다. 강철 용기에 들어 있는 이상 기체의 부피를 $V(\text{L})$, 몰수를 $n(\text{mol})$, 절대 온도를 $T(\text{K})$, 압력을 $P(\text{atm})$이라 할 때, 다음과 같은 관계식이 성립한다.

$$V = R\left(\frac{nT}{P}\right) \quad \text{(단, } R \text{는 기체 상수이다.)}$$

강철 용기 A와 강철 용기 B에 부피가 각각 V_A, V_B인 이상 기체가 들어 있다. 강철 용기 A에 담긴 이상 기체의 몰수는 강철 용기 B에 담긴 이상 기체의 몰수의 $\frac{1}{4}$배이고, 강철 용기 A에 담긴 이상 기체의 압력은 강철 용기 B에 담긴 이상 기체의 압력의 $\frac{3}{2}$배이다.

강철 용기 A와 강철 용기 B에 담긴 이상 기체의 절대 온도가 같을 때, $\dfrac{V_A}{V_B}$의 값은? [4점]

① $\dfrac{1}{6}$ ② $\dfrac{1}{3}$ ③ $\dfrac{1}{2}$ ④ $\dfrac{2}{3}$ ⑤ $\dfrac{5}{6}$

09회

15. 그림과 같이 직선 $x = t (0 < t < 3)$이
두 이차함수 $y = 2x^2 + 1$, $y = -(x-3)^2 + 1$의 그래프와
만나는 점을 각각 P, Q라 하자. 두 점 A(0, 1), B(3, 1)에
대하여 사각형 PAQB의 넓이의 최솟값은? [4점]

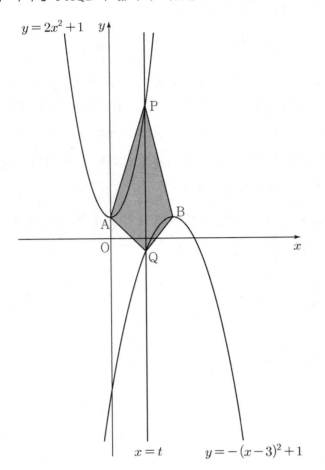

① $\dfrac{15}{2}$ ② 9 ③ $\dfrac{21}{2}$ ④ 12 ⑤ $\dfrac{27}{2}$

16. x에 대한 삼차방정식 $(x-a)\{x^2 + (1-3a)x + 4\} = 0$이
서로 다른 세 실근 1, α, β를 가질 때, $\alpha\beta$의 값은?
(단, a는 상수이다.) [4점]

① 4 ② 6 ③ 8 ④ 10 ⑤ 12

17. 그림과 같이 이차함수 $y = ax^2 (a > 0)$의 그래프와 직선 $y = x + 6$이 만나는 두 점 A, B의 x좌표를 각각 α, β라 하자. 점 B에서 x축에 내린 수선의 발을 H, 점 A에서 선분 BH에 내린 수선의 발을 C라 하자. $\overline{BC} = \dfrac{7}{2}$일 때, $\alpha^2 + \beta^2$의 값은? (단, $\alpha < \beta$) [4점]

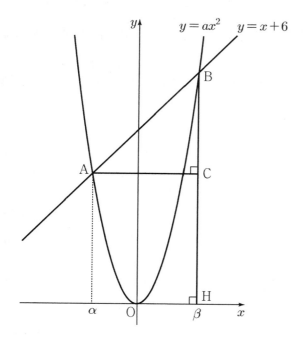

① $\dfrac{23}{4}$ ② $\dfrac{25}{4}$ ③ $\dfrac{27}{4}$ ④ $\dfrac{29}{4}$ ⑤ $\dfrac{31}{4}$

18. 다음은 자연수 n에 대하여 x에 대한 사차방정식

$$4x^4 - 4(n+2)x^2 + (n-2)^2 = 0$$

이 서로 다른 네 개의 정수해를 갖도록 하는 20 이하의 모든 n의 값을 구하는 과정이다.

$P(x) = 4x^4 - 4(n+2)x^2 + (n-2)^2$이라 하자.

$x^2 = X$라 하면 주어진 방정식 $P(x) = 0$은

$4X^2 - 4(n+2)X + (n-2)^2 = 0$이고

근의 공식에 의해 $X = \dfrac{n+2 \pm \sqrt{\boxed{(가)}}}{2}$이다.

그러므로 $X = \left(\sqrt{\dfrac{n}{2}} + 1\right)^2$ 또는 $X = \left(\sqrt{\dfrac{n}{2}} - 1\right)^2$에서

$x = \sqrt{\dfrac{n}{2}} + 1$ 또는 $x = -\sqrt{\dfrac{n}{2}} - 1$ 또는 $x = \sqrt{\dfrac{n}{2}} - 1$

또는 $x = -\sqrt{\dfrac{n}{2}} + 1$이다.

방정식 $P(x) = 0$이 정수해를 갖기 위해서는 $\sqrt{\dfrac{n}{2}}$이 자연수가

되어야 한다.

따라서 자연수 n에 대하여 방정식 $P(x) = 0$이 서로 다른 네 개의 정수해를 갖도록 하는 20 이하의 모든 n의 값은 $\boxed{(나)}$, $\boxed{(다)}$이다.

위의 (가)에 알맞은 식을 $f(n)$이라 하고, (나), (다)에 알맞은 수를 각각 a, b라 할 때, $f(b-a)$의 값은? (단, $a < b$) [4점]

① 48   ② 56   ③ 64   ④ 72   ⑤ 80

19. 그림과 같이 선분 AB를 빗변으로 하는 직각삼각형 ABC가 있다. 점 C에서 선분 AB에 내린 수선의 발을 H라 할 때, $\overline{CH}=1$이고 삼각형 ABC의 넓이는 $\frac{4}{3}$이다.

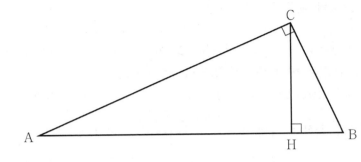

$\overline{BH}=x$라 할 때, $3x^3-5x^2+4x+7$의 값은? (단, $x<1$) [4점]

① $13-3\sqrt{7}$ ② $14-3\sqrt{7}$ ③ $15-3\sqrt{7}$

④ $16-3\sqrt{7}$ ⑤ $17-3\sqrt{7}$

20. 실수 a에 대하여 이차함수 $f(x)=(x-a)^2$이 다음 조건을 만족시킨다.

> (가) $2\le x\le 10$에서 함수 $f(x)$의 최솟값은 0이다.
>
> (나) $2\le x\le 6$에서 함수 $f(x)$의 최댓값과 $6\le x\le 10$에서 함수 $f(x)$의 최솟값은 같다.

$f(-1)$의 최댓값을 M, 최솟값을 m이라 할 때, $M+m$의 값은? [4점]

① 34   ② 35   ③ 36   ④ 37   ⑤ 38

21. 1이 아닌 양수 k에 대하여 직선 $y=k$와 이차함수 $y=x^2$의 그래프가 만나는 두 점을 각각 A, B라 하고, 직선 $y=k$와 이차함수 $y=x^2-6x+6$의 그래프가 만나는 두 점을 각각 C, D라 할 때, <보기>에서 옳은 것만을 있는 대로 고른 것은? (단, 점 A의 x좌표는 점 B의 x좌표보다 작고, 점 C의 x좌표는 점 D의 x좌표보다 작다.) [4점]

―――――― < 보 기 > ――――――

ㄱ. $k=6$일 때, $\overline{\text{CD}}=6$이다.

ㄴ. k의 값에 관계없이 $\overline{\text{CD}}^2-\overline{\text{AB}}^2$의 값은 일정하다.

ㄷ. $\overline{\text{CD}}+\overline{\text{AB}}=4$일 때, $k+\overline{\text{BC}}=\dfrac{17}{16}$이다.

① ㄱ   ② ㄱ, ㄴ   ③ ㄱ, ㄷ
④ ㄴ, ㄷ   ⑤ ㄱ, ㄴ, ㄷ

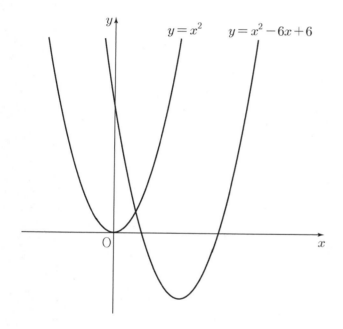

22. 다항식 $(4x-y-3z)^2$의 전개식에서 yz의 계수를 구하시오. [3점]

23. x에 대한 부등식 $x^2+ax+b\le 0$의 해가 $-2\le x\le 4$일 때, ab의 값을 구하시오. (단, a, b는 상수이다.) [3점]

24. 다항식 x^3+2를 $(x+1)(x-2)$로 나누었을 때의 나머지를 $ax+b$라 할 때, $a+b$의 값을 구하시오. (단, a, b는 상수이다.) [3점]

25. 이차방정식 $x^2-6x+11=0$의 서로 다른 두 허근을 α, β라 할 때, $11\left(\dfrac{\overline{\alpha}}{\alpha}+\dfrac{\overline{\beta}}{\beta}\right)$의 값을 구하시오.

(단, $\overline{\alpha}$, $\overline{\beta}$는 각각 α, β의 켤레복소수이다.) [3점]

26. 다음은 삼차다항식 $P(x)=ax^3+bx^2+cx+11$을 $x-3$으로 나누었을 때의 몫과 나머지를 조립제법을 이용하여 구하는 과정의 일부를 나타낸 것이다.

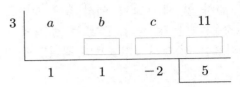

$P(x)$를 $x-4$로 나누었을 때의 나머지를 구하시오. (단, a, b, c는 상수이다.) [4점]

[해설편 p.090]

27. 자연수 n에 대하여 x에 대한 연립부등식

$$\begin{cases} |x-n| > 2 \\ x^2 - 14x + 40 \leq 0 \end{cases}$$

을 만족시키는 자연수 x의 개수가 2가 되도록 하는 모든 n의 값의 합을 구하시오. [4점]

28. 그림과 같이 이차함수 $y = x^2 - 4x + \dfrac{25}{4}$의 그래프가

직선 $y = ax\,(a > 0)$과 한 점 A에서만 만난다.

이차함수 $y = x^2 - 4x + \dfrac{25}{4}$의 그래프가 y축과 만나는 점을 B, 점 A에서 x축에 내린 수선의 발을 H라 하고, 선분 OA와 선분 BH가 만나는 점을 C라 하자.

삼각형 BOC의 넓이를 S_1, 삼각형 ACH의 넓이를 S_2라 할 때, $S_1 - S_2 = \dfrac{q}{p}$이다. $p+q$의 값을 구하시오. (단, O는 원점이고, p와 q는 서로소인 자연수이다.) [4점]

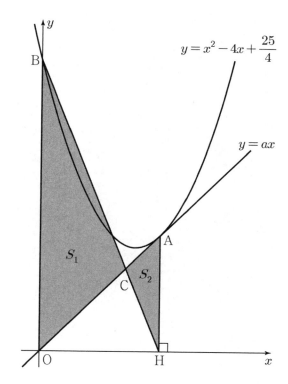

29. 49 이하의 두 자연수 m, n이

$$\left\{\left(\frac{1+i}{\sqrt{2}}\right)^m - i^n\right\}^2 = 4$$

를 만족시킬 때, $m+n$의 최댓값을 구하시오. (단, $i = \sqrt{-1}$) [4점]

30. 두 이차함수 $f(x)$, $g(x)$가 다음 조건을 만족시킨다.

> (가) 함수 $y=f(x)$의 그래프는 x축과 한 점 $(0, 0)$에서만 만난다.
> (나) 부등식 $f(x)+g(x) \geq 0$의 해는 $x \geq 2$이다.
> (다) 모든 실수 x에 대하여 $f(x)-g(x) \geq f(1)-g(1)$이다.

x에 대한 방정식 $\{f(x)-k\} \times \{g(x)-k\}=0$이 실근을 갖지 않도록 하는 정수 k의 개수가 5일 때, $f(22)+g(22)$의 최댓값을 구하시오. [4점]

* 확인 사항
○ 답안지의 해당란에 필요한 내용을 정확히 기입(표기) 했는지 확인하시오.

수학 영역

● 문항수 30개 | 배점 100점 | 제한 시간 100분

● 배점은 2점, 3점 또는 4점

5 지 선 다 형

1. $1+2i+i(1-i)$의 값은? (단, $i=\sqrt{-1}$ 이다.) [2점]

① $-2+3i$ ② $-1+3i$ ③ $-1+4i$ ④ $2+3i$ ⑤ $2+4i$

2. 두 다항식 $A=4x^2+2x-1$, $B=x^2+x-3$에 대하여 $A-2B$를 간단히 하면? [2점]

① x^2+2 ② x^2+5 ③ $2x^2+5$
④ x^2-x+4 ⑤ $2x^2-x+4$

3. 다항식 x^3+x^2+x+1을 $2x-1$로 나눈 나머지는? [2점]

① $\dfrac{9}{8}$ ② $\dfrac{11}{8}$ ③ $\dfrac{13}{8}$ ④ $\dfrac{15}{8}$ ⑤ $\dfrac{17}{8}$

4. x에 대한 이차부등식 $x^2+ax+b<0$의 해가 $-4<x<3$일 때, 두 상수 a, b에 대하여 $a-b$의 값은? [3점]

① 5 ② 7 ③ 9 ④ 11 ⑤ 13

5. 부등식 $|x-2|<5$를 만족시키는 모든 정수 x의 개수는? [3점]

    ① 5   ② 6   ③ 7   ④ 8   ⑤ 9

6. $101^3 - 3\times101^2 + 3\times101 - 1$의 값은? [3점]

    ① 10^5 ② 3×10^5 ③ 10^6 ④ 3×10^6 ⑤ 10^7

7. 어느 가족이 작년까지 한 변의 길이가 10 m인 정사각형 모양의 밭을 가꾸었다. 올해는 그림과 같이 가로의 길이를 x m 만큼, 세로의 길이를 $(x-10)$ m만큼 늘여서 새로운 직사각형 모양의 밭을 가꾸었다. 올해 늘어난 ⌐ 모양의 밭의 넓이가 500m^2일 때, x의 값은? (단, $x > 10$) [3점]

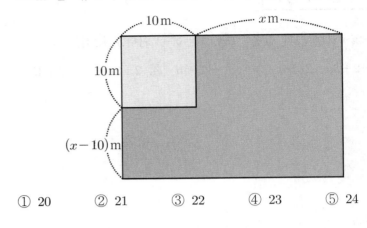

    ① 20   ② 21   ③ 22   ④ 23   ⑤ 24

8. 다항식 $Q(x)$에 대하여 등식

$$x^3 - 5x^2 + ax + 1 = (x-1)Q(x) - 1$$

이 x에 대한 항등식일 때, $Q(a)$의 값은? (단, a는 상수이다.)

                                                    [3점]

    ① -6 ② -5 ③ -4 ④ -3 ⑤ -2

9. $x=2+i$, $y=2-i$일 때, $x^4+x^2y^2+y^4$의 값은?
  (단, $i=\sqrt{-1}$ 이다.) [3점]

　① 9　　　② 10　　　③ 11　　　④ 12　　　⑤ 13

10. 이차함수 $y=x^2+2(a-1)x+2a+13$의 그래프가 x축과 만나지 않도록 하는 모든 정수 a의 값의 합은? [3점]

　① 12　　　② 14　　　③ 16　　　④ 18　　　⑤ 20

11. x에 대한 이차방정식 $x^2+k(2p-3)x-(p^2-2)k+q+2=0$이
    실수 k의 값에 관계없이 항상 1을 근으로 가질 때,
    두 상수 p, q에 대하여 $p+q$의 값은? [3점]

① -5 ② -2 ③ 1 ④ 4 ⑤ 7

12. 연립방정식
$$\begin{cases} x+y+xy=8 \\ 2x+2y-xy=4 \end{cases}$$

의 해를 $x=\alpha$, $y=\beta$라 할 때, $\alpha^2+\beta^2$의 값은? [3점]

① 8 ② 10 ③ 12 ④ 14 ⑤ 16

13. 삼차방정식

$$x^3 + 2x^2 - 3x - 10 = 0$$

의 서로 다른 두 허근을 α, β라 할 때, $\alpha^3 + \beta^3$의 값은? [3점]

① -2 ② -3 ③ -4 ④ -5 ⑤ -6

14. x에 대한 이차방정식 $x^2 - 2kx - k + 20 = 0$이 서로 다른 두 실근 α, β를 가질 때, $\alpha\beta > 0$을 만족시키는 모든 자연수 k의 개수는? [4점]

① 14   ② 15   ③ 16   ④ 17   ⑤ 18

15. 이차다항식 $P(x)$가 다음 조건을 만족시킬 때, $P(-1)$의 값은? [4점]

> (가) 부등식 $P(x) \geq -2x-3$의 해는 $0 \leq x \leq 1$이다.
> (나) 방정식 $P(x) = -3x-2$는 중근을 가진다.

① -3　　② -4　　③ -5　　④ -6　　⑤ -7

16. 그림과 같이 한 변의 길이가 2인 정삼각형 ABC에 대하여 변 BC의 중점을 P라 하고, 선분 AP 위의 점 Q에 대하여 선분 PQ의 길이를 x라 하자. $\overline{AQ}^2 + \overline{BQ}^2 + \overline{CQ}^2$은 $x=a$에서 최솟값 m을 가진다. $\dfrac{m}{a}$의 값은? (단, $0 < x < \sqrt{3}$이고, a는 실수이다.) [4점]

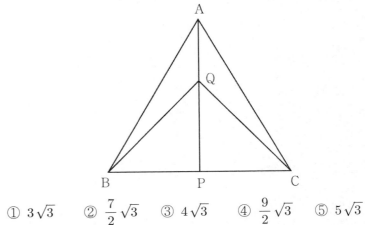

① $3\sqrt{3}$　　② $\dfrac{7}{2}\sqrt{3}$　　③ $4\sqrt{3}$　　④ $\dfrac{9}{2}\sqrt{3}$　　⑤ $5\sqrt{3}$

17. x에 대한 다항식 x^3+x^2+ax+b가 $(x-1)^2$으로 나누어떨어질 때의 몫을 $Q(x)$라 하자. 두 상수 a, b에 대하여 $Q(ab)$의 값은? [4점]

① -15 ② -14 ③ -13 ④ -12 ⑤ -11

18. 그림과 같이 빗변의 길이가 c이고 둘레의 길이가 10인 직각삼각형 ABC가 있다.

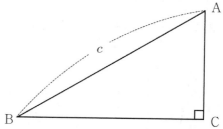

다음은 직각삼각형 ABC의 빗변의 길이 c의 범위를 구하는 과정이다.

> $\overline{BC}=a$, $\overline{CA}=b$라 하면
>
> 삼각형 ABC의 둘레의 길이가 10이고 $\overline{AB}=c$이므로
>
> $a+b=$ (가) $\cdots\cdots$ ㉠
>
> 이다. 삼각형 ABC가 직각삼각형이므로
>
> $a^2+b^2=c^2$에서 $(a+b)^2-2ab=c^2$ $\cdots\cdots$ ㉡
>
> 이다. ㉠을 ㉡에 대입하면 $ab=$ (나) 이다.
>
> a, b를 두 실근으로 가지고 이차항의 계수가 1인 x에 대한 이차방정식은
>
> $x^2-($ (가) $)x+$ (나) $=0$ $\cdots\cdots$ ㉢
>
> 이고 ㉢의 판별식 $D\geq0$이다.
>
> 빗변의 길이 c는 양수이므로
>
> 부등식 $D\geq0$의 해를 구하면 $c\geq$ (다) 이다.
>
> ㉢의 두 실근 a, b는 모두 양수이므로
>
> 두 근의 합 (가) 와 곱 (나) 는 모두 양수이다.
>
> 따라서 빗변의 길이 c의 범위는 (다) $\leq c<5$이다.

위의 (가), (나)에 알맞은 식을 각각 $f(c)$, $g(c)$라 하고 (다)에 알맞은 수를 k라 할 때, $\dfrac{k}{25}\times f\left(\dfrac{9}{2}\right)\times g\left(\dfrac{9}{2}\right)$의 값은? [4점]

① $10(\sqrt{2}-1)$ ② $11(\sqrt{2}-1)$ ③ $12(\sqrt{2}-1)$
④ $10(\sqrt{2}+1)$ ⑤ $11(\sqrt{2}+1)$

19. 이차함수 $y = x^2 - 3x + 1$의 그래프와 직선 $y = x + 2$로 둘러싸인 도형의 내부에 있는 점 중에서 x좌표와 y좌표가 모두 정수인 점의 개수는? [4점]

① 6   ② 7   ③ 8   ④ 9   ⑤ 10

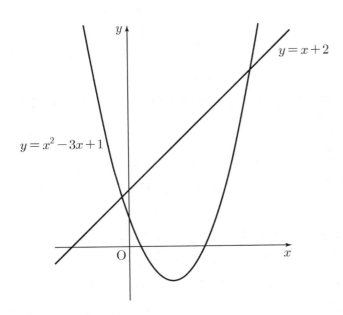

20. 모든 실수 x에 대하여 다항식 $P(x)$가

$$\{P(x) + 2\}^2 = (x - a)(x - 2a) + 4$$

를 만족시킬 때, 모든 $P(1)$의 값의 합은? (단, a는 실수이다.)
[4점]

① -9 ② -8 ③ -7 ④ -6 ⑤ -5

21. $1 \leq x \leq 2$에서 이차함수 $f(x) = (x-a)^2 + b$의 최솟값이 5일 때, 두 실수 a, b에 대하여 옳은 것만을 <보기>에서 있는 대로 고른 것은? [4점]

─── < 보 기 > ───

ㄱ. $a = \dfrac{3}{2}$일 때, $b = 5$이다.

ㄴ. $a \leq 1$일 때, $b = -a^2 + 2a + 4$이다.

ㄷ. $a + b$의 최댓값은 $\dfrac{29}{4}$이다.

① ㄱ   ② ㄱ, ㄴ   ③ ㄱ, ㄷ
④ ㄴ, ㄷ   ⑤ ㄱ, ㄴ, ㄷ

단 답 형

22. 다항식 $(x+2y)^3$을 전개한 식에서 xy^2의 계수를 구하시오.
[3점]

23. $(3+ai)(2-i) = 13+bi$를 만족시키는 두 실수 a, b에 대하여 $a+b$의 값을 구하시오. (단, $i = \sqrt{-1}$이다.) [3점]

24. 연립방정식

$$\begin{cases} x-y=-5 \\ 4x^2+y^2=20 \end{cases}$$

의 해를 $x=\alpha$, $y=\beta$라 할 때, $\alpha+\beta$의 값을 구하시오. [3점]

25. x에 대한 이차방정식 $x^2-3x+k=0$의 두 근을 α, β라 할 때,

$\dfrac{1}{\alpha^2-\alpha+k}+\dfrac{1}{\beta^2-\beta+k}=\dfrac{1}{4}$ 을 만족시키는 실수 k의 값을

구하시오. [3점]

26. x에 대한 사차방정식 $x^4-(2a-9)x^2+4=0$이 서로 다른 네 실근 α, β, γ, δ $(\alpha<\beta<\gamma<\delta)$를 가진다. $\alpha^2+\beta^2=5$일 때, 상수 a의 값을 구하시오. [4점]

27. 100 이하의 자연수 n에 대하여

$$(1-i)^{2n} = 2^n i$$

를 만족시키는 모든 n의 개수를 구하시오.
(단, $i = \sqrt{-1}$ 이다.) [4점]

28. x에 대한 연립부등식

$$\begin{cases} x^2 - (a^2 - 3)x - 3a^2 < 0 \\ x^2 + (a-9)x - 9a > 0 \end{cases}$$

을 만족시키는 정수 x가 존재하지 않기 위한 실수 a의
최댓값을 M이라 하자. M^2의 값을 구하시오. (단, $a > 2$) [4점]

29. 삼차다항식 $P(x)$와 일차다항식 $Q(x)$가 다음 조건을 만족시킨다.

> (가) $P(x)Q(x)$는 $(x^2-3x+3)(x-1)$로 나누어떨어진다.
>
> (나) 모든 실수 x에 대하여 $x^3-10x+13-P(x)=\{Q(x)\}^2$ 이다.

$Q(0)<0$일 때, $P(2)+Q(8)$의 값을 구하시오. [4점]

30. 두 이차함수 $f(x)$, $g(x)$는 다음 조건을 만족시킨다.

> (가) 모든 실수 x에 대하여 $f(x)\geq f(0)$, $g(x)\leq g(0)$이다.
>
> (나) $f(0)$은 정수이고, $g(0)-f(0)=4$이다.

x에 대한 방정식 $f(x)+p=k$의 서로 다른 실근의 개수와 x에 대한 방정식 $g(x)-p=k$의 서로 다른 실근의 개수가 같게 되도록 하는 정수 k의 개수가 1일 때, 실수 p의 최솟값을 m, 최댓값을 M이라 하자. $m+10M$의 값을 구하시오. [4점]

> ★ 확인 사항
> ○ 답안지의 해당란에 필요한 내용을 정확히 기입(표기) 했는지 확인하시오.

수학 영역

● 문항수 **30개** | 배점 **100점** | 제한 시간 **100분**

● 배점은 **2점, 3점 또는 4점**

5 지 선 다 형

1. $3i + (1-2i)$의 값은? (단, $i = \sqrt{-1}$) [2점]

① $1-3i$　　② $1-2i$　　③ $1-i$　　④ 1　　⑤ $1+i$

2. 두 다항식 $A = 2x^2 + 3xy + 2y^2$, $B = x^2 + 5xy + 3y^2$에 대하여 $A - B$를 간단히 하면? [2점]

① $x^2 + 2xy - y^2$　　② $x^2 - 2xy - y^2$　　③ $x^2 - 2xy + y^2$
④ $-x^2 + 2xy + y^2$　　⑤ $-x^2 - 2xy - y^2$

3. 이차함수 $y = x^2 + 4x + a$의 그래프가 x축과 접할 때, 상수 a의 값은? [2점]

① 4　　② 5　　③ 6　　④ 7　　⑤ 8

4. 부등식 $|x-2| < 3$을 만족시키는 정수 x의 개수는? [3점]

① 1　　② 2　　③ 3　　④ 4　　⑤ 5

5. x의 값에 관계없이 등식

$$3x^2 + ax + 4 = bx(x-1) + c(x-1)(x-2)$$

가 항상 성립할 때, $a+b+c$의 값은? (단, a, b, c는 상수이다.)

[3점]

① -6 ② -5 ③ -4 ④ -3 ⑤ -2

6. 두 복소수 $x = \dfrac{1-i}{1+i}$, $y = \dfrac{1+i}{1-i}$에 대하여 $x+y$의 값은?

(단, $i = \sqrt{-1}$) [3점]

① $-4i$ ② $2i$ ③ 0 ④ 2 ⑤ 4

7. 그림과 같이 겉넓이가 148이고, 모든 모서리의 길이의 합이 60인 직육면체 ABCD$-$EFGH가 있다.

$\overline{BG}^2 + \overline{GD}^2 + \overline{DB}^2$의 값은? [3점]

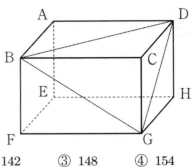

① 136   ② 142   ③ 148   ④ 154   ⑤ 160

8. 다항식 $f(x) = x^3 + ax^2 + bx + 6$을 $x-1$로 나누었을 때의 나머지는 4이다. $f(x+2)$가 $x-1$로 나누어떨어질 때, $b-a$의 값은? (단, a, b는 상수이다.) [3점]

① 4 　　② 5 　　③ 6 　　④ 7 　　⑤ 8

9. $x = -2 + 3i$, $y = 2 + 3i$일 때, $x^3 + x^2 y - xy^2 - y^3$의 값은? (단, $i = \sqrt{-1}$) [3점]

① 144 　　② 150 　　③ 156 　　④ 162 　　⑤ 168

10. 이차함수 $y = x^2 + 6x - 3$의 그래프와 직선 $y = kx - 7$이 만나지 않도록 하는 자연수 k의 개수는? [3점]

① 3 　　② 4 　　③ 5 　　④ 6 　　⑤ 7

11회

11. x에 대한 이차방정식 $x^2-2(m+a)x+m^2+m+b=0$이 실수 m의 값에 관계없이 항상 중근을 가질 때, $12(a+b)$의 값은? (단, a, b는 상수이다.) [3점]

① 9 　　② 10 　　③ 11 　　④ 12 　　⑤ 13

12. 삼차방정식 $x^3+x-2=0$의 서로 다른 두 허근을 α, β라 할 때, $\dfrac{\beta}{\alpha}+\dfrac{\alpha}{\beta}$의 값은? [3점]

① $-\dfrac{7}{2}$ 　　② $-\dfrac{5}{2}$ 　　③ $-\dfrac{3}{2}$ 　　④ $-\dfrac{1}{2}$ 　　⑤ $\dfrac{1}{2}$

13. 연립방정식 $\begin{cases} 2x - 3y = -1 \\ x^2 - 2y^2 = -1 \end{cases}$ 의 해를 $x = \alpha$, $y = \beta$라 할 때, $\alpha + \beta$의 값은? (단, $\alpha \neq \beta$) [3점]

① 9   ② 10   ③ 11   ④ 12   ⑤ 13

14. 물체가 등속 원운동을 하기 위해 원의 중심방향으로 작용하는 일정한 크기의 힘을 구심력이라 한다.
질량이 m인 물체가 반지름의 길이가 r인 원의 궤도를 따라 v의 속력으로 등속 원운동을 할 때 작용하는 구심력의 크기 F는 다음과 같다.

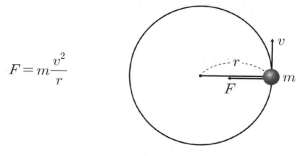

물체 A와 물체 B는 반지름의 길이가 각각 r_A, r_B인 원의 궤도를 따라 등속 원운동을 한다.
물체 A의 질량은 물체 B의 질량의 3배이고, 물체 A의 속력은 물체 B의 속력의 $\frac{1}{2}$배이다. 물체 A와 물체 B의 구심력의 크기가 같을 때, $\dfrac{r_A}{r_B}$의 값은? [4점]

① $\dfrac{3}{8}$ ② $\dfrac{1}{2}$ ③ $\dfrac{5}{8}$ ④ $\dfrac{3}{4}$ ⑤ $\dfrac{7}{8}$

15. 그림과 같이 윗면이 개방된 원통형 용기에 높이가 h인 지점까지 물이 채워져 있다.

용기에 충분히 작은 구멍을 뚫어 물을 흘려보내는 동시에 물을 공급하여 물의 높이를 h로 유지한다. 구멍의 높이를 a, 구멍으로부터 물이 바닥에 떨어지는 지점까지의 수평거리를 b라 하면 다음과 같은 관계식이 성립한다.

$$b = \sqrt{4a(h-a)} \quad (\text{단, } 0 < a < h)$$

$h = 10$일 때, b^2의 최댓값은? [4점]

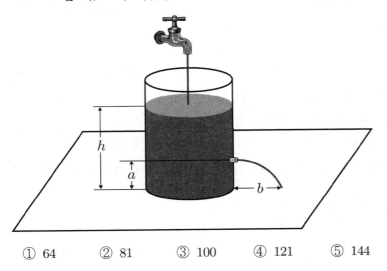

① 64　　② 81　　③ 100　　④ 121　　⑤ 144

16. 최고차항의 계수가 1인 삼차다항식 $f(x)$가 다음 조건을 만족시킨다.

> (가) $f(0) = 0$
> (나) $f(x)$를 $(x-2)^2$으로 나눈 나머지가 $2(x-2)$이다.

$f(x)$를 $x-1$로 나눈 몫을 $Q(x)$라 할 때, $Q(5)$의 값은? [4점]

① 3　　② 6　　③ 9　　④ 12　　⑤ 15

17. 그림과 같이 이차함수 $y = x^2 - (a+4)x + 3a + 3$의 그래프가 x축과 만나는 서로 다른 두 점을 각각 A, B라 하고, y축과 만나는 점을 C라 하자.

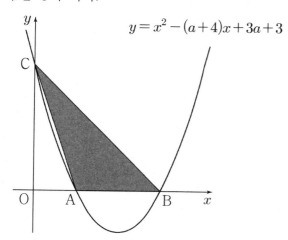

$$y = x^2 - (a+4)x + 3a + 3$$

삼각형 ABC의 넓이의 최댓값은? (단, $0 < a < 2$) [4점]

① $\dfrac{13}{4}$ ② $\dfrac{27}{8}$ ③ $\dfrac{7}{2}$ ④ $\dfrac{29}{8}$ ⑤ $\dfrac{15}{4}$

18. 다음은 2022^{10}을 505로 나누었을 때의 나머지를 구하는 과정이다.

다항식 $(4x+2)^{10}$을 x로 나누었을 때의 몫을 $Q(x)$, 나머지를 R라고 하면

$(4x+2)^{10} = xQ(x) + R$이다.

이때, $R = \boxed{\text{(가)}}$ 이다.

등식 $(4x+2)^{10} = xQ(x) + \boxed{\text{(가)}}$ 에

$x = 505$를 대입하면

$2022^{10} = 505 \times Q(505) + \boxed{\text{(가)}}$

$\quad\quad = 505 \times \{Q(505) + \boxed{\text{(나)}}\} + \boxed{\text{(다)}}$ 이다.

따라서 2022^{10}을 505로 나누었을 때의 나머지는

$\boxed{\text{(다)}}$ 이다.

위의 (가), (나), (다)에 알맞은 수를 각각 a, b, c라 할 때, $a+b+c$의 값은? [4점]

① 1038   ② 1040   ③ 1042   ④ 1044   ⑤ 1046

19. 복소수 z에 대하여 $z + \bar{z} = -1$, $z\bar{z} = 1$일 때,

$$\frac{\bar{z}}{z^5} + \frac{(\bar{z})^2}{z^4} + \frac{(\bar{z})^3}{z^3} + \frac{(\bar{z})^4}{z^2} + \frac{(\bar{z})^5}{z}$$의 값은?

(단, $\bar{z}$는 z의 켤레복소수이다.) [4점]

① 2   ② 3   ③ 4   ④ 5   ⑤ 6

20. 그림과 같이 한 변의 길이가 1인 정오각형 ABCDE가 있다. 두 대각선 AC와 BE가 만나는 점을 P라 하면 $\overline{BE} : \overline{PE} = \overline{PE} : \overline{BP}$가 성립한다.

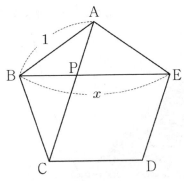

대각선 BE의 길이를 x라 할 때,
$1 - x + x^2 - x^3 + x^4 - x^5 + x^6 - x^7 + x^8 = p + q\sqrt{5}$ 이다.
$p + q$의 값은? (단, p, q는 유리수이다.) [4점]

① 22   ② 23   ③ 24   ④ 25   ⑤ 26

21. 두 이차함수 $f(x)$, $g(x)$는 다음 조건을 만족시킨다.

> (가) $f(x)g(x) = (x^2-4)(x^2-9)$
> (나) $f(\alpha) = f(\alpha+5) = 0$인 실수 α가 존재한다.

\<보기\>에서 옳은 것만을 있는 대로 고른 것은? [4점]

> ── \< 보 기 \> ──
> ㄱ. $f(2)=0$일 때, $g(3)=0$이다.
> ㄴ. $g(2)>0$일 때, $f\left(\dfrac{5}{2}\right) < g\left(\dfrac{5}{2}\right)$이다.
> ㄷ. x에 대한 방정식 $f(x)-g(x)=0$이 서로 다른 두 정수 m, n을 근으로 가질 때, $|m+n|=5$이다.

① ㄱ   ② ㄱ, ㄴ   ③ ㄱ, ㄷ
④ ㄴ, ㄷ   ⑤ ㄱ, ㄴ, ㄷ

단 답 형

22. 다항식 $(x+4)(2x^2-3x+1)$의 전개식에서 x^2의 계수를 구하시오. [3점]

23. x에 대한 이차방정식 $x^2+ax-4=0$의 두 근이 -4, b일 때, 두 상수 a, b에 대하여 $a+b$의 값을 구하시오. [3점]

24. x에 대한 이차부등식 $x^2+8x+(a-6)<0$이 해를 갖지 않도록 하는 실수 a의 최솟값을 구하시오. [3점]

25. x, y에 대한 이차식 $x^2+kxy-3y^2+x+11y-6$이 x, y에 대한 두 일차식의 곱으로 인수분해 되도록 하는 자연수 k의 값을 구하시오. [3점]

26. 이차함수 $f(x)=ax^2+bx+5$가 다음 조건을 만족시킬 때, $f(-2)$의 값을 구하시오. [4점]

> (가) a, b는 음의 정수이다.
> (나) $1 \le x \le 2$일 때, 이차함수 $f(x)$의 최댓값은 3이다.

27. $\left(\dfrac{\sqrt{2}}{1+i}\right)^n + \left(\dfrac{\sqrt{3}+i}{2}\right)^n = 2$를 만족시키는 자연수 n의 최솟값을 구하시오. (단, $i = \sqrt{-1}$) [4점]

28. x에 대한 이차방정식 $x^2 + 2ax - b = 0$의 두 근을 α, β라 할 때, $|\alpha - \beta| < 12$를 만족시키는 두 자연수 a, b의 모든 순서쌍 (a, b)의 개수를 구하시오. [4점]

29. 두 이차함수 $f(x) = x^2 + 2x + 1$, $g(x) = -x^2 + 5$에 대하여 함수 $h(x)$를

$$h(x) = \begin{cases} f(x) & (x \le -2 \text{ 또는 } x \ge 1) \\ g(x) & (-2 < x < 1) \end{cases}$$

이라 하자.
직선 $y = mx + 6$과 $y = h(x)$의 그래프가 서로 다른 세 점에서 만나도록 하는 모든 실수 m의 값의 합을 S라 할 때, $10S$의 값을 구하시오. [4점]

30. 5 이상의 자연수 n에 대하여 다항식

$$P_n(x) = (1+x)(1+x^2)(1+x^3) \cdots (1+x^{n-1})(1+x^n) - 64$$

가 $x^2 + x + 1$로 나누어떨어지도록 하는 모든 자연수 n의 값의 합을 구하시오. [4점]

★ 확인 사항

○ 답안지의 해당란에 필요한 내용을 정확히 기입(표기)했는지 확인하시오.

※ 답안지 작성(표기)은 반드시 검은색 컴퓨터용 사인펜만을 사용하고, 연필 또는 샤프 등의 필기구를 절대 사용하지 마십시오.

② 교시 **수학영역**

결시자 확인 (수험생은 표기하지 말것.)

검은색 컴퓨터용 사인펜을 사용하여 수험번호란과 옆란을 표기 ○

※ 문제지 표지에 안내된 필적 확인 문구를 아래 '필적 확인란'에 정자로 반드시 기재하여야 합니다.

필 적 확인란

성 명

수 험 번 호

문형

홀수형 ○
짝수형 ○

※문제의 문형을 확인 후 표기

감독관 확인 (수험생은 표기하지 말것)

서 명 또는 날 인

본인 여부, 수험번호 및 문형의 표기가 정확한지 확인, 옆란에 서명 또는 날인

문번	답 란	문번	답 란	문번	답 란
1	① ② ③ ④ ⑤	10	① ② ③ ④ ⑤	19	① ② ③ ④ ⑤
2	① ② ③ ④ ⑤	11	① ② ③ ④ ⑤	20	① ② ③ ④ ⑤
3	① ② ③ ④ ⑤	12	① ② ③ ④ ⑤	21	① ② ③ ④ ⑤
4	① ② ③ ④ ⑤	13	① ② ③ ④ ⑤		
5	① ② ③ ④ ⑤	14	① ② ③ ④ ⑤		
6	① ② ③ ④ ⑤	15	① ② ③ ④ ⑤		
7	① ② ③ ④ ⑤	16	① ② ③ ④ ⑤		
8	① ② ③ ④ ⑤	17	① ② ③ ④ ⑤		
9	① ② ③ ④ ⑤	18	① ② ③ ④ ⑤		

22번 23번 24번 (백 십 일)

25번 26번 27번 28번 29번 30번 (백 십 일)

※ 단답형 답란 표기방법

• 십진법에 의하되, 반드시 자리에 맞추어 표기
• 정답이 한 자리인 경우 일의 자리에만 표기하거나, 십의 자리에 ⓪을 표기하고 일의 자리에 표기

※ 예시
• 정답 100 → 백의 자리 ①, 십의 자리 ⓪, 일의 자리 ⓪
• 정답 98 → 십의 자리 ⑨, 일의 자리 ⑧
• 정답 5 → 일의 자리 ⑤, 또는 십의 자리 ⓪, 일의 자리 ⑤

리얼 오리지널 I 예비 고1 《반배치고사＋3월·6월 모의고사》

절취선

[회] 리얼 오리지널 모의고사 답안지

※ 답안지 작성(표기)은 반드시 검은색 컴퓨터용 사인펜만을 사용하고, 연필 또는 샤프 등의 필기구를 절대 사용하지 마십시오.

② 교시 **수학영역**

결시자 확인 (수험생은 표기하지 말것.)

검은색 컴퓨터용 사인펜을 사용하여 수험번호란과 옆란을 표기 ○

※ 문제지 표지에 안내된 필적 확인 문구를 아래 '필적 확인란'에 정자로 반드시 기재하여야 합니다.

필 적 확인란

성 명

수 험 번 호

문형

홀수형 ○
짝수형 ○

※문제의 문형을 확인 후 표기

감독관 확인 (수험생은 표기하지 말것)

서 명 또는 날 인

본인 여부, 수험번호 및 문형의 표기가 정확한지 확인, 옆란에 서명 또는 날인

문번	답 란	문번	답 란	문번	답 란
1	① ② ③ ④ ⑤	10	① ② ③ ④ ⑤	19	① ② ③ ④ ⑤
2	① ② ③ ④ ⑤	11	① ② ③ ④ ⑤	20	① ② ③ ④ ⑤
3	① ② ③ ④ ⑤	12	① ② ③ ④ ⑤	21	① ② ③ ④ ⑤
4	① ② ③ ④ ⑤	13	① ② ③ ④ ⑤		
5	① ② ③ ④ ⑤	14	① ② ③ ④ ⑤		
6	① ② ③ ④ ⑤	15	① ② ③ ④ ⑤		
7	① ② ③ ④ ⑤	16	① ② ③ ④ ⑤		
8	① ② ③ ④ ⑤	17	① ② ③ ④ ⑤		
9	① ② ③ ④ ⑤	18	① ② ③ ④ ⑤		

22번 23번 24번 (백 십 일)

25번 26번 27번 28번 29번 30번 (백 십 일)

※ 단답형 답란 표기방법

• 십진법에 의하되, 반드시 자리에 맞추어 표기
• 정답이 한 자리인 경우 일의 자리에만 표기하거나, 십의 자리에 ⓪을 표기하고 일의 자리에 표기

※ 예시
• 정답 100 → 백의 자리 ①, 십의 자리 ⓪, 일의 자리 ⓪
• 정답 98 → 십의 자리 ⑨, 일의 자리 ⑧
• 정답 5 → 일의 자리 ⑤, 또는 십의 자리 ⓪, 일의 자리 ⑤

리얼 오리지널 I 예비 고1 《반배치고사＋3월·6월 모의고사》

② 교시 수학영역

※ 답안지 작성(표기)은 반드시 검은색 컴퓨터용 사인펜만을 사용하고, 연필 또는 샤프 등의 필기구를 절대 사용하지 마십시오.

결시자 확인 (수험생은 표기하지 말것.)

| 검은색 컴퓨터용 사인펜을 사용하여 수험번호란과 옆란을 표기 | ○ |

※ 문제지 표지에 안내된 필적 확인 문구를 아래 '필적 확인란'에 정자로 반드시 기재하여야 합니다.

| 필 적 확인란 | |

| 성 명 | |

수 험 번 호

문형

- 홀수형 ○
- 짝수형 ○

※문제의 문형을 확인 후 표기

감독관 확인
(수험생은 표기 하지 말것)

서 명 또는 날 인

본인 여부, 수험번호 및 문형의 표기가 정확한지 확인, 옆란에 서명 또는 날인

문번	답 란	문번	답 란	문번	답 란
1	① ② ③ ④ ⑤	10	① ② ③ ④ ⑤	19	① ② ③ ④ ⑤
2	① ② ③ ④ ⑤	11	① ② ③ ④ ⑤	20	① ② ③ ④ ⑤
3	① ② ③ ④ ⑤	12	① ② ③ ④ ⑤	21	① ② ③ ④ ⑤
4	① ② ③ ④ ⑤	13	① ② ③ ④ ⑤		
5	① ② ③ ④ ⑤	14	① ② ③ ④ ⑤		
6	① ② ③ ④ ⑤	15	① ② ③ ④ ⑤		
7	① ② ③ ④ ⑤	16	① ② ③ ④ ⑤		
8	① ② ③ ④ ⑤	17	① ② ③ ④ ⑤		
9	① ② ③ ④ ⑤	18	① ② ③ ④ ⑤		

22번 / 23번 / 24번 (백 십 일)
25번 / 26번 / 27번 / 28번 / 29번 / 30번 (백 십 일)

※ 단답형 답란 표기방법

- 십진법에 의하되, 반드시 자리에 맞추어 표기
- 정답이 한 자리인 경우 일의 자리에만 표기하거나, 십의 자리에 ⓪을 표기하고 일의 자리에 표기

※ 예시

- 정답 100 → 백의 자리 ①, 십의 자리 ⓪, 일의 자리 ⓪
- 정답 98 → 십의 자리 ⑨, 일의 자리 ⑧
- 정답 5 → 일의 자리 ⑤, 또는 십의 자리 ⓪, 일의 자리 ⑤

리얼 오리지널 l 예비 고1 《반배치고사+3월·6월 모의고사》

✂ 절취선

[　　회] 리얼 오리지널 모의고사 답안지

② 교시 수학영역

※ 답안지 작성(표기)은 반드시 검은색 컴퓨터용 사인펜만을 사용하고, 연필 또는 샤프 등의 필기구를 절대 사용하지 마십시오.

결시자 확인 (수험생은 표기하지 말것.)

| 검은색 컴퓨터용 사인펜을 사용하여 수험번호란과 옆란을 표기 | ○ |

※ 문제지 표지에 안내된 필적 확인 문구를 아래 '필적 확인란'에 정자로 반드시 기재하여야 합니다.

| 필 적 확인란 | |

| 성 명 | |

수 험 번 호

문형

- 홀수형 ○
- 짝수형 ○

※문제의 문형을 확인 후 표기

감독관 확인
(수험생은 표기 하지 말것)

서 명 또는 날 인

본인 여부, 수험번호 및 문형의 표기가 정확한지 확인, 옆란에 서명 또는 날인

문번	답 란	문번	답 란	문번	답 란
1	① ② ③ ④ ⑤	10	① ② ③ ④ ⑤	19	① ② ③ ④ ⑤
2	① ② ③ ④ ⑤	11	① ② ③ ④ ⑤	20	① ② ③ ④ ⑤
3	① ② ③ ④ ⑤	12	① ② ③ ④ ⑤	21	① ② ③ ④ ⑤
4	① ② ③ ④ ⑤	13	① ② ③ ④ ⑤		
5	① ② ③ ④ ⑤	14	① ② ③ ④ ⑤		
6	① ② ③ ④ ⑤	15	① ② ③ ④ ⑤		
7	① ② ③ ④ ⑤	16	① ② ③ ④ ⑤		
8	① ② ③ ④ ⑤	17	① ② ③ ④ ⑤		
9	① ② ③ ④ ⑤	18	① ② ③ ④ ⑤		

22번 / 23번 / 24번 (백 십 일)
25번 / 26번 / 27번 / 28번 / 29번 / 30번 (백 십 일)

※ 단답형 답란 표기방법

- 십진법에 의하되, 반드시 자리에 맞추어 표기
- 정답이 한 자리인 경우 일의 자리에만 표기하거나, 십의 자리에 ⓪을 표기하고 일의 자리에 표기

※ 예시

- 정답 100 → 백의 자리 ①, 십의 자리 ⓪, 일의 자리 ⓪
- 정답 98 → 십의 자리 ⑨, 일의 자리 ⑧
- 정답 5 → 일의 자리 ⑤, 또는 십의 자리 ⓪, 일의 자리 ⑤

리얼 오리지널 l 예비 고1 《반배치고사+3월·6월 모의고사》

※ 답안지 작성(표기)은 반드시 검은색 컴퓨터용 사인펜만을 사용하고, 연필 또는 샤프 등의 필기구를 절대 사용하지 마십시오.

② 교시 **수 학 영 역**

결시자 확인 (수험생은 표기하지 말것.)

검은색 컴퓨터용 사인펜을 사용하여 수험번호란과 옆란을 표기   ○

※ 문제지 표지에 안내된 필적 확인 문구를 아래 '필적 확인란'에 정자로 반드시 기재하여야 합니다.

필 적
확인란

성 명

수 험 번 호

문형

홀수형 ○

짝수형 ○

※문제의 문형을 확인 후 표기

감독관 확인 (수험생은 표기 하지 말것) (서 명 또는 날 인) 본인 여부, 수험번호 및 문형의 표기가 정확한지 확인, 옆란에 서명 또는 날인

문번	답 란	문번	답 란	문번	답 란
1	① ② ③ ④ ⑤	10	① ② ③ ④ ⑤	19	① ② ③ ④ ⑤
2	① ② ③ ④ ⑤	11	① ② ③ ④ ⑤	20	① ② ③ ④ ⑤
3	① ② ③ ④ ⑤	12	① ② ③ ④ ⑤	21	① ② ③ ④ ⑤
4	① ② ③ ④ ⑤	13	① ② ③ ④ ⑤		
5	① ② ③ ④ ⑤	14	① ② ③ ④ ⑤		
6	① ② ③ ④ ⑤	15	① ② ③ ④ ⑤		
7	① ② ③ ④ ⑤	16	① ② ③ ④ ⑤		
8	① ② ③ ④ ⑤	17	① ② ③ ④ ⑤		
9	① ② ③ ④ ⑤	18	① ② ③ ④ ⑤		

22번 / 23번 / 24번 (백 십 일)

25번 / 26번 / 27번 / 28번 / 29번 / 30번 (백 십 일)

※ 단답형 답란 표기방법

• 십진법에 의하되, 반드시 자리에 맞추어 표기

• 정답이 한 자리인 경우 일의 자리에만 표기하거나, 십의 자리에 ⓪을 표기하고 일의 자리에 표기

※ 예시
• 정답 100 → 백의 자리 ①, 십의 자리 ⓪, 일의 자리 ⓪
• 정답 98 → 십의 자리 ⑨, 일의 자리 ⑧
• 정답 5 → 일의 자리 ⑤, 또는 십의 자리 ⓪, 일의 자리 ⑤

절취선

[회] 리얼 오리지널 모의고사 답안지

※ 답안지 작성(표기)은 반드시 검은색 컴퓨터용 사인펜만을 사용하고, 연필 또는 샤프 등의 필기구를 절대 사용하지 마십시오.

② 교시 **수 학 영 역**

결시자 확인 (수험생은 표기하지 말것.)

검은색 컴퓨터용 사인펜을 사용하여 수험번호란과 옆란을 표기   ○

※ 문제지 표지에 안내된 필적 확인 문구를 아래 '필적 확인란'에 정자로 반드시 기재하여야 합니다.

필 적
확인란

성 명

수 험 번 호

문형

홀수형 ○

짝수형 ○

※문제의 문형을 확인 후 표기

감독관 확인 (수험생은 표기 하지 말것) (서 명 또는 날 인) 본인 여부, 수험번호 및 문형의 표기가 정확한지 확인, 옆란에 서명 또는 날인

문번	답 란	문번	답 란	문번	답 란
1	① ② ③ ④ ⑤	10	① ② ③ ④ ⑤	19	① ② ③ ④ ⑤
2	① ② ③ ④ ⑤	11	① ② ③ ④ ⑤	20	① ② ③ ④ ⑤
3	① ② ③ ④ ⑤	12	① ② ③ ④ ⑤	21	① ② ③ ④ ⑤
4	① ② ③ ④ ⑤	13	① ② ③ ④ ⑤		
5	① ② ③ ④ ⑤	14	① ② ③ ④ ⑤		
6	① ② ③ ④ ⑤	15	① ② ③ ④ ⑤		
7	① ② ③ ④ ⑤	16	① ② ③ ④ ⑤		
8	① ② ③ ④ ⑤	17	① ② ③ ④ ⑤		
9	① ② ③ ④ ⑤	18	① ② ③ ④ ⑤		

22번 / 23번 / 24번 (백 십 일)

25번 / 26번 / 27번 / 28번 / 29번 / 30번 (백 십 일)

※ 단답형 답란 표기방법

• 십진법에 의하되, 반드시 자리에 맞추어 표기

• 정답이 한 자리인 경우 일의 자리에만 표기하거나, 십의 자리에 ⓪을 표기하고 일의 자리에 표기

※ 예시
• 정답 100 → 백의 자리 ①, 십의 자리 ⓪, 일의 자리 ⓪
• 정답 98 → 십의 자리 ⑨, 일의 자리 ⑧
• 정답 5 → 일의 자리 ⑤, 또는 십의 자리 ⓪, 일의 자리 ⑤

리얼 오리지널 I 예비 고1 《반배치고사＋3월·6월 모의고사》

[회] 리얼 오리지널 모의고사 답안지

※ 답안지 작성(표기)은 반드시 검은색 컴퓨터용 사인펜만을 사용하고, 연필 또는 샤프 등의 필기구를 절대 사용하지 마십시오.

② 교시 수학영역

결시자 확인 (수험생은 표기하지 말것.)

검은색 컴퓨터용 사인펜을 사용하여 수험번호란과 옆란을 표기   ○

※ 문제지 표지에 안내된 필적 확인 문구를 아래 '필적 확인란'에 정자로 반드시 기재하여야 합니다.

필 적 확인란

성 명

수 험 번 호

문형

홀수형 ○

짝수형 ○

※문제의 문형을 확인 후 표기

감독관 확인

(수험생은 표기 하지 말것)

서 명 또는 날 인

본인 여부, 수험번호 및 문형의 표기가 정확한지 확인, 옆란에 서명 또는 날인

문번	답 란	문번	답 란	문번	답 란
1	① ② ③ ④ ⑤	10	① ② ③ ④ ⑤	19	① ② ③ ④ ⑤
2	① ② ③ ④ ⑤	11	① ② ③ ④ ⑤	20	① ② ③ ④ ⑤
3	① ② ③ ④ ⑤	12	① ② ③ ④ ⑤	21	① ② ③ ④ ⑤
4	① ② ③ ④ ⑤	13	① ② ③ ④ ⑤		
5	① ② ③ ④ ⑤	14	① ② ③ ④ ⑤		
6	① ② ③ ④ ⑤	15	① ② ③ ④ ⑤		
7	① ② ③ ④ ⑤	16	① ② ③ ④ ⑤		
8	① ② ③ ④ ⑤	17	① ② ③ ④ ⑤		
9	① ② ③ ④ ⑤	18	① ② ③ ④ ⑤		

22번 백 십 일 / 23번 백 십 일 / 24번 백 십 일
25번 26번 27번 28번 29번 30번 (백 십 일)

※ 단답형 답란 표기방법

• 십진법에 의하되, 반드시 자리에 맞추어 표기

• 정답이 한 자리인 경우 일의 자리에만 표기하거나, 십의 자리에 ⓪을 표기하고 일의 자리에 표기

※ 예시

• 정답 100 → 백의 자리 ①, 십의 자리 ⓪, 일의 자리 ⓪

• 정답 98 → 십의 자리 ⑨, 일의 자리 ⑧

• 정답 5 → 일의 자리 ⑤, 또는 십의 자리 ⓪, 일의 자리 ⑤

리얼 오리지널 I 예비 고1 〈반배치고사＋3월·6월 모의고사〉

———— ✄ 절취선 ————

[회] 리얼 오리지널 모의고사 답안지

※ 답안지 작성(표기)은 반드시 검은색 컴퓨터용 사인펜만을 사용하고, 연필 또는 샤프 등의 필기구를 절대 사용하지 마십시오.

② 교시 수학영역

결시자 확인 (수험생은 표기하지 말것.)

검은색 컴퓨터용 사인펜을 사용하여 수험번호란과 옆란을 표기   ○

※ 문제지 표지에 안내된 필적 확인 문구를 아래 '필적 확인란'에 정자로 반드시 기재하여야 합니다.

필 적 확인란

성 명

수 험 번 호

문형

홀수형 ○

짝수형 ○

※문제의 문형을 확인 후 표기

감독관 확인

(수험생은 표기 하지 말것)

서 명 또는 날 인

본인 여부, 수험번호 및 문형의 표기가 정확한지 확인, 옆란에 서명 또는 날인

문번	답 란	문번	답 란	문번	답 란
1	① ② ③ ④ ⑤	10	① ② ③ ④ ⑤	19	① ② ③ ④ ⑤
2	① ② ③ ④ ⑤	11	① ② ③ ④ ⑤	20	① ② ③ ④ ⑤
3	① ② ③ ④ ⑤	12	① ② ③ ④ ⑤	21	① ② ③ ④ ⑤
4	① ② ③ ④ ⑤	13	① ② ③ ④ ⑤		
5	① ② ③ ④ ⑤	14	① ② ③ ④ ⑤		
6	① ② ③ ④ ⑤	15	① ② ③ ④ ⑤		
7	① ② ③ ④ ⑤	16	① ② ③ ④ ⑤		
8	① ② ③ ④ ⑤	17	① ② ③ ④ ⑤		
9	① ② ③ ④ ⑤	18	① ② ③ ④ ⑤		

22번 백 십 일 / 23번 백 십 일 / 24번 백 십 일
25번 26번 27번 28번 29번 30번 (백 십 일)

※ 단답형 답란 표기방법

• 십진법에 의하되, 반드시 자리에 맞추어 표기

• 정답이 한 자리인 경우 일의 자리에만 표기하거나, 십의 자리에 ⓪을 표기하고 일의 자리에 표기

※ 예시

• 정답 100 → 백의 자리 ①, 십의 자리 ⓪, 일의 자리 ⓪

• 정답 98 → 십의 자리 ⑨, 일의 자리 ⑧

• 정답 5 → 일의 자리 ⑤, 또는 십의 자리 ⓪, 일의 자리 ⑤

리얼 오리지널 I 예비 고1 〈반배치고사＋3월·6월 모의고사〉

| 신입생 학급 배치고사 |

01회 고등학교 신입생 학급 배치고사

01 ① 02 ④ 03 ① 04 ④ 05 ① 06 ④ 07 ③ 08 ⑤ 09 ② 10 ⑤
11 ⑤ 12 ① 13 ④ 14 ④ 15 ⑤ 16 ⑤ 17 ③ 18 ① 19 ② 20 ③
21 ④ 22 ① 23 ③ 24 ② 25 ②

02회 고등학교 신입생 학급 배치고사

01 ⑤ 02 ④ 03 ① 04 ⑤ 05 ④ 06 ③ 07 ② 08 ① 09 ③ 10 ⑤
11 ③ 12 ③ 13 ③ 14 ④ 15 ⑤ 16 ② 17 ① 18 ④ 19 ⑤ 20 ②
21 ② 22 ④ 23 ④ 24 ⑤ 25 ①

03회 고등학교 신입생 학급 배치고사

01 ② 02 ③ 03 ③ 04 ④ 05 ③ 06 ⑤ 07 ⑤ 08 ① 09 ① 10 ⑤
11 ① 12 ④ 13 ③ 14 ④ 15 ① 16 ② 17 ③ 18 ② 19 ⑤ 20 ③
21 ③ 22 ③ 23 ④ 24 ⑤ 25 ④

| 3월 전국연합학력평가 |

04회 2023학년도 3월 전국연합학력평가

01 ② 02 ③ 03 ④ 04 ① 05 ② 06 ④ 07 ⑤ 08 ③ 09 ③ 10 ④
11 ② 12 ③ 13 ② 14 ① 15 ③ 16 ④ 17 ⑤ 18 ① 19 ④ 20 ①
21 ② 22 9 23 6 24 112 25 7 26 23 27 420 28 18 29 25 30 2

05회 2022학년도 3월 전국연합학력평가

01 ② 02 ⑤ 03 ⑤ 04 ④ 05 ③ 06 ④ 07 ④ 08 ① 09 ② 10 ③
11 ⑤ 12 ③ 13 ① 14 ① 15 ⑤ 16 ② 17 ③ 18 ④ 19 ③ 20 ①
21 ② 22 11 23 8 24 234 25 84 26 7 27 5 28 10 29 13 30 320

06회 2021학년도 3월 전국연합학력평가

01 ③ 02 ④ 03 ② 04 ④ 05 ② 06 ② 07 ① 08 ③ 09 ⑤ 10 ②
11 ③ 12 ① 13 ① 14 ④ 15 ③ 16 ⑤ 17 ① 18 ⑤ 19 ④ 20 ②
21 ⑤ 22 7 23 18 24 70 25 84 26 128 27 48 28 25 29 31 30 149

07회 2020학년도 3월 전국연합학력평가

01 ④ 02 ③ 03 ④ 04 ① 05 ⑤ 06 ① 07 ② 08 ② 09 ④ 10 ②
11 ③ 12 ⑤ 13 ③ 14 ① 15 ⑤ 16 ③ 17 ④ 18 ① 19 ③ 20 ②
21 ⑤ 22 3 23 7 24 12 25 15 26 87 27 14 28 16 29 162 30 23

08회 2024학년도 3월 대비 모의고사 [특별 부록]

01 ⑤ 02 ⑤ 03 ② 04 ④ 05 ② 06 ③ 07 ⑤ 08 ② 09 ② 10 ③
11 ④ 12 ① 13 ④ 14 ② 15 ③ 16 ⑤ 17 ④ 18 ① 19 ④ 20 ①
21 ⑤ 22 6 23 7 24 81 25 20 26 15 27 110 28 18 29 13 30 21

| 6월 전국연합학력평가 |

09회 2023학년도 6월 전국연합학력평가

01 ⑤ 02 ① 03 ④ 04 ⑤ 05 ③ 06 ④ 07 ③ 08 ① 09 ③ 10 ④
11 ② 12 ② 13 ③ 14 ① 15 ② 16 ③ 17 ② 18 ⑤ 19 ④ 20 ①
21 ⑤ 22 6 23 16 24 7 25 14 26 23 27 21 28 91 29 94 30 120

10회 2022학년도 6월 전국연합학력평가

01 ④ 02 ③ 03 ④ 04 ⑤ 05 ⑤ 06 ③ 07 ① 08 ① 09 ③ 10 ②
11 ② 12 ① 13 ③ 14 ② 15 ① 16 ③ 17 ④ 18 ② 19 ⑤ 20 ②
21 ⑤ 22 12 23 18 24 3 25 6 26 7 27 25 28 10 29 13 30 31

11회 2021학년도 6월 전국연합학력평가

01 ⑤ 02 ② 03 ① 04 ⑤ 05 ③ 06 ③ 07 ④ 08 ② 09 ① 10 ⑤
11 ① 12 ③ 13 ④ 14 ④ 15 ③ 16 ⑤ 17 ② 18 ② 19 ④ 20 ①
21 ⑤ 22 5 23 4 24 22 25 2 26 3 27 24 28 120 29 45 30 38

※ 절취선을 따라 잘라서 쓰실 수 있습니다.

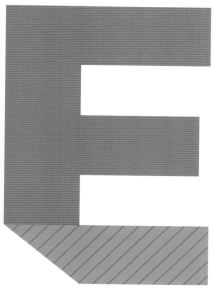
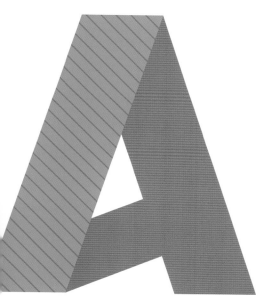
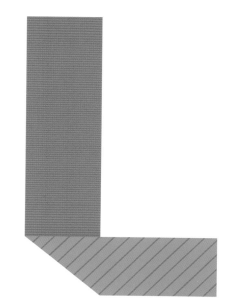

2024 리얼 오리지널

www.ipsifly.com

REAL

The Real series ipsifly
provide questions in previous
real test and you can practice
as real college scholastic
ability test.

2024 반 배 치 고 사 + 학 평 대 비

반 배치고사 +3월·6월 전국연합 모의고사

11회 [반 배치고사 3회 3월 5회 + 6월 3회]

반 배치+3월은 중3 과정! 6월 모의고사는 고1 1학기!

- 2024학년도 신입생 반 배치고사 대비 기출 모의고사 3회
- 최신 4개년 고1 [3월] 전국연합 학력평가 기출 4회
- 최신 3개년 고1 [6월] 전국연합 학력평가 기출 3회
- 고1 [1학기] 6월 모의고사까지 풀어 볼 수 있는 특별 구성
- 문제 속에 핵심 단서를 제시해주는 단계별(STEP) 풀이
- 회차별 등급 컷·SPEED 정답 체크·OMR 체크카드 제공
- [특별 부록] 3월 대비 실전 모의고사 1회

예비 고1 수학

• 해 설 편 •

수능 모의고사 전문 출판

입시플라이

| 신입생 학급 배치고사 |

01회 고등학교 신입생 학급 배치고사

01① 02④ 03① 04④ 05① 06④ 07③ 08⑤ 09② 10⑤
11⑤ 12① 13④ 14④ 15⑤ 16⑤ 17③ 18② 19② 20③
21④ 22① 23③ 24② 25②

02회 고등학교 신입생 학급 배치고사

01⑤ 02④ 03① 04⑤ 05④ 06③ 07② 08① 09③ 10⑤
11③ 12③ 13③ 14④ 15⑤ 16② 17① 18④ 19⑤ 20②
21② 22④ 23④ 24⑤ 25①

03회 고등학교 신입생 학급 배치고사

01② 02③ 03③ 04④ 05③ 06⑤ 07⑤ 08① 09① 10⑤
11① 12④ 13③ 14④ 15① 16① 17③ 18② 19⑤ 20③
21③ 22③ 23④ 24⑤ 25④

| 3월 전국연합학력평가 |

04회 2023학년도 3월 전국연합학력평가

01② 02③ 03④ 04① 05② 06① 07⑤ 08③ 09③ 10④
11② 12③ 13② 14⑤ 15③ 16④ 17⑤ 18① 19② 20①
21② 22 9 23 6 24 112 25 7 26 23 27 420 28 18 29 25 30 2

05회 2022학년도 3월 전국연합학력평가

01② 02⑤ 03⑤ 04④ 05③ 06④ 07④ 08① 09② 10③
11⑤ 12③ 13① 14① 15⑤ 16② 17③ 18④ 19③ 20①
21② 22 11 23 8 24 234 25 84 26 7 27 5 28 10 29 13 30 320

06회 2021학년도 3월 전국연합학력평가

01③ 02④ 03② 04④ 05⑤ 06② 07① 08③ 09⑤ 10②
11③ 12① 13① 14④ 15⑤ 16⑤ 17① 18⑤ 19④ 20②
21⑤ 22 7 23 18 24 70 25 84 26 128 27 48 28 25 29 31 30 149

07회 2020학년도 3월 전국연합학력평가

01④ 02③ 03④ 04① 05⑤ 06① 07② 08③ 09④ 10②
11③ 12⑤ 13③ 14① 15⑤ 16③ 17④ 18① 19③ 20②
21⑤ 22 3 23 7 24 12 25 15 26 87 27 14 28 16 29 162 30 23

08회 2024학년도 3월 대비 모의고사 [특별 부록]

01⑤ 02⑤ 03② 04④ 05② 06③ 07⑤ 08② 09② 10③
11④ 12① 13④ 14② 15③ 16⑤ 17④ 18① 19④ 20①
21⑤ 22 6 23 7 24 81 25 20 26 15 27 110 28 18 29 13 30 21

| 6월 전국연합학력평가 |

09회 2023학년도 6월 전국연합학력평가

01⑤ 02① 03④ 04⑤ 05④ 06④ 07① 08③ 09③ 10④
11② 12② 13④ 14① 15② 16③ 17② 18⑤ 19④ 20①
21⑤ 22 6 23 16 24 7 25 14 26 23 27 21 28 91 29 94 30 120

10회 2022학년도 6월 전국연합학력평가

01④ 02③ 03④ 04⑤ 05⑤ 06③ 07① 08① 09③ 10②
11② 12① 13③ 14② 15① 16③ 17④ 18② 19⑤ 20②
21⑤ 22 12 23 18 24 3 25 6 26 7 27 25 28 10 29 13 30 31

11회 2021학년도 6월 전국연합학력평가

01⑤ 02② 03① 04⑤ 05③ 06③ 07④ 08② 09① 10⑤
11① 12③ 13④ 14④ 15③ 16⑤ 17② 18② 19④ 20①
21⑤ 22 5 23 4 24 22 25 2 26 3 27 24 28 120 29 45 30 38

〈빠른 정답 보기〉 활용 안내

❶ 문제집에서 〈정답과 해설〉 분리

❷ 뒷장 속표지 앞면에 〈빠른 정답 보기〉 수록

❸ 절취 후 편리하게 빠른 〈정답 확인〉

정답을 빨리 확인하고 채점할 수 있도록 〈빠른 정답 보기〉를 제공합니다.
❶ 문제집에서 책속의 책 〈정답과 해설〉을 분리하세요.
❷ 뒷장 속표지 앞면에 〈빠른 정답 보기〉가 있습니다.
❸ 절취선을 따라 자른 후 정답 확인할 때 사용하고, 책갈피처럼 사용하시면 분실을 예방할 수 있습니다.

반 배치고사 + 3월·6월
전국연합 모의고사

예비 고1 수학 [해설편]

Contents

※ 수록된 정답률은 실제와 차이가 있을 수 있습니다.
문제 난도를 파악하는데 참고용으로 활용하시기
바랍니다.

---

01   거듭제곱의 계산   정답 ①

$\left(\dfrac{1}{2}\right)^2 \times (-2)^3$ 의 값은? [3점]

① -2 ② -1 ③ 0 ④ 1 ⑤ 2

STEP 01   주어진 식을 계산하여 간단하게 한다.

$\left(\dfrac{1}{2}\right)^2 = \dfrac{1}{2} \times \dfrac{1}{2} = \dfrac{1}{4}$, $(-2)^3 = (-2) \times (-2) \times (-2) = -8$

$\therefore \left(\dfrac{1}{2}\right)^2 \times (-2)^3 = \dfrac{1}{4} \times (-8) = -2$

---

02   다항식의 계산   정답 ④

$A = x + 4y$, $B = 3x - 2y$ 일 때,
❶ $(2A + B) - (A - B)$ 를 간단히 하면? [3점]

① $x + 4y$ ② $5x + 2y$ ③ $7x - 4y$ ④ $7x$ ⑤ $8y$

STEP 01   ❶에 A, B를 대입하여 동류항끼리 계산한다.

$(2A + B) - (A - B) = A + 2B = (x + 4y) + 2(3x - 2y) = 7x$

---

03   인수분해   정답 ①

❶ $x^2 - 5x + 6$ 을 인수분해하면? [3점]

① $(x-2)(x-3)$ ② $(x+2)(x-3)$ ③ $(x-2)(x+3)$

④ $(x-1)(x-5)$ ⑤ $(x+1)(x+5)$

STEP 01   ❶을 인수분해 한다.

합이 -5 이고 곱이 6 인 두 수는 -2 와 -3 이므로 다음과 같이 인수분해 한다.

$x^2 - 5x + 6 = (x-2)(x-3)$

●핵심 공식

▶ 인수분해

$x^2 + (a+b)x + ab = (x+a)(x+b)$

---

04   일차방정식   정답 ④

일차방정식 ❶ $3(2x + 1) = 19 - 2x$ 를 풀면? [3점]

① $x = -3$ ② $x = -2$ ③ $x = 1$ ④ $x = 2$ ⑤ $x = 3$

STEP 01   ❶에서 x가 포함된 항들은 좌변으로, 상수항은 우변으로 이항시킨다.

$3(2x + 1) = 19 - 2x$

$\Rightarrow 6x + 3 = 19 - 2x$

$\Rightarrow 8x = 16$ $\therefore$ $x = 2$

●핵심 공식

▶ 일차방정식 $ax = b$의 해

일차방정식 $ax = b$에서

(1) $a \neq 0$이면 $x = \dfrac{b}{a}$

(2) $a = 0$이고 $b \neq 0$이면 해가 없다.

(3) $a = 0$이고 $b = 0$이면 해는 무수히 많다.

---

05   부등식   정답 ①

❶ $1 \leq \sqrt{3n - 2} < 3$ 을 만족시키는 자연수 n의 개수는? [3점]

① 3 ② 4 ③ 5 ④ 6 ⑤ 7

STEP 01   ❶의 각 변을 제곱하여 식을 정리한다.

$1 \leq \sqrt{3n - 2} < 3$

각 변을 제곱하면 $1 \leq 3n - 2 < 9$, 각 변에 2를 더하면 $3 \leq 3n < 11$

각 변을 3으로 나누면 $1 \leq n < \dfrac{11}{3}$

따라서 자연수 n은 1, 2, 3으로 3개다.

---

06   이차방정식   정답 ④

이차방정식 ❶ $2(x - 1)^2 = 14$ 의 해가 $x = p \pm \sqrt{q}$ 일 때, $p + q$의 값은?
(단, p, q는 유리수) [4점]

① 2 ② 4 ③ 6 ④ 8 ⑤ 10

STEP 01   ❶이 완전제곱식의 형태이므로 식의 정리를 통해 해를 구할 수 있다.

$2(x - 1)^2 = 14$, $(x - 1)^2 = 7$, $x - 1 = \pm\sqrt{7}$ $\therefore$ $x = 1 \pm \sqrt{7}$

따라서 $p = 1$, $q = 7$이므로 $p + q = 8$이다.

●핵심 공식

▶ 완전제곱식 형태의 이차방정식의 해

$a(x - b)^2 = c$ 형태의 이차방정식에서 해를 구하는 과정

$a(x - b)^2 = c$

$\Rightarrow (x - b)^2 = \dfrac{c}{a}$

$\Rightarrow (x - b) = \pm\sqrt{\dfrac{c}{a}}$

$\Rightarrow x = b \pm \sqrt{\dfrac{c}{a}}$

---

07   직각삼각형에서 삼각비   정답 ③

직각삼각형 ABC 에서 ❶ $\angle \mathrm{C} = 90°$, $\overline{\mathrm{AB}} = 4$, $\overline{\mathrm{BC}} = 3$ 일 때, $\tan B$ 의 값은? [4점]

① $\dfrac{\sqrt{7}}{5}$ ② $\dfrac{\sqrt{7}}{4}$ ③ $\dfrac{\sqrt{7}}{3}$ ④ $\dfrac{\sqrt{7}}{2}$ ⑤ $\sqrt{7}$

STEP 01   ❶의 조건에 맞게 삼각형 ABC 를 그린다.

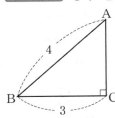

STEP 02   피타고라스 정리를 이용하여 변 AC 의 길이를 구하고 $\tan B$의 값을 구한다.

직각삼각형 ABC 에서 피타고라스 정리에 의해 $\overline{\mathrm{AB}}^2 = \overline{\mathrm{BC}}^2 + \overline{\mathrm{AC}}^2$ 이므로

$\overline{\mathrm{AC}} = \sqrt{\overline{\mathrm{AB}}^2 - \overline{\mathrm{BC}}^2} = \sqrt{4^2 - 3^2} = \sqrt{7}$

따라서 $\tan B = \dfrac{\overline{\mathrm{AC}}}{\overline{\mathrm{BC}}} = \dfrac{\sqrt{7}}{3}$

●핵심 공식

▶ 삼각비의 정의

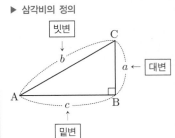

$\sin A = \dfrac{\overline{\mathrm{BC}}}{\overline{\mathrm{AC}}} = \dfrac{a}{b}$,

$\cos A = \dfrac{\overline{\mathrm{AB}}}{\overline{\mathrm{AC}}} = \dfrac{c}{b}$,

$\tan A = \dfrac{\overline{\mathrm{BC}}}{\overline{\mathrm{AB}}} = \dfrac{a}{c}$

---

08   지수를 포함한 식의 계산   정답 ⑤

서로 다른 두 자연수 a, b가 ❶ $2^a + 2^b = 34$ 를 만족시킬 때, $128\left(\dfrac{1}{2^a} + \dfrac{1}{2^b}\right)$ 의 값은? [4점]

① 60 ② 62 ③ 64 ④ 66 ⑤ 68

STEP 01   ❶을 만족하는 a, b의 순서쌍을 구한다.

❶에서 a, b가 자연수이므로

$2^1 = 2$, $2^2 = 4$, $2^3 = 8$, $2^4 = 16$, $2^5 = 32$, $\cdots$에서

$a = 1$, $b = 5$ 또는 $a = 5$, $b = 1$일 때 $2^a + 2^b = 34$가 성립한다.

$\therefore 128\left(\dfrac{1}{2^a} + \dfrac{1}{2^b}\right) = 128\left(\dfrac{2^b + 2^a}{2^a 2^b}\right) = 128 \times \dfrac{34}{2 \times 32} = 68$

---

09 제곱근과 이차함수의 그래프 　　　　　　　　정답 ②

0이 아닌 두 실수 a, b에 대하여 ❶ $\sqrt{a^2} = -a$, $\sqrt{b^2} = b$가 성립할 때, 다음 중 이차함수 ❷ $y = ax^2 + bx$의 그래프로 알맞은 것은? [4점]

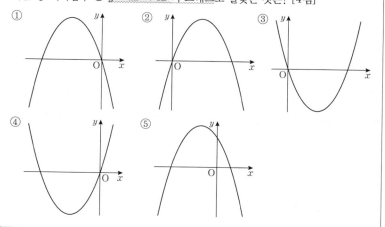

STEP 01 ❶에서 a, b의 부호를 파악한다.

$\sqrt{k^2} = \begin{cases} k & (k \geq 0) \\ -k & (k < 0) \end{cases}$ 이므로

$\sqrt{a^2} = -a$에서 $a < 0$, $\sqrt{b^2} = b$에서 $b > 0$

STEP 02 ❷를 표준형으로 변형하여 이차함수 그래프의 축의 위치를 확인하고 답을 찾는다.

$y = ax^2 + bx = a\left(x^2 + \dfrac{b}{a}x\right) = a\left(x + \dfrac{b}{2a}\right)^2 - \dfrac{b^2}{4a}$에서 축의 방정식은

$x = -\dfrac{b}{2a}$이다.

$a < 0$, $b > 0$이므로 $-\dfrac{b}{2a} > 0$이다. 따라서 축은 y축의 오른쪽에 있다.

또 $a < 0$이므로 이차함수 $y = ax^2 + bx$의 그래프는 위로 볼록하고 원점을 지난다. 따라서 그래프는 다음 그림과 같다.

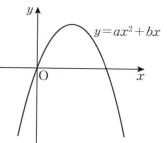

다른 풀이 1

$y = ax^2 + bx = a\left(x^2 + \dfrac{b}{a}x\right) = a\left(x^2 + \dfrac{b}{a}x + \dfrac{b^2}{4a^2}\right) - \dfrac{b^2}{4a} = a\left(x + \dfrac{b}{2a}\right)^2 - \dfrac{b^2}{4a}$

이므로 이차함수 $y = ax^2 + bx$의 그래프의 꼭짓점의 좌표는 다음과 같다.

$\left(-\dfrac{b}{2a}, -\dfrac{b^2}{4a}\right)$

이때 $a < 0$, $b > 0$이므로 이차함수 $y = ax^2 + bx$의 그래프는 위로 볼록하고 $-\dfrac{b}{2a} > 0$, $-\dfrac{b^2}{4a} > 0$이다.

따라서 이차함수 $y = ax^2 + bx$의 그래프의 꼭짓점 $\left(-\dfrac{b}{2a}, -\dfrac{b^2}{4a}\right)$은 제1사분면에 있다.

또한, 이차함수 $y = ax^2 + bx$의 그래프는 $x = 0$일 때 $y = 0$이므로 y절편은 0이 되어 원점을 지난다.

다른 풀이 2

$y = ax^2 + bx$의 그래프가 x축과 만나는 점의 x좌표를 구하기 위해

$y = ax^2 + bx$에 $y = 0$을 대입하면

$ax^2 + bx = x(ax + b) = 0$

$x = 0$ 또는 $x = -\dfrac{b}{a}$

따라서 이차함수 $y = ax^2 + bx$의 그래프는 $(0, 0)$, $\left(-\dfrac{b}{a}, 0\right)$을 지난다.

이때 $a < 0$, $b > 0$이므로 $-\dfrac{b}{a} > 0$이다.

따라서 이차함수 $y = ax^2 + bx$의 그래프는 위로 볼록하고 원점과 x축의 양의 부분 위의 점을 지난다.

---

10 도수분포표와 확률 　　　　　　　　정답 ⑤

다음은 어느 고등학교 학생 20명을 대상으로 이 학생들이 한 학기 동안 이수한 방과후학교의 이수시간을 조사하여 만든 도수분포표이다.

이수시간(시간)	도수(명)
$0^{이상} \sim 10^{미만}$	3
$10 \sim 20$	2
$20 \sim 30$	6
$30 \sim 40$	4
$40 \sim 50$	a
합 계	20

이 ❶ 학생들 중에서 임의로 한 명을 뽑을 때, 뽑힌 학생이 한 학기 동안 이수한 방과후학교의 이수시간이 30시간 이상일 확률은? [4점]

① $\dfrac{1}{4}$ 　② $\dfrac{3}{10}$ 　③ $\dfrac{7}{20}$ 　④ $\dfrac{2}{5}$ 　⑤ $\dfrac{9}{20}$

STEP 01 도수의 총합이 20임을 이용하여 a의 값을 구한다.

주어진 도수분포표에서 도수의 합이 20이므로

$3 + 2 + 6 + 4 + a = 20$

위 등식으로부터 $a = 5$이다.

STEP 02 상대도수의 정의를 이용하여 ❶의 값을 구한다.

도수분포표에서 도수의 총합에 대한 각 계급의 도수의 비율을 상대도수라 한다.

$(상대도수) = \dfrac{(\text{그 계급의 도수})}{(\text{도수의 총합})}$

전체에서 한 명을 뽑을 때, 그 학생이 어떤 계급에 속할 확률은 그 계급의 상대도수와 같다.

그러므로 문제에서 구하라는 확률은 한 학기동안 이수한 방과후학교의 이수시간이 30이상인 학생 수의 상대도수를 구하면 된다.

주어진 도수분포표에서 한 학기 동안 이수한 방과후학교의 이수시간이 30시간 이상인 학생 수는

$4 + a = 4 + 5 = 9$

따라서 구하는 확률은 $\dfrac{9}{20}$이다.

●핵심 공식

▶ 상대도수

(1) 상대도수 $= \dfrac{\text{그 계급의 도수}}{\text{도수의 합}}$

(2) 상대도수의 총합은 1이다.

(3) 그 계급의 도수는 (상대도수) × (도수의 합)이다.

(4) 도수의 합 $= \dfrac{\text{그 계급의 도수}}{\text{상대도수}}$

---

11 연립방정식 　　　　　　　　정답 ⑤

다음 연립방정식의 해가 $x = 4$, $y = 11$일 때, 상수 a, b에 대하여 $a + b$의 값은? [4점]

$$\begin{cases} ❶\, x + ay = 15 \\ ❷\, 3ax + by = 34 \end{cases}$$

① -1 　② 0 　③ 1 　④ 2 　⑤ 3

STEP 01 연립방정식의 해가 $x = 4$, $y = 11$이므로 해를 주어진 연립방정식에 대입한다.

❶에서 $4 + 11a = 15$이므로 $a = 1$,

❷에서 $12a + 11b = 34$이므로 $a = 1$을 대입하면

$12 + 11b = 34$, $11b = 22$

따라서 $b = 2$이다.

$\therefore a + b = 3$

그림과 같이 삼각형 ABC 에서 두 선분 AB , AC 의 중점을 각각 D , E 라 하고, 선분 BC 의 삼등분점을 각각 F , G 라 하자. 선분 DE 가 두 선분 AF , AG 와 만나는 점을 각각 H , I 라 할 때, ❶ 사각형 HFGI 의 넓이가 3 이다. 삼각형 ABC 의 넓이는? [4점]

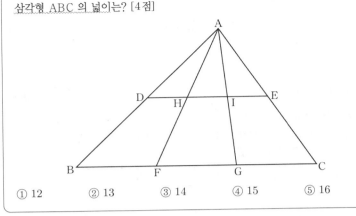

① 12   ② 13   ③ 14   ④ 15   ⑤ 16

STEP 01 삼각형의 중점연결정리를 이용하여 점 H와 I가 각각 선분 AF, AG 의 중점임을 확인한다.

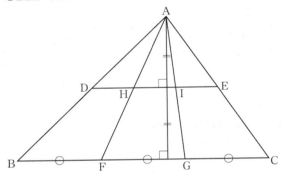

점 D , E 가 각각 선분 AB , AC 의 중점이므로 삼각형의 중점연결정리에 의하여

$\overline{DE} = \dfrac{1}{2}\overline{BC}$, $\overline{DE} \parallel \overline{BC}$ 가 성립한다.

삼각형 ABG 에서 삼각형의 중점연결정리를 다시 적용하면 점 D 는 선분 AB 의 중점이고, 선분 DI 는 선분 BG 와 평행하므로 점 I 는 선분 AG 의 중점이다. 삼각형 AFC 에서도 마찬가지이므로 점 H 는 선분 AF 의 중점임을 알 수 있다.

STEP 02 사각형 HFGI와 삼각형 ABC 의 넓이의 비를 구하고, ❶을 이용해 삼각형 ABC 의 넓이를 구한다.

삼각형 ABC 의 넓이를 S 라 하자. 삼각형 AFG 의 높이는 삼각형 ABC 의 높이와 같고

삼각형 AFG 의 밑변의 길이는 삼각형 ABC 의 밑변의 길이의 $\dfrac{1}{3}$ 이므로

(삼각형 AFG 의 넓이)$=\dfrac{1}{3}S$ 이다.

$\triangle AHI \backsim \triangle AFG$ 이고 닮음비가 $1:2$이므로 넓이의 비는 $1:4$이다. (삼각형 AFG 의 넓이)=(삼각형 AHI 의 넓이)+(사각형 HFGI 의 넓이) 따라서

(사각형 HFGI 의 넓이)$=\dfrac{3}{4}\times$(삼각형 AFG 의 넓이)이므로

(사각형 HFGI 의 넓이)$=\dfrac{3}{4}\times\dfrac{1}{3}S=\dfrac{1}{4}S=3$

따라서 삼각형 ABC 의 넓이 S 는 12이다.

●핵심 공식

▶ 삼각형의 중점연결정리

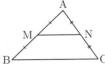

$\overline{BC} \parallel \overline{MN}$ 이고 $\overline{AM}=\overline{BM}$, $\overline{AN}=\overline{CN}$이면

$\overline{MN}=\dfrac{1}{2}\overline{BC}$

---

13 분산   정답 ④

표는 4회에 걸쳐 실시한 수학 수행평가에서 수지, 현섭, 지민이가 얻은 점수와 평균이다. 수지, 현섭, 지민이가 얻은 점수의 분산을 각각 v_1, v_2, v_3라 할 때, 이들 사이의 대소 관계로 옳은 것은? [4점]

수학 수행평가					
이름	1회	2회	3회	4회	평균
수지	9	6	7	10	8
현섭	8	8	8	8	8
지민	9	7	9	7	8

① $v_1 < v_2 < v_3$ ② $v_1 < v_3 < v_2$ ③ $v_2 < v_1 < v_3$

④ $v_2 < v_3 < v_1$ ⑤ $v_3 < v_2 < v_1$

STEP 01 공식을 이용하여 세 명의 분산을 구한다.

(분산)$=\dfrac{\{(\text{편차})^2\text{의 총합}\}}{(\text{변량의 개수})}$ 이므로

$v_1 = \dfrac{1+4+1+4}{4}=\dfrac{5}{2}$, $v_2 = \dfrac{0+0+0+0}{4}=0$, $v_3 = \dfrac{1+1+1+1}{4}=1$

$\therefore v_2 < v_3 < v_1$

●핵심 공식

▶ 도수분포표에서의 평균과 분산
- (평균)$=\dfrac{\{(\text{계급값})\times(\text{도수})\}\text{의 총합}}{(\text{도수})\text{의 총합}}$
- (분산)$=\dfrac{\{(\text{편차})^2\text{의 총합}\}}{(\text{변량의 개수})}$

---

14 삼각비   정답 ④

그림과 같이 바위섬의 위치를 A , 해안 도로 위의 두 지점의 위치를 B , C 라 하면 ❶ $\overline{BC}=200$ m , $\angle ABC=45°$, $\angle ACB=60°$ 이다. 점 A 에서 선분 BC 에 내린 수선의 발을 H 라 할 때, 선분 AH 의 길이는? [4점]

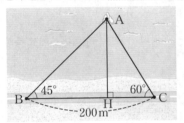

① 100 m   ② $80(3-\sqrt{3})$ m   ③ $80(3-\sqrt{2})$ m

④ $100(3-\sqrt{3})$ m   ⑤ $100(3-\sqrt{2})$ m

STEP 01 선분 CH의 길이를 k라 하고, 다른 선분의 길이도 k에 관한 식으로 나타낸다.

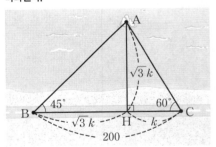

$\overline{CH}=k$ 라 하면 직각삼각형 AHC 에서 $\tan 60° = \dfrac{\overline{AH}}{\overline{CH}}$

$\overline{AH} = \tan 60° \times \overline{CH} = \sqrt{3}\,k$ $\cdots\cdots$ ㉠

삼각형 ABH 는 이등변삼각형이므로 $\overline{AH}=\overline{BH}$ ㉠에 의하여 $\overline{BH}=\overline{AH}=\sqrt{3}\,k$

STEP 02 ❶을 이용해 k값을 구하고, 선분 AH 의 길이($\sqrt{3}k$)를 구한다.

$\overline{BC}=\overline{BH}+\overline{HC}=200$에서 $\sqrt{3}\,k+k=(\sqrt{3}+1)k=200$

그러므로 $k=\dfrac{200}{\sqrt{3}+1}=\dfrac{200(\sqrt{3}-1)}{(\sqrt{3}+1)(\sqrt{3}-1)}=100(\sqrt{3}-1)$

따라서 구하는 선분 AH 의 길이는

$\overline{AH}=\sqrt{3}\,k=\sqrt{3}\times100(\sqrt{3}-1)=100(3-\sqrt{3})$ (m)

다른 풀이

$\overline{CH}=k$ 라 하면

$\overline{AH}=\tan 60° \times \overline{CH}=\sqrt{3}\,k$, $\overline{BH}=\overline{AH}=\sqrt{3}\,k$

$\triangle ABC = \triangle ABH + \triangle AHC$ 에서

$$\frac{1}{2} \times 200 \times \sqrt{3}\,k = \frac{1}{2} \times \sqrt{3}\,k \times \sqrt{3}\,k + \frac{1}{2} \times \sqrt{3}\,k \times k$$

$$200\sqrt{3}\,k = 3k^2 + \sqrt{3}\,k^2, \quad 200\sqrt{3}\,k = \sqrt{3}\,(\sqrt{3}\,k^2 + k^2), \quad 200k = (\sqrt{3}+1)k^2$$

$k > 0$ 이므로 $k = \dfrac{200}{\sqrt{3}+1} = 100(\sqrt{3}-1)$

따라서 구하는 선분 AH 의 길이는

$$\overline{\mathrm{AH}} = \sqrt{3}\,k = \sqrt{3} \times 100(\sqrt{3}-1) = 100(3-\sqrt{3})\,(\mathrm{m})$$

●핵심 공식

▶ 삼각비의 정의

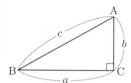

(1) $\sin B = \dfrac{\overline{\mathrm{AC}}}{\overline{\mathrm{AB}}} = \dfrac{b}{c}$ (2) $\cos B = \dfrac{\overline{\mathrm{BC}}}{\overline{\mathrm{AB}}} = \dfrac{a}{c}$

(3) $\tan B = \dfrac{\overline{\mathrm{AC}}}{\overline{\mathrm{BC}}} = \dfrac{b}{a}$

---

15 일차함수의 그래프 정답 ⑤

그림과 같이 좌표평면의 제1사분면에 있는 ❶ 정사각형 ABCD 의 모든 변은 x 축 또는 y 축에 평행하다. 두 점 A, C 는 각각 이차함수 $y = x^2$, $y = \dfrac{1}{2}x^2$ 의 그래프 위에 있고, 점 A 의 y 좌표는 점 C 의 y 좌표보다 크다.

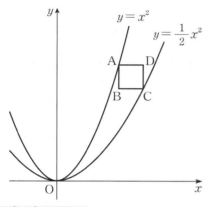

❷ 직선 AC 가 점 $(2, 3)$ 을 지날 때, 직선 AC 의 y 절편은? [4점]

① 3 ② $\dfrac{7}{2}$ ③ 4 ④ $\dfrac{9}{2}$ ⑤ 5

STEP 01 ❶을 이용하여 직선 AC 의 기울기를 구한다.

직선이 지나는 한 점이 주어져 있으므로, 직선의 기울기만 알면 y 절편도 구할 수 있다. 사각형 ABCD 가 정사각형이고, 각 변이 x 축 또는 y 축과 평행함을 이용하여 직선 AC 의 기울기를 구해본다.

정사각형 ABCD 의 각 변의 길이가 모두 같으므로 $\overline{\mathrm{AB}} = \overline{\mathrm{BC}} = a$ 라 하자.

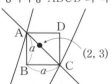

그러면 직선 AC 의 기울기는 $\dfrac{-a}{a} = -1$ 이다.

STEP 02 ❷를 이용해 직선 AC 의 y 절편의 값을 구한다.

직선 AC 의 y 절편을 b 라 하면 이 직선의 방정식은 $y = -x + b$ 이고, 점 $(2, 3)$ 을 지나므로 $x = 2$, $y = 3$ 을 대입하면 $3 = -2 + b$ 에서 $b = 5$ 이다. 따라서 직선 AC 의 y 절편은 5 이다.

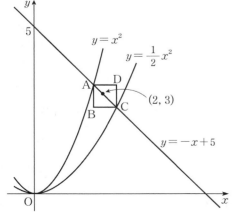

●핵심 공식

▶ 일차함수 $y = ax + b$

(1) 기울기 $a = \dfrac{(y값의 \ 증가량)}{(x값의 \ 증가량)}$ (2) x 절편 ($y = 0$ 일 때의 x 값) $= -\dfrac{b}{a}$

(3) y 절편 ($x = 0$ 일 때의 y 값) $= b$

---

16 평행사변형과 이등분선 정답 ⑤

그림과 같이 평행사변형 ABCD 에서 $\angle \mathrm{A}$ 와 $\angle \mathrm{D}$ 의 이등분선이 $\overline{\mathrm{BC}}$ 와 만나는 점을 각각 E, F 라 하자. $\overline{\mathrm{AB}} = 30$, $\overline{\mathrm{AD}} = 40$ 일 때, $\overline{\mathrm{EF}}$ 의 길이는? [4점]

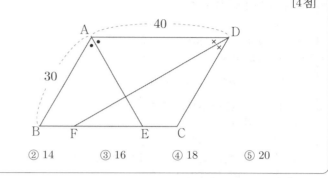

① 12 ② 14 ③ 16 ④ 18 ⑤ 20

STEP 01 평행사변형에서 마주보는 변은 서로 평행하므로 문제에서는 엇각을 이용할 수 있다.

평행사변형 ABCD 에서 $\angle \mathrm{ADF} = \angle \mathrm{CFD}$ (엇각) 이므로 $\triangle \mathrm{CDF}$ 는 이등변삼각형이고 따라서 $\overline{\mathrm{CD}} = \overline{\mathrm{CF}} = 30$ 이다.

$\therefore \overline{\mathrm{BF}} = \overline{\mathrm{BC}} - \overline{\mathrm{FC}} = 40 - 30 = 10$

또, $\angle \mathrm{DAE} = \angle \mathrm{BEA}$ (엇각) 이므로 $\triangle \mathrm{ABE}$ 는 이등변삼각형이고 따라서 $\overline{\mathrm{AB}} = \overline{\mathrm{BE}} = 30$ 이다.

$\therefore \overline{\mathrm{EC}} = \overline{\mathrm{BC}} - \overline{\mathrm{BE}} = 40 - 30 = 10$

$\therefore \overline{\mathrm{EF}} = \overline{\mathrm{BC}} - \overline{\mathrm{BF}} - \overline{\mathrm{EC}} = 40 - 10 - 10 = 20$

---

17 경우의 수 정답 ③

그림과 같이 주머니 속에 3, 4, 5, 6, 7이 각각 적혀 있는 5개의 공이 들어 있다. 이 주머니에서 임의로 두 개의 공을 차례로 꺼낼 때, 두 개의 공에 적힌 수를 각각 a, b 라 하자. ❶ $\dfrac{3}{ab}$ 이 유한소수가 될 확률은? (단, 꺼낸 공은 다시 넣지 않는다.) [4점]

① $\dfrac{3}{10}$ ② $\dfrac{2}{5}$ ③ $\dfrac{1}{2}$ ④ $\dfrac{3}{5}$ ⑤ $\dfrac{7}{10}$

STEP 01 유한소수가 될 조건은 분모에 소인수가 2 또는 5로만 이루어진 분수이어야 한다.

❶에서 분자가 3이므로 분모에 소인수 3이 올 경우 약분이 되므로 한 번만 올 수 있다.

$a = 3$ 을 뽑은 경우, b 로 가능한 수는 4, 5의 두 가지이므로 $\dfrac{1}{5} \times \dfrac{2}{4}$

$a = 4$ 를 뽑은 경우, b 로 가능한 수는 3, 5, 6의 세 가지이므로 $\dfrac{1}{5} \times \dfrac{3}{4}$

$a = 5$ 를 뽑은 경우, b 로 가능한 수는 3, 4, 6의 세 가지이므로 $\dfrac{1}{5} \times \dfrac{3}{4}$

$a = 6$ 을 뽑은 경우, b 로 가능한 수는 4, 5의 두 가지이므로 $\dfrac{1}{5} \times \dfrac{2}{4}$

$a = 7$ 을 뽑은 경우 유한소수가 될 수 없다.

따라서 $\dfrac{3}{ab}$ 이 유한소수가 될 확률은

$$\frac{1}{5} \times \frac{2}{4} + \frac{1}{5} \times \frac{3}{4} + \frac{1}{5} \times \frac{3}{4} + \frac{1}{5} \times \frac{2}{4} = \frac{2+3+3+2}{20} = \frac{10}{20} = \frac{1}{2}$$

다음은 두 자연수 x, y가

$$9xy - 6y + \frac{y}{x} = 242 \ \cdots\cdots (\,*\,)$$

를 만족시킬 때, $x+y$의 값을 구하는 과정이다.

> x, y가 자연수이므로 $9xy - 6y$는 자연수이고 $(\,*\,)$를 만족하려면
> $\dfrac{y}{x}$도 자연수이어야 한다.
> 따라서 $y = kx$ (k는 자연수)이다.
> $y = kx$를 $(\,*\,)$에 대입하여 정리하면
> $9kx^2 - 6kx + k = k\big(\boxed{(가)} \big)^2 = 242$ 이다.
> 이때, ❷ $242 = 242 \times 1^2 = 2 \times \boxed{(나)}^2$
> 이므로
> $k = 242$ 또는 $k = 2$ 이다.
> (i) $k = 242$ 일 때,
> $\boxed{(가)} = 1$ 이므로 $x = \dfrac{2}{3}$ 이다.
>   따라서 $(\,*\,)$를 만족하는 자연수 x, y는 없다.
> (ii) $k = 2$ 일 때,
> $\boxed{(가)} = \boxed{(나)}$ 이므로
> $(\,*\,)$를 만족하는 x, y가 모두 자연수이다.
> 그러므로 $x + y = \boxed{(다)}$ 이다.

위의 과정에서 (가), (나), (다)에 알맞은 것은? [4점]

	(가)	(나)	(다)
①	$3x - 1$	11	15
②	$3x - 1$	11	12
③	$3x - 1$	12	15
④	$3x - 2$	12	12
⑤	$3x - 2$	12	15

x, y가 자연수이므로 $9xy - 6y$는 자연수이고

$(*)$를 만족시키려면 $\dfrac{y}{x}$도 자연수이어야 한다.

따라서 $y = kx$ (k는 자연수)이다.

$y = kx$를 $(*)$에 대입하여 정리하면

❶ $9kx^2 - 6kx + k = 242$

STEP 01 ❶의 좌변을 정리하여 (가)를 구한다.

❶의 좌변을 k로 묶으면 $k(9x^2 - 6x + 1) = 242$이다.

따라서

$9kx^2 - 6kx + k = k\big(\boxed{3x-1}\big)^2 = 242$

∴ (가) $= 3x - 1$

STEP 02 ❷의 등식이 성립하도록 값을 구한다.

$242 = 242 \times 1^2 = 2 \times 121 = 2 \times \boxed{11}^2$

∴ (나) $= 11$

STEP 03 두 가지 경우 중에서 조건을 만족하는 x, y값을 구한다.

$k = 242$ 또는 $k = 2$이다.

ⅰ) $k = 242$일 때

   $3x - 1 = 1$이므로

   $x = \dfrac{2}{3}$이다.

   따라서 $(*)$를 만족시키는 x, y는 없다.

ⅱ) $k = 2$일 때,

   $3x - 1 = 11$이므로

   $x = 4$이고 $y = 2 \times 4 = 8$이다.

   $(*)$를 만족시키는 x, y가 모두 자연수이다.

그러므로 $x + y = \boxed{12}$이다.

∴ (다) $= 12$

---

19 피타고라스 정리와 원의 성질   정답 ②

그림과 같이 $\overline{AB} = 5$, $\overline{BC} = 6$인 직사각형 ABCD와 선분 BC를 지름으로 하고 중심이 O인 반원이 있다. 선분 AD의 중점 M에서 이 반원에 그은 접선이 선분 AB와 만나는 점을 P라 하자. $\angle POB = \angle x$일 때, $\sin x$의 값은? [4점]

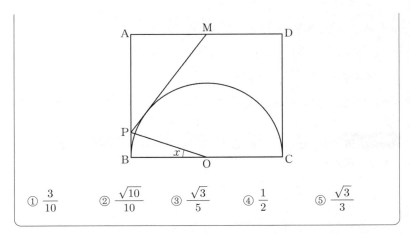

① $\dfrac{3}{10}$ ② $\dfrac{\sqrt{10}}{10}$ ③ $\dfrac{\sqrt{3}}{5}$ ④ $\dfrac{1}{2}$ ⑤ $\dfrac{\sqrt{3}}{3}$

STEP 01 선분 BO, PB, AP의 길이를 나타낸다.

$\overline{BC} = 6$이므로 $\overline{BO} = 3$이다.

$\overline{PB} = a$라하면 $\overline{AP} = 5 - a$

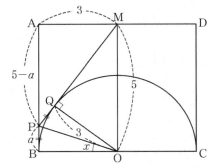

STEP 02 O에서 선분 MP에 수선의 발을 내려 Q라 하고 직사각형 ABOM의 넓이를 구한다.

O에서 선분 MP에 수선의 발을 내려서 이 점을 Q라고 하면

선분 OQ는 원의 반지름이므로 $\overline{OQ} = 3$

한편, 선분 MP의 길이는 피타고라스 정리를 이용하면 $\sqrt{9 + (5-a)^2}$이다.

직사각형 ABOM의 넓이는 삼각형 APM, PMO, PBO의 합과 같으므로

$$3 \times 5 = \left\{ \frac{1}{2} \times 3 \times (5-a) \right\} + \left\{ \frac{1}{2} \times \sqrt{9 + (5-a)^2} \times 3 \right\} + \left\{ \frac{1}{2} \times 3 \times a \right\}$$

양변에 $\dfrac{2}{3}$를 곱하면

$10 = 5 - a + \sqrt{9 + (5-a)^2} + a$

$\Rightarrow \sqrt{9 + (5-a)^2} = 5$

$\Rightarrow 9 + (5-a)^2 = 25$

$\Rightarrow (5-a)^2 = 16$

$5 - a = \pm 4$이므로 $a = 1$ 또는 9

이때, $\overline{AB} = 5$이므로 $\overline{PB} < 5$에서 $a = 1$이다.

STEP 03 $\sin x$를 구한다.

직각삼각형 PBO에서 $\overline{PB} = 1$이고 $\overline{BO} = 3$이므로 피타고라스 정리에 의하여

$\overline{PO}^2 = \overline{PB}^2 + \overline{BO}^2 = 1^2 + 3^2 = 10$

$\overline{PO} = \sqrt{10}$

따라서 $\sin x = \dfrac{\overline{PB}}{\overline{OP}} = \dfrac{1}{\sqrt{10}} = \dfrac{\sqrt{10}}{10}$

다른 풀이 1

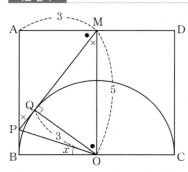

점 M에서 반원에 그은 접선이 반원과 접하는 점을 Q라 하자. 원과 접선의 성질에 의하여 두 선분 MQ와 OQ는 서로 수직이고, $\overline{OQ} = 3$이다.

직각삼각형 QOM에서 피타고라스 정리에 의하여

$\overline{QM}^2 = \overline{MO}^2 - \overline{QO}^2 = 5^2 - 3^2 = 16$

$\overline{QM} > 0$이므로 $\overline{QM} = 4$이다.

$\overline{AB} /\!/ \overline{MO}$이므로 엇각의 성질에 의하여 $\angle APM = \angle QMO$ $\cdots\cdots$ ①

$\angle AMO = 90°$ 이므로 $\angle AMP + \angle QMO = 90°$ ...... ㉠

직각삼각형 QOM 에서 $\angle QMO + \angle QOM = 90°$ ...... ㉡

㉠, ㉡에서 $\angle AMP = \angle QOM$ ...... ㉢

$\overline{AM} = \dfrac{1}{2}\overline{AD} = 3$ 이므로 $\overline{AM} = \overline{QO}$ ...... ㉣

①, ②, ③에 의하여 삼각형 APM과 삼각형 QMO 는 합동이므로 $\overline{AP} = \overline{QM} = 4$

따라서 $\overline{BP} = \overline{AB} - \overline{AP} = 5 - 4 = 1$

직각삼각형 PBO 에서 피타고라스 정리에 의하여

$\overline{OP}^2 = \overline{PB}^2 + \overline{BO}^2 = 1^2 + 3^2 = 10$

이므로 $\overline{OP} = \sqrt{10}$ 이다.

따라서 $\sin x = \dfrac{\overline{PB}}{\overline{OP}} = \dfrac{1}{\sqrt{10}} = \dfrac{\sqrt{10}}{10}$

다른 풀이 2

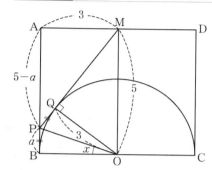

$\overline{PB} = a$ 라 하자.

원과 접선의 성질에 의하여 $\overline{PQ} = \overline{PB} = a$, $\overline{AP} = \overline{AB} - \overline{PB} = 5 - a$

직각삼각형 MQO 에서 피타고라스 정리에 의하여

$\overline{QM}^2 = \overline{MO}^2 - \overline{QO}^2 = 5^2 - 3^2 = 16$

$\overline{QM} = 4$ $(\because \overline{QM} > 0)$

따라서 $\overline{PM} = \overline{PQ} + \overline{QM} = a + 4$

직각삼각형 APM 에서 피타고라스 정리에 의하여

$\overline{PM}^2 = \overline{AP}^2 + \overline{AM}^2$

$(a+4)^2 = (5-a)^2 + 3^2$

$a^2 + 8a + 16 = (a^2 - 10a + 25) + 9$

$18a = 18$, $a = 1$

직각삼각형 PBO 에서 $\overline{PB} = 1$ 이고 $\overline{BO} = 3$ 이므로

피타고라스 정리에 의하여

$\overline{PO}^2 = \overline{PB}^2 + \overline{BO}^2 = 1^2 + 3^2 = 10$

$\overline{PO} = \sqrt{10}$

따라서 $\sin x = \dfrac{\overline{PB}}{\overline{OP}} = \dfrac{1}{\sqrt{10}} = \dfrac{\sqrt{10}}{10}$

---

20 이차함수의 그래프의 성질   정답 ③

이차함수 ❶ $y = x^2 - ax + a$ 의 그래프에 대하여 〈보기〉에서 옳은 것만을 있는 대로 고른 것은? (단, a 는 실수이다.) [4점]

〈보기〉

ㄱ. 점 $(1, 1)$ 을 지난다.

ㄴ. x 축의 방향으로 $-\dfrac{a}{2}$ 만큼 평행이동한 그래프는 y 축에 대칭이다.

ㄷ. 꼭짓점이 x 축 위에 있도록 하는 a 의 개수는 1 이다.

① ㄱ   ② ㄷ   ③ ㄱ, ㄴ   ④ ㄴ, ㄷ   ⑤ ㄱ, ㄴ, ㄷ

STEP 01 ㄱ. $(1, 1)$을 ❶에 대입하여 성립하는지 확인한다.

ㄱ. $x = 1$, $y = 1$ 을 $y = x^2 - ax + a$ 에 대입하면

$1 = 1^2 - a + a$ 이므로 등식이 성립한다.

따라서 $y = x^2 - ax + a$ 의 그래프는 점 $(1, 1)$ 을 지난다.   ∴ 참

STEP 02 ㄴ. ❶을 이차함수의 표준형으로 고친 후, x에 $x+\dfrac{a}{2}$를 대입한다.

ㄴ. $y = x^2 - ax + a = ❷\left(x - \dfrac{a}{2}\right)^2 - \dfrac{a^2}{4} + a$

이 그래프를 x 축의 방향으로 $-\dfrac{a}{2}$ 만큼 평행이동하려면 x에 $x + \dfrac{a}{2}$ 를 대입한다.

$y = \left(x + \dfrac{a}{2} - \dfrac{a}{2}\right)^2 - \dfrac{a^2}{4} + a$

$y = x^2 - \dfrac{a^2}{4} + a$ 이다.

따라서 이차함수 $y = x^2 - \dfrac{a^2}{4} + a$ 의 그래프는 y 축에 대칭이다.   ∴ 참

참고

이차함수 $y = k(x-p)^2 + q$의 그래프는 꼭짓점의 좌표가 (p, q)이고, 축의 방정식이 $x = p$인 포물선이다.

이차방정식이 y축에 대하여 대칭이 되려면 $p = 0$, 즉, $y = kx^2 + q$꼴로 나타내져야 한다.

STEP 03 ㄷ. ❷에서 꼭짓점의 좌표를 구하고 꼭짓점의 y좌표가 0이 되게 하는 a값을 구한다.

ㄷ. ❷에서 이차함수 $y = x^2 - ax + a$ 의 그래프의 꼭짓점의 좌표는

$\left(\dfrac{a}{2}, -\dfrac{a^2}{4} + a\right)$ 이므로 꼭짓점이 x축 위에 있으려면 $-\dfrac{a^2}{4} + a = 0$ 이어야 한다.

따라서 $a^2 - 4a = 0$, 인수분해하면 $a(a-4) = 0$

$a = 0$ 또는 $a = 4$

따라서 구하는 a 의 개수는 2 이다.   ∴ 거짓

따라서 옳은 것은 ㄱ, ㄴ이다.

●핵심 공식

▶ 이차함수의 그래프

$y = a(x-p)^2 + q$ $(a \neq 0)$

(1) $y = ax^2$ $(a \neq 0)$의 그래프를 x축 방향으로 p만큼, y축으로 q만큼 평행이동

(2) 꼭짓점의 좌표 (p, q)

(3) 대칭축 $x = p$

---

21 피타고라스 정리와 입체도형   정답 ④

그림과 같이 중심이 O 이고 ❶ 반지름의 길이가 10 인 구에서 평행한 두 평면으로 구를 잘랐을 때 생기는 단면을 각각 A, B 라 하자.

이때 점 O 가 꼭짓점이고 두 단면 A, B를 각각 밑면으로 하는 ❷ 두 원뿔의 높이의 비는 $1 : 2$이고, ❸ 밑면의 넓이의 비는 $41 : 14$ 이다. 두 원뿔의 부피의 합이 $k\sqrt{2}\,\pi$ 일 때, k의 값을 구하시오. [5점]

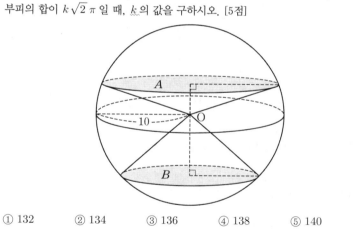

① 132   ② 134   ③ 136   ④ 138   ⑤ 140

STEP 01 ❶과 ❷를 이용해 A, B의 넓이를 나타낸다.

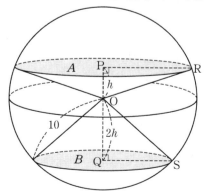

구의 중심 O 를 지나고 두 단면 A, B 에 수직인 직선이 두 단면 A, B와 만나는 점을 각각 P, Q 라 하자.

조건에 의하여 $\overline{OP} : \overline{OQ} = 1 : 2$

$\overline{OP} = h$ 라 하면 $\overline{OQ} = 2h$

단면 A 와 구가 만나는 점 중 하나를 R , 단면 B 와 구가 만나는 점 중 하나를 S 라 하자.

두 단면 A, B는 서로 평행이고, 두 선분 OP, OQ가 두 단면 A, B와 수직이므로 두 삼각형 OPR, OQS는 모두 직각삼각형이다.
피타고라스 정리에 의하여 삼각형 OPR에서
$$\overline{PR}^2 = \overline{OR}^2 - \overline{OP}^2 = 10^2 - h^2$$
삼각형 OQS에서
$$\overline{QS}^2 = \overline{OS}^2 - \overline{OQ}^2 = 10^2 - (2h)^2 = 100 - 4h^2$$
따라서 단면 A의 넓이는 $\pi(100 - h^2)$
단면 B의 넓이는 $\pi(100 - 4h^2)$

STEP 02 ❸을 이용하여 h의 값을 구한다.

두 원뿔의 밑면의 넓이의 비가 41 : 14 이므로
$$\pi(100 - h^2) : \pi(100 - 4h^2) = 41 : 14$$
$$41(100 - 4h^2)\pi = 14(100 - h^2)\pi$$
$$150h^2 = 2700$$
$$h^2 = 18$$
$$h = 3\sqrt{2} \quad (\because h > 0)$$

STEP 03 두 원뿔의 부피의 합을 구한다.

단면 A를 밑면으로 하는 원뿔의 부피는
$$\frac{1}{3} \times h \times (100 - h^2)\pi = \frac{1}{3} \times 3\sqrt{2} \times (100 - 18)\pi = 82\sqrt{2}\,\pi$$
단면 B를 밑면으로 하는 원뿔의 부피는
$$\frac{1}{3} \times 2h \times (100 - 4h^2)\pi = \frac{1}{3} \times 6\sqrt{2} \times (100 - 72)\pi = 56\sqrt{2}\,\pi$$
그러므로 두 원뿔의 부피의 합은 $82\sqrt{2}\,\pi + 56\sqrt{2}\,\pi = 138\sqrt{2}\,\pi$
따라서 $k = 138$

---

22 길이비를 이용한 도형의 넓이 　　　　　　정답 ①

그림과 같이 두 대각선의 교점이 O인 마름모 ABCD에서 $\overline{BC}$ 위의 두 점 P, Q에 대하여 ❶ $\overline{BP} : \overline{PC} = 3 : 5$ 이고 $\overline{AP} /\!/ \overline{OQ}$ 라 하자. $\overline{BD} = 16$, $\overline{AC} = 12$ 일 때, $\triangle OQC$의 넓이는? [5점]

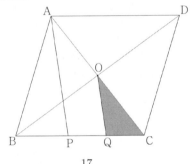

① $\dfrac{15}{2}$ 　② 8 　③ $\dfrac{17}{2}$ 　④ 9 　⑤ $\dfrac{19}{2}$

STEP 01 마름모의 넓이를 이용하여 삼각형 $\triangle ABC$의 넓이를 구한다.

마름모의 넓이 S는
$$S = \frac{1}{2} \times \overline{AC} \times \overline{BD} = \frac{1}{2} \times 12 \times 16 = 96$$ 이므로
$$\triangle ABC = \frac{1}{2} \times \square ABCD = \frac{1}{2} \times 96 = 48$$ 이다.

STEP 02 ❶을 이용하여 $\triangle APC$의 넓이를 구하고, 길이비를 이용하여 $\triangle OQC$의 넓이를 구한다.

❶로부터 $\triangle APC = \dfrac{5}{3+5} \times \triangle ABC = \dfrac{5}{8} \times 48 = 30$이다.

$\overline{AO} = \overline{CO}$ 이고 $\overline{AP} /\!/ \overline{OQ}$ 이므로 삼각형의 중점연결정리에 의하여
$\overline{PQ} = \overline{QC}$ 이다.
또 점 O와 점 P를 이으면
$\triangle AOP = \triangle OPC$
$\triangle OPQ = \triangle OQC$ 이므로
$$\triangle OQC = \frac{1}{4}\triangle APC = \frac{1}{4} \times 30 = \frac{15}{2}$$

---

23 평면도형 종합 　　　　　　정답 ③

그림과 같이 사각형 ABCD는 반지름의 길이가 4인 원에 내접한다. 삼각형 ABD는 직각이등변삼각형이고, $\angle CBD = 60°$ 이다. 점 C에서 두 선분 BD, AD에 내린 수선의 발을 각각 P, Q라 하고 두 선분 AC와 PQ가 만나는 점을 R라 하자. 선분 QR의 길이는? [5점]

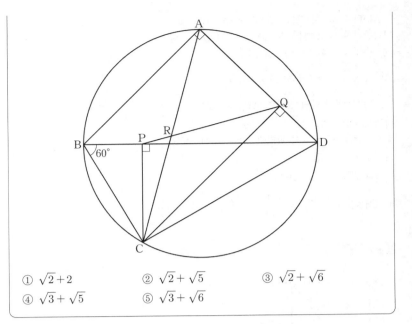

① $\sqrt{2} + 2$ 　② $\sqrt{2} + \sqrt{5}$ 　③ $\sqrt{2} + \sqrt{6}$
④ $\sqrt{3} + \sqrt{5}$ 　⑤ $\sqrt{3} + \sqrt{6}$

STEP 01 삼각형 ABD의 세 변의 길이와 내각의 크기를 구한다.

$\angle A = 90°$ 이므로 반원의 원주각은 $90°$ 라는 성질을 이용하면 $\overline{BD}$는 원의 지름이다. 즉, $\overline{BD} = 8$이다.

삼각형 ABD는 직각이등변삼각형이므로 $\overline{AB} = \overline{AD} = \dfrac{8}{\sqrt{2}} = 4\sqrt{2}$ 이다.

또한 $\angle ABD = \angle ADB = 45°$이다.

STEP 02 삼각형 BCD, BPC의 세 변의 길이와 내각의 크기를 구한다.

원에 내접하는 사각형의 대각의 합은 $180°$ 이다.
사각형 ABCD는 원에 내접하므로 $\angle C = 90°$
$\angle CBD = 60°$ 이므로 $\angle BDC = 30°$
삼각형 BCD는 각의 크기가 $30°$, $60°$, $90°$ 인 특수한 삼각형이고
$\overline{BD} = 8$이므로 $\overline{BC} = 4$, $\overline{CD} = 4\sqrt{3}$
삼각형 BCP에서 $\angle BCP = 30°$이므로 $\overline{BP} = 2$, $\overline{PC} = 2\sqrt{3}$

STEP 03 점 Q에서 선분 BD에 수선의 발 H를 내리고, 선분 PQ의 길이를 구한다.

점 Q에서 선분 BD에 내린 수선의 발을 H라 하자.
또한 두 선분 BD, CQ가 만나는 점을 S라 하자.

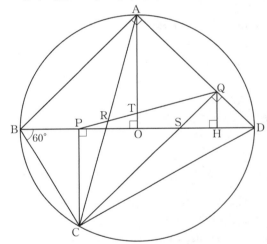

삼각형 SQD에서 $\angle SQD = 90°$, $\angle QDS = 45°$ 이고,
삼각형의 내각의 합은 $180°$ 이므로 $\angle QSD = 45°$
$\angle CSP$는 $\angle QSD$의 맞꼭지각이고 $\angle CPS = 90°$이므로
삼각형 PCS는 직각이등변삼각형이고, $\overline{PS} = \overline{PC} = 2\sqrt{3}$
$\overline{SD} = 8 - \overline{BP} - \overline{PS} = 8 - 2 - 2\sqrt{3} = 6 - 2\sqrt{3}$
$\overline{SH} = \dfrac{1}{2}\overline{SD} = 3 - \sqrt{3} = \overline{QH}$
$\overline{PH} = \overline{PS} + \overline{SH} = 2\sqrt{3} + (3 - \sqrt{3}) = 3 + \sqrt{3}$
직각삼각형 PHQ에서 피타고라스 정리에 의하여
$\overline{PQ}^2 = \overline{PH}^2 + \overline{QH}^2 = (3 + \sqrt{3})^2 + (3 - \sqrt{3})^2 = 24$
따라서 $\overline{PQ} = 2\sqrt{6}$

STEP 04 점 A에서 선분 BD에 수선의 발을 내리고, 선분 PR의 길이를 구한다.

원의 중심을 O라 하자. 점 A에서 선분 BD에 수선의 발을 내리면 그 점이 원의 중심 O이다.
두 선분 PQ, AO가 만나는 점을 T라 하자.
$\overline{BO} = 4$이고 $\overline{BP} = 2$이므로 $\overline{PO} = 2$이다.
삼각형 POT와 삼각형 PHQ가 서로 닮음이므로
$\overline{PO} : \overline{PH} = \overline{PT} : \overline{PQ}$ 에서

$$\overline{PT} = \frac{\overline{PO} \times \overline{PQ}}{\overline{PH}} = \frac{2 \times 2\sqrt{6}}{3 + \sqrt{3}} = \frac{4\sqrt{6}}{3 + \sqrt{3}} \times \frac{3 - \sqrt{3}}{3 - \sqrt{3}} = 2(\sqrt{6} - \sqrt{2})$$

$\overline{PO} : \overline{PH} = \overline{TO} : \overline{QH}$ 에서

$$\overline{TO} = \frac{\overline{PO} \times \overline{QH}}{\overline{PH}} = \frac{2 \times (3 - \sqrt{3})}{3 + \sqrt{3}} = \frac{2(3 - \sqrt{3})}{3 + \sqrt{3}} \times \frac{3 - \sqrt{3}}{3 - \sqrt{3}} = 4 - 2\sqrt{3}$$

$$\overline{AT} = \overline{AO} - \overline{TO} = 4 - (4 - 2\sqrt{3}) = 2\sqrt{3}$$

$$\overline{AT} = 2\sqrt{3} = \overline{CP}$$

또한 맞꼭지각의 성질, 엇각의 성질에 의해 삼각형 CRP와 삼각형 ART의 세 내각의 크기가 같고,

$\overline{AT} = \overline{CP}$ 이므로 $\triangle CRP \equiv \triangle ART$

$\overline{PR} = \overline{TR}$

$$\overline{PR} = \frac{1}{2}\overline{PT} = \sqrt{6} - \sqrt{2}$$

STEP 05 선분 QR의 길이를 구한다.

$$\overline{QR} = \overline{PQ} - \overline{PR} = 2\sqrt{6} - (\sqrt{6} - \sqrt{2}) = \sqrt{2} + \sqrt{6}$$

다른 풀이

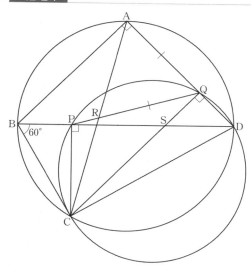

$\angle CBD$와 $\angle CAD$는 호 CD의 원주각이므로 원주각의 성질에 의하여 $\angle CAD = 60°$ 이다.

사각형 ABCD는 원에 내접하므로 $\angle C = 90°$, $\angle BDC = 30°$ 이다.

한편 $\angle CPD = \angle CQD = 90°$ 이므로 반원의 원주각의 성질에 의하여 사각형 PCDQ는 선분 CD를 지름으로 하는 원에 내접하는 사각형이다.

이때 $\angle PDC$와 $\angle PQC$는 이 원에서 호 PC의 원주각이므로

$\angle PDC = \angle PQC = 30°$, $\angle AQR = 60°$

그러므로 삼각형 ARQ는 정삼각형이고 $\overline{AQ} = \overline{QR}$

삼각형 ABD는 직각이등변삼각형이고 변 BD의 길이는 8이므로 $\overline{AD} = 4\sqrt{2}$

따라서 선분 QD의 길이를 구하면 선분 QR의 길이를 구할 수 있다.

선분 CD를 지름으로 하는 원에서 원주각의 성질에 의하여

$\angle PCQ = \angle PDQ = 45°$

두 삼각형 PCS와 SDQ는 직각이등변삼각형이다.

$\overline{PC} = \overline{PS} = 2\sqrt{3}$

$\overline{SD} = 8 - (2 + 2\sqrt{3}) = 6 - 2\sqrt{3}$

$$\overline{QD} = \frac{1}{\sqrt{2}}(6 - 2\sqrt{3}) = 3\sqrt{2} - \sqrt{6}$$

따라서 $\overline{QR} = 4\sqrt{2} - (3\sqrt{2} - \sqrt{6}) = \sqrt{2} + \sqrt{6}$

24 방정식의 활용   정답 ②

20 %의 설탕물 100 g이 들어 있는 그릇에서 설탕물 x g을 퍼내고 같은 양의 물 x g을 넣었다. 이 그릇에서 다시 설탕물 x g을 퍼내고 같은 양의 물 x g을 넣었더니 5 %의 설탕물이 되었다. 이때, x의 값은? [5점]

① 45   ② 50   ③ 55   ④ 60   ⑤ 65

STEP 01 설탕의 양을 기준으로 잡고, 공식을 활용한다.

20 %의 설탕물 100 g에 들어 있는 설탕의 양은 $\frac{20}{100} \times 100$ 이므로

설탕의 양이 두 번의 시행 과정에서 줄어드는 과정을 생각한다.

첫 번째 설탕물 x g을 빼고, 물 x g을 다시 넣었을 때 설탕의 양은

$$\frac{20}{100} \times 100 - \left(x \times \frac{20}{100} \right) = 20 - \left(\frac{20x}{100} \right) = 20\left(1 - \frac{x}{100} \right) \quad \cdots\cdots \text{㉠}$$

두 번째 설탕물 x g을 빼고, 물 x g을 다시 넣었을 때는 위의 ㉠에서 다시 설탕의 양이 줄어야 하므로

$$20\left(1 - \frac{x}{100} \right) - \left\{ x \times \frac{20\left(1 - \frac{x}{100} \right)}{100} \right\} = 20\left(1 - \frac{x}{100} \right)\left(1 - \frac{x}{100} \right)$$

따라서 정리하면

$$\frac{20}{100} \times 100 \times \left(1 - \frac{x}{100} \right) \times \left(1 - \frac{x}{100} \right) = 20\left(1 - \frac{x}{100} \right)^2 = \frac{5}{100} \times 100$$

따라서

$$20\left(1 - \frac{x}{100} \right)^2 = \frac{5}{100} \times 100$$

$$\Rightarrow \left(1 - \frac{x}{100} \right)^2 = \frac{1}{4}$$

$$\Rightarrow 1 - \frac{x}{100} = \frac{1}{2} \quad (\because 0 < x < 100)$$

$$\Rightarrow \frac{x}{100} = \frac{1}{2}$$

$$\therefore x = 50 \text{ (g)}$$

● **핵심 공식**

▶ 설탕의 양 구하기

$$(\text{설탕의 양}) = \frac{(\text{설탕물의 농도})(\%)}{100} \times (\text{설탕물의 양})$$

25 삼각형의 닮음과 원주각   정답 ②

그림과 같이 ❶ 길이가 10인 선분 AC를 지름으로 하는 원에 내접하는 사각형 ABCD에서 ❷ $\overline{AB} = 8$ 이고 두 대각선 AC, BD가 점 E에서 서로 수직으로 만난다. 점 E에서 선분 BC에 내린 수선의 발을 F, 직선 EF와 변 AD가 만나는 점을 G라 하자. 선분 FG의 길이를 l 이라 할 때, $25l$의 값은? [5점]

① 168   ② 172   ③ 176   ④ 180   ⑤ 184

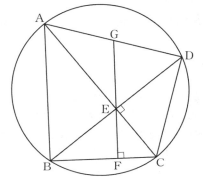

STEP 01 ❶, ❷를 이용해 선분 BC의 길이를 구한다.

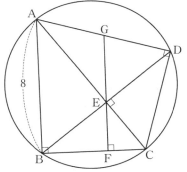

선분 AC가 지름이므로 $\angle ABC = 90°$

직각삼각형 ABC에서 피타고라스 정리에 의하여

$$\overline{BC}^2 = \overline{AC}^2 - \overline{AB}^2 = 10^2 - 8^2 = 36$$

따라서 $\overline{BC} = 6$

STEP 02 삼각형 ABC의 넓이를 이용해 선분 BE의 길이를 구한다.

직각삼각형 ABC에서

$$\triangle ABC = \frac{1}{2} \times \overline{AB} \times \overline{BC} = \frac{1}{2} \times \overline{AC} \times \overline{BE}$$

$$\frac{1}{2} \times 8 \times 6 = \frac{1}{2} \times 10 \times \overline{BE}$$

$$\overline{BE} = \frac{48}{10} = \frac{24}{5}$$

STEP 03 삼각형의 닮음을 활용하여 선분 CE의 길이를 구한다.

선분 GF의 길이를 구하는 것이 최종 목표이다.

선분 GF의 길이는 선분 GE의 길이와 EF의 길이의 합이다.

선분 EF 의 길이를 구하기 위해서는 CE 의 길이를 구해야 한다.

두 직각삼각형 ABC , BEC 에서 ∠ACB 가 공통이므로

$\triangle ABC \backsim \triangle BEC$ (AA 닮음)

$\overline{BC} : \overline{AC} = \overline{CE} : \overline{BC}$ 에서

$\overline{BC}^2 = \overline{CE} \times \overline{AC}$

$\overline{CE} = \dfrac{\overline{BC}^2}{\overline{AC}} = \dfrac{6^2}{10} = \dfrac{18}{5}$

STEP 04 삼각형 BEC 의 넓이를 이용하여 선분 EF 의 길이를 구한다.

직각삼각형 BEC 에서 $\overline{EF} \perp \overline{BC}$ 이므로

$\triangle BEC = \dfrac{1}{2} \times \overline{CE} \times \overline{BE} = \dfrac{1}{2} \times \overline{EF} \times \overline{BC}$

$\dfrac{1}{2} \times \dfrac{18}{5} \times \dfrac{24}{5} = \dfrac{1}{2} \times \overline{EF} \times 6$

$\overline{EF} = \dfrac{18}{5} \times \dfrac{4}{5} = \dfrac{72}{25}$

STEP 05 선분 GE 의 길이를 구하고 선분 GF 의 길이를 구한다.

지름 AC 는 현 BD 를 수직이등분 하므로 $\overline{BE} = \overline{ED}$

두 삼각형 DGE , DAB 에서 두 선분 GF , AB 는 각각 선분 BC 에 수직이므로 $\overline{GF} // \overline{AB}$ 이고,

∠DGE = ∠DAB 이므로 $\triangle DGE \backsim \triangle DAB$ (AA 닮음)

두 삼각형 DGE , DAB 의 닮음비가 1 : 2 이므로 $\overline{GE} = \dfrac{1}{2}\overline{AB} = \dfrac{1}{2} \times 8 = 4$

그러므로 $l = \overline{FG} = \overline{FE} + \overline{EG} = \dfrac{72}{25} + 4 = \dfrac{172}{25}$

따라서 $25l = 172$

참고

원의 지름에 수직인 현은 그 지름에 의하여 수직이등분 된다. 왜냐하면 원은 지름을 지나는 직선에 대하여 대칭이기 때문이다. 즉, 현 BD 는 지름 AC 와 수직이고, 교점 E 는 선분 DB 의 중점이다. 선분 GF 와 선분 AB는 선분 BC 에 수직이므로 $\overline{GE} // \overline{AB}$ 가 성립한다. 삼각형 DAB에서 삼각형의 중점연결 정리를 이용하면, 선분 GE 의 길이는 선분 AB의 길이의 $\dfrac{1}{2}$ 임을 알 수 있다.

다른 풀이

선분 AC 가 원의 지름이므로 ∠ABC = 90°, $\overline{GF} // \overline{AB}$

선분 AC 가 원의 지름이고 $\overline{AC} \perp \overline{BD}$ 이므로 $\overline{BE} = \overline{ED}$

따라서 점 G 는 삼각형 ABD 에서 변 BD 의 중점을 지나고 변 AB 에 평행한 직선이 변 AD 와 만나는 점이므로 삼각형의 중점연결정리에 의해 변 AD 의 중점이 된다.

삼각형 ABD 에서 $\overline{GE} = \dfrac{1}{2}\overline{AB} = 4$

직각삼각형 ABC 에서 피타고라스 정리에 의하여

$\overline{BC} = \sqrt{\overline{AC}^2 - \overline{AB}^2} = \sqrt{10^2 - 8^2} = 6$

∠BAC = x 라 하면 직각삼각형 ABC 에서

$\sin x = \dfrac{\overline{BC}}{\overline{AC}} = \dfrac{6}{10} = \dfrac{3}{5}$

두 직각삼각형 ABC , ABE 에서 ∠BAC 가 공통이므로 $\triangle ABC \backsim \triangle AEB$

또한 두 직각삼각형 ABC , BCE 에서 ∠BCA 가 공통이므로 $\triangle ABC \backsim \triangle BEC$

따라서 ∠BAE = ∠EBC = ∠BAC = x

직각삼각형 ABE 에서 $\sin x = \dfrac{\overline{BE}}{\overline{AB}}$

따라서 $\overline{BE} = \overline{AB}\sin x = 8 \times \dfrac{3}{5} = \dfrac{24}{5}$

직각삼각형 BEF 에서 $\sin x = \dfrac{\overline{EF}}{\overline{BE}}$

따라서 $\overline{EF} = \overline{BE}\sin x = \dfrac{24}{5} \times \dfrac{3}{5} = \dfrac{72}{25}$

그러므로 $l = \overline{FG} = \overline{FE} + \overline{EG} = \dfrac{72}{25} + 4 = \dfrac{172}{25}$

따라서 $25l = 172$

02

회 | 신입생 학급 배치고사 예비 **고1**

•정답•

01 ⑤ 02 ④ 03 ① 04 ⑤ 05 ④ 06 ③ 07 ② 08 ① 09 ③ 10 ⑤ 11 ③ 12 ③ 13 ③ 14 ④ 15 ⑤
16 ② 17 ① 18 ④ 19 ⑤ 20 ② 21 ② 22 ④ 23 ④ 24 ⑤ 25 ①

---

01 유리수의 연산 정답 ⑤

❶ $\dfrac{1}{3} \times (-4)^2 + \dfrac{2}{3}$ 의 값은? [3점]

① $\dfrac{14}{3}$ ② 5   ③ $\dfrac{16}{3}$ ④ $\dfrac{17}{3}$ ⑤ 6

STEP 01 ❶을 유리수의 연산법칙에 의해 계산하여 값을 구한다.

$\dfrac{1}{3} \times (-4)^2 + \dfrac{2}{3} = \dfrac{16}{3} + \dfrac{2}{3}$

$= \dfrac{18}{3} = 6$

---

02 함숫값 정답 ④

함수 ❶ $f(x) = -3x + 2$ 에 대하여 $f\left(\dfrac{1}{2}\right)$ 의 값은? [3점]

① -1 ② $-\dfrac{1}{2}$ ③ 0   ④ $\dfrac{1}{2}$ ⑤ 1

STEP 01 ❶에 $x = \dfrac{1}{2}$ 을 대입하여 $f\left(\dfrac{1}{2}\right)$ 을 구한다.

$f(x) = -3x + 2$ 에

$x = \dfrac{1}{2}$ 을 대입하면

$f\left(\dfrac{1}{2}\right) = -3 \times \dfrac{1}{2} + 2 = \dfrac{1}{2}$

---

03 이차방정식의 근 정답 ①

이차방정식 ❶ $x^2 + ax + \dfrac{9}{4} = 0$이 중근을 갖도록 하는 모든 상수 a 의 값의 곱은? [3점]

① -9 ② -8 ③ -7 ④ -6 ⑤ -5

STEP 01 ❶이 성립하도록 $x^2 + ax + \dfrac{9}{4} = 0$을 완전 제곱식으로 바꾸어 a의 값을 구한 후 곱을 구한다.

이차방정식 $x^2 + ax + \dfrac{9}{4} = 0$이 중근을 가지려면,

이차방정식 $x^2 + ax + \dfrac{9}{4} = 0$이 완전제곱식이어야 한다.

$x^2 + ax + \dfrac{9}{4} = \left(x \pm \dfrac{3}{2}\right)^2 = x^2 \pm 3x + \dfrac{9}{4}$

$a = 3$ 또는 -3이므로

모든 상수 a 의 곱은 $3 \times (-3) = -9$이다.

다른 풀이

$a^2 - 9 = 0$에서 모든 상수 a 의 곱은 근과 계수의 관계에 의하여 -9이다.

●핵심 공식

▶ 이차방정식 $ax^2 + bx + c = 0$의 풀이

(1) 인수분해가 되면 인수분해하여 해를 구한다.

(2) 인수분해가 되지않으면 완전제곱식으로 변형하거나 근의 공식을 사용하여 해를 구한다.

근의 공식 $x = \dfrac{-b \pm \sqrt{b^2 - 4ac}}{2a}$

▶ 이차방정식의 근과 계수의 관계

이차방정식 $ax^2 + bx + c = 0$ (단, $a \neq 0$)의 두 근을 α, β라고 하면,

$\alpha + \beta = -\dfrac{b}{a}$, $\alpha\beta = \dfrac{c}{a}$

04 이차함수의 꼭짓점

정답 ⑤

이차함수 ❶ $y=-3x^2+6x+1$의 꼭짓점의 좌표가 $(p,\ q)$일 때, $p+q$의 값은? [3점]

① 1　　② 2　　③ 3　　④ 4　　⑤ 5

STEP 01 ❶을 표준형으로 바꾸어 꼭짓점의 좌표를 구한다.

$$y=-3x^2+6x+1$$
$$=-3(x^2-2x+1)+1+3$$
$$=-3(x-1)^2+4$$이므로

꼭짓점의 좌표는 $(1,\ 4)$이다.

$p=1$, $q=4$이므로 $p+q=1+4=5$

05 순환소수

정답 ④

두 순환소수

❶ $0.272727\cdots=\dfrac{a}{11}$, $1.2333\cdots=\dfrac{37}{b}$일 때, $a+b$의 값은? [3점]

① 30　　② 31　　③ 32　　④ 33　　⑤ 34

STEP 01 ❶의 두 순환소수를 각각 분수로 바꾸어 약분한 후 a, b를 구하여 합을 구한다.

$$0.272727\cdots=\frac{27}{99}=\frac{3}{11}$$

$$1.2333\cdots=\frac{123-12}{90}=\frac{111}{90}=\frac{37}{30}$$

따라서 $a=3$, $b=30$이므로

$a+b=3+30=33$

다른 풀이

$x=0.272727\cdots$라 하면
$100x=27.272727\cdots$
$100x-x=(27.272727\cdots)-(0.272727\cdots)$
$99x=27$, $x=\dfrac{27}{99}=\dfrac{3}{11}$

마찬가지로 $y=1.2333\cdots$라 하면
$100y=123.333\cdots$
$10y=12.333\cdots$
$100y-10y=(123.333\cdots)-(12.333\cdots)$
$90y=123-12=111$, $y=\dfrac{111}{90}=\dfrac{37}{30}$

따라서 $a=3$, $b=30$이므로
$a+b=3+30=33$

06 인수분해

정답 ③

[그림1]의 두 정사각형은 한 변의 길이가 각각 1, $2x+1$이고, [그림2]의 사다리꼴은 윗변과 아랫변의 길이가 각각 x, $x+2$이다. ❶ [그림1]과 [그림2]의 어두운 부분의 넓이가 같을 때, [그림2]의 사다리꼴의 높이는?

(단, $x>\dfrac{1}{2}$) [4점]

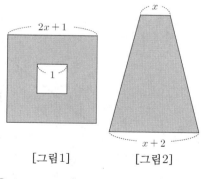

[그림1]　　　[그림2]

① $4x-2$　② $4x-1$　③ $4x$　④ $4x+1$　⑤ $4x+2$

STEP 01 사다리꼴의 높이를 미지수로 두고 두 그림의 어두운 부분의 넓이를 각각 구하여 ❶을 이용하여 방정식을 세워 사다리꼴의 높이를 구한다.

[그림1]의 두 정사각형은 한 변의 길이가 각각 1, $2x+1$이므로
어두운 부분의 넓이는
$(2x+1)^2-1^2=4x^2+4x=4x(x+1)$이고

[그림2]의 사다리꼴의 높이를 h라 하면 사다리꼴의 넓이는
$\dfrac{1}{2}(x+x+2)h=(x+1)h$이다.

두 넓이가 같으므로 $4x(x+1)=(x+1)h$, $h=4x$
따라서 사다리꼴의 높이는 $4x$이다.

07 정삼각형의 성질

정답 ②

다음은 모자이크 퍼즐을 만드는 과정이다.

> [1단계] 정삼각형을 그린다.
> [2단계] 세 꼭짓점과 각 대변의 중점을 잇는다.
> [3단계] 세 중선을 각각 3등분한다.
> [4단계] 그림과 같이 정육각형을 만든다.

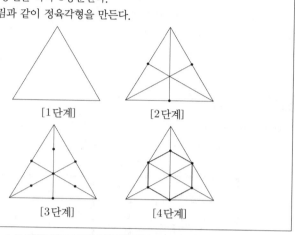

[1단계]　　　[2단계]

[3단계]　　　[4단계]

[1단계]에서 그린 ❶ 정삼각형의 한 변의 길이가 4일 때, [4단계]에서 만들어진 정육각형의 한 변의 길이는? [4점]

① $\dfrac{\sqrt{3}}{2}$　② $\dfrac{2\sqrt{3}}{3}$　③ $\dfrac{5\sqrt{3}}{6}$　④ $\sqrt{3}$　⑤ $\dfrac{7\sqrt{3}}{6}$

STEP 01 ❶을 이용하여 정삼각형의 높이를 구한 후 [4단계]의 점 F, G가 정삼각형의 높이를 삼등분하는 점임을 이용하여 정육각형의 한 변의 길이를 구한다.

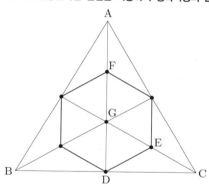

[1단계]에서 그린 정삼각형의 한 변의 길이가 4이므로

정삼각형의 높이 $\overline{\text{AD}}=\dfrac{\sqrt{3}}{2}\times4=2\sqrt{3}$이다.

[3단계]에서 점 F, G가 $\overline{\text{AD}}$의 삼등분점이므로

$\overline{\text{GD}}=\dfrac{1}{3}\times2\sqrt{3}=\dfrac{2\sqrt{3}}{3}$이다.

한편 삼각형 GDE는 정삼각형이고 한변의 길이가 $\dfrac{2\sqrt{3}}{3}$이므로

정육각형의 한변의 길이도 $\dfrac{2\sqrt{3}}{3}$이다.

●핵심 공식

▶ 정삼각형의 높이와 넓이
한 변의 길이가 a일 때,
정삼각형의 높이 $h=\dfrac{\sqrt{3}}{2}a$, 정삼각형의 넓이 $S=\dfrac{\sqrt{3}}{4}a^2$

08 꼬인 위치

정답 ①

정팔각기둥에서 밑면의 어느 한 모서리와 꼬인 위치인 모서리의 개수는? [4점]

① 12　　② 14　　③ 16　　④ 18　　⑤ 20

STEP 01 정팔각기둥을 그려 밑면의 한 모서리를 정하고 두 밑면과 옆면에서 각각 꼬인 위치인 모서리를 찾아 개수를 구한다.

밑면 ABCDEFGH에서 한 모서리 $\overline{AB}$ 와
같은 면 ABCDEFGH에 있는 모든
모서리는 $\overline{AB}$ 와 만나거나 평행하므로
꼬인 위치에 있는 모서리는 없다.
또 다른 밑면 IJKLMNOP에서 $\overline{IJ}$ 와
$\overline{MN}$ 은 $\overline{AB}$ 와 평행하며 나머지 모서리
6개는 $\overline{AB}$ 와 평행하지도 만나지도
않으므로 6개의 모서리가 $\overline{AB}$ 와 꼬인
위치에 있다.
한편 옆면에서 $\overline{AI}$ 와 $\overline{BJ}$ 는 $\overline{AB}$ 와
수직으로 만나며 나머지 모서리 6개는
$\overline{AB}$ 와 평행하지도 만나지도 않으므로
6개의 모서리가 $\overline{AB}$ 와 꼬인 위치에 있다.
따라서 $\overline{AB}$ 와 꼬인 위치에 있는 모든
모서리의 개수는 $0+6+6=12$ 이다.

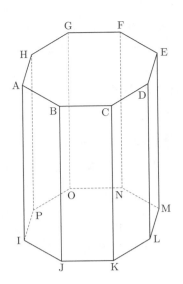

---

09 확률의 곱셈법칙   정답 ③

그림과 같이 상자 A에는 -2, -1, 1, 2, 3의 수가 각각 적힌 카드 5장이
들어있고, 상자 B에는 -3, -2, -1, 1, 2의 수가 각각 적힌 카드 5장이
들어있다.

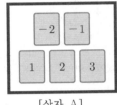   

[상자 A]   [상자 B]

두 상자 A, B에서 각각 한 장의 카드를 꺼내어 그 카드에 적힌 수를 차례대로
p, q라 할 때, ❶ 이차함수 $y=(x-p)^2+q$의 그래프의 꼭짓점이 제3사분면
위에 있을 확률은? [4점]

① $\dfrac{4}{25}$ ② $\dfrac{1}{5}$ ③ $\dfrac{6}{25}$ ④ $\dfrac{9}{25}$ ⑤ $\dfrac{4}{5}$

STEP 01 ❶을 성립할 p, q의 범위를 구한다.

이차함수 $y=(x-p)^2+q$의 그래프의 꼭짓점이 제3사분면 위에 있으므로
꼭짓점 $(p,\ q)$의 좌표가 모두 음수이어야 하므로 $p<0$, $q<0$이다.

STEP 02 두 상자 A, B에서 모두 음수를 뽑을 확률을 각각 구한 후 곱하여 구하는
확률을 구한다.

상자 A에는 5장의 카드가 들어 있고 그 중 음수는 -2, -1의 2개이므로
$p<0$일 확률은 $\dfrac{2}{5}$이고,

상자 B에는 5장의 카드가 들어 있고 그 중 음수는 -3, -2, -1의 3개이므로
$q<0$일 확률은 $\dfrac{3}{5}$이다.

따라서 $p<0$이고 $q<0$일 확률은 $\dfrac{2}{5}\times\dfrac{3}{5}=\dfrac{6}{25}$이다.

---

10 두 점사이의 거리   정답 ⑤

❶ 직선 $y=-x+\dfrac{3}{4}$과 x축, y축의 교점을 각각 A, B라 하고, ❷ 직선

$y=-x+\dfrac{3}{4}$과 포물선 $y=x^2$의 교점 중 제1사분면 위의 점을 P라 할 때,

$\dfrac{\overline{AP}}{\overline{BP}}$의 값은? [4점]

① $\dfrac{1}{6}$ ② $\dfrac{1}{5}$ ③ $\dfrac{1}{4}$ ④ $\dfrac{1}{3}$ ⑤ $\dfrac{1}{2}$

STEP 01 직선 $y=-x+\dfrac{3}{4}$의 x절편과 y절편을 각각 구하여 ❶을 구한 후 직선

$y=-x+\dfrac{3}{4}$과 포물선 $y=x^2$을 연립하여 $x>0$을 성립하는 점을 구하여 ❷를 구한다.

직선 $y=-x+\dfrac{3}{4}$의 x절편은 $\dfrac{3}{4}$이므로 점 $A\left(\dfrac{3}{4},\ 0\right)$이고,

직선 $y=-x+\dfrac{3}{4}$의 y절편은 $\dfrac{3}{4}$이므로 점 $B\left(0,\ \dfrac{3}{4}\right)$이다.

또한 직선 $y=-x+\dfrac{3}{4}$과 포물선 $y=x^2$의 교점의 x좌표는

$$x^2=-x+\dfrac{3}{4}$$
$$4x^2+4x-3=0$$
$$(2x+3)(2x-1)=0$$
$$x=-\dfrac{3}{2} \text{ 또는 } x=\dfrac{1}{2}$$

그런데 P가 제1사분면 위의 점이므로 $x>0$이다.

따라서 점 $P\left(\dfrac{1}{2},\ \dfrac{1}{4}\right)$이다.

STEP 02 세 점의 좌표와 삼각형의 닮음을 이용하여 $\dfrac{\overline{AP}}{\overline{BP}}$를 구한다.

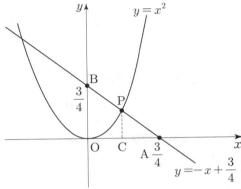

원점을 O, 점 P에서 x축 위에 내린 수선의 발을 점 C라 하자.

직선 $y=-x+\dfrac{3}{4}$의 기울기가 -1이므로 삼각형 OAB는 직각이등변삼각형이고
두 삼각형 APC와 ABO는 닮음이므로

$$\dfrac{\overline{AP}}{\overline{BP}}=\dfrac{\overline{AC}}{\overline{OC}}=\dfrac{\dfrac{3}{4}-\dfrac{1}{2}}{\dfrac{1}{2}}=\dfrac{1}{2}$$

STEP 02의 다른 풀이

$$\overline{AP}=\sqrt{\left(\dfrac{3}{4}-\dfrac{1}{2}\right)^2+\left(0-\dfrac{1}{4}\right)^2}=\dfrac{\sqrt{2}}{4}$$

$$\overline{BP}=\sqrt{\left(0-\dfrac{1}{2}\right)^2+\left(\dfrac{3}{4}-\dfrac{1}{4}\right)^2}=\dfrac{\sqrt{2}}{2}$$

따라서

$$\dfrac{\overline{AP}}{\overline{BP}}=\dfrac{\dfrac{\sqrt{2}}{4}}{\dfrac{\sqrt{2}}{2}}=\dfrac{1}{2}$$

● 핵심 공식

▶ 두 점 사이의 거리
좌표평면 위의 두 점 $A(x_1,\ y_1)$, $B(x_2,\ y_2)$ 사이의 거리
$$\overline{AB}=\sqrt{(x_1-x_2)^2+(y_1-y_2)^2}$$

---

11 이차방정식의 활용   정답 ③

신윤복의 '월야밀회'는 보름달 아래 남녀의 모습을 그린 그림이다. 그림과 같이
앞쪽 담장의 직사각형 A보다 뒤쪽 담장의 평행사변형 B가 넓어 보인다.
신윤복은 이런 기법을 통해 등장인물의 내면세계를 극대화하였다.

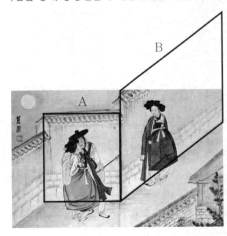

위의 그림에서 직사각형 A와 평행사변형 B는 다음 조건을 만족시킨다.

(가) A의 세로의 길이는 A의 가로의 길이보다 1만큼 크다.
(나) B의 높이는 A의 가로의 길이보다 2만큼 크고, B의 밑변의 길이는 A의 가로의 길이보다 3만큼 크다.
(다) B의 넓이는 A의 넓이의 2.5배이다.

직사각형 **❶** A의 가로의 길이는? [4점]

① 1   ② 2   ③ 3   ④ 4   ⑤ 5

STEP 01 ❶을 미지수로 두고 조건 (가)와 (나)에서 직사각형 A와 평행사변형 B의 넓이를 각각 구한다.

직사각형 A의 가로의 길이를 x라 하면,
세로의 길이는 $x+1$이고
평행사변형 B의 높이는 $x+2$,
밑변의 길이는 $x+3$이다.
따라서 직사각형 A의 넓이는 $x(x+1)$이고 평행사변형 B의 넓이는 $(x+2)(x+3)$이다.

STEP 02 조건 (다)를 이용하여 방정식을 세워 직사각형 A의 가로의 길이를 구한다.

B의 넓이는 A의 넓이의 2.5배이므로

$(x+2)(x+3) = \dfrac{5}{2}x(x+1)$

$3x^2 - 5x - 12 = 0$

$(x-3)(3x+4) = 0$

$x = 3 \ (\because x > 0)$

따라서 직사각형 A의 가로의 길이는 3이다.

---

12 일차부등식   정답 ③

한 개에 500원인 연필과 한 개에 1200원인 볼펜을 사려고 한다. ❶ 2500원으로 살 수 있는 연필의 최대 개수를 a, ❷ 2500원으로 살 수 있는 볼펜의 최대 개수를 b라고 할 때, $a-b$의 값은? [4점]

① 1   ② 2   ③ 3   ④ 4   ⑤ 5

STEP 01 ❶과 ❷를 이용하여 a와 b의 값을 구하고 $a-b$의 값을 구한다.

연필의 개수를 x(단, x는 자연수)라 하면 $500x \le 2500$이므로 $x \le 5$
따라서 $a = 5$

볼펜의 개수를 y(단, y는 자연수)라 하면 $1200y \le 2500$이므로 $y \le \dfrac{25}{12}$

y는 자연수이므로 $y \le 2$
따라서 $b = 2$
$a - b = 5 - 2 = 3$

---

13 사각형의 정의   정답 ③

그림과 같이 가로의 길이가 3cm, 세로의 길이가 1cm인 직사각형의 두 변 위에 1cm 간격으로 각각 4개의 점이 놓여 있다. 윗변에서 2개의 점을 선택하여 A, B, 아랫변에서 2개의 점을 선택하여 C, D라 하자. 네 점 A, B, C, D를 꼭짓점으로 하는 사각형 ABCD에 대하여 〈보기〉에서 옳은 것만을 있는 대로 고른 것은? [4점]

─────〈보기〉─────
ㄱ. 사각형 ABCD는 사다리꼴이다.
ㄴ. $\overline{AB} = \overline{CD}$이면 사각형 ABCD는 평행사변형이다.
ㄷ. $\overline{AB} = \overline{CD} = 1$cm이면 사각형 ABCD는 정사각형이다.

① ㄱ   ② ㄴ   ③ ㄱ, ㄴ   ④ ㄱ, ㄷ   ⑤ ㄱ, ㄴ, ㄷ

STEP 01 ㄱ. 사다리꼴의 정의를 이용하여 참·거짓을 판별한다.

ㄱ. $\overline{AB} \,/\!/\, \overline{CD}$ 이므로
사각형 ABCD는 한 쌍의 대변이 평행하므로 사다리꼴이다.   ∴ (참)

STEP 02 ㄴ. 평행사변형의 정의를 이용하여 참·거짓을 판별한다.

ㄴ. $\overline{AB} \,/\!/\, \overline{CD}$, $\overline{AB} = \overline{CD}$이므로
사각형 ABCD는 한 쌍의 대변이 평행하고 그 길이가 같으므로 평행사변형이다.   ∴ (참)

STEP 03 ㄷ. 정사각형의 정의를 이용하여 참·거짓을 판별한다.

ㄷ. $\overline{AB} \,/\!/\, \overline{CD}$, $\overline{AB} = \overline{CD} = 1$cm 이지만 $\overline{BC}$가 반드시 1cm인 것은 아니므로 사각형 ABCD가 모든 변의 길이가 같은 것은 아니다.
그러므로는 사각형 ABCD는 정사각형이 아니다.   ∴ (거짓)

따라서 옳은 것은 ㄱ, ㄴ이다.

● **핵심 공식**

▶ 평행사변형
(1) 정의 : 두 쌍의 대변이 평행한 사각형
(2) 성질 : ① 두 쌍의 대변의 길이가 각각 같다.
② 두 쌍의 대각의 크기가 각각 같다.
③ 두 대각선은 서로 다른 것을 이등분한다.

---

14 소인수분해   정답 ④

연속하는 네 짝수의 곱에 16을 더한 수는 어떤 자연수의 제곱이 된다. 어떤 연속하는 네 짝수의 곱에 16을 더하였더니 44의 제곱인 1936이 되었을 때, 다음은 그 연속하는 네 짝수를 구하는 과정이다.

❶ 1936에서 16을 빼서 소인수분해하면
$1920 = 2^7 \times$ (가) $\times$ (나) 이다.
(가) 와 (나) 는 홀수이기 때문에
각각 2를 곱해서 짝수로 만든다.
❷ 2^5을 (다)와 (라)의 곱으로 나타내면
연속하는 네 짝수
(다), $2\times$(가), (라), $2\times$(나)를 구할 수 있다.

위의 과정에서 (가), (나), (다), (라)에 알맞은 값을 차례로 a, b, c, d라 할 때, $a+b+c+d$의 값은? [4점]

① 14   ② 16   ③ 18   ④ 20   ⑤ 22

STEP 01 ❶에서 (가), (나)를 구한다.

1936에서 16을 빼서 소인수분해하면
$1936 - 16 = 1920$
$1920 = 2^7 \times 3 \times 5$ 이다.
3과 5는 홀수이기 때문에 각각 2를 곱해서 짝수로 만든다.
$1920 = 2^5 \times (2\times 3) \times (2\times 5)$

STEP 02 ❷에서 (다), (라)를 구한다.

2^5을 2^2와 2^3의 곱으로 나타내면 연속하는 네 짝수
2^2, 2×3, 2^3, 2×5를 구할 수 있다.

STEP 03 a, b, c, d를 찾아 합을 구한다.

$a = 3$, $b = 5$, $c = 2^2 = 4$, $d = 2^3 = 8$이므로
$a+b+c+d = 3+5+4+8 = 20$이다.

---

15 제곱근   정답 ⑤

다음 조건을 만족시키는 정수 x, y에 대하여 $x+y$의 값은? [4점]

(가) x는 16의 음의 제곱근이다.
(나) y는 $24y$의 양의 제곱근이 자연수가 되도록 하는 가장 작은 수이다.

① -2 ② -1 ③ 0   ④ 1   ⑤ 2

STEP 01 조건 (가)에서 x를 구하고 24를 소인수분해 한 후 조건 (나)에서 y를 구한 후 $x+y$를 구한다.

x는 16의 음의 제곱근이므로 $x = -\sqrt{16} = -\sqrt{4^2} = -4$
$24y$의 양의 제곱근은 $\sqrt{24y} = \sqrt{2^3 \times 3 \times y}$ 이고
자연수가 되려면 모든 인수의 지수가 짝수이어야 하므로
$y = 2\times 3 = 6$이다.
따라서 $x+y = -4+6 = 2$이다.

---

16 삼각형의 성질을 이용한 확률   정답 ②

그림과 같이 모눈 한 칸은 한 변의 길이가 1인 정사각형이고, 22개의 점이 그려져 있다. 두 점 A, B를 제외한 20개의 점 중에서 한 점을 선택하여 C라 하고 세 점 A, B, C를 세 꼭짓점으로 하는 삼각형 ABC를 만들 때, 삼각형 ABC가 예각삼각형일 확률은? [4점]

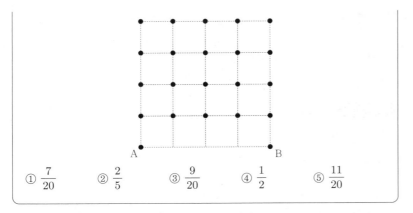

① $\dfrac{7}{20}$ ② $\dfrac{2}{5}$ ③ $\dfrac{9}{20}$ ④ $\dfrac{1}{2}$ ⑤ $\dfrac{11}{20}$

STEP 01 $\overline{AB}$ 를 지름으로 하는 반원을 그려 직각삼각형과 둔각삼각형이 되는 점들을 구한 후 예각삼각형이 되는 점의 개수를 구한다.

점 A를 지나고 $\overline{AB}$ 와 수직인 직선 위의 점 4개와 점 B를 지나고 $\overline{AB}$ 와 수직인 직선 위의 점 4개 중 한 점을 C라 할 때 삼각형 ABC는 직각삼각형이다.

또한 $\overline{AB}$ 를 지름으로 하는 반원을 그렸을 때 반원 위의 점 1개를 점 C라 할 때 삼각형 ABC는 직각삼각형이고

반원 내부의 세 점 중 한 점을 C라 할 때 삼각형 ABC는 둔각삼각형이다.

20개의 점 중 직각삼각형을 만드는 점 $4+4+1=9$개와 둔각삼각형을 만드는 점 3개를 제외한 $20-(9+3)=8$개의 점을 점 C로 선택했을 때 삼각형 ABC는 예각삼각형이다.

STEP 02 전체 점의 개수와 예각삼각형이 되도록 하는 점의 개수를 이용하여 확률을 구한다.

점 C가 될 수 있는 점은 모두 20개이고 그 중 예각삼각형이 될 수 있는 점은 8개이므로

삼각형 ABC가 예각삼각형이 될 확률은 $\dfrac{8}{20}=\dfrac{2}{5}$ 이다.

---

17 피타고라스의 정리와 삼각비   정답 ①

그림과 같이 ❶ $\overline{FG}=3$, $\overline{GH}=2$, $\overline{HD}=\sqrt{5}$ 인 직육면체에서 $\angle CEG=x°$ 일 때, $\cos x°$ 의 값은? [4점]

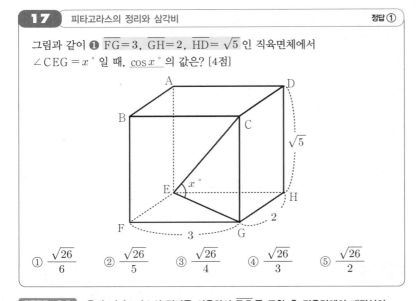

① $\dfrac{\sqrt{26}}{6}$ ② $\dfrac{\sqrt{26}}{5}$ ③ $\dfrac{\sqrt{26}}{4}$ ④ $\dfrac{\sqrt{26}}{3}$ ⑤ $\dfrac{\sqrt{26}}{2}$

STEP 01 ❶과 피타고라스의 정리를 이용하여 $\overline{EG}$ 를 구한 후 직육면체의 대각선의 길이를 이용하여 $\overline{EC}$ 를 구하여 $\cos x$ 를 구한다.

삼각형 EFG는 $\overline{EF}=2$, $\overline{FG}=3$, $\angle EFG$ 가 직각인 직각삼각형이므로

$\overline{EG}=\sqrt{2^2+3^2}=\sqrt{13}$

$\overline{EC}$ 는 직육면체의 대각선이므로

$\overline{EC}=\sqrt{2^2+3^2+\sqrt{5}^2}=\sqrt{18}=3\sqrt{2}$

삼각형 CEG는 $\angle CGE$ 가 직각인 직각삼각형이므로

$\cos x°=\dfrac{\overline{EG}}{\overline{CE}}=\dfrac{\sqrt{13}}{3\sqrt{2}}=\dfrac{\sqrt{26}}{6}$ 이다.

●핵심 공식

▶ 삼각비의 정의

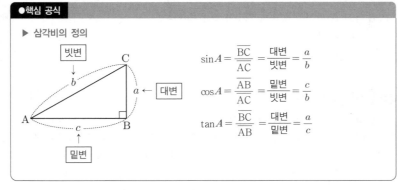

$\sin A=\dfrac{\overline{BC}}{\overline{AC}}=\dfrac{대변}{빗변}=\dfrac{a}{b}$

$\cos A=\dfrac{\overline{AB}}{\overline{AC}}=\dfrac{밑변}{빗변}=\dfrac{c}{b}$

$\tan A=\dfrac{\overline{BC}}{\overline{AB}}=\dfrac{대변}{밑변}=\dfrac{a}{c}$

---

18 일차함수   정답 ④

그림과 같이 ❶ 일차함수 $y=-\dfrac{4}{3}x+4$ 의 그래프가 x 축, y 축과 만나는 점을 각각 A, B라 하자. ❷ 일차함수 $y=ax+2$ 의 그래프가 y 축과 만나는 점을 C, 일차함수 $y=-\dfrac{4}{3}x+4$ 의 그래프와 제1사분면에서 만나는 점을 D라 하자. ❸ 삼각형 BCD와 사각형 COAD의 넓이의 비가 $1:2$ 일 때, 상수 a 의 값은? (단, O는 원점이다.) [4점]

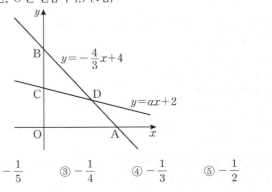

① $-\dfrac{1}{6}$ ② $-\dfrac{1}{5}$ ③ $-\dfrac{1}{4}$ ④ $-\dfrac{1}{3}$ ⑤ $-\dfrac{1}{2}$

STEP 01 ❶에서 점 A, B의 좌표를 구한다.

점 A는 일차함수 $y=-\dfrac{4}{3}x+4$ 의 그래프와 x 축이 만나는 점이므로

$0=-\dfrac{4}{3}x+4$

$x=3$ 에서 $A(3, 0)$

점 B는 일차함수 $y=-\dfrac{4}{3}x+4$ 의 그래프와 y 축이 만나는 점이므로 $B(0, 4)$

STEP 02 ❷에서 점 C, D의 좌표를 구한다.

점 C는 일차함수 $y=ax+2$ 의 그래프와 y 축이 만나는 점이므로 $C(0, 2)$

따라서 $\overline{BC}=2$

점 D는 일차함수 $y=ax+2$ 와 $y=-\dfrac{4}{3}x+4$ 가 만나는 점이므로 두 식을

연립하면 $ax+2=-\dfrac{4}{3}x+4$ 이고

x좌표는 $\dfrac{2}{a+\dfrac{4}{3}}$, y좌표는 $\dfrac{2a}{a+\dfrac{4}{3}}+2$ 이다.

STEP 03 ❸을 이용하여 비례식을 세운다.

삼각형 BCD의 넓이를 S_1, 사각형 COAD의 넓이를 S_2 라 하면

$S_1=\dfrac{1}{2}\times2\times\dfrac{2}{a+\dfrac{4}{3}}=\dfrac{2}{a+\dfrac{4}{3}}$,

사각형 COAD의 넓이는 삼각형 ABO의 넓이에서 삼각형 BCD의 넓이를 뺀 것과 같으므로

$S_2=6-\dfrac{2}{a+\dfrac{4}{3}}$ 이다.

❸에서 $S_1:S_2=1:2$ 이므로 $S_2=2S_1$ 이다. 즉,

$6-\dfrac{2}{a+\dfrac{4}{3}}=\dfrac{4}{a+\dfrac{4}{3}}$

$6=\dfrac{6}{a+\dfrac{4}{3}}$ 에서 $a+\dfrac{4}{3}=1$, $a=-\dfrac{1}{3}$

다른 풀이 1

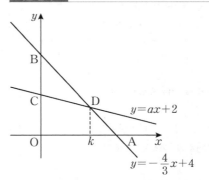

점 A는 일차함수 $y=-\dfrac{4}{3}x+4$ 의 그래프와 x 축이 만나는 점이므로

$$0 = -\frac{4}{3}x + 4$$

$x = 3$ 에서 A$(3, 0)$

점 B 는 일차함수 $y = -\frac{4}{3}x + 4$ 의 그래프와 y 축이 만나는 점이므로

B$(0, 4)$

$\triangle OAB = \frac{1}{2} \times \overline{OA} \times \overline{OB} = \frac{1}{2} \times 3 \times 4 = 6$

삼각형 BCD 의 넓이를 S_1, 사각형 COAD 의 넓이를 S_2 라 하면

$S_1 : S_2 = 1 : 2$ 이므로 $S_2 = 2S_1$

$S_1 + S_2 = 3S_1 = 6$ 에서 $S_1 = 2$

점 C 는 일차함수 $y = ax + 2$ 의 그래프와 y 축이 만나는 점이므로

C$(0, 2)$

따라서 $\overline{BC} = 2$

점 D 의 x 좌표를 k 라 하면

$S_1 = \frac{1}{2} \times 2 \times k = 2$, $k = 2$

점 D 는 직선 $y = -\frac{4}{3}x + 4$ 위의 점이므로 $x = 2$ 를 대입하면 점 D 의 y 좌표는

$-\frac{4}{3} \times 2 + 4 = \frac{4}{3}$ 이므로 D$\left(2, \frac{4}{3}\right)$

또, 점 D$\left(2, \frac{4}{3}\right)$ 는 직선 $y = ax + 2$ 위의 점이므로

$\frac{4}{3} = 2a + 2$ 에서 $2a = -\frac{2}{3}$

따라서 $a = -\frac{1}{3}$

다른 풀이 2

A$(3, 0)$, B$(0, 4)$, C$(0, 2)$ 에서 $\overline{BC} = 2$

$\triangle OAB = \frac{1}{2} \times \overline{OA} \times \overline{OB} = \frac{1}{2} \times 3 \times 4 = 6$

삼각형 BCD 의 넓이를 S_1, 사각형 COAD 의 넓이를 S_2 라 하면

$S_1 : S_2 = 1 : 2$ 에서 $S_2 = 2S_1$

$\triangle ABC = S_1 + S_2 = 3S_1 = 6$

따라서 $S_1 = 2$

점 D 의 x 좌표를 k 라 하면

$S_1 = \frac{1}{2} \times 2 \times k = 2$ 에서 $k = 2$

점 D 는 직선 $y = -\frac{4}{3}x + 4$ 위의 점이므로

$x = 2$ 를 대입하면 점 D 의 y 좌표는

$-\frac{4}{3} \times 2 + 4 = \frac{4}{3}$ 에서 D$\left(2, \frac{4}{3}\right)$

한편, a 는 두 점 C$(0, 2)$, D$\left(2, \frac{4}{3}\right)$ 를 지나는 직선의 기울기이므로

$a = \frac{\frac{4}{3} - 2}{2 - 0} = -\frac{1}{3}$

---

19 대푯값과 분산 정답 ⑤

6개의 변량 '10, a, b, b, c, 18'에서 ❶ a, b, c는 10보다 크고 18보다 작은 서로 다른 자연수일 때, 이 자료는 다음 조건을 만족시킨다.

> (가) 중앙값, 최빈값, 평균은 모두 14이다.
>
> (나) 분산은 $\frac{25}{3}$ 이다.

a와 c의 차는? [4점]

① 2   ② 3   ③ 4   ④ 5   ⑤ 6

STEP 01 ❶과 조건 (가)에서 최빈값을 이용하여 b를 구한다.

a, b, c는 10보다 크고 18보다 작은 서로 다른 자연수이므로 최빈값은 $b = 14$이다.

STEP 02 평균을 구하여 $a+c$를 구한 후 분산을 구하여 a, c를 구한 후 a와 c의 차를 구한다.

6개의 변량의 평균을 구하면 $\frac{10 + a + 14 + 14 + c + 18}{6} = 14$이므로

$a + c = 28$이다.

6개의 변량의 분산을 구하면

$$\frac{(10-14)^2 + (a-14)^2 + 2(14-14)^2 + (c-14)^2 + (18-14)^2}{6}$$

$$\frac{(a-14)^2 + (c-14)^2 + 32}{6} = \frac{25}{3}$$

$(a-14)^2 + (c-14)^2 = 18$

a, c는 자연수이므로 $(a-14)^2$, $(c-14)^2$는 제곱수이다.

두 제곱수의 합이 18이 되는 경우는 $9+9$이므로

$(a-14)^2 = 9$, $(c-14)^2 = 9$

$a < c$라 하면

$a - 14 = -3$, $c - 14 = 3$

$a = 11$, $c = 17$이다.

따라서 a와 c의 차는 $17 - 11 = 6$이다.

참고

$a > c$이면 $a = 17$, $c = 11$이고 이 때도 a와 c의 차는 같으므로 따로 생각하지 않아도 된다.

●핵심 공식

▶ 도수분포표에서의 평균과 분산

$$\text{(평균)} = \frac{\{(계급값) \times (도수)\}의 총합}{(도수)의 총합}$$

$$\text{(분산)} = \frac{\{(편차)^2 \times (도수)\}의 총합}{(도수)의 총합}$$

---

20 원과 접선의 성질 정답 ②

그림과 같이 점 P에서 원 O에 그은 두 접선의 접점을 각각 A, B 라 하고, 반직선 BO와 반직선 PA가 만나는 점을 Q 라 하자.

❶ $\overline{PB} = 6$, $\overline{QA} = 2$일 때, 원 O의 반지름의 길이는? [4점]

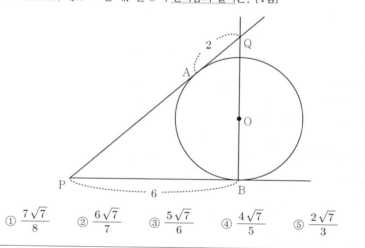

① $\frac{7\sqrt{7}}{8}$ ② $\frac{6\sqrt{7}}{7}$ ③ $\frac{5\sqrt{7}}{6}$ ④ $\frac{4\sqrt{7}}{5}$ ⑤ $\frac{2\sqrt{7}}{3}$

STEP 01 ❶과 접선의 성질을 이용하여 $\overline{PA}$ 를 구한 후 피타고라스의 정리를 이용하여 $\overline{QB}$ 를 구한다.

$\overline{PA}$ 와 $\overline{PB}$ 는 점 P에서 원 O에 그은 접선이므로 그 길이가 같다.

따라서 $\overline{PA} = \overline{PB} = 6$, $\overline{PQ} = 8$이다.

삼각형 PBQ 는 직각삼각형이므로 피타고라스 정리에 의해

$\overline{QB} = \sqrt{8^2 - 6^2} = \sqrt{28} = 2\sqrt{7}$

STEP 02 삼각형 AOQ 에서 피타고라스 정리를 이용하여 반지름의 길이를 구한다.

원의 반지름인 $\overline{OB} = \overline{OA} = r$이라 하면

$\overline{QO} = 2\sqrt{7} - r$이고

삼각형 AOQ 는 ∠QAO 가 직각인 직각삼각형이므로 피타고라스 정리에 의해

$(2\sqrt{7} - r)^2 = r^2 + 2^2$

$r = \frac{6\sqrt{7}}{7}$ 이다.

●핵심 공식

▶ 원의 반지름과 접선

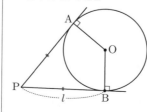

(1) 접선의 길이(l) : 원 밖의 한 점에서 원에 접선을 그었을 때, 그 점에서 접점까지의 거리

(2) 원의 외부에 있는 한 점에서 그 원에 그은 두 접선의 길이는 같다.

---

21 이차함수의 그래프   정답 ②

❶ 이차함수 $y=x^2-2x$의 그래프가 x축과 만나는 두 교점을 O, A 라 하고, **❷** 두 이차함수 $y=a(x-2)^2+4$, $y=x^2-2x$의 그래프의 두 교점을 O, B 라 하자. **❸** 점 B 를 지나고 x축에 평행한 직선과 이차함수 $y=a(x-2)^2+4$의 그래프의 두 교점을 B, C 라 할 때, 사각형 OABC 의 넓이는? (단, O 는 원점이다.) [5점]

① 5   ② 6   ③ 7   ④ 8   ⑤ 9

STEP 01   **❶**을 구한 후 두 이차함수 $y=a(x-2)^2+4$, $y=x^2-2x$의 그래프를 그려 **❷**를 구한 다음 **❸**을 차례로 구한다.

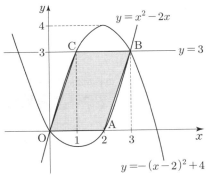

$y=x^2-2x=x(x-2)$이므로 x축과 $(0,0)$과 $(2,0)$에서 만난다.
$y=a(x-2)^2+4$는 꼭짓점의 좌표가 $(2,4)$이므로
$(2,0)$을 지날 수 없으므로 $y=x^2-2x$와 $(0,0)$에서 만난다.
따라서 점 O$(0,0)$, 점 A$(2,0)$이다.
$y=a(x-2)^2+4$가 점 O$(0,0)$을 지나므로
점 O$(0,0)$을 $y=a(x-2)^2+4$에 대입하면 $a=-1$
두 이차함수 $y=-(x-2)^2+4$, $y=x^2-2x$의 교점의 x좌표는
$-(x-2)^2+4=x^2-2x$에서 $x=0$ 또는 $x=3$이므로
점 B$(3,3)$이다.
점 B$(3,3)$을 지나고 x축에 평행한 직선 $y=3$이
이차함수 $y=-(x-2)^2+4$의 그래프와 만나는 교점의 x좌표는
$3=-(x-2)^2+4$에서 $x=1$이므로
점 C$(1,3)$

STEP 02   사각형 OABC 가 어떤 사각형인지를 파악하여 넓이를 구한다.

사각형 OABC 는 밑변의 길이가 2이고 높이가 3인 평행사변형이므로
사각형 OABC 의 넓이는 $2\times3=6$이다.

●**핵심 공식**

▶ 이차함수의 그래프
$y=a(x-p)^2+q$ $(a\neq0)$
① $y=ax^2$ $(a\neq0)$의 그래프를 x축 방향으로 p만큼, y축으로 q만큼 평행이동
② 꼭짓점의 좌표 (p,q)
③ 대칭축 $x=p$

▶ 이차함수 $y=ax^2+bx+c$의 그래프
(1) $y=a(x-p)^2+q$의 꼴로 고쳐서 그릴 수 있다.
(2) 점 $(0,c)$를 지난다.
(3) $a>0$일 때에는 아래로 볼록하고, $a<0$일 때에는 위로 볼록하다.

22 도형의 닮음   정답 ④

그림과 같이 이웃하는 **❶** 두 점 사이의 거리가 모두 2가 되도록 원 위에 8개의 점이 놓여있고, 원의 내부에 정팔각형이 만들어지도록 점들을 선분으로 연결한다. 정팔각형 ABCDEFGH 의 넓이는? [5점]

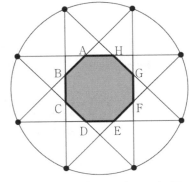

① $2(\sqrt{2}-1)$ ② $4(\sqrt{2}-1)$ ③ $6(\sqrt{2}-1)$ ④ $8(\sqrt{2}-1)$ ⑤ $10(\sqrt{2}-1)$

STEP 01   원 위의 8개의 점을 연결하여 정팔각형을 만들고 그 정팔각형에 외접하는 정사각형을 그린 후 **❶**을 이용하여 큰 정팔각형의 넓이를 구한다.

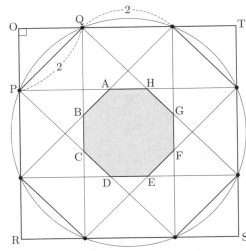

원 위의 8개의 점을 연결하여 정팔각형을 만들고
그 정팔각형에 외접하는 정사각형을 그리면 정팔각형의 한 변의 길이는 2이고
삼각형 OPQ는 직각이등변삼각형이므로 $\overline{OP}=\overline{OQ}=\sqrt{2}$ 이다.
원에 내접하는 정팔각형의 넓이는
정사각형 ORST$-4\times\triangle$OPQ
$$=(2+2\sqrt{2})^2-4\times\left(\frac{1}{2}\times\sqrt{2}\times\sqrt{2}\right)=8+8\sqrt{2}$$

STEP 02   닮음을 이용하여 정팔각형 ABCDEFGH 의 넓이를 구한다.

한편 원에 내접하는 정팔각형에 외접하는 정사각형 ORTS와
정팔각형 ABCDEFGH 에 외접하는 정사각형은 서로 닮음이고,
원에 내접하는 정팔각형과 정팔각형 ABCDEFGH도 서로 닮음이며
닮음비는 두 정사각형의 한 변의 길이의 비인 $2+2\sqrt{2}:2=1+\sqrt{2}:1$이고
넓이비는 $(1+\sqrt{2})^2:1^2=3+2\sqrt{2}:1$이다.
따라서 정팔각형 ABCDEFGH 의 넓이는
$$\frac{8+8\sqrt{2}}{3+2\sqrt{2}}=\frac{8(1+\sqrt{2})}{3+2\sqrt{2}}=8(\sqrt{2}-1)$$이다.

●**핵심 공식**

▶ 닮은 도형의 닮음비
두 도형의 길이의 비가 $m:n$일 때,

길이의 비	$m:n$
넓이의 비	$m^2:n^2$
부피의 비	$m^3:n^3$

23 내접원의 성질과 규칙성 찾기   정답 ④

그림과 같이 $\overline{OA}=\overline{AB}=1$인 직각삼각형 OAB 가 있다. 직각삼각형 OAB 의 빗변을 밑변으로 하고 높이가 1인 직각삼각형을 그리고, 새로 그려진 직각삼각형의 빗변을 밑변으로 하고 높이가 1인 직각삼각형을 그리는 과정을 반복하였다. 9개의 직각삼각형에 각각 내접하는 내접원의 반지름의 길이의 합은? [5점]

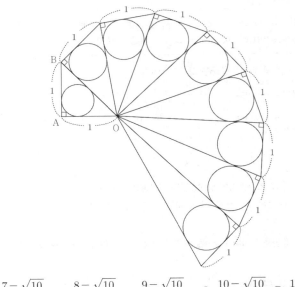

① $\dfrac{7-\sqrt{10}}{2}$ ② $\dfrac{8-\sqrt{10}}{2}$ ③ $\dfrac{9-\sqrt{10}}{2}$ ④ $\dfrac{10-\sqrt{10}}{2}$ ⑤ $\dfrac{11-\sqrt{10}}{2}$

STEP 01 직각삼각형 OAB에서 피타고라스의 정리를 이용하여 $\overline{OB}$를 구한 후 내접원의 성질을 이용하여 직각삼각형 OAB에 내접하는 내접원의 반지름을 구한다.

삼각형 OAB가 직각삼각형이므로 $\overline{OB}=\sqrt{1+1}=\sqrt{2}$이고
직각삼각형 OAB에 내접하는 내접원의 반지름을 r_1이라 하면 내접원의 성질에
의해

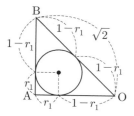

$$1-r_1=\frac{\sqrt{2}}{2},\ r_1=\frac{2-\sqrt{2}}{2}=\frac{1+1-\sqrt{2}}{2}$$

STEP 01의 다른 풀이

삼각형 OAB가 직각삼각형이므로 $\overline{OB}=\sqrt{1+1}=\sqrt{2}$이고
직각삼각형 OAB에 내접하는 내접원의 반지름을 r_1이라 하면 내접원의 성질에
의해

$\triangle$ABO의 넓이 $=\frac{1}{2}\times r_1\times\triangle$ABO의 둘레

$$\frac{1}{2}\times1\times1=\frac{1}{2}\times r_1\times(1+1+\sqrt{2})$$

$$r_1=\frac{1}{2+\sqrt{2}}=\frac{2-\sqrt{2}}{2}=\frac{1+\sqrt{1}-\sqrt{2}}{2}$$

STEP 02 내접원의 성질을 이용하여 두 번째 직각삼각형에 내접하는 내접원의 반지름을 구한 후 다음 내접원의 반지름을 구한다.

두 번째 직각삼각형의 한 점을 점 C라 하고
직각삼각형 OBC에 내접하는 내접원의 반지름을 r_2라 하면
삼각형 OBC가 직각삼각형이므로
$\overline{OC}=\sqrt{1+2}=\sqrt{3}$이고 내접원의 성질에 의해

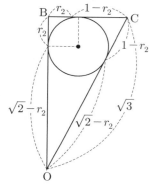

$$(1-r_2)+(\sqrt{2}-r_2)=\sqrt{3},\ r_2=\frac{1+\sqrt{2}-\sqrt{3}}{2}$$

마찬가지 방법으로 다음 삼각형의 내접원의 반지름을 구하면

$$(1-r_3)+(\sqrt{3}-r_3)=\sqrt{4},\ r_3=\frac{1+\sqrt{3}-\sqrt{4}}{2}$$

STEP 02의 다른 풀이

두 번째 직각삼각형의 한 점을 점 C라 하고 직각삼각형 OBC에 내접하는
내접원의 반지름을 r_2라 하면 삼각형 OBC가 직각삼각형이므로
$\overline{OC}=\sqrt{1+2}=\sqrt{3}$이고 내접원의 성질에 의해

$\triangle$OBC의 넓이 $=\frac{1}{2}\times r_2\times\triangle$OBC의 둘레

$$\frac{1}{2}\times1\times\sqrt{2}=\frac{1}{2}\times r_2\times(1+\sqrt{2}+\sqrt{3})$$

$$r_2=\frac{\sqrt{2}}{1+\sqrt{2}+\sqrt{3}}=\frac{\sqrt{2}(1+\sqrt{2}-\sqrt{3})}{\{(1+\sqrt{2})+\sqrt{3}\}\{(1+\sqrt{2})-\sqrt{3}\}}$$

$$=\frac{\sqrt{2}(1+\sqrt{2}-\sqrt{3})}{2\sqrt{2}}=\frac{1+\sqrt{2}-\sqrt{3}}{2}$$

마찬가지 방법으로 다음 삼각형의 반지름을 구하면

$$\frac{1}{2}\times1\times\sqrt{3}=\frac{1}{2}\times r_3\times(1+\sqrt{3}+2)$$

$$r_3=\frac{\sqrt{3}}{3+\sqrt{3}}=\frac{\sqrt{3}-1}{2}=\frac{1+\sqrt{3}-\sqrt{4}}{2}$$

STEP 03 내접원의 반지름의 길이의 규칙을 찾아 내접원의 반지름의 길이의 합을 구한다.

따라서 모든 내접원의 반지름의 합을 구하면

$$\frac{1}{2}\{(1+1-\sqrt{2})+(1+\sqrt{2}-\sqrt{3})+(1+\sqrt{3}-\sqrt{4})+\cdots+(1+\sqrt{9}-\sqrt{10})\}$$

$$=\frac{1}{2}\{(1\times9)+(1-\sqrt{2}+\sqrt{2}-\sqrt{3}+\sqrt{3}-\sqrt{4}+\cdots+\sqrt{9}-\sqrt{10})\}$$

$$=\frac{1}{2}\{9+(1-\sqrt{10})\}=\frac{10-\sqrt{10}}{2}\ \text{이다.}$$

● 핵심 공식

▶ 삼각형의 내심(내접원의 중심)

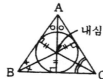

(1) 내심 : 삼각형의 세 내각의 이등분선의 교점
(2) 내심에서 삼각형의 각 변에 이르는 거리는 내접원의 반지름으로 모두 같다.
(3) 삼각형의 넓이 $=\frac{1}{2}rl$ ($r=$원의 반지름, $l=$삼각형의 둘레)

24 피타고라스의 정리　　　　　　　정답 ⑤

그림과 같이 원기둥의 위쪽 밑면의 지름을 포함하면서 아래쪽 밑면과 한 점에서 만나도록 평면으로 잘라낸다. 잘라낸 단면과 아래쪽 밑면이 만나는 점을 A, 점 A에서 아래쪽 밑면의 원의 중심을 지나는 직선이 원과 만나는 점을 B, 위쪽 밑면의 원의 중심과 점 A를 잇는 선분의 중점을 M이라 하자.
❶ 원기둥의 밑면의 지름의 길이와 높이가 모두 2일 때, 선분 BM의 길이는?

[5점]

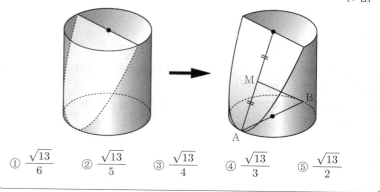

① $\dfrac{\sqrt{13}}{6}$　② $\dfrac{\sqrt{13}}{5}$　③ $\dfrac{\sqrt{13}}{4}$　④ $\dfrac{\sqrt{13}}{3}$　⑤ $\dfrac{\sqrt{13}}{2}$

STEP 01 **❶**과 피타고라스의 정리를 이용하여 $\overline{CH}$, $\overline{BD}$, $\overline{BM}$의 길이를 차례로 구한다.

원기둥의 위쪽 밑면의 중심을 C, 아래쪽 밑면의 중심을 H, 점 B에서 $\overline{CA}$에 내린
수선의 발을 D라 하자.

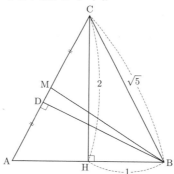

$\overline{CH}=2$, $\overline{AH}=\overline{BH}=1$, $\overline{CA}=\overline{CB}=\sqrt{1+4}=\sqrt{5}$

삼각형 ABC의 넓이는 $\frac{1}{2}\times\overline{CH}\times\overline{AB}=\frac{1}{2}\times\overline{CA}\times\overline{BD}$이므로

$$\overline{BD}=\frac{\overline{CH}\times\overline{AB}}{\overline{CA}}=\frac{2\times2}{\sqrt{5}}=\frac{4}{\sqrt{5}}$$

$$\overline{AD}=\sqrt{\overline{AB}^2-\overline{BD}^2}=\sqrt{2^2-\left(\frac{4}{\sqrt{5}}\right)^2}=\frac{2}{\sqrt{5}}$$

$$\overline{MD}=\overline{AM}-\overline{AD}=\frac{\sqrt{5}}{2}-\frac{2}{\sqrt{5}}=\frac{\sqrt{5}}{10}$$

직각삼각형 BMD에서

$$\overline{BM}=\sqrt{\overline{MD}^2+\overline{BD}^2}=\sqrt{\left(\frac{\sqrt{5}}{10}\right)^2+\left(\frac{4}{\sqrt{5}}\right)^2}=\frac{\sqrt{13}}{2}\ \text{이다.}$$

● 핵심 공식

▶ 피타고라스 정리

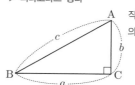

직각삼각형에서 직각을 낀 두 변을 각각 a, b라 하고 빗변의 길이를 c라 하면 $a^2+b^2=c^2$이다.

[그림1]은 반지름의 길이가 1인 원 5개가 나란히 접해 있고, [그림2]와 [그림3]은 [그림1]의 맨 오른쪽 원을 움직여 2개의 원과 접하도록 한 것이다. 그림과 같이 5개의 원을 둘러싸는 굵은 선의 길이가 최소가 되도록 할 때, [그림1], [그림2], [그림3]의 굵은 선의 길이를 각각 a, b, c라 하자. a, b, c 중 최댓값과 최솟값의 차는? [5점]

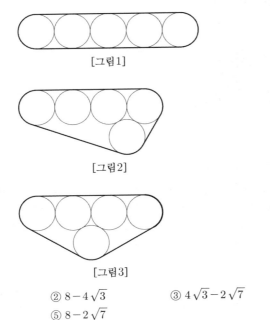

[그림1]

[그림2]

[그림3]

① $10-4\sqrt{3}$　　　② $8-4\sqrt{3}$　　　③ $4\sqrt{3}-2\sqrt{7}$

④ $10-2\sqrt{7}$　　　⑤ $8-2\sqrt{7}$

STEP 01 원주를 이용하여 각 그림의 곡선부분의 길이를 구한 후 반지름의 길이를 이용하여 [그림1]의 직선 부분의 길이를 구한다.

각 그림에서 곡선부분의 합은 모두 반지름의 길이가 1인 원의 원주의 길이와 같으므로 2π이다.

따라서 [그림1], [그림2], [그림3]에서 직선 부분의 길이만 비교하면 된다.

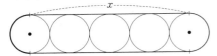

[그림1]의 직선 부분의 길이$=2x=2\times 8\times 1=16$

STEP 02 원의 반지름과 닮음, 피타고라스 정리를 이용하여 [그림2]의 직선 부분의 길이를 구한다.

삼각형 CBP는 한 변의 길이가 2인 정삼각형이므로 각 APC는 $120°$이다.

점 P에서 각 APC를 이등분하는 선분을 그어 선분 AC와 만나는 점을 E, 점 P에서 선분 AC에 내린 수선의 발을 H라 하자.

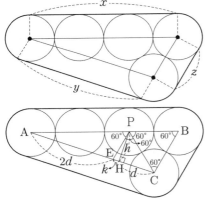

삼각형 APE와 삼각형 ABC각 AA닮음이고 닮음비는 $2:3$, $\overline{BC}=2$이므로

$$\overline{PE}=2\times\frac{2}{3}=\frac{4}{3}$$

한편, $\overline{PE}$가 각의 이등분선이므로 $\overline{PA}:\overline{PC}=\overline{AE}:\overline{CE}=2:1$이다.

$\overline{CE}=d$, $\overline{AE}=2d$, $\overline{EH}=k$, $\overline{PH}=h$라 하면

$$h^2+k^2=\left(\frac{4}{3}\right)^2 \quad\cdots\cdots\ \text{㉠}$$

$$h^2+(2d+k)^2=4^2 \quad\cdots\cdots\ \text{㉡}$$

$$h^2+(d-k)^2=2^2 \quad\cdots\cdots\ \text{㉢}$$

㉡$-$㉢을 하면

$$3d^2+6dk=12 \quad\cdots\cdots\ \text{㉣}$$

㉢$-$㉠을 하면

$$d^2-2dk=4-\frac{16}{9} \quad\cdots\cdots\ \text{㉤}$$

㉣, ㉤을 연립하면

$$d=\frac{\sqrt{28}}{3}$$

따라서 $y=\overline{AC}=3d=\sqrt{28}=2\sqrt{7}$

그러므로 [그림2]의 직선 부분의 길이$=x+y+z=6+2\sqrt{7}+2=8+2\sqrt{7}$

STEP 03 원의 중심을 연결하여 만든 삼각형에서 닮음과 피타고라스의 정리를 이용하여 [그림3]의 직선 부분의 길이를 구한다.

아래쪽에 있는 원부터 시계방향으로 각 원의 중심을 A, B, C, D, E라 하고 점 C에서 원의 접선 BA에 내린 수선의 발을 F라 하자.

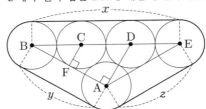

직각삼각형 CBF에서 $\overline{BF}=\sqrt{\overline{BC}^2-\overline{CF}^2}=\sqrt{4-1}=\sqrt{3}$

두 삼각형 CBF와 DBA는 닮음비가 $1:2$이므로

$\overline{BA}=y=2\sqrt{3}$이고 삼각형 ABE는 이등변삼각형이므로

$z=y=2\sqrt{3}$

[그림3]의 직선 부분의 길이$=x+y+z=6+4\sqrt{3}$

STEP 04 a, b, c의 크기를 비교하여 최댓값과 최솟값을 찾아 차를 구한다.

$a=16+2\pi$, $b=8+2\sqrt{7}+2\pi$, $c=6+4\sqrt{3}+2\pi$

이므로 세 수에서 각각 $6+2\pi$를 뺀 수들은 각각

$a'=10$,

$b'=2+2\sqrt{7}=2+\sqrt{28}$이고 $7<2+\sqrt{28}<8$,

$c'=4\sqrt{3}=\sqrt{48}$이고 $6<\sqrt{48}<7$

따라서 최댓값은 a, 최솟값은 c이다.

따라서 최댓값과 최솟값의 차는

$a-c=(16+2\pi)-(6+4\sqrt{3}+2\pi)=10-4\sqrt{3}$이다.

●정답●

01② 02③ 03③ 04④ 05③ 06⑤ 07⑤ 08① 09① 10⑤ 11① 12④ 13③ 14④ 15①
16② 17③ 18② 19⑤ 20③ 21③ 22③ 23④ 24⑤ 25④

---

01 유리식의 계산
정답②

❶ $\dfrac{9}{8} \div \left(-\dfrac{3}{2}\right)^2 + \dfrac{1}{6}$ 의 값은? [3점]

① $\dfrac{1}{2}$　② $\dfrac{2}{3}$　③ $\dfrac{3}{4}$　④ $\dfrac{4}{5}$　⑤ $\dfrac{5}{6}$

STEP 01 ❶에 사칙연산이 섞여있으므로 ×, ÷를 +, −보다 먼저 계산한다.

$$\dfrac{9}{8} \div \left(-\dfrac{3}{2}\right)^2 + \dfrac{1}{6} = \dfrac{9}{8} \div \dfrac{9}{4} + \dfrac{1}{6} = \dfrac{9}{8} \times \dfrac{4}{9} + \dfrac{1}{6}$$
$$= \dfrac{1}{2} + \dfrac{1}{6} = \dfrac{2}{3}$$

●핵심 공식

▶ 유리식의 계산

(1) 유리식의 성질

다항식 A, B, C $(B \neq 0,\ C \neq 0)$에 대하여

① $\dfrac{A}{B} = \dfrac{A \times C}{B \times C}$　② $\dfrac{A}{B} = \dfrac{A \div C}{B \div C}$

(2) 유리식의 사칙연산

① 덧셈과 뺄셈

ⅰ) 분모가 같을 때는 분자만 계산한다.

$\dfrac{A}{C} \pm \dfrac{B}{C} = \dfrac{A \pm B}{C}$

ⅱ) 분모가 다를 때는 분모의 최소공배수로 분모를 통분하여 계산한다.

$\dfrac{A}{C} + \dfrac{B}{D} = \dfrac{AD + BC}{CD}$

② 곱셈　$\dfrac{B}{A} \times \dfrac{C}{D} = \dfrac{BC}{AD}$

③ 나눗셈　$\dfrac{B}{A} \div \dfrac{D}{C} = \dfrac{B}{A} \times \dfrac{C}{D} = \dfrac{BC}{AD}$

---

02 다항식의 덧셈과 뺄셈
정답③

❶ $A = x + y$, $B = 2x - 3y$ 일 때, $2A - B$ 를 간단히 하면? [3점]

① x　② $3x$　③ $5y$　④ $2x + y$　⑤ $x + 2y$

STEP 01 ❶을 이용하여 $2A - B$ 를 x, y에 관한 식으로 나타내고 간단히 한다.

$$\begin{aligned}
2A - B &= 2(x+y) - (2x - 3y) &&\leftarrow \text{대입} \\
&= 2x + 2y - 2x + 3y &&\leftarrow \text{분배법칙} \\
&= (2-2)x + (2+3)y &&\leftarrow \text{동류항끼리 계산} \\
&= 5y
\end{aligned}$$

●핵심 공식

▶ 단항식과 다항식의 계산

(1) 계산 방법

① 계수는 계수끼리, 문자는 문자끼리 곱하여 계산한다.

② 같은 문자의 곱은 거듭제곱의 지수를 써서 나타낸다.

(2) 다항식의 덧셈과 뺄셈

괄호를 풀고 동류항끼리 모아서 간단히 한다.

(※ 동류항 : 문자와 차수가 같은 항)

(3) 사칙 연산의 순서

① 괄호가 있으면 괄호를 먼저 푼다.

② 식의 곱셈과 나눗셈을 계산한다.

③ 동류항끼리 덧셈과 뺄셈을 계산한다.

---

03 순환소수
정답③

순환소수 $0.\dot{2}\dot{7}$을 분수로 나타내면? [3점]

① $\dfrac{7}{33}$　② $\dfrac{8}{33}$　③ $\dfrac{3}{11}$　④ $\dfrac{10}{33}$　⑤ $\dfrac{1}{3}$

STEP 01 소수점 아래 두 자리가 반복되므로 분모는 99이고, 분자는 반복되는 숫자인 27이 된다.

$$0.\dot{2}\dot{7} = \dfrac{27}{99} = \dfrac{3}{11}$$

---

04 일차방정식
정답④

일차방정식 ❶ $3(x-1) = 2x - 1$ 의 해는? [3점]

① $\dfrac{1}{2}$　② 1　③ $\dfrac{3}{2}$　④ 2　⑤ $\dfrac{5}{2}$

STEP 01 ❶에서 미지수 x가 있는 항은 좌변으로 상수항은 우변으로 이항한다.

$$\begin{aligned}
3(x-1) &= 2x - 1 \\
3x - 3 &= 2x - 1 &&\leftarrow \text{분배법칙} \\
3x - 2x &= 3 - 1 &&\leftarrow \text{이항}
\end{aligned}$$

따라서 $x = 2$

●핵심 공식

▶ 일차방정식 $ax = b$의 해

일차방정식 $ax = b$에서

(1) $a \neq 0$이면 $x = \dfrac{b}{a}$

(2) $a = 0$이고 $b \neq 0$이면 해가 없다.

(3) $a = 0$이고 $b = 0$이면 해는 무수히 많다.

---

05 이차방정식
정답③

이차방정식 ❶ $x^2 - 3ax + 6 = 0$ 의 한 근이 a 일 때, 양수 a의 값은? [3점]

① 1　② $\sqrt{2}$　③ $\sqrt{3}$　④ 2　⑤ $\sqrt{5}$

STEP 01 ❶을 이용하여 a의 값을 구한다.

이차방정식 $x^2 - 3ax + 6 = 0$ 의 한 근이 a 이므로

$x^2 - 3ax + 6 = 0$ 에 $x = a$ 를 대입하면

$a^2 - 3a^2 + 6 = 0$

$\Rightarrow -2a^2 + 6 = 0$

$\Rightarrow a^2 - 3 = 0$

$\Rightarrow a^2 = 3$

따라서 $a = \sqrt{3}$ 또는 $a = -\sqrt{3}$

a 가 양수이므로 $a = \sqrt{3}$

---

06 평행사변형의 성질
정답⑤

그림과 같이 평행사변형 ABCD 에서 두 삼각형 ABC, CDA 의 무게중심을 각각 E, F 라 하자. $\overline{BD} = 24$ 일 때, 선분 EF 의 길이는? [4점]

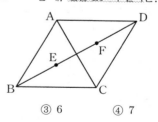

① 4　② 5　③ 6　④ 7　⑤ 8

STEP 01 평행사변형의 성질과 무게중심의 성질을 이용해 선분 EF 의 길이를 구한다.

평행사변형 ABCD 의 두 대각선 AC, BD 의 교점을 I 라 하자.

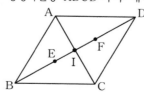

점 E 는 삼각형 ABC 의 무게중심이므로 $\overline{EI} = \dfrac{1}{3}\overline{BI}$

점 F 는 삼각형 CDA 의 무게중심이므로 $\overline{IF} = \dfrac{1}{3}\overline{ID}$

따라서 구하는 값은

$$\overline{EF} = \overline{EI} + \overline{IF} = \dfrac{1}{3}\overline{BI} + \dfrac{1}{3}\overline{ID} = \dfrac{1}{3}\left(\overline{BI} + \overline{ID}\right) = \dfrac{1}{3}\overline{BD} = \dfrac{1}{3} \times 24 = 8$$

삼각형의 한 꼭짓점과 그 대변의 중점을 이은 선분을 중선이라고 한다. 하나의 삼각형에는 세 개의 중선이 있으며 세 중선은 한 점에서 만나는데, 이를 삼각형의 무게중심이라고 한다. 무게중심은 각 중선의 길이를 꼭짓점으로부터 $2:1$로 나눈다. 평행사변형의 두 대각선은 서로 다른 것을 이등분 하므로 선분 BD는 두 삼각형의 무게중심을 지난다. 그러므로 점 E는 선분 BI를 $2:1$로 나누고, 점 F는 선분 DI를 $2:1$로 나눈다.

평행사변형의 두 대각선은 서로 다른 것을 이등분하므로 선분 BD는 두 삼각형의 무게중심을 지난다.

따라서 무게중심을 연결한 선분 EF의 길이는 대각선 BD의 길이의 $\dfrac{1}{3}$이므로

$$\overline{EF} = \dfrac{1}{3}\overline{BD} = \dfrac{1}{3} \times 24 = 8$$

●핵심 공식

▶ 평행사변형

(1) 정의 : 두 쌍의 대변이 평행한 사각형

(2) 성질

① 두 쌍의 대변의 길이가 각각 같다.

② 두 쌍의 대각의 크기가 각각 같다.

③ 두 대각선은 서로 다른 것을 이등분한다.

---

07 평행이동   정답 ⑤

이차함수 ❶ $y = x^2 - 2$의 그래프를 x축의 방향으로 m만큼, y축의 방향으로 n만큼 평행이동 하였더니 이차함수 ❷ $y = (x+1)^2 + 1$의 그래프가 되었다. $m+n$의 값은? [4점]

① -2 ② -1 ③ 0   ④ 1   ⑤ 2

STEP 01 ❶의 조건에 맞게 주어진 식 $y = x^2 - 2$에 x 대신 $x - m$, y 대신 $y - n$을 대입한다.

이차함수 $y = x^2 - 2$의 그래프를 x축의 방향으로 m만큼, y축의 방향으로 n만큼 평행이동하면

이차함수 $y - n = (x - m)^2 - 2$의 그래프가 된다.

STEP 02 step 01에서 구한 식을 ❷와 비교한다.

$y = (x - m)^2 - 2 + n$이

이차함수 $y = (x+1)^2 + 1$과 같으므로

$m = -1$, $-2 + n = 1$

$m = -1$, $n = 3$

따라서 $m + n = -1 + 3 = 2$

이차함수 $y = x^2 - 2$의 그래프의 꼭짓점의 좌표는 $(0, -2)$이고,

이차함수 $y = (x+1)^2 + 1$의 그래프의 꼭짓점의 좌표는 $(-1, 1)$이다.

이때 점 $(-1, 1)$은 점 $(0, -2)$를 x축의 방향으로 -1만큼, y축의 방향으로 3만큼 평행이동한 점이다.

그러므로 이차함수 $y = (x+1)^2 + 1$의 그래프는

이차함수 $y = x^2 - 2$의 그래프를 x축의 방향으로 -1만큼, y축의 방향으로 3만큼 평행이동한 것과 같다.

따라서 $m = -1$, $n = 3$이므로

$m + n = -1 + 3 = 2$

●핵심 공식

▶ 이차함수의 그래프

(1) $y = ax^2 + q \ (a \neq 0)$

   ① $y = ax^2 \ (a \neq 0)$의 그래프를 y축 방향으로 q만큼 평행이동

   ② 꼭짓점의 좌표 $(0, q)$

   ③ 대칭축 $x = 0$

(2) $y = a(x-p)^2 + q \ (a \neq 0)$

   ① $y = ax^2 \ (a \neq 0)$의 그래프를 x축 방향으로 p만큼, y축 방향으로 q만큼 평행이동

   ② 꼭짓점의 좌표 (p, q)

   ③ 대칭축 $x = p$

▶ 도형의 평행이동

x축 방향으로 m만큼, y축 방향으로 n만큼 평행이동하면

(1) 점 (x, y) : $(x, y) \rightarrow (x+m, y+n)$

(2) $f(x, y) = 0$이 나타내는 도형 : $f(x, y) = 0 \rightarrow f(x-m, y-n) = 0$

---

08 조건을 만족하는 미지수 찾기   정답 ①

두 정수 a, b에 대하여 다음 두 조건을 만족시키는 모든 b의 곱은? [4점]

> (가) $|a| = 2$
> (나) $a - b = 5$

① 21   ② 23   ③ 25   ④ 27   ⑤ 29

STEP 01 조건 (가)로부터 $a = 2$ 또는 $a = -2$임을 알 수 있다.

i) $a = 2$일 때, 조건 (나)로부터

   $2 - b = 5$이고 $b = -3$

ii) $a = -2$일 때, 조건 (나)로부터

   $-2 - b = 5$이고 $b = -7$

따라서 두 조건을 만족시키는 모든 b의 곱은 $(-3) \times (-7) = 21$이다.

●핵심 공식

▶ 절댓값

(1) 절댓값 : 수를 수직선 위에 나타낼 때, 원점으로부터 그 수를 나타내는 점까지의 거리

(2) 양수 a에 대하여 $|x| < a$이면 $-a < x < a$이다.

---

09 제곱근의 정의와 계산   정답 ①

❶ a의 양의 제곱근이 $\sqrt{6}$이고 12의 음의 제곱근이 b일 때, $\dfrac{a}{b}$의 값은?

[4점]

① $-\sqrt{3}$ ② $-\sqrt{2}$ ③ -1 ④ $-\dfrac{\sqrt{2}}{2}$ ⑤ $-\dfrac{\sqrt{3}}{3}$

STEP 01 ❶에서 a, b를 구하여 $\dfrac{a}{b}$를 계산한다.

a의 양의 제곱근은 $\sqrt{a}$이므로

$a = 6$

12의 음의 제곱근은 $-\sqrt{12}$이므로

$b = -\sqrt{12} = -\sqrt{2^2 \times 3} = -2\sqrt{3}$

따라서 $\dfrac{a}{b} = \dfrac{6}{-2\sqrt{3}} = -\dfrac{3}{\sqrt{3}} = -\sqrt{3}$

어떤 수 x를 제곱하여 a가 될 때, x를 a의 제곱근이라고 한다. 양수의 제곱근은 양수와 음수 두 개가 있고, 이 두 수의 절댓값은 서로 같다. 양수 a의 제곱근은 기호 $\sqrt{}$를 사용하여 양의 제곱근은 $\sqrt{a}$, 음의 제곱근은 $-\sqrt{a}$와 같이 나타낸다.

---

10 평균과 표준편차   정답 ⑤

두 수 ❶ a, b의 평균은 4, 표준편차는 $\sqrt{2}$일 때, ab의 값은? [4점]

① 10   ② 11   ③ 12   ④ 13   ⑤ 14

STEP 01 ❶에서 a와 b의 관계식을 구한다.

a, b의 평균이 4이므로 $\dfrac{a+b}{2} = 4$

$\therefore a + b = 8$ ...... ㉠

또한 a, b의 표준편차가 $\sqrt{2}$이므로

$\dfrac{(a-4)^2 + (b-4)^2}{2} = (\sqrt{2})^2$

$\Rightarrow (a-4)^2 + (b-4)^2 = 2 \times 2$

$\Rightarrow a^2 - 8a + 16 + b^2 - 8b + 16 = 4$

$\Rightarrow a^2 + b^2 - 8(a+b) + 32 = 4$

이고, $a + b = 8$을 대입하면

$a^2 + b^2 = 36$ ...... ㉡

STEP 02 step 01에서 구한 식들과 곱셈공식을 이용하여 ab의 값을 구한다.

곱셈공식 $(a+b)^2 = a^2 + 2ab + b^2$에 ㉠과 ㉡을 각각 대입하면

$8^2 = 36 + 2ab$

$\Rightarrow 64 - 36 = 2ab$

$\Rightarrow 28 = 2ab$

따라서 $ab = 14$이다.

11 삼각형의 내심과 외심의 성질   정답 ①

그림과 같이 $\angle C = 90°$, $\overline{BC} = 12$ 인 직각삼각형 ABC 의 내접원의
반지름의 길이가 2 이다. 이 직각삼각형 ABC 의 외접원의 둘레의 길이는?
[4점]

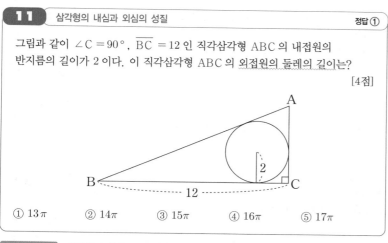

① 13π ② 14π ③ 15π ④ 16π ⑤ 17π

STEP 01 삼각형의 내심의 성질과 피타고라스의 정리를 이용하여 빗변 AB 의 길이를 구한다.

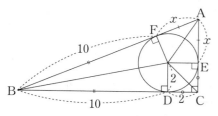

위의 그림과 같이 내접원의 중심에서 삼각형 ABC 의 세 변에 내린 수선의 발을
각각 D, E, F 라 하자.
$\overline{AE} = x$ 라 놓으면 내접원의 성질에 의해
$\overline{CD} = \overline{CE} = 2$
$\overline{BD} = \overline{BF} = 10$
$\overline{AF} = \overline{AE} = x$
삼각형 ABC 는 직각삼각형이므로 피타고라스 정리에 의해
$\overline{AB}^2 = \overline{BC}^2 + \overline{CA}^2$
$(x+10)^2 = 12^2 + (2+x)^2$
$x^2 + 20x + 100 = 144 + 4 + 4x + x^2$
$16x = 48$ 에서 $x = 3$
따라서 직각삼각형 ABC 의 빗변 AB 의 길이는 13 이다.

STEP 02 직각삼각형과 외접원의 성질을 이용하여 외접원의 둘레의 길이를 구한다.
직각삼각형의 외심은 빗변의 중점이므로 빗변 AB 는 삼각형 ABC 의 외접원의
지름이다.
그러므로 직각삼각형 ABC 의 외접원의 둘레의 길이는 13π 이다.

다른 풀이

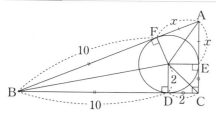

위의 그림과 같이 내접원의 중심에서 삼각형 ABC 의 세 변에 내린 수선의 발을
각각 D, E, F 라 하자.
$\overline{AE} = x$ 라 놓으면 내접원의 성질에 의해
$\overline{CD} = \overline{CE} = 2$
$\overline{BD} = \overline{BF} = 10$
$\overline{AF} = \overline{AE} = x$
삼각형 ABC 의 내접원의 반지름의 길이가 2 이므로 이것을 이용하여 삼각형의
넓이를 구하면
$\triangle ABC = \frac{1}{2} \times 2 \times (\overline{AB} + \overline{BC} + \overline{CA}) = \frac{1}{2} \times 2 \times \{(x+10) + 12 + (2+x)\}$
$= 2x + 24$ ...... ㉠
다른 방법으로 넓이를 구하면
$\triangle ABC = \frac{1}{2} \times \overline{BC} \times \overline{AC} = \frac{1}{2} \times 12 \times (x+2) = 6x + 12$ ...... ㉡
㉠, ㉡이 서로 같으므로
$2x + 24 = 6x + 12$ 에서 $x = 3$
따라서 직각삼각형 ABC 의 빗변 AB 의 길이는 13 이다.
직각삼각형의 외심은 빗변의 중점이므로 빗변 AB 는 삼각형 ABC 의 외접원의
지름이다.
그러므로 직각삼각형 ABC 의 외접원의 둘레의 길이는 13π 이다.

● 핵심 공식

▶ 삼각형의 외심

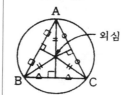

(1) 외심 : 삼각형의 세 변의 수직이등분선의 교점
(2) 외심에서 세 꼭짓점에 이르는 거리(외접원의 반지름)는 같다.
(3) 외심의 위치는 예각삼각형에서는 삼각형의 내부에, 직각삼각형에서는 빗변의 중점에, 둔각삼각형은 삼각형의 외부에 존재한다.

12 이차함수   정답 ④

그림과 같이 원점을 지나는 이차함수 ❶ $y = x^2 + 4x$ 의 그래프가 x축과
만나는 점을 A, 그래프의 꼭짓점을 B 라 하자. □ABOC 가 평행사변형이
되도록 하는 점을 $C(a, b)$ 라 할 때, $a+b$의 값은? (단, O 는 원점이다.) [4점]

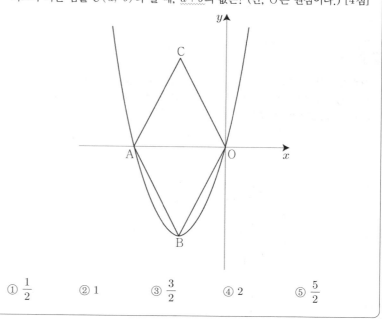

① $\frac{1}{2}$ ② 1 ③ $\frac{3}{2}$ ④ 2 ⑤ $\frac{5}{2}$

STEP 01 ❶로부터 점 A 의 좌표를 구한다.

$x^2 + 4x = 0$에서 $x(x+4) = 0$ ∴ $x = 0$ 또는 $x = -4$
이때 점 A 는 원점이 아니므로 $x = -4$ ∴ A$(-4, 0)$

STEP 02

❶을 완전제곱식으로 변형하여 꼭짓점 B 를 구한다.
$y = x^2 + 4x = (x+2)^2 - 4$에서 그래프의 꼭짓점은 $x = -2$일 때 $y = -4$이므로
B$(-2, -4)$
□ABOC 가 평행사변형이 되도록 하는 점은
C$(-4+2, 0+4) =$ C$(-2, 4)$
따라서 $a = -2$, $b = 4$이므로 $a+b = 2$

13 입체도형의 부피   정답 ③

그림과 같이 부피가 60인 삼각기둥 ABC−DEF를 꼭짓점 A, E, F를
지나는 평면으로 자를 때 만들어지는 사각뿔 A−BEFC 의 부피는? [4점]

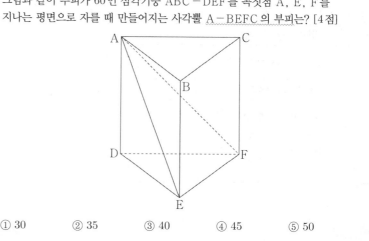

① 30   ② 35   ③ 40   ④ 45   ⑤ 50

STEP 01 밑면의 넓이와 높이의 길이가 같은 삼각기둥과 삼각뿔의 부피비는 3 : 1임을 이용한다.

삼각기둥 ABC−DEF 의 부피가 60이고, 삼각뿔 A−DEF 의 부피는
삼각기둥 ABC−DEF 와 밑면의 넓이와 높이가 같으므로
$\frac{1}{3} \times$ (삼각기둥) $= \frac{1}{3} \times 60 = 20$이다.

따라서 A−BEFC 의 부피는

(삼각기둥의 부피)−(A−DEF 의 부피)=60−20=40

---

14 다각형의 내각의 크기 정답 ④

그림과 같이 정오각형 ABCDE 에서 $\overline{CD}$ 를 한 변으로 하는 정사각형 CDFG 를 그린다. 점 B 에서 두 점 D, G 에 연결한 선분 BD, BG 에 대하여 ∠GBD 의 크기는? [4점]

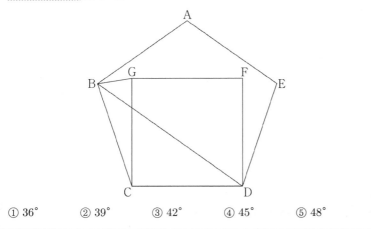

① 36° ② 39° ③ 42° ④ 45° ⑤ 48°

STEP 01 정오각형이므로 모든 변과 내각의 크기가 같음을 이용한다.

정오각형 ABCDE 에서

∠ABC=108° 이고 $\overline{BC}=\overline{CD}=\overline{CG}$ 이므로

∠BCG=∠BCD−∠GCD=108°−90°=18°

△CBG 는 이등변삼각형이므로

∠GBC=$\dfrac{1}{2}$(180°−∠BCG)=$\dfrac{1}{2}$(180°−18°)=$\dfrac{1}{2}\times$162°=81°

△CBD 는 이등변삼각형이므로

∠GBD=$\dfrac{1}{2}$(180°−∠BCD)=$\dfrac{1}{2}$(180°−108°)=$\dfrac{1}{2}\times$72°=36°

∴ ∠GBD=∠GBC−∠CBD=81°−36°=45°

---

15 도형의 교점 정답 ①

일차함수 ❶ $y=ax-2$ 의 그래프가 두 점 A(1, 5), B(4, 3)을 이은 선분 AB 와 만나도록 하는 자연수 a의 개수는? [4점]

① 6 ② 7 ③ 8 ④ 9 ⑤ 10

STEP 01 두 점 A, B 가 선분 AB 의 양 끝점이므로, ❶에 두 점을 각각 대입하여 사잇값을 구한다.

$y=ax-2$의 그래프가 A(1, 5)를 만난다면

$5=a-2$ ∴ $a=7$

$y=ax-2$의 그래프가 B(4, 3)를 만난다면

$3=4a-2$ ∴ $a=\dfrac{5}{4}$

∴ $\dfrac{5}{4}\leq a\leq 7$

따라서 자연수 a는 2, 3, 4, 5, 6, 7의 6개다.

---

16 경우의 수 정답 ②

그림과 같이 두 원판 A, B 가 있다.

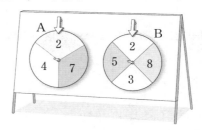

두 원판 A, B 를 각각 한 번씩 돌려 회전이 멈추었을 때 화살표(⬇)가 가리키는 수를 각각 a, b 라 하자. 이때, $a<b$ 인 경우의 수는? (단, 화살표가 경계선을 가리키는 경우는 생각하지 않는다.) [4점]

① 5 ② 6 ③ 7 ④ 8 ⑤ 9

STEP 01 a가 2 또는 4 또는 7인 각각의 경우에 대하여 $a<b$ 가 성립하는 b의 값을 구해서 경우의 수를 센다.

ⅰ) $a=2$ 일 때

주어진 조건을 만족시키는 b의 값은 $b=3$ 또는 $b=5$ 또는 $b=8$

따라서 3 가지 경우가 있다.

ⅱ) $a=4$ 일 때

주어진 조건을 만족시키는 b의 값은 $b=5$ 또는 $b=8$

따라서 2 가지 경우가 있다.

ⅲ) $a=7$ 일 때

주어진 조건을 만족시키는 b의 값은 $b=8$ 뿐이므로

1 가지 경우가 있다.

ⅰ), ⅱ), ⅲ)에서 구하는 경우의 수는 3+2+1=6이다.

다른 풀이

ⅰ) $b=2$ 일 때

주어진 조건을 만족시키는 a의 값은 없다.

ⅱ) $b=3$ 일 때

$a=2$ 에서 1 가지

ⅲ) $b=5$ 일 때

$a=2$ 또는 $a=4$ 에서 2가지

ⅳ) $b=8$ 일 때

$a=2$ 또는 $a=4$ 또는 $a=7$ 에서 3가지

ⅰ), ⅱ), ⅲ), ⅳ)에서 구하는 경우의 수는 1+2+3=6이다.

---

17 삼각비 정답 ③

그림과 같이 학교와 일직선 위에 있는 두 지점 B, C 에서 학교 건물의 꼭대기 A 지점을 올려다본 각의 크기가 각각 30°, 45° 이고 $\overline{BC}=120$m 일 때, 이 학교 건물의 높이는? (단, A 지점에서 지면에 내린 수선의 발은 $\overline{BC}$ 위에 있다.) [4점]

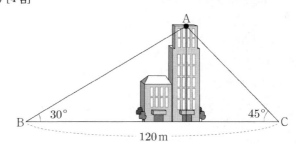

① $60(\sqrt{3}-\sqrt{2})$m ② $60(\sqrt{2}-1)$m ③ $60(\sqrt{3}-1)$m

④ $60(\sqrt{2}+1)$m ⑤ $60(\sqrt{3}+1)$m

STEP 01 삼각비를 이용하여 높이를 문자로 나타낸다.

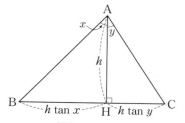

점 A에서 $\overline{BC}$ 에 내린 수선의 발을 H라 하고 높이를 h 라 하자.
선분 BC의 길이를 a 라 할 때 $a = h\tan x + h\tan y$ 이므로

$h = \dfrac{a}{\tan x + \tan y}$ 이다.

$\angle BAH = 180° - (30° + 90°) = 60°$, $\angle CAH = 180° - (45° + 90°) = 45°$

$\therefore\ h = \dfrac{120}{\tan 60° + \tan 45°}$

$h = \dfrac{120}{\tan 60° + \tan 45°} = \dfrac{120}{\sqrt{3}+1} = \dfrac{120(\sqrt{3}-1)}{(\sqrt{3}+1)(\sqrt{3}-1)} = 60(\sqrt{3}-1)\,(\text{m})$

● 핵심 공식

▶ 특수각의 삼각비

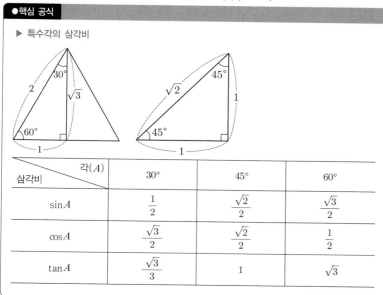

삼각비 \ 각(A)	30°	45°	60°
$\sin A$	$\dfrac{1}{2}$	$\dfrac{\sqrt{2}}{2}$	$\dfrac{\sqrt{3}}{2}$
$\cos A$	$\dfrac{\sqrt{3}}{2}$	$\dfrac{\sqrt{2}}{2}$	$\dfrac{1}{2}$
$\tan A$	$\dfrac{\sqrt{3}}{3}$	1	$\sqrt{3}$

18 도형의 넓이   정답 ②

그림과 같이 반지름의 길이가 같은 세 원
O, O′, O″ 이 각각 서로 다른 두 원의 중심을 지난다. 반지름의 길이가 3일 때,
어두운 부분의 넓이는? [4점]

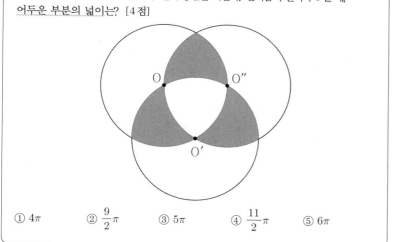

① 4π ② $\dfrac{9}{2}\pi$ ③ 5π ④ $\dfrac{11}{2}\pi$ ⑤ 6π

어두운 부분 1개의 넓이는 다음 그림의 빗금친 부분과 같이 도형을 이동하면
반지름의 길이가 3, 중심각의 크기가 60°인 부채꼴의 넓이와 같다.

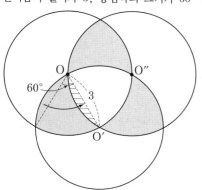

따라서 어두운 부분의 넓이는

$3^2 \times \pi \times \dfrac{60}{360} \times 3 = 9\pi \times \dfrac{1}{6} \times 3 = \dfrac{9}{2}\pi$

19 피타고라스 정리의 활용   정답 ⑤

그림과 같이 $\overline{BC} = 2\overline{AB}$ 인 직사각형 ABCD의 대각선 AC에 대하여
$\overline{CE} = 2\overline{AC}$ 인 직사각형 ACEF를 그리고, 직사각형 ACEF의 대각선 AE에
대하여 $\overline{EG} = 2\overline{AE}$ 인 직사각형 AEGH를 그린다. 직사각형 ABCD의 넓이를
S, 직사각형 AEGH의 넓이를 T 라 할 때, $\dfrac{T}{S}$ 의 값은? [4점]

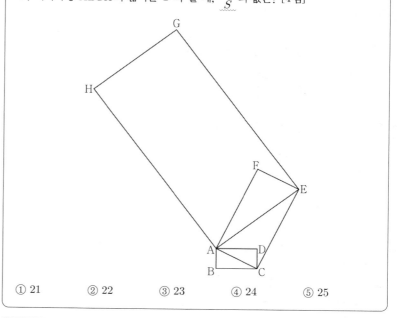

① 21   ② 22   ③ 23   ④ 24   ⑤ 25

$\overline{AB} = x$ 로 놓으면 $\overline{BC} = 2x$ 이므로

$\square ABCD = x \times 2x = 2x^2$

$\overline{AC} = \sqrt{x^2 + (2x)^2} = \sqrt{5}\,x\ (\because\ x > 0)$

$\overline{CE} = 2\sqrt{5}\,x$ 이므로

$\square ACEF = \sqrt{5}\,x \times 2\sqrt{5}\,x = 10x^2$

$\overline{AE} = \sqrt{(\sqrt{5}\,x)^2 + (2\sqrt{5}\,x)^2} = 5x\ (\because\ x > 0)$

$\overline{AH} = 10x$ 이므로

$\square AEGH = 5x \times 10x = 50x^2$

따라서 $S = 2x^2$, $T = 50x^2$ 이므로 $\dfrac{T}{S} = 25$ 이다.

20 삼각형의 닮음   정답 ③

그림과 같이 ❶ 밑변의 길이가 20인 이등변삼각형 ABC에서 선분 BA의
연장선 위에 ❷ $\angle ACB = \angle ACD$ 인 점 D에 대하여 $\overline{CD} = 8$ 이다. 두 점
A, D에서 변 BC에 내린 수선의 발을 각각 E, F라 하자.

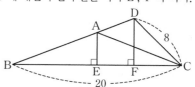

다음은 선분 FC의 길이를 구하는 과정이다.

삼각형 ABC는 이등변삼각형이므로
$$\overline{BE} = \boxed{\ (가)\ }$$
이다.
$\angle ACB = \angle ACD$ 이므로
$$❸\ \overline{BA} : \overline{AD} = 5 : \boxed{\ (나)\ }$$
이다.
두 선분 AE와 DF는 평행하므로
$$\overline{BA} : \overline{AD} = \overline{BE} : \overline{EF}$$
이다. 따라서 $\overline{FC} = \boxed{\ (다)\ }$

위의 (가), (나), (다)에 알맞은 수를 각각 a, b, c 라 할 때, $a + b + c$ 의 값은?
[4점]

① 16   ② 17   ③ 18   ④ 19   ⑤ 20

STEP 01 이등변삼각형의 꼭지각의 이등분선은 밑변을 수직이등분 함과 ❶을 이용하여 빈칸 (가)에 알맞은 수를 찾는다.

삼각형 ABC 는 이등변삼각형이므로 점 E 는 선분 BC 의 중점이다.

$\overline{BE} = \dfrac{1}{2}\overline{BC} = \dfrac{1}{2} \times 20 = \boxed{10}$

따라서 (가)$=10$

STEP 02 ❷와 삼각형에서 각의 이등분선의 성질을 이용하여 빈칸 (나)에 알맞은 수를 구한다.

삼각형 CDB 에서 $\angle ACB = \angle ACD$ 이므로

$\overline{BA} : \overline{AD} = \overline{BC} : \overline{DC} = 20 : 8$,

즉, $\overline{BA} : \overline{AD} = 5 : \boxed{2}$ 이다.

따라서 (나)$=2$

STEP 03 ❸과 닮은 삼각형의 성질을 이용하여 빈칸 (다)에 알맞은 수를 구한다.

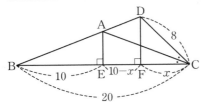

두 선분 AE 와 DF 는 평행하므로

$\overline{BA} : \overline{AD} = \overline{BE} : \overline{EF}$ 이다.

$\overline{FC} = x$ 라 하면 $5 : 2 = 10 : 10-x$

이다. 이 식을 정리하면

$20 = 5(10-x)$ 에서 $10-x=4$, $x=6$

따라서 $\overline{FC} = \boxed{6}$

이다. 그러므로 (다)$=6$이고,

$a=10$, $b=2$, $c=6$이므로 $a+b+c=18$

[참고]

삼각형에서 각의 이등분선의 성질에 대해 살펴보자.

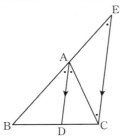

위 그림의 삼각형 ABC 에서 $\angle A$ 의 이등분선이 변 BC 와 만나는 점을 D 라 하자. 점 C 를 지나고 $\overline{AD}$ 에 평행한 직선이 $\overline{AB}$ 의 연장선과 만나는 점을 E 라 하자.

$\angle BAD = \angle BEC$

$\angle B$ 는 공통이므로 $\triangle BDA \backsim \triangle BCE$ (AA 닮음)

따라서 닮음의 성질에 의해

$\overline{BA} : \overline{AE} = \overline{BD} : \overline{DC}$ ...... ㉠

두 직선 AD , EC 가 평행하므로

$\angle CAD = \angle ECA$

$\angle BAD = \angle AEC$

따라서 $\angle AEC = \angle ACE$

삼각형 ACE 는 이등변삼각형이므로 $\overline{AE} = \overline{AC}$

그러므로 ㉠에 의해 $\overline{BA} : \overline{AC} = \overline{BD} : \overline{DC}$

●핵심 공식

▶ 각의 이등분선에 관한 정리

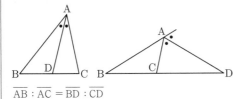

$\overline{AB} : \overline{AC} = \overline{BD} : \overline{CD}$

21 도형의 성질과 이차방정식   정답 ③

그림과 같이 정사각형 ABCD 의 변 BC 위에 $\overline{BE}=4$ 인 점 E 를 잡고 변 CD 위에 $\overline{CF}=5$ 인 점 F 를 잡는다. ❶ 사각형 AECF 의 넓이가 78 일 때, 정사각형 ABCD 의 넓이는? [5점]

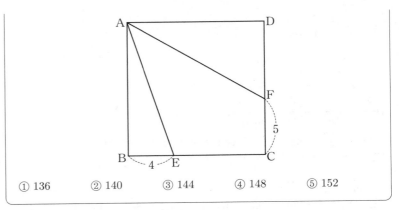

① 136   ② 140   ③ 144   ④ 148   ⑤ 152

STEP 01 정사각형의 한 변의 길이를 x 라 하고 선분 DF 의 길이를 x에 관한 식으로 나타낸다.

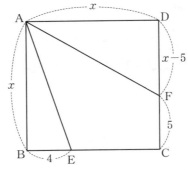

STEP 02 ❶을 이용하여 정사각형 ABCD 의 넓이를 구한다.

$\square AECF = \square ABCD - (\triangle ABE + \triangle FDA)$

$\qquad = x^2 - \left\{ \dfrac{1}{2} \times 4x + \dfrac{1}{2} \times x(x-5) \right\} = x^2 - \left(\dfrac{1}{2}x^2 - \dfrac{1}{2}x \right) = \dfrac{1}{2}x^2 + \dfrac{1}{2}x$

사각형 AECF 의 넓이가 78 이므로

$\dfrac{1}{2}x^2 + \dfrac{1}{2}x = 78$, $x^2 + x - 156 = 0$

인수분해하면 $(x+13)(x-12)=0$

$x = -13$ 또는 $x = 12$, $x > 0$이므로 $x = 12$

따라서 정사각형 ABCD 의 넓이는

$12^2 = 144$

22 원의 성질과 삼각형의 닮음   정답 ③

그림과 같이 선분 AB 를 지름으로 하는 원 O 와 선분 AB 위의 점 C 에 대하여 선분 BC 를 지름으로 하는 원 O' 이 있다. 점 A 에서 원 O' 에 그은 두 접선이 원 O' 과 만나는 점을 각각 D , E 라 하고, 원 O 와 만나는 점을 각각 F , G 라 하자. 다음은 두 선분 DE , AB 의 교점을 H 라 하고 ❶ $\angle DAE = 40°$ 일 때, $\angle FHG$ 의 크기를 구하는 과정이다.

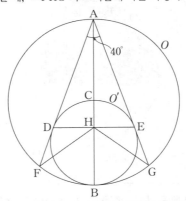

원 O' 의 중심을 I 라 할 때,
$\angle DFB = \angle DHB = 90°$ ...... ㉠
선분 DB 는 공통인 변 ...... ㉡
$\angle DIH = \boxed{(가)} \times \angle DBH$ 이고,
$\overline{DI} /\!/ \overline{FB}$ 이므로
$\angle DBF = \angle DBH$ ...... ㉢
㉠, ㉡, ㉢에 의해 $\triangle DFB \equiv \triangle DHB$ 이다.
한편, $\overline{AD} = \overline{AE}$ 이므로
$\angle ADH = \boxed{(나)} °$
❷ $\angle DHF = \dfrac{1}{2} \times \boxed{(나)} °$
따라서 $\angle FHG = \boxed{(다)} °$ 이다.

위의 (가), (나), (다)에 알맞은 수를 각각 a, b, c 라 할 때, $\dfrac{ac}{b}$ 의 값은? [5점]

① $\dfrac{18}{7}$ ② $\dfrac{20}{7}$ ③ $\dfrac{22}{7}$ ④ $\dfrac{24}{7}$ ⑤ $\dfrac{26}{7}$

STEP 01 원주각과 중심각의 관계를 이용하여 (가)를 구한다.

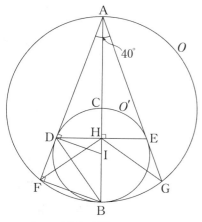

원 O' 에서 $\overline{DE} \perp \overline{BC}$ 이므로

$\angle HID = \dfrac{1}{2}\angle DIE$, $\angle HBD = \dfrac{1}{2}\angle DBE$ 이다.

$\angle DIE$ 는 호 DCE 에 대한 중심각이고

$\angle DBE$ 는 호 DCE 에 대한 원주각이다.

중심각$=2\times$원주각이므로 $\angle DIE = 2\times\angle DBE$ 이다.

따라서 $\angle DIH = \boxed{2} \times\angle DBH$

STEP 02 ❶을 이용하여 (나)를 구한다.

$\angle DAE = 40°$ 이고 $\overline{DE} \perp \overline{AH}$ 이므로 $\overline{AH}$ 는 $\angle DAE$ 를 이등분한다.

따라서 $\angle DAH = 20°$ 이고

$\angle ADH = 180° - \angle AHD - \angle DAH = 180° - 90° - 20° = 70°$

따라서 $\angle ADH = \boxed{70}°$

STEP 03 ❷를 이용하여 (다)를 구한다.

$\angle DHF = \dfrac{1}{2}\times 70° = 35°$ 이고

$\angle FHG = 2\angle FHB$ 이다.

$\angle FHB = 90° - \angle DHF = 90° - 35° = 55°$

따라서 $\angle FHG = \boxed{110}°$ 이다.

STEP 04 a, b, c를 찾아 $\dfrac{ac}{b}$를 구한다.

그러므로 $a=2$, $b=70$, $c=110$ 에서

$\dfrac{ac}{b} = \dfrac{2\times 110}{70} = \dfrac{22}{7}$

다른 풀이 1

먼저 두 삼각형 DFB, DHB 가 합동임을 보이자.

점 A에서 원 O' 에 그은 두 접선에 대해 $\overline{AD} = \overline{AE}$

점 I 는 원 O' 의 중심이므로 $\overline{DI} = \overline{EI}$

선분 AI 는 공통인 변이므로

$\triangle ADI \equiv \triangle AEI$ (SSS합동)

따라서 $\angle IAD = \angle IAE$ 이고 선분 AH는 공통인 변

$\triangle ADH \equiv \triangle AEH$ (SAS합동)

따라서 $\angle DHA = 90°$ 이므로

$\angle DFB = \angle DHB = 90°$ ...... ㉠

선분 DB 는 공통인 변 ...... ㉡

삼각형 IDB 는 이등변삼각형이므로

$\angle IDB = \angle IBD$

삼각형의 외각의 성질에 의해

$\angle IDB + \angle IBD = \angle DIH$

따라서 $\angle DIH = \boxed{2} \times \angle DBH$ 이고 원의 접선의 성질에 의해

$\angle ADI = 90°$

선분 AB 가 지름이므로

$\angle AFB = 90°$

따라서 $\overline{DI} /\!/ \overline{FB}$ 에서

$\angle IDB = \angle DBF$ (엇각)

$\angle DBF = \angle DBH$ ...... ㉢

㉠, ㉡, ㉢에 의해 $\triangle DFB \equiv \triangle DHB$ 이다.

한편, $\overline{AD} = \overline{AE}$ 이므로

$\angle ADH = \angle AEH$

$\triangle ADE$ 에서 삼각형의 내각의 합은 $180°$ 이므로

$\angle DAE + \angle ADH + \angle AEH = 180°$

$40° + 2\angle ADH = 180°$

$2\angle ADH = 140°$

따라서 $\angle ADH = \boxed{70}°$

위에서 $\triangle DFB \equiv \triangle DHB$ 이므로

$\overline{DF} = \overline{DH}$ 에서 삼각형 DFH 는 이등변삼각형이다.

두 밑각의 크기는 같으므로

$\angle DFH = \angle DHF$ 에서

$\angle DFH + \angle DHF = \angle ADH = 70°$

$2\angle DHF = 70°$

$\angle DHF = \dfrac{1}{2}\times \boxed{70}° = 35°$

$\angle DHB = 90°$ 이고

$\angle DHB = \angle DHF + \angle FHB$ 에서

$90° = 35° + \angle FHB$

$\angle FHB = 55°$

같은 방법으로 $\angle GHB$ 를 구하면

$\angle GHB = 55°$

$\angle FHG = \angle FHB + \angle GHB = 55° + 55° = 110°$

따라서 $\angle FHG = \boxed{110}°$ 이다.

그러므로

$a = 2$, $b = 70$, $c = 110$ 에서

$\dfrac{ac}{b} = \dfrac{2\times 110}{70} = \dfrac{22}{7}$

다른 풀이 2

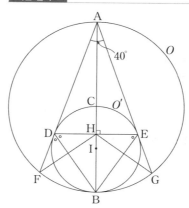

$\overline{ID} = \overline{IB}$ 에서 삼각형 IDB 는 이등변삼각형이므로

$\angle IDB = \angle IBD$

$\angle IDB + \angle IBD = \angle DIH$

따라서 $\angle DIH = \boxed{2} \times \angle DBH$

두 삼각형 DFB, DHB 가 합동임을 보이자.

원의 접선과 그 접점을 지나는 현이 이루는 각의 크기는 현과 그 각의 안에 있는 호에 대한 원주각의 크기와 같으므로

$\angle BDF = \angle BED$

삼각형 BED 는 이등변삼각형이므로

$\angle BDE = \angle BED$

그러므로 $\angle BDF = \angle BDH$

선분 BD 는 공통인 변, $\angle DFB = \angle DHB = 90°$ 이므로

$\triangle DFB \equiv \triangle DHB$

따라서 $\overline{DF} = \overline{DH}$ 이므로 삼각형 DFH 는 이등변삼각형이다.

$\angle DFH = \angle DHF$ 이고

$\angle DFH + \angle DHF = \angle ADH = \boxed{70}°$

$2\angle DHF = 70°$ 이므로

$\angle DHF = \dfrac{1}{2}\times \boxed{70}° = 35°$

$\angle DHB = 90°$ 이고

$\angle DHB = \angle DHF + \angle FHB$ 이므로

$90° = 35° + \angle FHB$, $\angle FHB = 55°$

같은 방법으로 구하면 $\angle GHB = 55°$

$\angle FHG = \angle FHB + \angle GHB = 55° + 55° = 110°$

따라서 $\angle FHG = \boxed{110}°$ 이다.

그러므로 $a = 2$, $b = 70$, $c = 110$ 에서

$\dfrac{ac}{b} = \dfrac{2\times 110}{70} = \dfrac{22}{7}$

그림은 어느 지역에 있는 토지를 정사각형 ABCD 로 나타낸 것이다. 변 AD 위에 $\overline{\text{AE}}=5\,\text{m}$ 가 되는 점 E 와 변 CD 위에 $\overline{\text{CF}}=3\,\text{m}$ 가 되는 점 F 를 일직선으로 연결한 경계선을 만들었다. ❶ 오각형 ABCFE 의 넓이가 $129\,\text{m}^2$ 일 때, 정사각형 ABCD 의 넓이는 $a\,\text{m}^2$ 이다. a 의 값은? [5점]

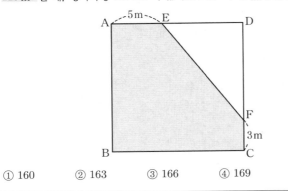

① 160   ② 163   ③ 166   ④ 169   ⑤ 172

STEP 01 정사각형의 한 변의 길이를 x 라 하고 ❶을 이용하여 이차방정식을 세운다.

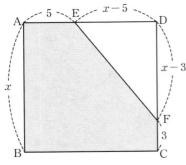

정사각형 ABCD 의 한 변의 길이를 $x\,(x>0)$ 라 하면
$\overline{\text{ED}}=x-5$, $\overline{\text{DF}}=x-3$
정사각형 ABCD 의 넓이는 x^2 이고,
삼각형 EFD 의 넓이는 $\dfrac{1}{2}(x-5)(x-3)=\dfrac{1}{2}(x^2-8x+15)$
오각형 ABCFE 의 넓이가 129 이므로

❷ $x^2-\dfrac{1}{2}(x^2-8x+15)=129$

STEP 02 이차방정식 ❷를 풀고 정사각형 ABCD 의 넓이 a를 구한다.

❷에서 좌변을 정리하면
$\dfrac{1}{2}x^2+4x-\dfrac{15}{2}=129$
등식의 양변에 2 를 곱하면
$x^2+8x-15=258$
$\Rightarrow x^2+8x-273=0$
$\Rightarrow (x+21)(x-13)=0$
$x=-21$ 또는 $x=13$
$x>0$이므로 $x=13$
따라서 정사각형 ABCD 의 넓이는 $169\,\text{m}^2$ 이므로
$a=169$

다른 풀이

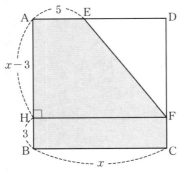

점 F 에서 변 AB 에 내린 수선의 발을 H 라 하자.
두 점 F , H 를 연결하는 선분에 의해 오각형 ABCFE 는 사다리꼴 AHFE 와 직사각형 HBCF 로 나누어진다.
정사각형 ABCD 의 한 변의 길이를 $x\,(x>0)$ 라 하자.
사다리꼴 AHFE 의 넓이는
$\dfrac{1}{2}(x+5)(x-3)=\dfrac{1}{2}(x^2+2x-15)$
직사각형 HBCF 의 넓이는 $3x$ 이고 오각형 ABCFE 의 넓이가 129 이므로

$\dfrac{1}{2}(x^2+2x-15)+3x=129$

$\dfrac{1}{2}x^2+x-\dfrac{15}{2}+3x=129$

$\dfrac{1}{2}x^2+4x-\dfrac{15}{2}=129$

등식의 양변에 2 를 곱하면
$x^2+8x-15=258$
$x^2+8x-273=0$
$(x+21)(x-13)=0$
$x=-21$ 또는 $x=13$
$x>0$이므로 $x=13$
따라서 정사각형 ABCD 의 넓이는 $169\,\text{m}^2$ 이므로
$a=169$

그림과 같이 원 O 에 내접하는 $\triangle ABC$ 에서 $\overline{\text{CA}}$ 의 연장선 위의 점 D 와 원의 중심 O 를 지나는 직선이 $\overline{\text{AB}}$, $\overline{\text{BC}}$ 와 만나는 점을 각각 E , F 라 하자. $\overline{\text{DF}}\perp\overline{\text{BC}}$ 이고 $\overline{\text{DE}}=10$, $\overline{\text{OA}}=4\sqrt{6}$ 일 때, $\overline{\text{OE}}$ 의 길이는? [5점]

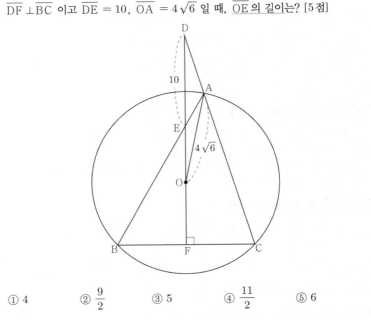

① 4   ② $\dfrac{9}{2}$ ③ 5   ④ $\dfrac{11}{2}$ ⑤ 6

STEP 01 원주각을 이용하여 닮은 도형을 찾는다.

$\overline{\text{AO}}$ 의 연장선과 원이 만나는 점을 G 라 하면
$\angle ABG$ 는 원의 지름 $\overline{\text{AG}}$ 의 원주각이므로
$\angle ABG=90°$
$\angle AGB$ 와 $\angle ACB$ 는 $\overline{\text{AB}}$ 의 원주각이므로
$\angle AGB=\angle ACB=\angle DCF$
$\therefore \triangle DFC \backsim \triangle ABG$ (AA닮음)
$\triangle DFC$ 와 $\triangle ABG$ 가 닮음이므로
$\angle ADO=\angle EAO$
가 성립한다. 또한 $\angle DOA=\angle AOE$ 이므로
$\triangle ADO \backsim \triangle EAO$ (AA닮음)

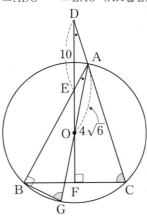

STEP 02 삼각형의 닮음비를 이용하여 $\overline{\text{OE}}$ 를 구한다.

$\triangle ADO$ 와 $\triangle EAO$ 가 닮음이므로
$\overline{\text{OA}}:\overline{\text{OD}}=\overline{\text{OE}}:\overline{\text{OA}}$
의 닮음비가 성립한다. 따라서
$\overline{\text{OA}}^2=\overline{\text{OE}}\times\overline{\text{OD}}$, $\overline{\text{OE}}=x$ 로 놓으면

$$(4\sqrt{6})^2 = x \times (x+10)$$
$$x^2 + 10x - 96 = 0$$
$$(x+16)(x-6) = 0$$
$$\therefore x = 6 \ (\because x > 0)$$

●핵심 공식

▶ 원주각

(1) 한 호에 대한 원주각의 크기는 그 호에 대한 중심각의 크기의 $\frac{1}{2}$ 이다.

$$\angle AOB = 2\angle APB$$

(2) 원주각의 정리한 원 또는 합동인 원에서 같은 크기의 호에 대한 원주각의 크기는 모두 같다.

(3) 반원의 원주각의 크기는 90°이다.

---

25 대푯값과 분산 정답 ④

한 개의 ❶ 주사위를 9번 던져 나온 눈의 수를 모두 나열한 자료를 분석한 결과가 다음과 같다.

> (가) 주사위의 모든 눈이 적어도 한 번씩 나왔다.
> (나) 최빈값은 6 뿐이고, 중앙값과 평균은 모두 4 이다.

이 자료의 분산을 V 라 할 때, $81V$ 의 값은? [5점]

① 246 ② 248 ③ 250 ④ 252 ⑤ 254

STEP 01 ❶과 (가)를 이용하여 9개의 자료를 나타내보자.

조건 (가)에서 주사위의 모든 눈이 적어도 한 번씩 나왔으므로 9 개의 자료를
1, 2, 3, 4, 5, 6, a, b, c $(a \le b \le c)$ 라 하자.

STEP 02 (나)에서 중앙값이 4, 최빈값이 6이라는 조건을 이용하여 a, b, c의 값을 정한다.

조건 (나)에서 중앙값이 4 이므로 9개의 자료를 크기순으로 나타냈을 때, 다섯 번째 수는 4 여야 한다. 따라서 $a \le 4$ 이므로 1, 2, 3, 4 중에서 하나의 수는 두 번 나온다. 그런데 최빈값이 6 뿐이므로 6은 3 번 이상 나와야 한다.
따라서 $b = c = 6$

STEP 03 (나)에서 평균이 4라는 조건을 이용하여 a의 값을 정한다.

주어진 자료의 평균이 4 이므로 자료의 편차를 나열하면
-3, -2, -1, 0, 1, 2, $a-4$, 2, 2
이다. 편차의 합이 0 이므로 $(-3)+(-2)+(-1)+0+1+2+(a-4)+2+2 = 0$
$\therefore a = 3$

STEP 04 step 03에서 구한 편차를 이용하여 분산을 구한다.

편차를 다시 쓰면
-3, -2, -1, 0, 1, 2, -1, 2, 2
분산 V는

$$V = \frac{1}{9}\{(-3)^2+(-2)^2+(-1)^2+0^2+1^2+2^2+(-1)^2+2^2+2^2\} = \frac{28}{9}$$

따라서 $81V = 81 \times \frac{28}{9} = 252$

다른 풀이

9 개의 자료를 작은 수부터 순서대로
a, b, c, d, e, f, g, h, i 라 하자.
조건 (가)에서 주사위의 모든 눈이 적어도 한 번씩 나왔고, 자료를 크기순으로 배열하였으므로
첫 번째 수 a는 1 이고 마지막 수 i 는 6 이다.
따라서 $a = 1$, $i = 6$
조건 (나)에서 중앙값이 4 이므로 다섯 번째 수 e 는 4 이다.
이때 $a = 1$, $e = 4$ 이므로
b, c, d 는 1, 2, 3, 4 중 어느 하나이고
조건에 의해 1, 2, 3, 4 중 하나의 수는 두 번 나와야 한다.
이 수를 $k\ (1 \le k \le 4)$ 라 하자.
k가 두 번 나오고 조건 (나)에서 최빈값은 6 뿐이므로 6 은 세 번 이상 나와야 한다.
따라서 $g = 6$, $h = 6$, $i = 6$
이고, $e = 4$ 이므로 조건 (가)에 의하여
$f = 5$
그러므로 9 개의 자료는 다음과 같다.
$k\ (1 \le k \le 4)$, 1, 2, 3, 4, 5, 6, 6, 6

(나)에서 평균이 4 이므로

$$\frac{k+1+2+3+4+5+6+6+6}{9} = 4$$

$$k+33 = 36$$

$$k = 3$$

따라서 9 개의 자료는
1, 2, 3, 3, 4, 5, 6, 6, 6
이고 이 자료의 평균이 4 이므로 편차는 차례로
-3, -2, -1, -1, 0, 1, 2, 2, 2
이다. 그러므로 분산 V는

$$V = \frac{1}{9}\{(-3)^2+(-2)^2+(-1)^2+(-1)^2+0^2+1^2+2^2+2^2+2^2\} = \frac{28}{9}$$

따라서 $81V = 81 \times \frac{28}{9} = 252$

●핵심 공식

▶ 대푯값

어떤 자료의 전체의 특성을 대표할 수 있는 값을 대푯값이라고 한다. 평균, 중앙값, 최빈값 등이 있다.

(1) 평균 : 자료값의 총합을 자료의 개수로 나눈 값이다.

(2) 중앙값 : 자료를 작은 값부터 크기순으로 나열했을 때, 중앙에 위치한 값이다.
자료의 개수가 홀수이면 가운데 위치한 값이 중앙값이고, 자료의 개수가 짝수이면 가운데 위치한 두 값의 평균이 중앙값이다.

(3) 최빈값 : 자료의 값 중에서 가장 많이 나타난 값,
즉, 도수가 가장 큰 값이다.
단, 도수가 모두 같을 때 최빈값은 없고, 최대 도수가 여럿일 경우 2개 이상 존재할 수도 있다.

정답

01② 02③ 03④ 04① 05② 06① 07⑤ 08③ 09③ 10④ 11② 12③ 13② 14⑤ 15③
16④ 17⑤ 18① 19④ 20★21② 22 9 23 6 24 112 25 7 26 23 27 420 28 18 29 25 30 2

★ 표기된 문항은 [등급을 가르는 문제]에 해당하는 문항입니다.

각(A) 삼각비	30°	45°	60°
$\sin A$	$\dfrac{1}{2}$	$\dfrac{\sqrt{2}}{2}$	$\dfrac{\sqrt{3}}{2}$
$\cos A$	$\dfrac{\sqrt{3}}{2}$	$\dfrac{\sqrt{2}}{2}$	$\dfrac{1}{2}$
$\tan A$	$\dfrac{\sqrt{3}}{3}$	1	$\sqrt{3}$

---

01 근호를 포함한 식의 계산 　정답률 94% | 정답 ②

❶ $\sqrt{\dfrac{12}{5}} \times \sqrt{\dfrac{5}{3}}$ 의 값은? [2점]

① 1　② 2　③ 3　④ 4　⑤ 5

STEP 01 근호의 성질을 이용하여 ❶의 값을 구한다.

$\sqrt{\dfrac{12}{5}} \times \sqrt{\dfrac{5}{3}} = \sqrt{\dfrac{12}{5} \times \dfrac{5}{3}}$
$= \sqrt{4} = 2$

---

02 다항식의 계산 　정답률 89% | 정답 ③

다항식 ❶ $(2x+1)^2 - (2x^2+x-1)$ 의 일차항의 계수는? [2점]

① 1　② 2　③ 3　④ 4　⑤ 5

STEP 01 ❶의 식을 정리하여 일차항의 계수를 구한다.

$(2x+1)^2 - (2x^2+x-1) = (4x^2+4x+1) - (2x^2+x-1)$
$= 4x^2+4x+1-2x^2-x+1$
$= 2x^2+3x+2$

따라서 일차항의 계수는 3

---

03 삼각비 　정답률 94% | 정답 ④

그림과 같이 $\overline{AC} = 8\sqrt{3}$, $\angle A = 30°$, $\angle B = 90°$ 인 직각삼각형 ABC 에서 선분 AB 의 길이는? [2점]

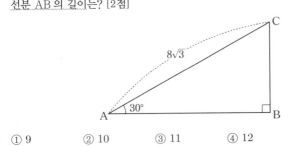

① 9　② 10　③ 11　④ 12　⑤ 13

STEP 01 주어진 직각삼각형에서 삼각비를 이용하여 선분 AB 의 길이를 구한다.

삼각형 ABC 에서 $\cos 30° = \dfrac{\overline{AB}}{8\sqrt{3}}$

$\overline{AB} = 8\sqrt{3} \times \cos 30° = 8\sqrt{3} \times \dfrac{\sqrt{3}}{2} = 12$

다른 풀이

직각삼각형 ABC 에서
$\overline{AC} : \overline{AB} = 2 : \sqrt{3}$
$8\sqrt{3} : \overline{AB} = 2 : \sqrt{3}$
$\overline{AB} = \dfrac{8\sqrt{3} \times \sqrt{3}}{2} = 12$

● **핵심 공식**

▶ 특수각의 삼각비

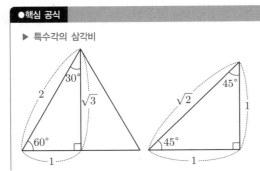

---

04 직선의 방정식 　정답률 81% | 정답 ①

좌표평면 위의 ❶ 두 점 $(1, -1)$, $(2, 1)$ 을 지나는 직선의 y절편은? [3점]

① -3　② -2　③ -1　④ 0　⑤ 1

STEP 01 ❶의 방정식을 구한 후 y절편을 구한다.

두 점 $(1, -1)$, $(2, 1)$ 을 지나는 직선의 기울기를 a, y절편을 b 라 하자.
$a = \dfrac{1-(-1)}{2-1} = 2$ 이므로 두 점 $(1, -1)$, $(2, 1)$ 을 지나는 직선의 방정식은
$y = 2x + b$
이 직선이 점 $(1, -1)$ 을 지나므로
$-1 = 2 \times 1 + b$, $b = -3$
따라서 y절편은 -3

다른 풀이

두 점 $(1, -1)$, $(2, 1)$ 을 지나는 직선의 방정식은
$y - (-1) = \dfrac{1-(-1)}{2-1}(x-1)$
$y + 1 = 2(x-1)$, $y = 2x - 3$
따라서 y절편은 -3

● **핵심 공식**

▶ 직선의 방정식

(1) 기울기가 m 이고 점 (x_1, y_1) 을 지나는 직선 : $y - y_1 = m(x - x_1)$

(2) 두 점 (x_1, y_1), (x_2, y_2) 를 지나는 직선 : $y - y_1 = \dfrac{y_2 - y_1}{x_2 - x_1}(x - x_1)$

(3) x절편이 a, y절편이 b인 직선 : $\dfrac{x}{a} + \dfrac{y}{b} = 1$

---

05 산점도 　정답률 91% | 정답 ②

어느 회사가 위치한 지역의 일일 최저 기온(℃)과 이 회사의 일일 난방비(원)를 30일 동안 조사한 결과, 일일 최저 기온이 높을수록 일일 난방비가 감소한다고 한다. 일일 최저 기온을 x℃, 일일 난방비를 y원이라 할 때, x와 y 사이의 상관관계를 나타낸 산점도로 가장 적절한 것은? [3점]

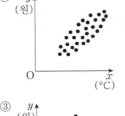 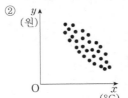

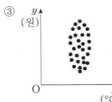 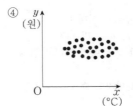

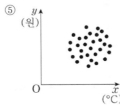

STEP 01 x와 y사이의 상관관계를 파악하여 적절한 산점도를 찾는다.

일일 최저 기온이 높을수록 일일 난방비가 감소하므로 두 변량 x, y 사이에는 음의 상관관계가 있다.
따라서 x와 y 사이의 상관관계를 나타낸 산점도로 가장 적절한 것은 다음과 같다.

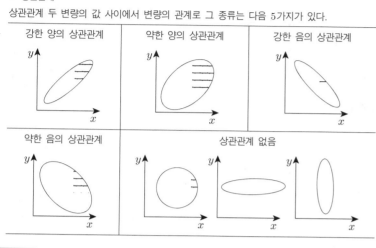

●핵심 공식

▶ 상관관계

상관관계 두 변량의 값 사이에서 변량의 관계로 그 종류는 다음 5가지가 있다.

강한 양의 상관관계	약한 양의 상관관계	강한 음의 상관관계
(그래프)	(그래프)	(그래프)

약한 음의 상관관계	상관관계 없음
(그래프)	(그래프)

---

06 원주각과 중심각 사이의 관계 　　정답률 86% | 정답 ①

원 위의 두 점 A, B에 대하여 ❶ 호 AB의 길이가 원의 둘레의 길이의 $\frac{1}{5}$일 때, 호 AB에 대한 원주각의 크기는? [3점]

① 36° ② 40° ③ 44° ④ 48° ⑤ 52°

STEP 01 ❶에서 호 AB에 대한 중심각의 크기를 구한 후 원주각의 크기를 구한다.

호의 길이는 중심각의 크기에 비례하므로 호 AB에 대한 중심각의 크기는

$360° \times \frac{1}{5} = 72°$

호에 대한 원주각의 크기는 중심각의 크기의 $\frac{1}{2}$배이므로

호 AB에 대한 원주각의 크기는 $72° \times \frac{1}{2} = 36°$

●핵심 공식

▶ 원주각

(1) 원주각 $= \frac{1}{2} \times$ 중심각

(2) 한 원에서 같은 길이의 호에 대한 원주각의 크기는 같다.

(3) 반원의 원주각 $= 90°$

---

07 직육면체의 겉넓이 　　정답률 88% | 정답 ⑤

❶ 한 변의 길이가 2인 정사각형을 밑면으로 하는 직육면체의 부피가 12일 때, 이 직육면체의 겉넓이는? [3점]

① 24 ② 26 ③ 28 ④ 30 ⑤ 32

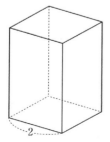

STEP 01 ❶에서 직육면체의 높이를 구한 후 겉넓이를 구한다.

직육면체의 높이를 h라 하면 부피는

$2 \times 2 \times h = 12$, $h = 3$

직육면체의 겉넓이는

$2 \times ($밑면의 넓이$) + ($옆면의 넓이$) = 2 \times 4 + 4 \times 2 \times 3 = 8 + 24 = 32$

---

08 도수분포표 　　정답률 90% | 정답 ③

다음은 어느 학급 학생 25명을 대상으로 키를 조사하여 나타낸 도수분포표이다.

키(cm)	학생 수(명)
150^{이상} ~ 160^{미만}	a
160 ~ 170	8
170 ~ 180	b
180 ~ 190	6
합계	25

이 학생들 중에서 ❶ 키가 170cm 미만인 학생 수가 조사한 학생 수의 40%일 때, 키가 170cm 이상 180cm 미만인 학생 수는? [3점]

① 7 ② 8 ③ 9 ④ 10 ⑤ 11

STEP 01 ❶에서 a를 구한 후 b를 구한다.

조사한 학생의 수가 25이고 키가 170cm 미만인 학생의 수는 $a+8$이므로

$\frac{a+8}{25} = \frac{40}{100}$

$a+8 = 10$, $a = 2$

조사한 학생의 수가 25이므로

$a+8+b+6 = 2+8+b+6 = 25$

따라서 $b = 9$

---

09 일차함수와 일차방정식의 관계 　　정답률 85% | 정답 ③

두 일차방정식 ❶ $ax+2y-b=0$, $2ax+by-3=0$의 그래프의 교점의 좌표가 $(2, 1)$일 때, $a+b$의 값은? (단, a, b는 상수이다.) [3점]

① $\frac{3}{2}$ ② 2 ③ $\frac{5}{2}$ ④ 3 ⑤ $\frac{7}{2}$

STEP 01 ❶의 두 식에 $(2, 1)$을 대입한 후 연립하여 a, b를 구한 다음 합을 구한다.

두 일차방정식

$ax+2y-b=0$ ⋯⋯ ㉠

$2ax+by-3=0$ ⋯⋯ ㉡

의 그래프의 교점의 좌표가 $(2, 1)$이므로 $x=2$, $y=1$을 ㉠, ㉡에 각각 대입하면

$2a-b+2=0$, $4a+b-3=0$

a, b에 대한 연립방정식

$\begin{cases} 2a-b=-2 \\ 4a+b=3 \end{cases}$ ⋯⋯ ㉢ ㉣

에서 ㉢과 ㉣을 변끼리 더하면

$6a=1$, $a = \frac{1}{6}$

$a = \frac{1}{6}$을 ㉢에 대입하면

$2 \times \frac{1}{6} - b = -2$, $b = \frac{7}{3}$

따라서 $a+b = \frac{1}{6} + \frac{7}{3} = \frac{5}{2}$

---

10 이차함수의 그래프 　　정답률 82% | 정답 ④

그림과 같이 제1사분면 위의 점 A(a, b)는 이차함수 ❶ $y=x^2-3x+2$의 그래프 위에 있다. 이 이차함수의 그래프가 y축과 만나는 점 B에 대하여 ❷ 삼각형 OAB의 넓이가 4일 때, $a+b$의 값은? (단, O는 원점이다.) [3점]

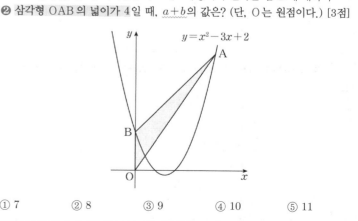

① 7 ② 8 ③ 9 ④ 10 ⑤ 11

STEP 01 ❶에서 점 B의 좌표를 구한 후 ❷에서 a를 구한 다음 b를 구하여 $a+b$의 값을 구한다.

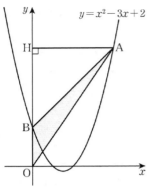

점 B는 이차함수 $y=x^2-3x+2$의 그래프가 y축과 만나는 점이므로

이차함수 $y=x^2-3x+2$에 $x=0$을 대입하면

$y=0^2-3\times0+2=2$이므로 점 B의 좌표는 $(0, 2)$

점 A에서 y축에 내린 수선의 발을 H$(0, b)$라 하면

$\triangle OAB = \dfrac{1}{2}\times\overline{OB}\times\overline{AH}=\dfrac{1}{2}\times2\times a=4$, $a=4$

즉 점 A의 x좌표가 4이므로

이차함수 $y=x^2-3x+2$에 $x=4$, $y=b$를 대입하면

$b=4^2-3\times4+2=6$이므로 점 A의 좌표는 $(4, 6)$

따라서 $a+b=4+6=10$

---

11 일차부등식의 활용　　　정답률 75% | 정답 ②

어느 학생이 집에서 출발하여 갈 때는 시속 3km 로, 집으로 돌아올 때는 같은 경로를 시속 4km 로 이동하려고 한다. ❶ 이동한 전체 시간이 2시간 이하가 되도록 할 때, 이 학생이 집에서 출발하여 집으로 돌아올 때까지 이동한 거리의 최댓값은? [3점]

① $\dfrac{45}{7}$ km　② $\dfrac{48}{7}$ km　③ $\dfrac{51}{7}$ km　④ $\dfrac{54}{7}$ km　⑤ $\dfrac{57}{7}$ km

STEP 01 이동한 거리를 미지수로 놓고 갈 때, 올 때 걸리는 시간을 각각 구한다.

학생이 집에서 출발하여 갈 때 이동한 거리를 L km 라 하자.

$(시간)=\dfrac{(거리)}{(속력)}$ 이므로

$(갈 때 걸리는 시간)=\dfrac{L}{3}$ 시간, $(돌아올 때 걸리는 시간)=\dfrac{L}{4}$ 시간

집에서 출발하여 집으로 돌아올 때까지 걸리는 전체 시간은 $\dfrac{L}{3}+\dfrac{L}{4}=\dfrac{7}{12}L$

STEP 02 ❶의 부등식을 세워 이동한 거리의 최댓값을 구한다.

이 학생이 집에서 출발하여 집으로 돌아올 때까지 이동한 전체 시간이 2시간 이하가 되어야 하므로

$\dfrac{7}{12}L\le2$, $L\le\dfrac{24}{7}$

학생이 집에서 출발하여 집으로 돌아올 때까지 이동한 거리는 $2L$이므로

$2L\le\dfrac{48}{7}$

따라서 이동한 거리의 최댓값은 $\dfrac{48}{7}$ km

---

12 이차함수의 그래프의 성질　　　정답률 64% | 정답 ③

이차함수 $y=f(x)$의 그래프 위의 서로 다른 네 점 A$(1, 1)$, B$(8, 1)$, C$(6, 4)$, D(a, b)에 대하여 ❶ $\overline{AB}/\!/\overline{CD}$ 일 때, $a+b$의 값은? [3점]

① 5　② 6　③ 7　④ 8　⑤ 9

STEP 01 이차함수의 그래프의 대칭성과 ❶을 이용하여 a, b를 각각 구한 후 합을 구한다.

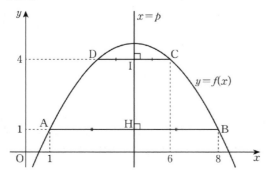

이차함수 $y=f(x)$의 그래프 위의 두 점 A와 B의 y좌표가 서로 같으므로

직선 AB는 x축에 평행하고 선분 AB의 수직이등분선은 이차함수 $y=f(x)$의 그래프의 축이다.

축의 방정식을 $x=p$라 하자. 선분 AB와 직선 $x=p$가 만나는 점을 H라 하면

$\overline{AH}=\overline{BH}$에서 $p-1=8-p$, $p=\dfrac{9}{2}$

직선 CD는 직선 AB에 평행하므로 직선 CD도 x축에 평행한 직선이다.

점 C의 y좌표가 4이므로 직선 CD의 방정식은 $y=4$

점 D(a, b)는 직선 $y=4$ 위에 있으므로 $b=4$

선분 CD와 직선 $x=\dfrac{9}{2}$가 만나는 점을 I라 하면 $\overline{CI}=\overline{DI}$이고

점 C의 x좌표가 $\dfrac{9}{2}$보다 크므로 $a<\dfrac{9}{2}$

$6-\dfrac{9}{2}=\dfrac{9}{2}-a$, $a=3$

따라서 $a+b=3+4=7$

다른 풀이

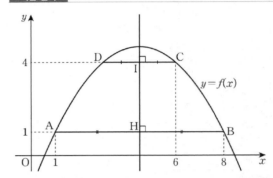

이차함수 $y=f(x)$의 그래프 위의 두 점 A와 B의 y좌표가 서로 같으므로

직선 AB는 x축에 평행하고

선분 AB의 수직이등분선은 이차함수 $y=f(x)$의 그래프의 축이다.

이차함수 $y=f(x)$의 그래프는 축에 대하여 대칭이므로

$8-6=a-1$, $a=3$

직선 CD는 직선 AB에 평행하므로 직선 CD도 x축에 평행한 직선이다.

점 C의 y좌표가 4이므로 $b=4$

따라서 $a+b=3+4=7$

---

13 다항식의 인수분해　　　정답률 42% | 정답 ②

두 자연수 a, b에 대하여 다항식 ❶ $2x^2+9x+k$가 ❷ $(2x+a)(x+b)$로 인수분해되도록 하는 실수 k의 최솟값은? [3점]

① 1　② 4　③ 7　④ 10　⑤ 13

STEP 01 ❷를 전개한 후 ❶과 계수를 비교하여 가능한 자연수 (a, b)를 구한 후 k의 최솟값을 구한다.

$2x^2+9x+k=(2x+a)(x+b)=2x^2+(a+2b)x+ab$

에서 $a+2b=9$, $k=ab$

a, b는 자연수이므로 가능한 a, b, k의 값은 다음 표와 같다.

a	b	k
7	1	7
5	2	10
3	3	9
1	4	4

따라서 실수 k의 최솟값은 4

---

14 일차방정식의 활용　　　정답률 83% | 정답 ⑤

수직선 위의 두 점 P, Q가 원점에 있다. 동전을 한 번 던질 때마다 두 점 P, Q가 다음 규칙에 따라 이동한다.

(가) 동전의 앞면이 나오면 점 P가 양의 방향으로 2만큼 이동한다.
(나) 동전의 뒷면이 나오면 점 Q가 음의 방향으로 1만큼 이동한다.

동전을 30번 던진 후 ❶ 두 점 P, Q사이의 거리가 46일 때, ❷ 동전의 앞면이 나온 횟수는? [4점]

① 12　② 13　③ 14　④ 15　⑤ 16

STEP 01 ❷를 미지수로 놓고 조건에서 두 점 P, Q의 위치를 각각 구한 후 ❶의 방정식을 세워 ❷를 구한다.

동전을 30번 던질 때, 앞면이 나온 횟수를 n이라 하면 뒷면이 나온 횟수는

30−n이다.
두 조건 (가), (나)에서 두 점 P, Q의 위치는 각각 P$(2n)$, Q$(n-30)$
이때, 두 점 P, Q사이의 거리가 46이므로
$2n-(n-30)=n+30=46$, $n=16$
따라서 동전의 앞면이 나온 횟수는 16

---

15 이차방정식의 활용

정답률 67% | 정답 ③

그림과 같이 ❶ $\overline{AB}=a(4<a<8)$, $\overline{BC}=8$인 직사각형 ABCD가 있다.
점 B를 중심으로 하고 점 A를 지나는 원이 선분 BC와 만나는 점을 P,
점 C를 중심으로 하고 점 P를 지나는 원이 선분 CD와 만나는 점을 Q라
하자. ❷ 사각형 APQD의 넓이가 $\dfrac{79}{4}$일 때, a의 값은? [4점]

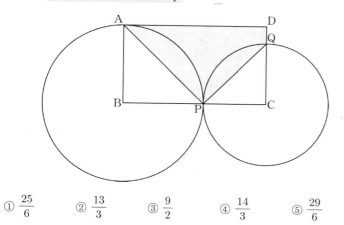

① $\dfrac{25}{6}$ ② $\dfrac{13}{3}$ ③ $\dfrac{9}{2}$ ④ $\dfrac{14}{3}$ ⑤ $\dfrac{29}{6}$

STEP 01 ❶에서 직사각형 ABCD의 넓이와 두 삼각형 ABP, PCQ의 넓이를 각각 구한 후 ❷를 이용하여 a의 값을 구한다.

점 B를 중심으로 하고 점 A를 지나는 원의 반지름의 길이가 $\overline{AB}$이므로
$\overline{BP}=a$, $\overline{PC}=8-a$
점 C를 중심으로 하고 점 P를 지나는 원의 반지름의 길이가 $\overline{PC}$이므로
$\overline{CQ}=\overline{PC}=8-a$
$\triangle ABP=\dfrac{1}{2}\times\overline{AB}\times\overline{BP}=\dfrac{1}{2}a^2$, $\triangle PCQ=\dfrac{1}{2}\times\overline{PC}\times\overline{CQ}=\dfrac{1}{2}(8-a)^2$
$\square ABCD=8a$이므로
$\square APQD=\square ABCD-\triangle ABP-\triangle PCQ$
$\qquad=8a-\dfrac{1}{2}a^2-\dfrac{1}{2}(8-a)^2=8a-\dfrac{1}{2}a^2-\dfrac{1}{2}(a^2-16a+64)$
$\qquad=8a-\dfrac{1}{2}a^2-\dfrac{1}{2}a^2+8a-32=-a^2+16a-32=\dfrac{79}{4}$
$-4a^2+64a-128-79=0$
$4a^2-64a+207=0$
$(2a-9)(2a-23)=0$
$a=\dfrac{9}{2}$ 또는 $a=\dfrac{23}{2}$
$4<a<8$이므로 $a=\dfrac{9}{2}$

---

16 평면도형의 성질

정답률 72% | 정답 ④

그림과 같이 마름모 ABCD와 이 마름모의 외부의 한 점 E에 대하여
$\angle ADE=72°$이고 직선 CD가 선분 BE를 수직이등분할 때, 각 CEB의
크기는? (단, $0°<\angle ADC<72°$) [4점]

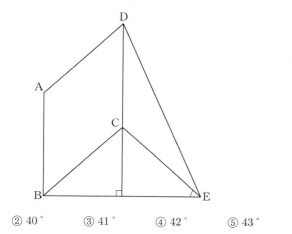

① 39° ② 40° ③ 41° ④ 42° ⑤ 43°

STEP 01 마름모의 성질을 이용하여 합동인 삼각형을 찾아 각 CDE의 크기를 구한 후 삼각형의 세 내각의 크기의 합을 이용하여 각 CEB의 크기를 구한다.

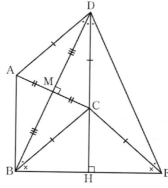

사각형 ABCD는 마름모이므로 두 대각선 AC와 BD는 서로의 수직이등분선이다.
두 대각선 AC와 BD가 만나는 점을 M이라 하면
$\overline{AM}=\overline{MC}$, $\overline{BM}=\overline{MD}$
$\angle AMB=\angle CMB=\angle CMD=\angle AMD=90°$
이므로 네 삼각형 AMB, CMB, CMD, AMD는 서로 합동이다.
$\angle ADB=\angle CDB$ ⋯⋯ ㉠
직선 CD와 선분 BE가 만나는 점을 H라 하자.
세 점 C, D, H는 선분 BE의 수직이등분선 위의 점이므로
$\overline{BD}=\overline{ED}$, $\overline{BC}=\overline{EC}$, $\overline{BH}=\overline{EH}$
두 삼각형 BCD, ECD에서 $\overline{BD}=\overline{ED}$, $\overline{BC}=\overline{EC}$이고 선분 CD는 공통이므로
두 삼각형 BCD, ECD는 합동인 이등변삼각형이다.
$\angle CBD=\angle CED=\angle CDB=\angle CDE$ ⋯⋯ ㉡
$\angle ADE=\angle ADB+\angle CDB+\angle CDE=72°$
㉠, ㉡에서 $\angle ADB=\angle CDB=\angle CDE=\angle CED=24°$
$\overline{BC}=\overline{EC}$, $\overline{BH}=\overline{EH}$이고 선분 CH는 공통이므로
두 삼각형 BCH, ECH는 서로 합동이다.
$\angle CEB=\angle CEH=\angle CBH$
$\angle CDE=\angle EDH=24°$, $\angle BED=\angle DEH$이고
삼각형 DHE의 세 내각의 크기의 합은 180°이므로
$\angle EDH+\angle DEH+\angle DHE=\angle EDH+(\angle CED+\angle CEB)+\angle DHE$
$\qquad\qquad=24°+(24°+\angle CEB)+90°=180°$
따라서 $\angle CEB=42°$

● 핵심 공식

▶ 마름모의 성질
(1) 두 쌍의 마주보는 변이 서로 평행하다.
(2) 네 변의 길이가 같다.
(3) 두 쌍의 마주보는 각의 크기가 같다.
(4) 두 대각선이 서로 수직이다.
(5) 대각선이 다른 대각선을 이등분한다.
▶ 삼각형의 닮음 조건
(1) SSS닮음 : 세 쌍의 변의 길이의 비가 같다.
(2) SAS닮음 : 두 쌍의 변의 길이의 비가 같고, 그 끼인각의 크기가 서로 같다.
(3) AA닮음 : 두 쌍의 각의 크기가 서로 같다.

---

17 이차함수의 그래프

정답률 61% | 정답 ⑤

❶ 두 이차함수 $f(x)=ax^2-4ax+5a+1$, $g(x)=-x^2-2ax$의 그래프의
꼭짓점을 각각 A, B라 하자. 이차함수 $y=f(x)$의 그래프가 y축과 만나는
점 C에 대하여 ❷ 사각형 OACB의 넓이가 7일 때, 양수 a의 값은?
(단, O는 원점이다.) [4점]

① $\dfrac{2}{5}$ ② $\dfrac{1}{2}$ ③ $\dfrac{3}{5}$ ④ $\dfrac{7}{10}$ ⑤ $\dfrac{4}{5}$

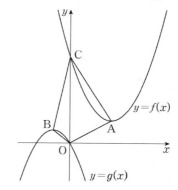

STEP 01 ❶의 꼭짓점과 y절편을 각각 구하여 세 점 A, B, C의 좌표를 구한다.

$f(x)=ax^2-4ax+5a+1=a(x-2)^2+a+1$
이므로 점 A의 좌표는 $(2,\ a+1)$

$g(x)=-x^2-2ax=-(x+a)^2+a^2$
이므로 점 B의 좌표는 $(-a,\ a^2)$

$f(x)=ax^2-4ax+5a+1$에 $x=0$을 대입하면
$f(0)=a\times0^2-4a\times0+5a+1=5a+1$
이므로 점 C의 좌표는 $(0,\ 5a+1)$

STEP 02 두 삼각형 OAC와 OCB의 넓이의 합을 이용하여 사각형 OACB의 넓이를 구한 다음 ❷를 이용하여 양수 a의 값을 구한다.

$\square OACB = \triangle OAC + \triangle OCB$
$= \dfrac{(5a+1)\times2}{2} + \dfrac{(5a+1)\times a}{2} = \dfrac{(5a+1)(2+a)}{2} = 7$

$(5a+1)(2+a)=14$
$5a^2+11a-12=0$
$(5a-4)(a+3)=0$

$a=\dfrac{4}{5}$ 또는 $a=-3$

$a>0$이므로 $a=\dfrac{4}{5}$

---

18 삼각형의 무게중심의 성질 　　　정답률 59% | 정답 ①

[그림1]과 같이 $\overline{AB}=\overline{AC}=\sqrt{2}$, $\angle CAB=90\degree$인 삼각형 ABC의 무게중심 D에 대하여 $\overline{DE}=\overline{DF}=2\sqrt{2}$, $\angle FDE=90\degree$이고 $\overline{BC}\,/\!/\,\overline{EF}$인 삼각형 DEF가 있다.

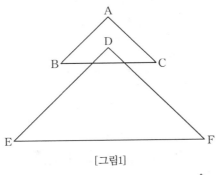

[그림1]

[그림2]와 같이 두 삼각형 ABC와 DEF로 만들어지는 ⛰ 모양 도형의 둘레의 길이는? (단, 점 A는 삼각형 DEF의 외부에 있다.) [4점]

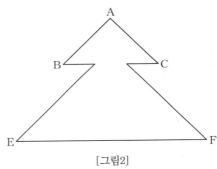

[그림2]

① $\dfrac{16+16\sqrt{2}}{3}$ 　② $\dfrac{17+16\sqrt{2}}{3}$ 　③ $\dfrac{16+17\sqrt{2}}{3}$

④ $\dfrac{17+17\sqrt{2}}{3}$ 　⑤ $\dfrac{18+17\sqrt{2}}{3}$

STEP 01 직각이등변삼각형 ABC에서 무게중심의 성질을 이용하여 $\overline{DP}$의 길이를 구한다.

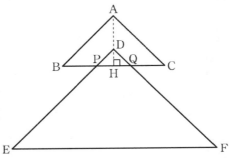

선분 BC가 두 선분 DE, DF와 만나는 점을 각각 P, Q라 하자.
$\overline{AB}=\overline{AC}$이고 $\angle CAB=90\degree$이므로 $\angle ABC=\angle ACB=45\degree$

$\overline{DE}=\overline{DF}$이고 $\angle FDE=90\degree$이므로 $\angle DEF=\angle DFE=45\degree$

$\overline{BC}\,/\!/\,\overline{EF}$이므로
$\angle DPQ=\angle DEF=45\degree$ (동위각)
$\angle DQP=\angle DFE=45\degree$ (동위각)
삼각형 ABC와 삼각형 DPQ는 서로 닮은 도형이다.
선분 BC의 중점을 H라 하자.
점 D가 삼각형 ABC의 무게중심이므로 점 D는 선분 AH 위에 있다.
삼각형 ABC가 이등변삼각형이므로 선분 AH와 선분 BC는 서로 수직이다.
무게중심의 성질에 의해 $\overline{AD}:\overline{DH}=2:1$이므로 $\overline{AH}:\overline{DH}=3:1$
두 삼각형 ABC, DPQ의 닮음비는 $3:1$이므로 $\overline{BC}:\overline{PQ}=3:1$
$\overline{AB}=\overline{AC}=\sqrt{2}$이므로 피타고라스 정리에 의해 $\overline{BC}=2$
따라서

$\overline{PQ}=\dfrac{2}{3}$

$\overline{PH}=\overline{HQ}$이므로

$\overline{BP}=\overline{QC}=\dfrac{1}{2}\times\left(2-\dfrac{2}{3}\right)=\dfrac{2}{3}$

$\overline{AB}=\overline{AC}=\sqrt{2}$이고 두 삼각형 ABC, DPQ의 닮음비가 $3:1$이므로

$\overline{DP}=\overline{DQ}=\dfrac{\sqrt{2}}{3}$

STEP 02 직각이등변삼각형 DEF에서 $\overline{QF}$와 $\overline{EF}$의 길이를 구한 다음 주어진 도형의 둘레의 길이를 구한다.

$\overline{PE}=\overline{DE}-\overline{DP}=2\sqrt{2}-\dfrac{\sqrt{2}}{3}=\dfrac{5\sqrt{2}}{3}$

같은 방법으로 $\overline{QF}=\dfrac{5\sqrt{2}}{3}$

$\overline{DE}=\overline{DF}=2\sqrt{2}$이므로 피타고라스 정리에 의해 $\overline{EF}=4$

따라서 ⛰ 모양 도형의 둘레의 길이는
$2\left(\sqrt{2}+\dfrac{2}{3}+\dfrac{5\sqrt{2}}{3}\right)+4=\dfrac{16+16\sqrt{2}}{3}$

다른 풀이

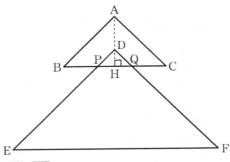

$\overline{AB}=\overline{AC}$이고 $\angle CAB=90\degree$이므로
$\angle ABC=\angle ACB=45\degree$
$\overline{DE}=\overline{DF}$이고 $\angle FDE=90\degree$이므로
$\angle DEF=\angle DFE=45\degree$
삼각형 ABC와 삼각형 DEF는 서로 닮은 도형이며
$\overline{AB}=\sqrt{2}$, $\overline{DE}=2\sqrt{2}$이므로 닮음비는 $1:2$이다.
선분 BC가 두 선분 DE, DF와 만나는 점을 각각 P, Q라 하자.
$\overline{BC}\,/\!/\,\overline{EF}$이므로
$\angle DPQ=\angle DEF=45\degree$ (동위각)
$\angle DQP=\angle DFE=45\degree$ (동위각)
삼각형 ABC와 삼각형 DPQ는 서로 닮은 도형이다.
선분 BC의 중점을 H라 하자.
점 D가 삼각형 ABC의 무게중심이므로 점 D는 선분 AH 위에 있다.
삼각형 ABC가 이등변삼각형이므로 선분 AH와 선분 BC는 서로 수직이다.
무게중심의 성질에 의해 $\overline{AD}:\overline{DH}=2:1$이므로
$\overline{AH}:\overline{DH}=3:1$
$\overline{AB}=\overline{AC}=\sqrt{2}$이므로 피타고라스 정리에 의해 $\overline{BC}=2$
두 삼각형 ABC, DPQ의 닮음비는 $3:1$이므로
세 삼각형 DPQ, ABC, DEF는 닮음이고 닮음비는 $1:3:6$이다.
구하는 ⛰ 모양 도형의 둘레의 길이는
삼각형 ABC의 둘레+삼각형 DEF의 둘레-삼각형 DPQ의 둘레의 길이와 같다.
삼각형 ABC의 둘레의 길이를 $3l$이라 하면 구하는 도형의 둘레의 길이는
$3l+6l-l=8l$
삼각형 ABC의 둘레의 길이는 $\sqrt{2}+\sqrt{2}+2=2+2\sqrt{2}=3l$
따라서 구하는 도형의 둘레의 길이는

$$\frac{8}{3}(2+2\sqrt{2}) = \frac{16+16\sqrt{2}}{3}$$

● **핵심 공식**

▶ 삼각형의 무게중심
(1) 정의 : 세 중선의 교점이다.
(2) 성질 : 중선을 2 : 1로 내분한다.

---

19 정비례와 반비례 관계   정답률 47% | 정답 ④

그림과 같이 반비례 관계 $y=\dfrac{a}{x}(a>0)$ 의 그래프가 두 정비례 관계 $y=mx$, $y=nx$ 의 그래프와 제1사분면에서 만나는 점을 각각 P, Q라 하자. 점 P를 지나고 y축과 평행한 직선이 정비례 관계 $y=nx$ 의 그래프와 만나는 점 R에 대하여 ❶ 삼각형 PRQ의 넓이가 $\dfrac{3}{2}$ 이다. ❷ 점 Q의 x좌표가 점 P의 x좌표의 2배일 때, 실수 a의 값은? (단, $m>n>0$) [4점]

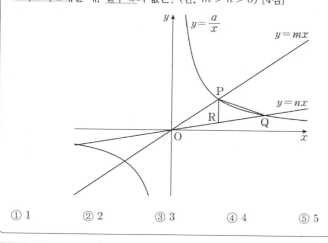

① 1   ② 2   ③ 3   ④ 4   ⑤ 5

STEP 01 점 R의 좌표를 미지수를 이용하여 놓고 ❷와 각 그래프의 비례관계를 이용하여 두 점 P, Q의 좌표를 구한다.

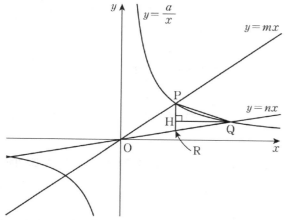

점 R의 좌표를 (p, q)라 하면 점 P의 x좌표는 p이다.
두 점 R, Q는 정비례 관계 $y=nx$ 의 그래프 위의 점이고,
점 Q의 x좌표가 점 R의 x좌표의 2배이므로 점 Q의 좌표는 $(2p, 2q)$이다.

두 점 P, Q는 반비례 관계 $y=\dfrac{a}{x}$ 의 그래프 위의 점이고,

점 P의 x좌표가 점 Q의 x좌표의 $\dfrac{1}{2}$ 배이므로 점 P의 y 좌표는 점 Q의

y좌표의 2배이다.
그러므로 점 P의 좌표는 $(p, 4q)$이다.

STEP 02 ❶을 이용하여 pq를 구한 후 점 P의 좌표를 $y=\dfrac{a}{x}$ 에 대입하여 a의 값을 구한다.

점 Q에서 선분 RP에 내린 수선의 발을 H라 하면
$\overline{QH}=2p-p=p$, $\overline{RP}=4q-q=3q$
$\triangle PRQ=\dfrac{1}{2}\times\overline{RP}\times\overline{QH}=\dfrac{1}{2}\times 3q\times p=\dfrac{3}{2}pq$

$\triangle PRQ=\dfrac{3}{2}$ 이므로 $pq=1$

점 $P(p, 4q)$ 는 반비례 관계 $y=\dfrac{a}{x}$ 의 그래프 위의 점이므로

$4q=\dfrac{a}{p}$, $a=4pq$

따라서 $a=4$

★★★ 등급을 가르는 문제!

20 삼각비를 이용한 삼각형의 넓이   정답률 33% | 정답 ①

그림과 같이 중심이 O이고 중심각의 크기가 $120°$ 인 부채꼴 OAB가 있다. $\angle AOC = \angle DOB = 30°$ 인 호 AB 위의 두 점 C, D에 대하여 선분 OC와 선분 AD가 만나는 점을 E라 하자. 선분 OD의 수직이등분선과 선분 OB가 만나는 점 F에 대하여 $\overline{BF}=\dfrac{2\sqrt{3}}{3}$ 일 때, 삼각형 ODE의 넓이는? [4점]

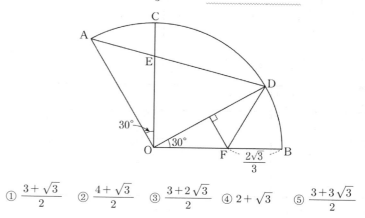

① $\dfrac{3+\sqrt{3}}{2}$ ② $\dfrac{4+\sqrt{3}}{2}$ ③ $\dfrac{3+2\sqrt{3}}{2}$ ④ $2+\sqrt{3}$ ⑤ $\dfrac{3+3\sqrt{3}}{2}$

STEP 01 $\overline{OF}=x$ 라 하고 직각삼각형 OFH에서 삼각비를 이용하여 각 변의 길이를 구한 후 부채꼴 OBD의 반지름의 길이와의 관계를 이용하여 x와 부채꼴의 반지름의 길이를 구한다.

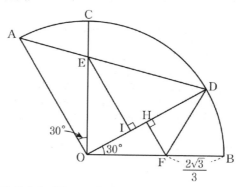

점 F에서 선분 OD에 내린 수선의 발을 H라 하자.

$\overline{OF}=x$ 라 하면 직각삼각형 OFH에서 $\cos 30° = \dfrac{\overline{OH}}{\overline{OF}}$ 이므로

$\dfrac{\sqrt{3}}{2}=\dfrac{\overline{OH}}{x}$, $\overline{OH}=\dfrac{\sqrt{3}}{2}x$

부채꼴 OAB의 반지름의 길이를 r라 하면 $r=2\overline{OH}=\sqrt{3}x$ 이므로

$r=\overline{OF}+\overline{BF}=x+\dfrac{2\sqrt{3}}{3}=\sqrt{3}x$

$(\sqrt{3}-1)x=\dfrac{2\sqrt{3}}{3}$

$x=\dfrac{2\sqrt{3}}{3(\sqrt{3}-1)}=\dfrac{2\sqrt{3}(\sqrt{3}+1)}{3(\sqrt{3}-1)(\sqrt{3}+1)}=\dfrac{2\times 3+2\sqrt{3}}{3\times 2}=\dfrac{3+\sqrt{3}}{3}$

$r=\sqrt{3}x=\dfrac{3\sqrt{3}+3}{3}=\sqrt{3}+1$

STEP 02 $\overline{OI}=y$ 라 하고 두 직각삼각형 EOI와 EID에서 삼각비를 이용하여 각 변의 길이를 구한 후 부채꼴 OCD의 반지름의 길이와의 관계를 이용하여 y를 구한다.

점 E에서 선분 OD에 내린 수선의 발을 I라 하고 $\overline{OI}=y$ 라 하면
$\angle EOI = \angle AOB - \angle AOC - \angle DOB = 120° - 30° - 30° = 60°$
직각삼각형 EOI에서

$\tan(\angle EOI)=\tan 60° = \dfrac{\overline{EI}}{\overline{OI}}=\dfrac{\overline{EI}}{y}$

$\overline{EI}=y\times\tan 60° = \sqrt{3}y$

$\overline{OA}=\overline{OD}$ 인 이등변삼각형 AOD에서
$\angle AOD = \angle AOC + \angle COD = \angle AOC + \angle EOI = 30° + 60° = 90°$
이므로 삼각형 AOD가 직각삼각형이다.
그러므로 $\angle EDI = \angle ADO = 45°$

$\tan(\angle EDI)=\tan 45° = \dfrac{\overline{EI}}{\overline{DI}}=\dfrac{\sqrt{3}y}{\overline{DI}}$

$\overline{DI}=\sqrt{3}y\times\dfrac{1}{\tan 45°}=\sqrt{3}y$

$\overline{OD}=\overline{OI}+\overline{DI}=y+\sqrt{3}y=(\sqrt{3}+1)y$
$\sqrt{3}+1=(\sqrt{3}+1)y$, $y=1$

STEP 03 부채꼴의 반지름의 길이와 y를 이용하여 삼각형 ODE의 넓이를 구한다.

따라서

$$\triangle\text{ODE} = \frac{1}{2} \times \overline{\text{OD}} \times \overline{\text{EI}} = \frac{1}{2} \times r \times \sqrt{3}\, y = \frac{1}{2} \times (\sqrt{3}+1) \times \sqrt{3} = \frac{3+\sqrt{3}}{2}$$

● **핵심 공식**

▶ 특수각의 삼각비

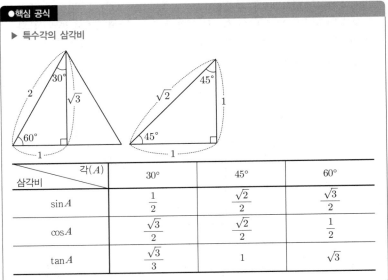

삼각비 ＼ 각(A)	30°	45°	60°
$\sin A$	$\dfrac{1}{2}$	$\dfrac{\sqrt{2}}{2}$	$\dfrac{\sqrt{3}}{2}$
$\cos A$	$\dfrac{\sqrt{3}}{2}$	$\dfrac{\sqrt{2}}{2}$	$\dfrac{1}{2}$
$\tan A$	$\dfrac{\sqrt{3}}{3}$	1	$\sqrt{3}$

★★ **문제 해결 꿀~팁** ★★

▶ 문제 해결 방법

직각삼각형 OFH 에서 $\overline{\text{OF}}=x$라 하면 $\overline{\text{OH}}=\dfrac{\sqrt{3}}{2}x$, $\overline{\text{OD}}=\sqrt{3}x$, $\overline{\text{OB}}=x+\dfrac{2\sqrt{3}}{3}$, $\overline{\text{OD}}=\overline{\text{OB}}$이므로 $\sqrt{3}x=x+\dfrac{2\sqrt{3}}{3}$이다. 따라서 $x=\dfrac{3+\sqrt{3}}{3}$, $r=\sqrt{3}+1$

같은 방법으로 직각삼각형 EOI에서 $\overline{\text{OI}}=y$라 하면 $\overline{\text{EI}}=\sqrt{3}y$, $\overline{\text{EI}}=\overline{\text{DI}}$, $\overline{\text{OD}}=\overline{\text{OI}}+\overline{\text{DI}}=y+\sqrt{3}y=r$이다. 따라서 $y=1$ 이제 삼각형 ODE의 넓이를 구하면 된다. 각각의 직각삼각형에서 삼각비를 이용하여 필요한 선분의 길이를 구할 수 있어야 하고 각 변과 부채꼴의 반지름의 관계를 이용하여 식을 세울 수 있어야 한다. 직각삼각형의 삼각비를 손쉽게 이용할 수 있도록 각 변의 길이의 비를 알아두는 것이 좋다.

★★★ 등급을 가르는 문제! ★★★

21 삼각형의 내심과 피타고라스 정리　　　　　정답률 23% | 정답 ②

그림과 같이 삼각형 ABC 의 내심 I를 지나고 선분 BC 에 평행한 직선이 두 선분 AB, AC 와 만나는 점을 각각 D, E 라 하자. $\overline{\text{AI}}=3$이고, 삼각형 ABC 의 내접원의 반지름의 길이가 1이다. ❶ 삼각형 ABC 의 넓이가 $5\sqrt{2}$ 일 때, 〈보기〉에서 옳은 것만을 있는 대로 고른 것은? [4점]

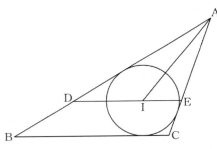

――――――――〈보기〉――――――――
ㄱ. $\angle\text{BID}=\angle\text{IBD}$
ㄴ. 삼각형 ADE 의 둘레의 길이는 $7\sqrt{2}$ 이다.
ㄷ. $\overline{\text{DE}}=2\sqrt{2}$
―――――――――――――――――――

① ㄱ　　② ㄱ, ㄴ　　③ ㄱ, ㄷ　　④ ㄴ, ㄷ　　⑤ ㄱ, ㄴ, ㄷ

STEP 01 ㄱ. 엇각과 내심의 성질을 이용하여 참, 거짓을 판별한다.

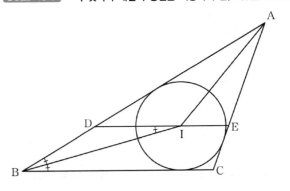

ㄱ. 직선 DE와 직선 BC 가 평행하므로 $\angle\text{IBC}=\angle\text{BID}$ (엇각)
점 I가 삼각형 ABC 의 내심이므로
$\angle\text{IBC}=\angle\text{IBD}$가 되어 $\angle\text{BID}=\angle\text{IBD}$　　　∴ 참

STEP 02 ㄴ. 삼각형 ADE 의 둘레의 길이와 길이가 같은 선분을 찾고 ❶을 이용하여 $\overline{\text{BC}}$ 의 길이를 구한다.

ㄴ. $\angle\text{BID}=\angle\text{IBD}$이므로 삼각형 DBI는 $\overline{\text{DB}}=\overline{\text{DI}}$인 이등변삼각형이다.
그러므로 $\overline{\text{AB}}=\overline{\text{AD}}+\overline{\text{DB}}=\overline{\text{AD}}+\overline{\text{DI}}$
같은 방법으로 $\overline{\text{CA}}=\overline{\text{IE}}+\overline{\text{EA}}$, $\overline{\text{DE}}=\overline{\text{DI}}+\overline{\text{IE}}$이므로
삼각형 ADE 의 둘레의 길이는
$$\overline{\text{AD}}+\overline{\text{DE}}+\overline{\text{EA}}=\overline{\text{AD}}+(\overline{\text{DI}}+\overline{\text{IE}})+\overline{\text{EA}}$$
$$=(\overline{\text{AD}}+\overline{\text{DI}})+(\overline{\text{IE}}+\overline{\text{EA}})$$
$$=\overline{\text{AB}}+\overline{\text{CA}}$$

점 I에서 세 선분 AB, BC, CA 에 내린 수선의 발을 각각 P, Q, R 라 하면 피타고라스 정리에 의해
$$\overline{\text{AP}}=\sqrt{3^2-1^2}=2\sqrt{2}$$
$\overline{\text{AP}}$, $\overline{\text{RA}}$는 점 A에서 내접원에 그은 접선이므로 $\overline{\text{AP}}=\overline{\text{RA}}$
같은 방법으로 $\overline{\text{PB}}=\overline{\text{BQ}}$, $\overline{\text{QC}}=\overline{\text{CR}}$
$$\triangle\text{ABC}=\triangle\text{ABI}+\triangle\text{BCI}+\triangle\text{CAI}$$
$$=\frac{1}{2}\times\overline{\text{AB}}\times1+\frac{1}{2}\times\overline{\text{BC}}\times1+\frac{1}{2}\times\overline{\text{CA}}\times1$$
$$=\frac{1}{2}\times(\overline{\text{AB}}+\overline{\text{BC}}+\overline{\text{CA}})$$
$$=\frac{1}{2}\times(\overline{\text{AP}}+\overline{\text{PB}}+\overline{\text{BQ}}+\overline{\text{QC}}+\overline{\text{CR}}+\overline{\text{RA}})$$
$$=\frac{1}{2}\times(4\sqrt{2}+2\overline{\text{PB}}+2\overline{\text{CR}})$$
$$=2\sqrt{2}+\overline{\text{PB}}+\overline{\text{CR}}$$
$$=5\sqrt{2}$$
$$\overline{\text{PB}}+\overline{\text{CR}}=3\sqrt{2}$$

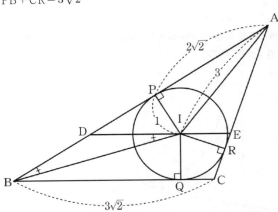

STEP 03 내접원의 성질을 이용하여 삼각형 ADE 의 둘레의 길이를 구하여 참, 거짓을 판별한다.

그러므로 삼각형 ADE 의 둘레의 길이는
$$\overline{\text{AD}}+\overline{\text{DE}}+\overline{\text{EA}}=\overline{\text{AB}}+\overline{\text{CA}}$$
$$=\overline{\text{AP}}+\overline{\text{PB}}+\overline{\text{CR}}+\overline{\text{RA}}$$
$$=4\sqrt{2}+\overline{\text{PB}}+\overline{\text{CR}}$$
$$=4\sqrt{2}+3\sqrt{2}$$
$$=7\sqrt{2}$$　　　∴ 참

STEP 04 ㄷ. $\overline{\text{AS}}$와 $\overline{\text{AH}}$의 길이를 구하여 두 삼각형 ABC, ADE 의 닮음비를 구한 다음 $\overline{\text{BC}}$ 의 길이를 이용하여 $\overline{\text{DE}}$ 의 길이를 구하여 참, 거짓을 판별한다.

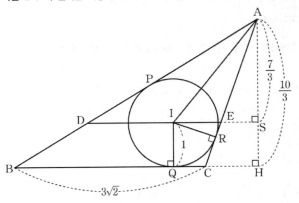

ㄷ. $\overline{\text{PB}}=\overline{\text{BQ}}$, $\overline{\text{QC}}=\overline{\text{CR}}$ 이므로
$$\overline{\text{BC}}=\overline{\text{BQ}}+\overline{\text{QC}}=\overline{\text{PB}}+\overline{\text{CR}}=3\sqrt{2}$$
점 A 에서 직선 BC 에 내린 수선의 발을 H 라 하면

$$\triangle ABC = \frac{1}{2} \times \overline{BC} \times \overline{AH} = \frac{1}{2} \times 3\sqrt{2} \times \overline{AH} = 5\sqrt{2}$$

이므로 $\overline{AH} = \dfrac{10}{3}$

직선 DE와 선분 AH가 만나는 점을 S라 하면
$\angle BQI = \angle BHA = 90°$ 이므로 두 직선 IQ와 AH는 서로 평행하다.
직선 BC와 직선 DE가 평행하므로 사각형 IQHS가 평행사변형이 되어
$$\overline{SH} = \overline{IQ} = 1$$
$$\overline{AS} = \overline{AH} - \overline{SH} = \frac{10}{3} - 1 = \frac{7}{3}$$

$\angle BAC$는 공통, $\angle ADE = \angle ABC$ (동위각)
이므로 두 삼각형 ABC, ADE는 서로 닮은 도형이고 닮음비는
$$\frac{10}{3} : \frac{7}{3} = 10 : 7$$

그러므로 $\overline{DE} = \dfrac{7}{10} \times \overline{BC} = \dfrac{7}{10} \times 3\sqrt{2} = \dfrac{21}{10}\sqrt{2}$ ∴ 거짓

따라서 옳은 것은 ㄱ, ㄴ이다.

다른 풀이

ㄴ. $\angle BID = \angle IBD$이므로 삼각형 DBI는 $\overline{DB} = \overline{DI}$인 이등변삼각형이다.
그러므로 $\overline{AB} = \overline{AD} + \overline{DB} = \overline{AD} + \overline{DI}$
같은 방법으로 $\overline{CA} = \overline{IE} + \overline{EA}$, $\overline{DE} = \overline{DI} + \overline{IE}$이므로
삼각형 ADE의 둘레의 길이는
$$\overline{AD} + \overline{DE} + \overline{EA} = \overline{AD} + (\overline{DI} + \overline{IE}) + \overline{EA}$$
$$= (\overline{AD} + \overline{DI}) + (\overline{IE} + \overline{EA})$$
$$= \overline{AB} + \overline{CA}$$

점 I에서 세 선분 AB, BC, CA에 내린 수선의 발을 각각 P, Q, R라 하면 피타고라스 정리에 의해
$$\overline{AP} = \sqrt{3^2 - 1^2} = 2\sqrt{2}$$
$\overline{AP}$, $\overline{RA}$는 점 A에서 내접원에 그은 접선이므로 $\overline{AP} = \overline{RA}$
같은 방법으로 $\overline{PB} = \overline{BQ}$, $\overline{QC} = \overline{CR}$

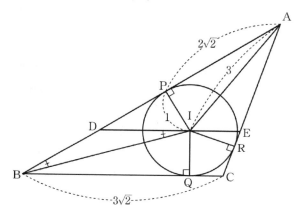

$\overline{PB} = \overline{BQ} = a$, $\overline{QC} = \overline{CR} = b$, 원의 반지름의 길이를 r, 삼각형 ABC의 둘레를 l이라 하면

삼각형 ABC의 넓이 $= \dfrac{1}{2} rl = \dfrac{1}{2} \times 1 \times 2 \times (2\sqrt{2} + a + b)$
$= 2\sqrt{2} + a + b = 5\sqrt{2}$이다.

따라서 $a + b = 3\sqrt{2}$
그러므로 삼각형 ADE의 둘레의 길이는
$$\overline{AD} + \overline{DE} + \overline{EA} = \overline{AB} + \overline{CA} = \overline{AP} + \overline{PB} + \overline{CR} + \overline{RA}$$
$$= 4\sqrt{2} + a + b = 4\sqrt{2} + 3\sqrt{2} = 7\sqrt{2}$$ ∴ 참

ㄷ. $\overline{BC} = a + b = 3\sqrt{2}$,
삼각형 ABC의 둘레의 길이는 $2 \times (2\sqrt{2} + a + b) = 10\sqrt{2}$이고
삼각형 ADE의 둘레의 길이는 $7\sqrt{2}$이다.
한편 $\angle BAC$는 공통, $\angle ADE = \angle ABC$ (동위각)이므로
두 삼각형 ABC, ADE는 서로 닮은 도형이고 닮음비는 $10\sqrt{2} : 7\sqrt{2} = 10 : 7$
그러므로 $\overline{DE} = \dfrac{7}{10} \times \overline{BC} = \dfrac{7}{10} \times 3\sqrt{2} = \dfrac{21}{10}\sqrt{2}$ ∴ 거짓

●핵심 공식

▶ 삼각형의 내심(내접원의 중심)
(1) 내심 : 삼각형의 세 내각의 이등분선의 교점
(2) 내심에서 삼각형의 각 변에 이르는 거리는 내접원의 반지름으로 모두 같다.
(3) 삼각형의 넓이 $= \dfrac{1}{2} rl$
  ($r =$원의 반지름, $l =$삼각형의 둘레)

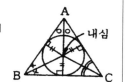

▶ 원의 반지름과 접선
(1) 접선의 길이(l) : 원 밖의 한 점에서 원에 접선을 그었을 때, 그 점에서 접점까지의 거리
(2) 원의 외부에 있는 한 점에서 그 원에 은 두 접선의 길이는 같다.

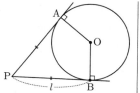

★★ 문제 해결 꿀~팁 ★★

▶ 문제 해결 방법
이 문제를 해결하기 위해서는 내접원의 성질을 잘 알고 있어야 한다.
ㄱ에서는 직선 DE와 직선 BC가 평행하므로 $\angle IBC = \angle BID$ (엇각)이고, 점 I가 삼각형 ABC의 내심이므로 $\angle IBC = \angle IBD$가 되어 $\angle BID = \angle IBD$이다. 내심과 외접하는 삼각형의 각 꼭짓점을 연결한 선분들을 그었을 때 외접하는 삼각형의 각들은 각각 이등분이 되고, 비슷한 방법으로 외심에서는 변을 이등분하게 된다. 이 성질은 매우 유용하게 쓰이므로 정확하게 구분하여 반드시 알아두어야 한다.
또한 직선 DE와 직선 BC가 평행하다는 것에서 우리는 두 삼각형 ABC와 ADE가 닮음이라는 사실을 알 수 있다.
ㄴ에서 또 한가지 중요한 공식이 쓰이게 된다. 내접원의 반지름과 외접하는 삼각형의 둘레를 이용하여 외접하는 삼각형의 넓이를 구하는 공식이다. 외접하는 삼각형의 넓이$= \dfrac{1}{2} rl$ ($r =$내접원의 반지름, $l =$삼각형의 둘레)이다. 공식이 유추되는 과정은 풀이 과정에 나와 있다. 이러한 사실을 공식으로 알아 두면 매번 풀이와 같은 과정을 되풀이 하지 않고 보다 빠르게 문제를 해결할 수 있다.
직각삼각형 IPA에서 피타고라스 정리에 의하여 $\overline{AP} = 2\sqrt{2}$이고 내접원의 성질에 의하여 $\overline{AP} = \overline{RA}$, $\overline{PB} = \overline{BQ}$, $\overline{QC} = \overline{CR}$이다.
$\overline{PB} = \overline{BQ} = a$, $\overline{QC} = \overline{CR} = b$라 하면 삼각형 ABC의 넓이$= \dfrac{1}{2} rl = 2\sqrt{2} + a + b = 5\sqrt{2}$이다. 그러므로 $a + b = \overline{BC} = 3\sqrt{2}$이다.
이제 길이가 같은 변들의 관계를 이용하여 삼각형 ADE의 둘레의 길이를 구하면 $7\sqrt{2}$이다. 삼각형 ABC의 둘레의 길이가 $10\sqrt{2}$이므로 두 삼각형 ABC와 ADE의 닮음비는 $10 : 7$이다.
ㄷ에서 두 삼각형의 닮음비를 해설처럼 구해도 무방하나 두 삼각형의 둘레의 길이를 이용하면 보다 쉽게 닮음비를 구할 수 있다. 두 삼각형의 닮음비가 $10 : 7$이고 $\overline{BC} = 3\sqrt{2}$이므로 $\overline{DE} = \dfrac{7}{10} \times \overline{BC} = \dfrac{7}{10} \times 3\sqrt{2} = \dfrac{21}{10}\sqrt{2}$이다.
내접원과 외접원의 성질을 정확하고 세세하게 알아두는 것이 좋다.

---

22 이차방정식의 근   정답률 93% | 정답 9

이차방정식 ❶ $x^2 - 2ax + 5a = 0$의 한 근이 $x = 3$일 때, 상수 a의 값을 구하시오. [3점]

STEP 01 ❶에 $x = 3$을 대입하여 a의 값을 구한다.

이차방정식 $x^2 - 2ax + 5a = 0$의 한 근이 $x = 3$이므로
$x^2 - 2ax + 5a = 0$에 $x = 3$을 대입하면
$9 - 6a + 5a = 0$, $9 - a = 0$
따라서 $a = 9$

---

23 연립일차방정식   정답률 93% | 정답 6

연립일차방정식 ❶ $\begin{cases} x - y = 4 \\ 2x + y = 11 \end{cases}$ 의 해가 $x = a$, $y = b$일 때, $a + b$의 값을 구하시오. [3점]

STEP 01 ❶의 연립방정식을 풀어 해를 구한 후 $a + b$의 값을 구한다.

연립일차방정식
$\begin{cases} x - y = 4 & \cdots\cdots \text{㉠} \\ 2x + y = 11 & \cdots\cdots \text{㉡} \end{cases}$
에서 ㉠과 ㉡을 변끼리 더하면 $3x = 15$, $x = 5$
$x = 5$를 ㉠에 대입하면 $5 - y = 4$, $y = 1$
이므로 구하는 연립일차방정식의 해는 $x = 5$, $y = 1$
그러므로 $a = 5$, $b = 1$
따라서 $a + b = 5 + 1 = 6$

---

24 평면도형의 성질   정답률 71% | 정답 112

그림과 같이 $\angle B = 72°$, $\angle C = 48°$인 삼각형 ABC가 있다. 점 C를 지나고 직선 AB에 평행한 직선 위의 점 D와 선분 AB 위의 점 E에 대하여 $\angle CDE = 52°$이다. 선분 DE와 선분 AC의 교점을 F라 할 때,

∠EFC = $x°$ 이다. x의 값을 구하시오. (단, ∠BCD > 90°이고, 점 E는 점 A가 아니다.) [3점]

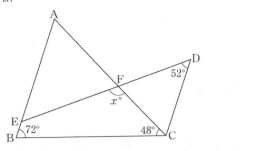

STEP 01 삼각형의 세 내각의 크기의 합과 두 선분 AB와 CD가 서로 평행함을 이용하여 ∠A, ∠ACD, ∠DFC를 차례로 구한 후 x의 값을 구한다.

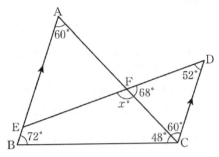

삼각형 ABC의 세 내각의 크기의 합이 180°이므로
∠A + ∠B + ∠C = 180°
∠B = 72°, ∠C = 48°이므로
∠A = 180° − 72° − 48° = 60°
한편, 두 선분 AB와 CD가 서로 평행하므로
∠ACD = ∠A = 60° (엇각)
삼각형 CDF의 세 내각의 크기의 합이 180°이므로
∠FCD + ∠CDF + ∠DFC = 180°
∠DFC = 180° − 60° − 52° = 68°
∠EFC = 180° − ∠DFC = 180° − 68° = 112°
따라서 $x = 112$

---

25 경우의 수 정답률 74% | 정답 7

한 개의 주사위를 두 번 던져서 나오는 눈의 수를 차례로 a, b라 할 때, $a + b$가 14의 약수가 되도록 하는 모든 순서쌍 (a, b)의 개수를 구하시오. [3점]

STEP 01 14의 약수 중 $a + b$가 될 수 있는 경우에 대하여 각각 만족하는 순서쌍 (a, b)를 구한 후 개수를 구한다.

14의 약수는 1, 2, 7, 14이다.
a, b는 1이상 6이하의 자연수이므로 14의 약수 중 $a + b$의 값으로 가능한 것은 2 또는 7이다.
(i) $a + b = 2$인 경우
 $a = 1$이면 $b = 1$이므로 가능한 순서쌍의 개수는 $(1, 1)$의 1
(ii) $a + b = 7$인 경우
 $a = 1$이면 $b = 6$, $a = 2$이면 $b = 5$, $a = 3$이면 $b = 4$,
 $a = 4$이면 $b = 3$, $a = 5$이면 $b = 2$, $a = 6$이면 $b = 1$
 이므로 가능한 순서쌍의 개수는
 $(1, 6)$, $(2, 5)$, $(3, 4)$, $(4, 3)$, $(5, 2)$, $(6, 1)$의 6
(i), (ii)에서 가능한 모든 순서쌍 (a, b)의 개수는
1 + 6 = 7

---

26 중앙값, 평균, 최빈값 정답률 78% | 정답 23

세 실수 a, b, c에 대하여 다음 자료의 ❶ 중앙값이 6.5, 평균이 6, 최빈값이 c일 때, $a + b + c$의 값을 구하시오. [4점]

> 9, 5, 6, 4, 8, 1, a, b

STEP 01 자료를 크기순으로 정렬한 후 ❶을 이용하여 a, b의 값을 구한다.

두 실수 a, b에 대하여 $a \le b$라 하자.
a, b를 제외한 자료의 값을 크기순으로 정렬하면
1, 4, 5, 6, 8, 9
중앙값인 6.5보다 작은 값의 개수는 1, 4, 5, 6의 4이고 변량의 개수가 8이므로 a와 b는 모두 6.5보다 크다.

변량의 개수가 짝수이고 중앙값이 6.5이므로
$6.5 = \frac{6 + a}{2}$, $a = 7$
평균이 6이므로
$\frac{1 + 4 + 5 + 6 + 7 + 8 + 9 + b}{8} = \frac{40 + b}{8} = 6$
$40 + b = 48$, $b = 8$

STEP 02 a, b의 값을 대입한 자료를 크기순으로 정렬한 후 c를 구한 다음 $a + b + c$의 값을 구한다.

자료의 값을 크기순으로 정렬하면
1, 4, 5, 6, 7, 8, 8, 9
이므로 최빈값은 8이다.
$c = 8$
따라서 $a + b + c = 7 + 8 + 8 = 23$

★★★ 등급을 가르는 문제!

27 소인수분해의 활용 정답률 38% | 정답 420

가로의 길이가 150cm, 세로의 길이가 120cm인 직사각형 ABCD 모양의 종이가 있다. [그림1]과 같이 $\overline{CE} = 60$cm인 선분 BC 위의 점 E와 $\overline{CF} = 48$cm인 선분 CD 위의 점 F에 대하여 두 선분 CE, CF를 변으로 하는 직사각형 모양의 종이를 잘라내고 남은 ⌐ 모양의 종이를 만들었다.

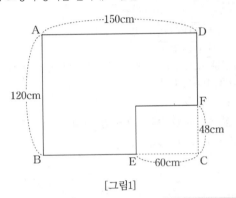

[그림1]

[그림2]와 같이 ⌐ 모양의 종이의 내부에 ❶ 변의 길이가 자연수이고 모두 합동인 정사각형 모양의 종이를 서로 겹치지 않고 빈틈없이 붙이려고 할 때, 붙일 수 있는 종이의 개수의 최솟값을 구하시오. [4점]

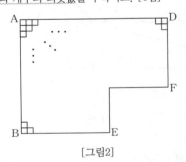

[그림2]

STEP 01 주어진 조건을 만족하도록 하는 ❶의 한 변의 길이의 조건을 파악한다.

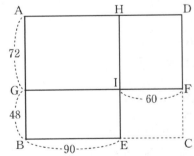

그림과 같이 선분 AB에 수직이고 점 F를 지나는 직선이 선분 AB와 만나는 점을 G, 선분 BC에 수직이고 점 E를 지나는 직선이 선분 DA와 만나는 점을 H, 두 선분 GF와 EH가 만나는 점을 I라 하자.
직사각형 AGIH의 내부에 정사각형을 서로 겹치지 않고 빈틈없이 붙이려면 붙이는 정사각형 모양의 종이의 한 변의 길이가 두 선분 AG, GI의 길이의 공약수가 되어야 한다.
이때 붙이는 정사각형 모양의 종이의 개수가 최소가 되기 위해서는 정사각형 모양의 종이의 한 변의 길이가 두 선분 AG, GI의 길이의 최대공약수가 되어야 한다.
같은 방법으로 직사각형 GBEI의 내부에 정사각형 모양의 종이를 서로 겹치지

않고 빈틈없이 붙일 때, 붙이는 종이의 개수가 최소가 되기 위해서는 정사각형 모양의 종이의 한 변의 길이가 두 선분 GB, BE의 길이의 최대공약수가 되어야 한다.

같은 방법으로 직사각형 HIFD의 내부에 정사각형 모양의 종이를 서로 겹치지 않고 빈틈없이 붙일 때, 붙이는 종이의 개수가 최소가 되기 위해서는 정사각형 모양의 종이의 한 변의 길이가 두 선분 HI, IF의 길이의 최대공약수가 되어야 한다.

STEP 02 세 직사각형 AGIH, GBEI, HIFD의 각 변의 길이를 소인수분해한 후 각 사각형의 변들끼리의 최대공약수를 구한 후 세 수의 최대공약수를 구한다.

$\overline{AG}=72$, $\overline{GI}=90$에서
$72=2^3\times3^2$
$90=2\times3^2\times5$
이므로
72와 90의 최대공약수는 $2\times3^2=18$
$\overline{GB}=48$, $\overline{BE}=90$에서
$48=2^4\times3$
$90=2\times3^2\times5$
이므로
48과 90의 최대공약수는 $2\times3=6$
$\overline{HI}=72$, $\overline{IF}=60$에서
$72=2^3\times3^2$
$60=2^2\times3\times5$
이므로
72과 60의 최대공약수는 $2^2\times3=12$

세 직사각형 AGIH, GBEI, HIFD에 합동인 정사각형 모양의 종이를 붙여야 하므로 한 변의 길이는 18, 6, 12의 공약수가 되어야 한다.

이때 ⌐모양의 종이의 내부에 붙이는 정사각형 모양의 종이의 개수가 최소가 되기 위해서는 정사각형 모양의 종이의 한 변의 길이가 18, 6, 12의 최대공약수 6이 되어야 한다.

STEP 03 [그림1]의 넓이와 ①의 넓이를 이용하여 필요한 종이의 개수를 구한다.

그러므로 붙이는 정사각형 모양의 종이 1개의 넓이는 $6^2=36$
$(\square AGIH+\square GBEI+\square HIFD)\div36=(72\times90+48\times90+72\times60)\div36=420$
따라서 붙일 수 있는 종이의 개수의 최솟값은 420

다른 풀이

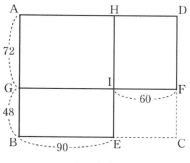

[그림 1]

그림과 같이 선분 AB에 수직이고 점 F를 지나는 직선이 선분 AB와 만나는 점을 G, 선분 BC에 수직이고 점 E를 지나는 직선이 선분 DA와 만나는 점을 H, 두 선분 GF와 EH가 만나는 점을 I라 하자.

세 직사각형의 내부에 정사각형을 서로 겹치지 않고 빈틈없이 붙이려면 붙이는 정사각형 모양의 종이의 한 변의 길이는 각 직사각형의 각 변의 길이의 공약수가 되어야 한다.

이때 붙이는 정사각형 모양의 종이의 개수가 최소가 되기 위해서는 정사각형 모양의 종이의 한 변의 길이는 각 직사각형의 각 변의 길이의 최대공약수가 되어야 한다.

그러므로 정사각형 모양의 종이의 한 변의 길이는 72, 90, 48, 60의 최대공약수이다.

네 수를 소인수분해하면
$72=2^3\times3^2$
$90=2\times3^2\times5$
$48=2^4\times3$
$60=2^2\times3\times5$
이므로 네 수의 최대공약수는 $2\times3=6$이다.

[그림 1]에 붙이는 종이의 개수는
(직사각형 ABCD에 붙이는 종이의 개수)-(직사각형 IECF에 붙이는 종이의 개수)이다.

직사각형 ABCD의 가로의 길이는 150, 세로의 길이는 120으로 가로에는

한 줄에 $150\div6=25$개, 세로에는 한 줄에 $120\div6=20$개씩을 붙일 수 있으므로 직사각형 ABCD에는 모두 $25\times20=500$개의 종이를 붙일 수 있다.

같은 방법으로 직사각형 IECF의 가로의 길이는 60, 세로의 길이는 48로 가로에는 한 줄에 $60\div6=10$개, 세로에는 한 줄에 $48\div6=8$개씩을 붙일 수 있으므로 직사각형 IECF에는 모두 $10\times8=80$개의 종이를 붙일 수 있다.

따라서 붙일 수 있는 종이의 개수의 최솟값은 $500-80=420$

★★ 문제 해결 꿀~팁 ★★

▶ 문제 해결 방법

구하는 정사각형의 한 변의 길이는 결국 세 직사각형의 각 변의 길이의 최대공약수이다. 이를 해설처럼 각각의 직사각형의 변의 길이의 최대공약수를 구한 후 다시 그 최대공약수들의 최대공약수를 구해도 무방하나 다른 풀이처럼 각 변의 길이들의 최대공약수를 한 번에 구하는 것이 좀 더 효과적이라 할 수 있다. 각 변의 길이를 소인수분해한 후 각 수들의 공통인수를 찾으면 된다. 마찬가지로 최소공배수를 구하는 방법도 같이 알아 두어야 한다. 또한 필요한 종이의 개수를 구할 때도 사각형들의 넓이를 이용하거나 각 변의 길이를 이용하거나 하여 본인에게 편한 방법으로 구할 수 있으면 된다.

28 소인수분해의 활용　　　정답률 41% | 정답 18

$p<q$인 두 소수 p, q에 대하여 ❶ $p^2q<n\leq pq^2$을 만족시키는 자연수 n의 개수가 308일 때, $p+q$의 값을 구하시오. [4점]

STEP 01 ①을 만족하는 자연수 n의 개수를 구한 후 308을 소인수분해하여 만족하는 p, q를 구한 다음 $p+q$의 값을 구한다.

$p^2q<n\leq pq^2$을 만족시키는 자연수 n의 개수는 pq^2-p^2q이므로
$pq^2-p^2q=pq(q-p)=308$
$p<q$이므로 $q-p>0$이고 p, q가 자연수이므로 $q-p$도 자연수이다.
$p<q$이고 $q-p<q$이므로 세 자연수 p, q, $q-p$ 중 q가 가장 큰 자연수이다.
308을 소인수분해하면
$308=2^2\times7\times11$
q는 308의 가장 큰 소인수이므로 $q=11$
p는 308의 소인수이고 $p<q$이므로 $p=2$ 또는 $p=7$
(i) $p=2$인 경우
　　$pq(q-p)=2\times11\times(11-2)=198$
(ii) $p=7$인 경우
　　$pq(q-p)=7\times11\times(11-7)=308$
(i), (ii)에 의하여 $pq(q-p)=308$일 때
$p=7$, $q=11$
따라서 $p+q=18$

★★★ 등급을 가르는 문제!

29 삼각형의 닮음　　　정답률 15% | 정답 25

그림과 같이 삼각형 ABC의 선분 AC 위의 점 D와 직선 BD 위의 점 E에 대하여 ❶ $\overline{DE}:\overline{DA}:\overline{DB}=1:2:4$이다. 점 D를 지나고 직선 BC와 평행한 직선이 두 선분 AB, EC와 만나는 점을 각각 F, G라 할 때, ❷ $\overline{FD}=2$, $\overline{DG}=1$이고 ❸ 삼각형 AFD의 넓이가 3이다. 삼각형 EDG의 넓이가 $\frac{q}{p}$일 때, $p+q$의 값을 구하시오. (단, 점 E는 삼각형 ABC의 외부에 있고, p와 q는 서로소인 자연수이다.) [4점]

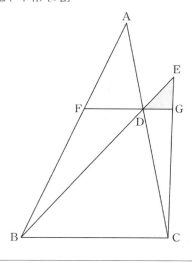

STEP 01 닮음인 삼각형들을 찾고 ①과 ②를 이용하여 각 삼각형들의 닮음비를 구하고 ③을 이용하여 삼각형 EDG의 넓이를 구한 후 $p+q$의 값을 구한다.

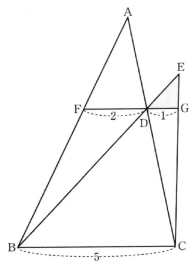

두 삼각형 EDG, EBC에서 $\overline{DG}\,/\!/\,\overline{BC}$ 이므로
두 삼각형 EDG, EBC는 서로 닮은 도형이다.

$\overline{DE}:\overline{DB}=1:4$ 이므로

$\overline{DE}:\overline{BE}=\overline{DG}:\overline{BC}=1:5$

$\overline{BC}=5$

$\overline{BD}:\overline{BE}=4:5$ ⋯⋯ ㉠

두 삼각형 EDG와 EBC의 닮음비가 $1:5$ 이므로
넓이의 비는 $1^2:5^2=1:25$ 이고
$\triangle EBC=25\times\triangle EDG$

㉠에서

$\triangle BCD=\dfrac{4}{5}\times\triangle EBC=\dfrac{4}{5}\times(25\times\triangle EDG)=20\times\triangle EDG$

두 삼각형 AFD, ABC에서 $\overline{FD}\,/\!/\,\overline{BC}$ 이므로
두 삼각형 AFD, ABC는 서로 닮은 도형이다.

$\overline{FD}:\overline{BC}=2:5$ 이므로

$\overline{AD}:\overline{AC}=2:5$

$\overline{DC}:\overline{AC}=3:5$ ⋯⋯ ㉡

두 삼각형 AFD와 ABC의 닮음비가 $2:5$ 이므로
넓이의 비는 $2^2:5^2=4:25$ 이고

$\triangle ABC=\dfrac{25}{4}\times\triangle AFD=\dfrac{75}{4}$ 이다.

㉡에서

$\triangle BCD=\dfrac{3}{5}\times\triangle ABC=\dfrac{3}{5}\times\dfrac{75}{4}=\dfrac{45}{4}$

삼각형 BCD의 넓이는 $20\times\triangle EDG=\dfrac{45}{4}$ 이므로

$\triangle EDG=\dfrac{9}{16}$

$p=16$, $q=9$
따라서 $p+q=16+9=25$

다른 풀이

두 삼각형 EDG, EBC에서 $\overline{DG}\,/\!/\,\overline{BC}$ 이므로
두 삼각형 EDG, EBC는 서로 닮은 도형이다.

$\overline{DE}:\overline{DB}=1:4$ 이므로

$\overline{EG}:\overline{GC}=1:4$

$\overline{DE}:\overline{BE}=\overline{DG}:\overline{BC}=1:5$

$\overline{BC}=5$

두 삼각형 AFD, ABC에서 $\overline{FD}\,/\!/\,\overline{BC}$ 이므로
두 삼각형 AFD, ABC는 서로 닮은 도형이다.

$\overline{FD}:\overline{BC}=2:5$ 이므로

$\overline{AD}:\overline{AC}=2:5$

$\overline{AD}:\overline{DC}=\overline{AF}:\overline{FB}=2:3$

삼각형 EDG의 넓이를 a라 하면

$\triangle DCG=4a$, $\triangle EDC=5a$, $\triangle DBC=4\times5a=20a$

$\triangle DFB=\dfrac{2}{5}\times20a=8a$

$\triangle AFD=\dfrac{2}{3}\times8a=\dfrac{16}{3}a=3$ 이므로

$a=3\times\dfrac{3}{16}=\dfrac{9}{16}=\dfrac{q}{p}$

따라서 $p+q=16+9=25$

▶ 닮은 도형의 닮음비
두 도형의 길이의 비가 $m:n$일 때,

길이의 비	$m:n$
넓이의 비	$m^2:n^2$
부피의 비	$m^3:n^3$

★★ 문제 해결 꿀~팁 ★★

▶ 문제 해결 방법
평행인 선분과 주어진 길이의 비, 주어진 선분의 길이를 이용하여 닮음인 삼각형들을 찾아 길이의 비를 구하는 것이 우선이다.
두 쌍의 닮음인 삼각형들이 나오는데 두 삼각형 EDG, EBC와 두 삼각형 AFD, ABC가 서로 닮음이다. 여기에서 각 변들의 길이의 비를 구할 수 있다. 각 선분들의 길이의 비를 이용하여 넓이의 비를 구하고 주어진 삼각형 AFD의 넓이가 3임을 이용하여 삼각형 EDG의 넓이를 구하면 된다.
다른 풀이에서처럼 가장 작은 도형의 넓이를 미지수 a로 놓고 다른 도형의 넓이를 차례로 a를 이용하여 나타내는 방법도 좋은 방법이다. 이때 길이의 비와 넓이의 비를 혼돈해서는 안 된다.
예를 들면 $\triangle EDG=a$이면 $\triangle EBC=25a$이지만 $\triangle DCG=4a$이면 $\triangle DFB=8a$이다.
앞의 두 삼각형은 닮음으로 넓이의 비가 $1^2:5^2=1:25$이지만 뒤의 두 삼각형은 한 변의 길이의 비만 $1:2$이고 높이는 같기 때문에 넓이의 비도 $1:2$이다.
이 두 상황을 잘 구분할 수 있어야 한다.

★★★ 등급을 가르는 문제! ★★★

30	원의 성질	정답률 12% | 정답 2

그림과 같이 $\overline{AB}=\overline{BC}=2$인 삼각형 ABC에 외접하는 원 O가 있다.
점 B를 지나고 직선 AC에 수직인 직선이 원 O와 만나는 점 중 B가 아닌 점을 D, 선분 AC와 선분 BD가 만나는 점을 E라 하자. 원 O 위의 점 C에서의 접선과 점 D에서의 접선이 만나는 점을 F라 할 때, $\overline{FD}=2$이다.

$\overline{AE}=\dfrac{a+b\sqrt{17}}{2}$ 일 때, a^2+b^2의 값을 구하시오. (단, a, b는 정수이다.)

[4점]

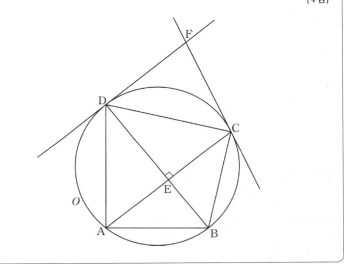

STEP 01 닮음과 합동인 삼각형들을 찾는다.

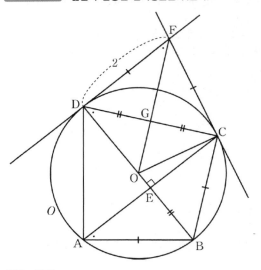

$\overline{AB}=\overline{CB}$, 선분 BE는 공통, $\angle AEB=\angle CEB=90\degree$ 이므로

두 삼각형 ABE, CBE는 서로 합동이다.

그러므로 $\overline{AE}=\overline{CE}$

직선 BD는 삼각형 ABC의 변 AC의 수직이등분선이므로 외접원 O의 중심은 선분 BD 위에 있다.

원 O의 중심을 O, 선분 OF와 선분 CD가 만나는 점을 G라 하자.

원 O 외부의 점 F에서 원 O에 그은 두 접선의 길이는 같으므로 $\overline{FC}=\overline{FD}=2$

$\overline{FC}=\overline{FD}$, $\overline{OC}=\overline{OD}$, $\angle OCF=\angle ODF=90°$이므로

두 삼각형 OCF, ODF는 서로 합동이다.

$\overline{OC}=\overline{OD}$, $\overline{OG}$가 공통이고 $\angle COG=\angle DOG$이므로

두 삼각형 COG, DOG는 서로 합동이다.

$\overline{CD}\perp\overline{OF}$, $\overline{CG}=\overline{DG}$

그러므로 $\overline{CD}=\overline{CG}+\overline{DG}=2\times\overline{DG}$

각 BAC와 각 BDC는 호 BC에 대한 원주각이므로

$\angle BAC=\angle BDC$, 즉 $\angle BAE=\angle EDC$

$\angle ABE=90°-\angle BAE=90°-\angle EDC=\angle FDG$

$\overline{AB}=\overline{FD}=2$, $\angle ABE=\angle FDG$, $\angle AEB=\angle FGD=90°$

이므로 두 직각삼각형 ABE, FDG는 서로 합동이다.

그러므로 $\overline{BE}=\overline{DG}$

$\angle EAB=\angle EDC$, $\angle AEB=\angle DEC=90°$이므로

두 삼각형 ABE, DCE는 서로 닮음이다.

STEP 02 $\overline{AE}=x$, $\overline{BE}=y$라 하고 두 삼각형 AEB, DCE의 닮음과 피타고라스 정리에서 x, y의 관계식을 찾아 연립하여 x, y를 구한 다음 a^2+b^2의 값을 구한다.

$\overline{AE}=x$, $\overline{BE}=y$라 하면 두 삼각형 AEB, DCE가 닮음이므로

$\overline{AB}:\overline{BE}=\overline{DC}:\overline{CE}$에서

$2:y=2y:x$

$x=y^2$ ...... ㉠

직각삼각형 ABE에서 피타고라스 정리에 의하여

$\overline{AB}^2=\overline{BE}^2+\overline{AE}^2$

$2^2=y^2+x^2$ ...... ㉡

㉠, ㉡을 연립하면

$x^2+x-4=0$

$x=\dfrac{-1-\sqrt{17}}{2}$ 또는 $x=\dfrac{-1+\sqrt{17}}{2}$

$x>0$이므로 $x=\dfrac{-1+\sqrt{17}}{2}$

$a=-1$, $b=1$

따라서 $a^2+b^2=(-1)^2+1^2=2$

● **핵심 공식**

▶ 원의 반지름과 접선

(1) 접선의 길이(l) : 원 밖의 한 점에서 원에 접선을 그었을 때, 그 점에서 접점까지의 거리

(2) 원의 외부에 있는 한 점에서 그 원에 그은 두 접선의 길이는 같다.

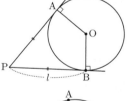

▶ 원과 현

(1) 원의 중심에서 현에 대한 수선은 현을 이등분한다.

$\overline{AB}\perp\overline{OM}$

$\overline{AB}=2\overline{AM}=2\overline{BM}$

(2) 현의 수직이등분선은 원의 중심을 지난다.

(3) 한 원에서 중심으로부터 같은 거리에 있는 현의 길이는 같다.

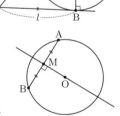

★★ **문제 해결 꿀~팁** ★★

▶ 문제 해결 방법

원의 내부에 여러 개의 직각삼각형들이 있다. 직각삼각형의 내부에 또 다른 직각삼각형도 존재한다. 이러한 경우는 무조건 닮음이다. 또한 합동인 직각삼각형들도 존재한다. 이 많은 직각삼각형 중에서 문제풀이에 필요한 직각삼각형을 찾을 수 있어야 한다.

기본적으로 $\overline{AE}=x$라 하면, x를 구하라 했고, $\overline{AB}=2$임을 알려 주었으므로 삼각형 ABE는 문제풀이에 꼭 필요한 삼각형이다.

$\overline{BE}=y$라 하면 여기서 피타고라스정리에 의하여 $2^2=y^2+x^2$임을 알 수 있다.

이제 x, y, 2가 들어가는 다른 삼각형을 찾아 x, y의 관계식을 구하고 두 식을 연립하면 x를 구할 수 있다.

삼각형 DCE가 바로 그 삼각형이다. 두 삼각형 ABE와 DCE가 닮음임을 찾을 수 있어야 한다. 두 삼각형의 닮음에서 비례식을 구하면 답을 구할 수 있다.

이러한 도형의 문제에서 문제풀이에 필요한 도형을 얼마나 빠르고 정확하게 찾을 수 있느냐가 문제풀이의 승패를 좌우한다. 많은 연습을 통하여 빠르게 필요한 도형을 찾는 훈련을 해야 한다.

• 정답 •

01② 02⑤ 03⑤ 04④ 05③ 06④ 07④ 08① 09② 10① 11⑤ 12③ 13① 14① 15⑤
16② 17③ 18④ 19③ 20① 21② 22 11 23 8 24 234 25 84 26 7 27 5 28 10 29 13 30 320

★ 표기된 문항은 [등급을 가르는 문제]에 해당하는 문항입니다.

01 근호를 포함한 식의 계산 | 정답률 95% | 정답 ②

❶ $\sqrt{\dfrac{20}{3}}\times\sqrt{\dfrac{6}{5}}$ 의 값은? [2점]

① $\sqrt{2}$ ② $2\sqrt{2}$ ③ $3\sqrt{2}$ ④ $4\sqrt{2}$ ⑤ $5\sqrt{2}$

STEP 01 ❶을 계산하여 값을 구한다.

$\sqrt{\dfrac{20}{3}}\times\sqrt{\dfrac{6}{5}}=\sqrt{\dfrac{20}{3}\times\dfrac{6}{5}}=\sqrt{8}=2\sqrt{2}$

02 다항식 | 정답률 95% | 정답 ⑤

다항식 ❶ $(2x-1)(x+3)$의 전개식에서 x의 계수는? [2점]

① 1 ② 2 ③ 3 ④ 4 ⑤ 5

STEP 01 ❶을 전개하여 x의 계수를 구한다.

$(2x-1)(x+3)=2x^2+6x-x-3=2x^2+5x-3$

따라서 다항식 $(2x-1)(x+3)$의 전개식에서 x의 계수는 5

03 삼각비의 값 | 정답률 87% | 정답 ⑤

❶ $\sin60°\times\cos30°$의 값은? [2점]

① $\dfrac{1}{4}$ ② $\dfrac{3}{8}$ ③ $\dfrac{1}{2}$ ④ $\dfrac{5}{8}$ ⑤ $\dfrac{3}{4}$

STEP 01 삼각비의 값을 이용하여 ❶의 값을 구한다.

$\sin60°\times\cos30°=\dfrac{\sqrt{3}}{2}\times\dfrac{\sqrt{3}}{2}=\dfrac{3}{4}$

● **핵심 공식**

▶ 특수각의 삼각비

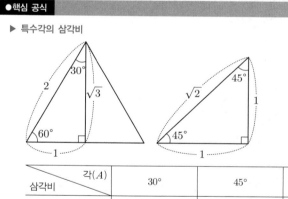

삼각비 \ 각(A)	30°	45°	60°
$\sin A$	$\dfrac{1}{2}$	$\dfrac{\sqrt{2}}{2}$	$\dfrac{\sqrt{3}}{2}$
$\cos A$	$\dfrac{\sqrt{3}}{2}$	$\dfrac{\sqrt{2}}{2}$	$\dfrac{1}{2}$
$\tan A$	$\dfrac{\sqrt{3}}{3}$	1	$\sqrt{3}$

04 이차함수의 그래프 | 정답률 84% | 정답 ④

이차함수 ❶ $y=-x^2+4x+3$의 그래프의 꼭짓점의 y좌표는? [3점]

① 4 ② 5 ③ 6 ④ 7 ⑤ 8

STEP 01 ❶을 이차함수의 표준형으로 변형한 뒤 꼭짓점의 y좌표를 구한다.

$y=-x^2+4x+3=-(x^2-4x+4-4)+3=-(x^2-4x+4)+7=-(x-2)^2+7$

이므로 이차함수 $y=-x^2+4x+3$의 그래프의 꼭짓점의 좌표는 $(2,7)$이다.

따라서 꼭짓점의 y좌표는 7

05 히스토그램 {정답률 95% | 정답 ③}

다음은 어느 봉사 동아리 학생들의 한 달 동안의 봉사 시간을 조사하여 나타낸 히스토그램이다.

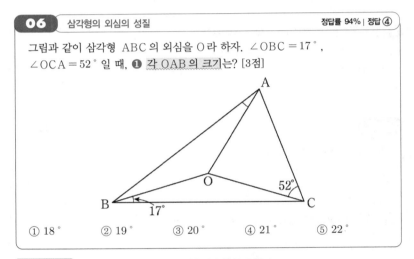

❶ 한 달 동안의 봉사 시간이 6시간 이상 12시간 미만인 학생의 수는? [3점]

① 11   ② 13   ③ 15   ④ 17   ⑤ 19

STEP 01 히스토그램을 이용하여 ❶을 구한다.

한 달 동안의 봉사 시간이 6시간 이상 9시간 미만인 학생의 수는 6,
9시간 이상 12시간 미만인 학생의 수는 9이므로
한 달 동안의 봉사 시간이 6시간 이상 12시간 미만인 학생의 수는
$6+9=15$

06 삼각형의 외심의 성질 {정답률 94% | 정답 ④}

그림과 같이 삼각형 ABC의 외심을 O라 하자. $\angle OBC = 17°$, $\angle OCA = 52°$ 일 때, ❶ **각 OAB의 크기는?** [3점]

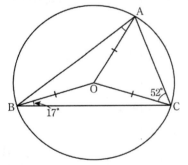

① 18°   ② 19°   ③ 20°   ④ 21°   ⑤ 22°

STEP 01 삼각형의 외심의 성질을 이용하여 ❶을 구한다.

삼각형 ABC의 외접원의 중심이 O이므로 세 선분 OA, OB, OC는 이 원의 반지름이다.
즉, $\overline{OA} = \overline{OB} = \overline{OC}$
삼각형 OAB는 $\overline{OA} = \overline{OB}$ 인 이등변삼각형이고 이등변삼각형의 두 밑각의 크기는 같으므로
$\angle OAB = \angle ABO$
삼각형 OCA는 $\overline{OA} = \overline{OC}$ 인 이등변삼각형이므로
$\angle OCA = \angle CAO = 52°$
삼각형 OBC는 $\overline{OB} = \overline{OC}$ 이등변삼각형이므로
$\angle OBC = \angle BCO = 17°$ 이고
$\angle ABC = \angle ABO + \angle OBC = \angle ABO + 17° = \angle OAB + 17°$ ······ ㉠
$\angle BCA = \angle BCO + \angle OCA = 17° + 52°$ ······ ㉡
$\angle CAB = \angle CAO + \angle OAB = 52° + \angle OAB$ ······ ㉢
삼각형 ABC의 세 내각의 크기의 합은 180°이므로
$\angle ABC + \angle BCA + \angle CAB = 180°$
㉠, ㉡, ㉢에서
$2 \times (\angle OAB + 17° + 52°) = 180°$
$\angle OAB + 17° + 52° = 90°$
따라서 $\angle OAB = 21°$

●핵심 공식

▶ 삼각형의 외심

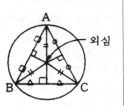

(1) 외심 : 삼각형의 세 변의 수직이등분선의 교점
(2) 외심에서 세 꼭짓점에 이르는 거리(외접원의 반지름)는 같다.
(3) 외심의 위치는 예각삼각형에서는 삼각형의 내부에, 직각삼각형에서는 빗변의 중점에, 둔각삼각형은 삼각형의 외부에 존재한다.

07 일차부등식 {정답률 92% | 정답 ④}

일차부등식 ❶ $\dfrac{x+5}{2} - x \le a$ 의 해가 $x \ge 4$ 일 때, 실수 a의 값은? [3점]

① $\dfrac{1}{8}$ ② $\dfrac{1}{4}$ ③ $\dfrac{3}{8}$ ④ $\dfrac{1}{2}$ ⑤ $\dfrac{5}{8}$

STEP 01 ❶의 부등식을 푼 후 해가 $x \ge 4$ 임을 이용하여 실수 a값을 구한다.

$\dfrac{x+5}{2} - x \le a$, $x + 5 - 2x \le 2a$
$-x \le 2a - 5$, $x \ge -2a + 5$
일차부등식의 해가 $x \ge 4$ 이므로 $-2a + 5 = 4$, $-2a = -1$
따라서 $a = \dfrac{1}{2}$

08 입체도형의 부피와 겉넓이 {정답률 82% | 정답 ①}

그림과 같이 밑면의 반지름의 길이가 3이고 높이가 8인 원뿔과 밑면의 반지름의 길이가 2인 원기둥이 있다. ❶ 두 입체도형의 부피가 같을 때, 원기둥의 겉넓이는? [3점]

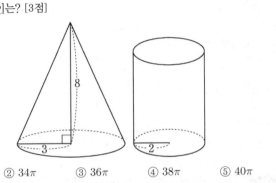

① 32π ② 34π ③ 36π ④ 38π ⑤ 40π

STEP 01 원뿔의 부피를 구한 후 ❶을 이용하여 원기둥의 높이를 구한 다음 겉넓이를 구한다.

밑면의 반지름의 길이가 3이고 높이가 8인 원뿔의 밑넓이는 $\pi \times 3^2 = 9\pi$ 이므로
부피는 $\dfrac{1}{3} \times 9\pi \times 8 = 24\pi$

원기둥의 밑넓이는 $\pi \times 2^2 = 4\pi$ 이므로 원기둥의 높이를 x라 하면
부피는 $4\pi \times x = 4\pi x$
원뿔과 원기둥의 부피가 서로 같으므로 $4\pi x = 24\pi$ 이다. 그러므로 $x = 6$
원기둥의 전개도를 그리면 다음과 같다.

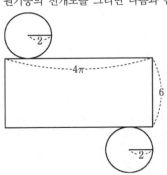

원기둥의 옆넓이는 $(2\pi \times 2) \times 6 = 24\pi$
따라서 원기둥의 겉넓이는 $(4\pi \times 2) + 24\pi = 32\pi$

●핵심 공식

▶ 입체도형의 겉넓이와 부피
(V: 부피, S: 겉넓이, h: 높이, r: 반지름)

도형	겉넓이	부피
각기둥	$S = ($밑넓이$\times 2) + $옆넓이	$V = S \times h$ (S: 밑넓이)
원기둥	$S = 2\pi r(r+h)$	$V = \pi r^2 h$

원뿔	$S=\pi r^2+\pi rl\,(l:$ 모선의 길이$)$	$V=\dfrac{1}{3}\pi r^2 h$
구	$S=4\pi r^2$	$V=\dfrac{4}{3}\pi r^3$

---

09 연립일차방정식　정답률 77% | 정답 ②

두 일차방정식
$$ax+4y=12,\ 2x+ay=a+5$$
의 그래프의 교점이 y축 위에 있을 때, 상수 a의 값은? [3점]

① 2　② $\dfrac{5}{2}$　③ 3　④ $\dfrac{7}{2}$　⑤ 4

STEP 01　**두 직선의 교점의 좌표를 구한 후 교점의 좌표를 일차방정식에 대입하여 상수 a의 값을 구한다.**

두 직선
$$ax+4y=12 \qquad\qquad\cdots\cdots\ \bigcirc$$
$$2x+ay=a+5 \qquad\qquad\cdots\cdots\ \bigcirc$$
가 만나는 점이 y축 위에 있으므로 교점의 좌표를 $(0,\ t)$라 하자.
$x=0,\ y=t$를 $\bigcirc$에 대입하면 $4t=12,\ t=3$
그러므로 두 직선이 만나는 점의 좌표는 $(0,\ 3)$이다.
$x=0,\ y=3$을 $\bigcirc$에 대입하면 $3a=a+5$이다.
따라서 $a=\dfrac{5}{2}$

10 실수의 대소 관계　정답률 68% | 정답 ③

❶ $2-\sqrt{6}$ 보다 크고 ❷ $5+\sqrt{15}$ 보다 작은 정수의 개수는? [3점]

① 7　② 8　③ 9　④ 10　⑤ 11

STEP 01　**❶과 ❷의 범위를 파악한 후 만족하는 정수의 개수를 구한다.**

$2<\sqrt{6}<3$이므로 $-3<-\sqrt{6}<-2,\ -1<2-\sqrt{6}<0$
또한 $3<\sqrt{15}<4$이므로 $8<5+\sqrt{15}<9$
따라서 $2-\sqrt{6}$ 보다 크고 $5+\sqrt{15}$ 보다 작은 정수는
$0,\ 1,\ 2,\ 3,\ 4,\ 5,\ 6,\ 7,\ 8$로 만족하는 정수의 개수는 9

11 피타고라스 정리　정답률 82% | 정답 ⑤

세 변의 길이가 각각 $x,\ x+1,\ x+3$인 삼각형이 직각삼각형일 때, x의 값은? (단, $x>2$) [3점]

① $2\sqrt{3}$　② $2+\sqrt{3}$　③ $1+2\sqrt{3}$　④ $3\sqrt{3}$　⑤ $2+2\sqrt{3}$

STEP 01　**피타고라스 정리를 이용하여 x의 값을 구한다.**

직각삼각형에서 가장 긴 변이 빗변이므로 $x+3$이 빗변의 길이다.
피타고라스 정리에 의하여
$$(x+3)^2=x^2+(x+1)^2$$
$$x^2+6x+9=x^2+x^2+2x+1$$
$$x^2-4x-8=0$$
근의 공식에 의하여
$$x=\dfrac{-(-4)\pm\sqrt{(-4)^2-4\times1\times(-8)}}{2\times1}=\dfrac{4\pm\sqrt{48}}{2}=2\pm2\sqrt{3}$$
$x>2$이므로 $x=2+2\sqrt{3}$

12 일차방정식의 활용　정답률 88% | 정답 ③

어느 학교에서 학생들에게 나누어 줄 구슬을 구입하였다. 구입한 구슬을 ❶ 한 상자에 250개씩 n개의 상자에 담았더니 50개의 구슬이 남았고, 한 상자에 200개씩 $n+1$개의 상자에 담았더니 100개의 구슬이 남았다.
이 학교에서 구입한 구슬의 총 개수는? [3점]

① 800　② 1050　③ 1300　④ 1550　⑤ 1800

STEP 01　**❶을 이용하여 방정식을 세운 후 방정식을 풀어 구슬의 총 개수를 구한다.**

이 학교에서 구입한 구슬을 한 상자에 250개씩 n개의 상자에 담을 때
50개의 구슬이 남으므로 구슬의 총 개수는
$$250n+50 \qquad\qquad\cdots\cdots\ \bigcirc$$

한편, 구슬을 한 상자에 200개씩 $n+1$개의 상자에 담았을 때 100개의 구슬이
남으므로 구슬의 총 개수는
$$200(n+1)+100 \qquad\qquad\cdots\cdots\ \bigcirc$$
$\bigcirc$, $\bigcirc$에서 $250n+50=200(n+1)+100,\ 250n+50=200n+300$
$50n=250,\ n=5$
따라서 이 학교에서 구입한 구슬의 총 개수는 $250\times5+50=1300$

13 이차방정식　정답률 78% | 정답 ①

두 이차방정식
$$❶\ x^2-x-2=0,\ ❷\ 2x^2+kx-6=0$$
이 공통인 해를 갖도록 하는 모든 실수 k의 값의 합은? [3점]

① -5　② -4　③ -3　④ -2　⑤ -1

STEP 01　**❶의 해를 구한 후 해를 각각 ❷에 대입하여 k의 값을 구한 다음 합을 구한다.**

$x^2-x-2=0,\ (x+1)(x-2)=0$
$x=-1$ 또는 $x=2$
(ⅰ) $x=-1$이 공통인 해인 경우
　$2x^2+kx-6=0$에 $x=-1$을 대입하면
　$2\times(-1)^2+k\times(-1)-6=0,\ 2-k-6=0,\ k=-4$
(ⅱ) $x=2$가 공통인 해인 경우
　$2x^2+kx-6=0$에 $x=2$를 대입하면
　$2\times2^2+k\times2-6=0,\ 8+2k-6=0,\ k=-1$
(ⅰ), (ⅱ)에서 조건을 만족시키는 모든 실수 k의 값의 합은 $(-4)+(-1)=-5$

14 반비례 관계식　정답률 68% | 정답 ①

그림과 같이 반비례 관계 $y=\dfrac{a}{x}(a>0)$의 그래프가 두 직선 $x=2$, $y=2$와 만나는 점을 각각 A, B라 하자. 점 C$(2,\ 2)$에 대하여 ❶ 사각형 OACB의 넓이가 $\dfrac{22}{7}$일 때, 상수 a의 값은? (단, O는 원점이고, 점 A의 y좌표는 2보다 크다.) [4점]

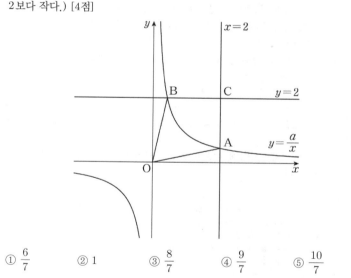

① $\dfrac{6}{7}$　② 1　③ $\dfrac{8}{7}$　④ $\dfrac{9}{7}$　⑤ $\dfrac{10}{7}$

STEP 01　**네 점 A, B, D, E의 좌표를 구한다.**

점 A는 직선 $x=2$ 위의 점이므로 점 A의 x좌표는 2이고
이 점은 반비례 관계 $y=\dfrac{a}{x}$의 그래프 위의 점이므로 A$\left(2,\ \dfrac{a}{2}\right)$
점 B는 직선 $y=2$ 위의 점이므로 점 B의 y좌표는 2이고
이 점은 반비례 관계 $y=\dfrac{a}{x}$의 그래프 위의 점이므로 B$\left(\dfrac{a}{2},\ 2\right)$

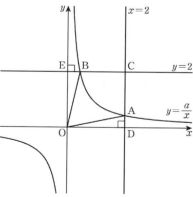

그림과 같이 직선 $x=2$가 x축과 만나는 점을 D,
직선 $y=2$가 y축과 만나는 점을 E라 하면
D(2, 0), E(0, 2)

STEP 02 사각형 ODCE와 두 삼각형 ODA, OBE의 넓이를 이용하여 사각형
OACB의 넓이를 구한 다음 ❶을 이용하여 상수 a의 값을 구한다.

삼각형 ODA와 삼각형 OBE는 직각삼각형이므로

$$\triangle ODA = \frac{1}{2} \times \overline{OD} \times \overline{AD} = \frac{1}{2} \times 2 \times \frac{a}{2} = \frac{a}{2}$$

$$\triangle OBE = \frac{1}{2} \times \overline{OE} \times \overline{BE} = \frac{1}{2} \times 2 \times \frac{a}{2} = \frac{a}{2}$$

사각형 ODCE는 한 변의 길이가 2인 정사각형이므로

$$\square OACB = \square ODCE - \triangle ODA - \triangle OBE = 2 \times 2 - \frac{a}{2} - \frac{a}{2} = 4 - a = \frac{22}{7}$$

따라서 $a = \dfrac{6}{7}$

---

15 산점도   정답률 66% | 정답 ⑤

다음은 어느 학급 학생 20명의 수학 과목의 중간고사 점수와 기말고사 점수에
대한 산점도이다.

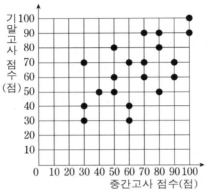

위의 산점도에 대하여 〈보기〉에서 옳은 것만을 있는 대로 고른 것은? [4점]

―――― 〈보기〉 ――――
ㄱ. ❶ 중간고사와 기말고사의 점수에 변화가 없는 학생의 수는 5이다.
ㄴ. ❷ 기말고사 점수가 중간고사 점수보다 높은 학생의 비율은 학급
　　학생 20명의 40%이다.
ㄷ. 중간고사 점수의 평균은 기말고사 점수의 평균보다 크다.

① ㄱ   ② ㄱ, ㄴ   ③ ㄱ, ㄷ   ④ ㄴ, ㄷ   ⑤ ㄱ, ㄴ, ㄷ

STEP 01 ㄱ. 산점도에서 ❶의 위치를 파악한 후 만족하는 점의 개수를 세어 참, 거짓을
판별한다.

ㄱ. 중간고사와 기말고사의 점수에 변화가 없는 학생의 수는 그림에서 대각선 위의
　점의 개수와 같다.

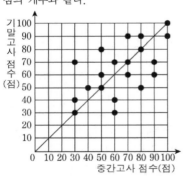

　따라서 중간고사와 기말고사의 점수에 변화가 없는 학생의 수는 5이다.   ∴ 참

STEP 02 ㄴ. 산점도에서 ❷의 위치를 파악한 후 만족하는 점의 개수를 센 후 비율을
구하여 참, 거짓을 판별한다.

ㄴ. 기말고사 점수가 중간고사 점수보다 높은 학생의 수는 그림에서 대각선의
　위쪽에 있는 점의 개수와 같다.

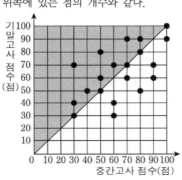

따라서 기말고사 점수가 중간고사 점수보다 높은 학생의 수는 8이므로

$$\frac{8}{20} \times 100 = 40(\%)$$

∴ 참

STEP 03 ㄷ. 산점도에서 중간고사 점수와 기말고사 점수의 차의 합을 구하여 참,
거짓을 판별한다.

ㄷ. ㄱ에서 중간고사와 기말고사의 점수에 변화가 없는 학생의 수는 5,
　중간고사 점수가 기말고사 점수보다
　10점 낮은 학생의 수는 5, 20점 낮은 학생의 수는 1,
　30점 낮은 학생의 수는 1, 40점 낮은 학생의 수는 1,
　중간고사 점수가 기말고사 점수보다
　10점 높은 학생의 수는 2, 20점 높은 학생의 수는 2,
　30점 높은 학생의 수는 3이다.
학급 학생 20명에 대하여
(중간고사 점수의 총합) $-$ (기말고사 점수의 총합)
$= (-10) \times 5 + (-20) \times 1 + (-30) \times 1 + (-40) \times 1$
$\qquad\qquad\qquad + 10 \times 2 + 20 \times 2 + 30 \times 3 = 10$
이므로 중간고사 점수의 총합은 기말고사 점수의 총합보다 10점 높다.
　그러므로 중간고사 점수의 평균은 기말고사 점수의 평균보다 크다.   ∴ 참
따라서 옳은 것은 ㄱ, ㄴ, ㄷ

[보충 설명]
학급 학생 20명의 중간고사 점수의 총합은 1290점이고 기말고사 점수의 총합은
1280점이므로

중간고사 점수의 평균은 $\dfrac{1290}{20} = 64.5$(점)이고 기말고사 점수의 평균은

$\dfrac{1280}{20} = 64$(점)이므로

중간고사 점수의 평균이 기말고사 점수의 평균보다 0.5점 크다.

---

16 수직선 위에서 실수의 대소 관계   정답률 81% | 정답 ②

서로 다른 네 실수 a, b, $\dfrac{1}{6}$, $\dfrac{2}{3}$ 에 대응하는 점을 수직선 위에 나타내면

❶ 이웃한 두 점 사이의 거리가 모두 같다. $ab < 0$일 때, $a+b$의 최댓값은?
[4점]

① $\dfrac{3}{4}$ ② $\dfrac{5}{6}$ ③ $\dfrac{11}{12}$ ④ 1   ⑤ $\dfrac{13}{12}$

STEP 01 ❶을 만족하도록 하는 네 실수의 대소 관계로 가능한 경우를 나눈 후 각각에
대하여 두 점 사이의 거리를 구하여 a, b를 구한 다음 $a+b$의 값을 구한다. $a+b$의
최댓값을 구한다.

두 실수 a, b에 대하여 $a < b$라 하자.

이웃한 두 점 사이의 거리가 서로 같으면서 네 실수 a, b, $\dfrac{1}{6}$, $\dfrac{2}{3}$ 의 대소 관계로

가능한 경우는 다음과 같다.

(i) $a < b < \dfrac{1}{6} < \dfrac{2}{3}$ 인 경우

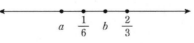

$\dfrac{2}{3} - \dfrac{1}{6} = \dfrac{1}{2}$ 이므로 이웃한 두 점 사이의 거리는 $\dfrac{1}{2}$

$b = \dfrac{1}{6} - \dfrac{1}{2} < 0$ 이고, $a < b < 0$이므로 $ab > 0$이 되어 조건을 만족시키지

않는다.

(ii) $a < \dfrac{1}{6} < b < \dfrac{2}{3}$ 인 경우

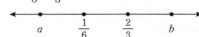

이웃한 두 점 사이의 거리는 $\dfrac{1}{4}$

$a = \dfrac{1}{6} - \dfrac{1}{4} < 0$ 이고 $b = \dfrac{1}{6} + \dfrac{1}{4} > 0$이므로 $ab < 0$이고

$a + b = \left(\dfrac{1}{6} - \dfrac{1}{4}\right) + \left(\dfrac{1}{6} + \dfrac{1}{4}\right) = \dfrac{1}{6} + \dfrac{1}{6} = \dfrac{1}{3}$

(iii) $a < \dfrac{1}{6} < \dfrac{2}{3} < b$ 인 경우

이웃한 두 점 사이의 거리는 $\dfrac{1}{2}$

$a=\dfrac{1}{6}-\dfrac{1}{2}<0$이고 $b=\dfrac{2}{3}+\dfrac{1}{2}>0$이므로 $ab<0$이고

$a+b=\left(\dfrac{1}{6}-\dfrac{1}{2}\right)+\left(\dfrac{2}{3}+\dfrac{1}{2}\right)=\dfrac{1}{6}+\dfrac{2}{3}=\dfrac{5}{6}$

(iv) $\dfrac{1}{6}<a<b<\dfrac{2}{3}$, $\dfrac{1}{6}<a<\dfrac{2}{3}<b$, $\dfrac{1}{6}<\dfrac{2}{3}<a<b$인 경우

$ab>0$이 되어 조건을 만족시키지 않는다.

(i)~(iv)에서 $a+b$의 최댓값은 $\dfrac{5}{6}$

마찬가지 방법으로 $a>b$인 경우 $a+b$의 최댓값은 $\dfrac{5}{6}$

따라서 구하는 최댓값은 $\dfrac{5}{6}$

---

17 경우의 수를 이용한 확률 정답률 38% | 정답 ③

한 개의 주사위를 두 번 던져서 나오는 눈의 수를 차례로 a, b라 하자.
❶ $a^2\times3^b\times5$가 $2^2\times3^5$의 배수일 확률은? [4점]

① $\dfrac{1}{6}$ ② $\dfrac{7}{36}$ ③ $\dfrac{2}{9}$ ④ $\dfrac{1}{4}$ ⑤ $\dfrac{5}{18}$

STEP 01 ❶을 만족하도록 하는 a의 값에 따른 b의 값을 각각 구한 후 만족하는 경우의 수를 구하여 확률을 구한다.

한 개의 주사위를 두 번 던져서 나올 수 있는 모든 경우의 수는 $6\times6=36$

$a^2\times3^b\times5$가 $2^2\times3^5$의 배수가 되기 위해서는 a가 2의 배수이어야 한다.

(i) $a=2$인 경우
$2^2\times3^b\times5$의 값이 $2^2\times3^5$의 배수가 되도록 하는 b의 값은 5, 6

(ii) $a=4$인 경우
$4^2\times3^b\times5$의 값이 $2^2\times3^5$의 배수가 되도록 하는 b의 값은 5, 6

(iii) $a=6$인 경우
$6^2\times3^b\times5=(2\times3)^2\times3^b\times5=2^2\times3^2\times3^b\times5=2^2\times3^{2+b}\times5$
이므로 $2^2\times3^{2+b}\times5$가 $2^2\times3^5$의 배수가 되도록 하는 b의 값은 3, 4, 5, 6

(i)~(iii)에서 $a^2\times3^b\times5$가 $2^2\times3^5$의 배수인 a, b의 모든 순서쌍 (a, b)는
$(2,5)$, $(2,6)$, $(4,5)$, $(4,6)$, $(6,3)$ $(6,4)$, $(6,5)$, $(6,6)$으로 개수는 8이다.

따라서 구하는 확률은 $\dfrac{8}{36}=\dfrac{2}{9}$

---

18 삼각형과 원의 성질 정답률 60% | 정답 ④

그림과 같이 $\angle ABC=60°$인 삼각형 ABC의 두 변 AB, AC의 중점을 각각 D, E라 하자. 선분 DE를 지름으로 하는 원이 선분 BC와 접할 때, 이 원이 선분 AB와 만나는 점 중 D가 아닌 점을 F라 하자.

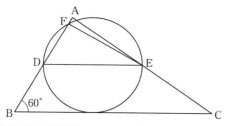

다음은 ❶ 삼각형 ABC의 넓이가 16일 때, 삼각형 AFE의 넓이를 구하는 과정이다.

> 원의 반지름의 길이를 r라 하면
> $\overline{DE}=2r$, $\overline{BC}=4r$
> 이다.
> 점 A에서 선분 BC에 내린 수선의 발을 H라 하면
> $\overline{AH}=\boxed{(가)}\times r$
> 이고, $\triangle ABC=16$이므로
> $r=\boxed{(나)}$
> 이다.
> 삼각형 ADE와 삼각형 ABC는 서로 닮음이므로 $\triangle ADE=4$이다.
> 삼각형 FDE에서 꼭짓점 F는 원 위의 점이므로 삼각형 FDE의 넓이는 $\boxed{(다)}$이다.
> 따라서 구하는 삼각형 AFE의 넓이는 $4-\boxed{(다)}$이다.

위의 (가), (나), (다)에 알맞은 수를 각각 a, b, c라 할 때, $a\times b\times c$의 값은?
[4점]

① $5\sqrt{3}$ ② $6\sqrt{3}$ ③ $7\sqrt{3}$ ④ $8\sqrt{3}$ ⑤ $9\sqrt{3}$

STEP 01 두 삼각형 BID와 BHA의 닮음을 이용하여 (가)를 구한 후 ❶을 이용하여 (나)를 구한다.

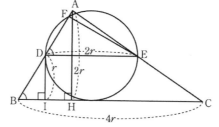

원의 반지름의 길이를 r라 하면 $\overline{DE}=2r$이다.

삼각형 ADE와 삼각형 ABC에서 $\overline{AD}:\overline{AB}=\overline{AE}:\overline{AC}=1:2$이고
각 A는 공통이므로 삼각형 ADE와 삼각형 ABC는 서로 닮음이고 닮음비는 $1:2$이다.

따라서 $\overline{BC}=2\times\overline{DE}=4r$

점 D에서 선분 BC에 내린 수선의 발을 I라 하면 선분 DE가 지름인 원이 선분 BC에 접하므로
$\overline{DI}=r$

점 A에서 선분 BC에 내린 수선의 발을 H라 하면 삼각형 BID와 삼각형 BHA에서 각 B는 공통이고 $\angle BID=\angle BHA=90°$이므로
삼각형 BID와 삼각형 BHA는 서로 닮음이고 닮음비는 $1:2$이다. 그러므로
$\overline{AH}=2\times\overline{DI}=\boxed{2}\times r$이고
$\triangle ABC=\dfrac{1}{2}\times\overline{BC}\times\overline{AH}=\dfrac{1}{2}\times4r\times2r=4r^2=16$

이므로 $r^2=4$이고 $r>0$이므로 $r=\boxed{2}$이다.

STEP 02 직각삼각형 FDE에서 각 변의 길이를 구한 후 넓이를 구하여 (다)를 구한 다음 $a\times b\times c$의 값을 구한다.

삼각형 ADE와 삼각형 ABC는 닮음비가 $1:2$이므로 두 삼각형의 넓이의 비는 $1:4$이다.

$\triangle ADE=\dfrac{1}{4}\times\triangle ABC=4$이다.

삼각형 FDE에서 꼭짓점 F는 원 위의 점이고 각 DFE는 호 DE에 대한 원주각이므로 $\angle DFE=90°$이다.
삼각형 ADE와 삼각형 ABC가 서로 닮음이므로 $\angle FDE=\angle ABC=60°$
$\overline{DE}=2r=4$이므로 $\overline{DF}=2$, $\overline{EF}=2\sqrt{3}$
그러므로 삼각형 FDE의 넓이는
$\dfrac{1}{2}\times\overline{DF}\times\overline{EF}=\dfrac{1}{2}\times2\times2\sqrt{3}=\boxed{2\sqrt{3}}$이다.

따라서 구하는 삼각형 AFE의 넓이는 $4-\boxed{2\sqrt{3}}$이다.
그러므로 $a=2$, $b=2$, $c=2\sqrt{3}$에서 $a\times b\times c=8\sqrt{3}$

● 핵심 공식

▶ 삼각형의 닮음 조건
(1) SSS닮음: 세 쌍의 변의 길이의 비가 같다.
(2) SAS닮음: 두 쌍의 변의 길이의 비가 같고, 그 끼인각의 크기가 서로 같다.
(3) AA닮음: 두 쌍의 각의 크기가 서로 같다.

---

19 원주각의 성질 정답률 59% | 정답 ③

그림과 같이 $\overline{AB}=\overline{AC}$인 이등변삼각형 ABC에 외접하는 원이 있다. 선분 AC 위의 점 D에 대하여 원과 직선 BD가 만나는 점 중 B가 아닌 점을 E라 하자. ❶ $\overline{AE}=2\overline{BC}$, $\overline{CD}=1$이고 ❷ $\angle ADB+\angle AEB=180°$일 때, 선분 BC의 길이는? [4점]

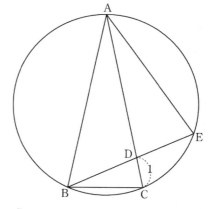

① $3-\sqrt{2}$ ② $\dfrac{7}{3}$ ③ $1+\sqrt{2}$ ④ $\dfrac{5}{2}$ ⑤ $4-\sqrt{2}$

STEP 01 원주각의 성질을 이용하여 ∠AEB와 크기가 같은 각을 찾고 ❷를 이용하여 크기가 같은 각들을 찾는다. 이등변삼각형의 성질과 ❶을 이용하여 각 변의 길이를 나타낸다.

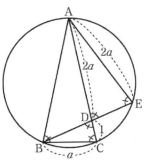

각 ACB와 각 AEB는 호 AB에 대한 원주각이므로 ∠ACB = ∠AEB
∠ADB + ∠AEB = 180° 이고 ∠ADB + ∠ADE = 180° 이므로
∠AEB = ∠ADE

각 ADE와 각 BDC는 맞꼭지각이므로 ∠ADE = ∠BDC이고 $\overline{AB} = \overline{AC}$ 이므로
∠ACB = ∠ABC

삼각형 ABC와 삼각형 BCD에서 ∠ABC = ∠BCD, ∠ACB = ∠BDC이므로
삼각형 ABC와 삼각형 BCD는 서로 닮음이다.

$\overline{BC} = a$라 하면 $\overline{AE} = 2a$이고 삼각형 ADE는 $\overline{AD} = \overline{AE}$인 이등변삼각형이므로
$\overline{AD} = \overline{AE} = 2a$

따라서 $\overline{AC} = 2a + 1$

STEP 02 두 삼각형 ABC와 BCD의 닮음을 이용하여 선분 BC의 길이를 구한다.

삼각형 ABC와 삼각형 BCD는 서로 닮음이므로 $\overline{AB} : \overline{BC} = \overline{BC} : \overline{CD}$
$2a+1 : a = a : 1$, $a^2 = 2a+1$, $a^2 - 2a - 1 = 0$
근의 공식에 의하여

$$a = \frac{-(-2) \pm \times \sqrt{(-2)^2 - 4 \times 1 \times (-1)}}{2 \times 1} = \frac{2 \pm \sqrt{8}}{2} = \frac{2 \pm 2\sqrt{2}}{2} = 1 \pm \sqrt{2}$$

$a > 0$이므로 $a = 1 + \sqrt{2}$

● 핵심 공식

▶ 원주각의 정리
한 원 또는 합동인 원에서 같은 크기의 호에 대한 원주각의 크기는 모두 같다.

---

20 이차함수의 그래프의 성질   정답률 43% | 정답 ①

그림과 같이 제1사분면 위의 점 A를 꼭짓점으로 하는 이차함수 $y = ax^2 + bx$의 그래프가 직선 $x = 3$에 대하여 대칭이다. 점 B$\left(0, \frac{10}{3}\right)$에서 선분 OA에 내린 수선의 발 H에 대하여 $\overline{BH} = 2$일 때, $a + b$의 값은? (단, a, b는 상수이고, O는 원점이다.) [4점]

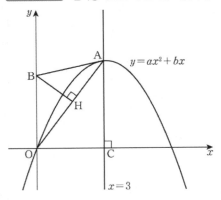

① $\frac{20}{9}$ ② $\frac{7}{3}$ ③ $\frac{22}{9}$ ④ $\frac{23}{9}$ ⑤ $\frac{8}{3}$

STEP 01 삼각형 OAB의 넓이를 이용하여 $\overline{OA}$를 구한다.

그림과 같이 이차함수 $y = ax^2 + bx$의 그래프는 원점을 지나고 직선 $x = 3$에 대하여 대칭이다.
점 A에서 x축에 내린 수선의 발을 C라 하면 삼각형 OAB의 넓이는

$$\frac{1}{2} \times \overline{OB} \times \overline{OC} = \frac{1}{2} \times \overline{OA} \times \overline{BH}$$

$$\frac{1}{2} \times \frac{10}{3} \times 3 = \frac{1}{2} \times \overline{OA} \times 2 이므로 \overline{OA} = 5$$

STEP 02 직각삼각형 AOC에서 피타고라스 정리를 이용하여 $\overline{AC}$를 구한 후 점 A의 좌표를 구한다.

직각삼각형 AOC에서 피타고라스 정리에 의하여
$\overline{OA}^2 = \overline{OC}^2 + \overline{AC}^2$
$\overline{AC}^2 = \overline{OA}^2 - \overline{OC}^2 = 5^2 - 3^2 = 16$
그러므로 $\overline{AC} = 4$
따라서 점 A의 좌표는 $(3, 4)$이다.

STEP 03 점 A의 좌표를 이용하여 이차함수의 방정식을 구한 후 원점을 대입하여 a, b를 각각 구한 다음 합을 구한다.

$y = ax^2 + bx = a(x-3)^2 + 4$
이차함수 $y = a(x-3)^2 + 4$의 그래프가 원점을 지나므로
$9a + 4 = 0$, $a = -\frac{4}{9}$

$$y = -\frac{4}{9}(x-3)^2 + 4 = -\frac{4}{9}x^2 + \frac{8}{3}x$$

따라서 $a = -\frac{4}{9}$, $b = \frac{8}{3}$이므로

$$a + b = \left(-\frac{4}{9}\right) + \frac{8}{3} = \frac{20}{9}$$

STEP 01의 다른 풀이

삼각형 BOH는 ∠OHB = 90°인 직각삼각형이므로
∠HBO + ∠BOH = 90°
또한 ∠BOH + ∠AOC = 90°이므로
∠HBO = ∠AOC
두 삼각형 BOH, OAC에서 ∠OHB = ∠ACO = 90°이고
∠HBO = ∠AOC이므로
삼각형 BOH와 삼각형 OAC는 서로 닮음이다.
$\overline{BO} = \frac{10}{3}$, $\overline{BH} = 2$, $\overline{OC} = 3$이므로
$\overline{BO} : \overline{OA} = \overline{BH} : \overline{OC}$
$\frac{10}{3} : \overline{OA} = 2 : 3$, $2 \times \overline{OA} = 3 \times \frac{10}{3}$
$\overline{OA} = 5$

★★★ 등급을 가르는 문제!

21 삼각형의 닮음   정답률 34% | 정답 ②

그림과 같이 삼각형 ABC에서 선분 AB 위의 점 D에 대하여 $\overline{BD} = 2\overline{AD}$이다. 점 A에서 선분 CD에 내린 수선의 발 E에 대하여 $\overline{AE} = 4$, $\overline{BE} = \overline{CE} = 10$일 때, 삼각형 ABC의 넓이는? (단, ∠CAB > 90°) [4점]

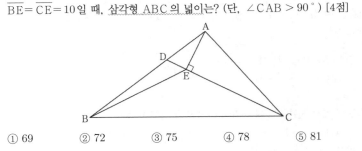

① 69   ② 72   ③ 75   ④ 78   ⑤ 81

STEP 01 보조선을 그어 직각삼각형 BDF를 만들고 두 삼각형 ADE와 BDF의 닮음을 이용하여 $\overline{BF}$를 구한다.

그림과 같이 점 B에서 선분 CD의 연장선 위에 내린 수선의 발을 F라 하자.

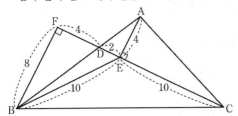

두 삼각형 ADE, BDF에서 ∠DEA = ∠DFB = 90°이고

맞꼭지각의 크기는 같으므로 $\angle ADE = \angle BDF$
그러므로 삼각형 ADE와 삼각형 BDF는 서로 닮음이다.
$\overline{AD}:\overline{BD}=1:2$ 이므로 $\overline{AE}:\overline{BF}=1:2$이다.
$\overline{AE}=4$이므로 $\overline{BF}=8$

STEP 02 삼각형 BEF에서 피타고라스 정리를 이용하여 $\overline{EF}$ 를 구한 다음 $\overline{ED}$, $\overline{DF}$ 를 구한다.

삼각형 BEF는 $\angle EFB=90°$ 인 직각삼각형이므로 피타고라스 정리에 의하여
$\overline{BF}^2+\overline{EF}^2=\overline{BE}^2$, $\overline{EF}^2=\overline{BE}^2-\overline{BF}^2=10^2-8^2=36$
그러므로 $\overline{EF}=6$
$\overline{ED}:\overline{DF}=1:2$이므로 $\overline{ED}=2$, $\overline{DF}=4$

STEP 03 두 삼각형 ADC와 DBC의 넓이의 합을 이용하여 삼각형 ABC의 넓이를 구한다.

그러므로
$$\triangle ADC=\frac{1}{2}\times\overline{DC}\times\overline{AE}=\frac{1}{2}\times(\overline{DE}+\overline{EC})\times\overline{AE}$$
$$=\frac{1}{2}\times(2+10)\times4=\frac{1}{2}\times12\times4=24$$
$$\triangle DBC=\frac{1}{2}\times\overline{DC}\times\overline{BF}=\frac{1}{2}\times(\overline{DE}+\overline{EC})\times\overline{BF}$$
$$=\frac{1}{2}\times(2+10)\times8=\frac{1}{2}\times12\times8=48$$
$\triangle ABC=\triangle ADC+\triangle DBC=24+48=72$
따라서 삼각형 ABC의 넓이는 72

다른 풀이

그림과 같이 선분 AE의 연장선 위에 $\overline{BF}\ /\!/\ \overline{DC}$ 가 되도록 하는 점을 F라 하자.

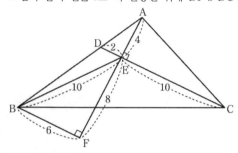

$\overline{BD}=2\times\overline{AD}$ 에서 $\overline{AD}:\overline{BD}=1:2$이고 $\overline{DE}\ /\!/\ \overline{BF}$ 이므로 $\overline{AE}:\overline{EF}=1:2$이다.
$\overline{AE}=4$이므로 $\overline{EF}=8$
삼각형 EBF는 $\angle EFB=90°$ 인 직각삼각형이므로 피타고라스 정리에 의하여
$\overline{BF}^2+\overline{EF}^2=\overline{BE}^2$, $\overline{BF}^2=\overline{BE}^2-\overline{EF}^2=10^2-8^2=36$
그러므로 $\overline{BF}=6$
삼각형 ADE와 삼각형 ABF는 서로 닮음이고 닮음비가 $1:3$이므로
$\overline{DE}:\overline{BF}=1:3$
$\overline{BF}=6$이므로 $\overline{DE}=2$이다. 그러므로
$$\triangle ADC=\frac{1}{2}\times\overline{DC}\times\overline{AE}=\frac{1}{2}\times(\overline{DE}+\overline{EC})\times\overline{AE}$$
$$=\frac{1}{2}\times(2+10)\times4=\frac{1}{2}\times12\times4=24$$
두 삼각형 ADC와 DBC의 넓이의 비는 선분 AD와 선분 DB의 길이의 비와 같고 $\overline{AD}:\overline{DB}=1:2$이므로
$\triangle ADC:\triangle DBC=1:2$
$\triangle DBC=2\times\triangle ADC$ 이므로 $\triangle DBC=24\times2=48$
$\triangle ABC=\triangle ADC+\triangle DBC=24+48=72$
따라서 삼각형 ABC의 넓이는 72

● **핵심 공식**

▶ 삼각형의 닮음 조건
(1) SSS닮음 : 세 쌍의 변의 길이의 비가 같다.
(2) SAS닮음 : 두 쌍의 변의 길이의 비가 같고, 그 끼인각의 크기가 서로 같다.
(3) AA닮음 : 두 쌍의 각의 크기가 서로 같다.

★★ **문제 해결 꿀~팁** ★★

▶ 문제 해결 방법
먼저 보조선을 그어 점 F를 잡아야 한다. 그러면 두 삼각형 ADE와 BDF는 닮음비가 $1:2$인 닮음으로 $\overline{BF}=8$이다. 다음으로 직각삼각형 BEF에서 피타고라스 정리에 의하여 $\overline{EF}=6$이므로 $\overline{ED}=2$, $\overline{DF}=4$이다.
이제 두 삼각형 ADC, DBC의 넓이를 각각 구하여 더하면 답을 구할 수 있다. 보조선을 적절하게 그을 수 있어야 하고, 닮음인 삼각형을 찾을 수 있어야 한다.

---

22 직선의 방정식　　　정답률 87% | 정답 11

일차함수 $y=3x+a$의 그래프가 점 $(-3, 2)$를 지날 때, 상수 a의 값을 구하시오. [3점]

STEP 01 점의 좌표를 일차함수에 대입하여 상수 a의 값을 구한다.

직선 $y=3x+a$가 점 $(-3, 2)$를 지나므로
$x=-3$, $y=2$를 대입하면 $2=3\times(-3)+a$이다.
따라서 $a=11$

23 다항식의 인수분해　　　정답률 75% | 정답 8

다항식 ❶ $x^2-2x-80$이 $x+a$를 인수로 가진다. a가 자연수일 때, a의 값을 구하시오. [3점]

STEP 01 ❶을 인수분해한 후 자연수 a의 값을 구한다.

$x^2-2x-80=(x+8)(x-10)$이므로
두 일차식 $x+8$, $x-10$은 다항식 $x^2-2x-80$의 인수이다.
따라서 구하는 자연수 a의 값은 8

24 다각형의 내각의 크기의 합　　　정답률 78% | 정답 234

그림과 같이 오각형 ABCDE에서 $\angle A=105°$, $\angle B=x°$, $\angle C=y°$, $\angle D=109°$, $\angle E=92°$ 일 때, $x+y$의 값을 구하시오. [3점]

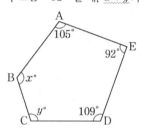

STEP 01 오각형의 내각의 크기의 합을 이용하여 $x+y$의 값을 구한다.

n각형의 내각의 크기의 합은 $180°\times(n-2)$이므로
오각형의 내각의 크기의 합은 $180°\times3=540°$
그러므로
$\angle A+\angle B+\angle C+\angle D+\angle E=105°+x°+y°+109°+92°=540°$
따라서 $x+y=234$

● **핵심 공식**

▶ 다각형의 성질
• n각형의 내각의 크기의 합 : $180°\times(n-2)$
• n각형의 대각선의 총수 : $\dfrac{n(n-3)}{2}$
• 다각형의 외각의 합 : $360°$
• 정n각형의 한 내각의 크기 : $\dfrac{180°\times(n-2)}{n}$
• 정n각형의 한 외각의 크기 : $\dfrac{360°}{n}$

25 소인수분해　　　정답률 48% | 정답 84

다음 조건을 만족시키는 두 자리의 자연수 n의 최댓값을 구하시오. [3점]

(가) n은 4의 배수이다.
(나) n의 소인수의 개수가 3이다.

STEP 01 두 자리의 4의 배수 중 큰 수부터 소인수분해하여 조건 (나)를 만족하는 n의 값을 구한다.

n은 4의 배수이므로 2를 소인수로 가진다.
두 자리의 자연수 중 4의 배수인 것을 큰 수부터 소인수분해하면
$96=4\times24=2^5\times3$의 소인수의 개수는 2, 3의 2
$92=4\times23=2^2\times23$의 소인수의 개수는 2, 23의 2
$88=4\times22=2^3\times11$의 소인수의 개수는 2, 11의 2
$84=4\times21=2^2\times3\times7$의 소인수의 개수는 2, 3, 7의 3
$\vdots$
따라서 조건을 만족시키는 두 자리 자연수의 최댓값은 84

그림과 같이 길이가 1인 선분 AB 위의 점 C에 대하여 선분 AC를 한 변으로 하는 정사각형 ACDE가 있다. 선분 CD를 삼등분하는 점 중 점 D에 가까운 점을 F라 하자. ❶ 정사각형 ACDE의 넓이와 삼각형 BFC의 넓이의 합이 $\dfrac{5}{8}$일 때, $\overline{AC}=\dfrac{q}{p}$이다. $p+q$의 값을 구하시오. (단, p와 q는 서로소인 자연수이다.) [4점]

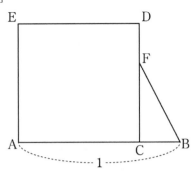

STEP 01 $\overline{AC}=a$라 하고 ❶을 이용하여 방정식을 세운 후 방정식을 풀어 a를 구한 다음 $p+q$의 값을 구한다.

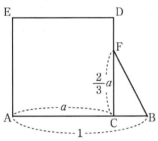

$\overline{AC}=a$라 하자. 사각형 ACDE는 정사각형이므로 $\square ACDE=a^2$

선분 CD를 삼등분하는 점 중 점 D에 가까운 점이 F이므로 $\overline{CF}=\dfrac{2}{3}a$

$\overline{BC}=1-a$이므로

$\triangle BFC=\dfrac{1}{2}\times(1-a)\times\dfrac{2}{3}a=\dfrac{1}{3}a-\dfrac{1}{3}a^2$

그러므로

$\square ACDE+\triangle BFC=a^2+\dfrac{1}{3}a-\dfrac{1}{3}a^2=\dfrac{2}{3}a^2+\dfrac{1}{3}a$이므로

$\dfrac{2}{3}a^2+\dfrac{1}{3}a=\dfrac{5}{8}$, $16a^2+8a-15=0$, $(4a+5)(4a-3)=0$

$a=-\dfrac{5}{4}$ 또는 $a=\dfrac{3}{4}$

$0<a<1$이므로 $a=\dfrac{3}{4}$

따라서 $p=4$, $q=3$ 이므로 $p+q=4+3=7$

★★★ 등급을 가르는 문제!

그림과 같이 반지름의 길이가 2이고 중심각의 크기가 90°인 부채꼴 OAB가 있다. 선분 OA를 지름으로 하는 반원의 호 위의 점 P에 대하여 직선 OP가 호 AB와 만나는 점을 Q라 하고, 점 Q에서 선분 OA에 내린 수선의 발을 H라 하자. $\angle QOA=30°$일 때, 삼각형 PHQ의 넓이는 $\dfrac{a\sqrt{3}-b}{4}$이다.

$a+b$의 값을 구하시오. (단, a와 b는 자연수이다.) [4점]

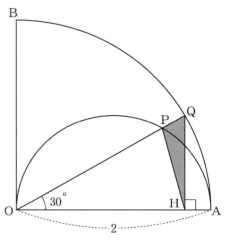

STEP 01 삼각형 OHQ에서 삼각비를 이용하여 $\overline{HQ}$를 구한다.

삼각형 OHQ에서 $\overline{OQ}=2$

$\dfrac{\overline{HQ}}{\overline{OQ}}=\sin30°$, $\overline{HQ}=\overline{OQ}\times\sin30°=2\times\dfrac{1}{2}=1$

STEP 02 삼각형 OAP에서 삼각비를 이용하여 $\overline{OP}$, $\overline{PQ}$를 구한다.

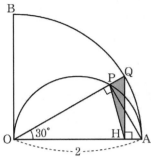

그림과 같이 선분 AP를 그으면 각 OPA는 반원에 대한 원주각이므로 $\angle OPA=90°$

삼각형 OAP에서 $\dfrac{\overline{OP}}{\overline{OA}}=\cos30°$

$\overline{OP}=\overline{OA}\times\cos30°=2\times\dfrac{\sqrt{3}}{2}=\sqrt{3}$

$\overline{PQ}=\overline{OQ}-\overline{OP}=2-\sqrt{3}$

STEP 03 삼각형 PHQ에서 $\angle HQP$의 크기를 구한 후 삼각형 PHQ의 넓이를 구하여 $a+b$의 값을 구한다.

삼각형 PHQ에서 $\angle HQP=60°$이므로

$\triangle PHQ=\dfrac{1}{2}\times\overline{HQ}\times\overline{PQ}\times\sin60°$

$\quad\quad=\dfrac{1}{2}\times1\times(2-\sqrt{3})\times\dfrac{\sqrt{3}}{2}$

$\quad\quad=\dfrac{2\sqrt{3}-3}{4}$

따라서 $a=2$, $b=3$이므로 $a+b=2+3=5$

● 핵심 공식

▶ 원주각

(1) 한 호에 대한 원주각의 크기는 그 호에 대한 중심각의 크기의 $\dfrac{1}{2}$이다.

$\quad\angle AOB=2\angle APB$

(2) 원주각의 정리

한 원 또는 합동인 원에서 같은 크기의 호에 대한 원주각의 크기는 모두 같다.

(3) 반원의 원주각의 크기는 90°이다.

▶ 특수각의 삼각비

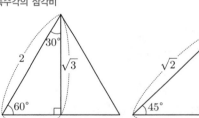

각(A) 삼각비	30°	45°	60°
$\sin A$	$\dfrac{1}{2}$	$\dfrac{\sqrt{2}}{2}$	$\dfrac{\sqrt{3}}{2}$
$\cos A$	$\dfrac{\sqrt{3}}{2}$	$\dfrac{\sqrt{2}}{2}$	$\dfrac{1}{2}$
$\tan A$	$\dfrac{\sqrt{3}}{3}$	1	$\sqrt{3}$

★★ 문제 해결 꿀~팁 ★★

▶ 문제 해결 방법

삼각형 OHQ에서 삼각비를 이용하면 $\overline{HQ}=1$, 마찬가지로 삼각형 OAP에서 $\overline{OP}=\sqrt{3}$이므로 $\overline{PQ}=2-\sqrt{3}$

삼각형 PHQ에서 $\angle HQP=60°$이므로 $\triangle PHQ=\dfrac{1}{2}\times\overline{HQ}\times\overline{PQ}\times\sin60°$으로 넓이를 구하면 된다.

특수각의 삼각비를 정확하게 알고 적용할 수 있으면 어렵지 않게 답을 구할 수 있다.

★★★ 등급을 가르는 문제!

28 중앙값과 평균을 이용한 분산 　정답률 41% | 정답 10

다음은 8명의 학생이 1년 동안 읽은 책의 권수를 조사하여 나타낸 자료이다.

$$4, \ 3, \ 12, \ 5, \ 4, \ a, \ b, \ c$$

이 자료의 중앙값과 평균이 모두 7일 때, 분산을 구하시오. [4점]

STEP 01 중앙값이 7임을 이용하여 a를 구한다.

자료의 개수가 8이므로 중앙값은 변량을 작은 값부터 크기순으로 나열하였을 때,
네 번째 변량과 다섯 번째 변량의 평균이다.
$a \leq b \leq c$ 라 하자.
$a \leq 5$이면 중앙값이 7이 될 수 없으므로 $a > 5$
주어진 자료를 작은 값부터 크기순으로 나열하면
3, 4, 4, 5, $\cdots$ 이므로 네 번째 변량은 5이다.
중앙값이 7이므로 a, b, c, 12 중 다섯 번째 변량은 a이고
$\dfrac{5+a}{2}=7$, $a=9$

STEP 02 평균이 7임을 이용하여 b, c를 구한다.

한편, 평균이 7이므로
$\dfrac{3+4+4+5+9+12+b+c}{8}=7$
$37+b+c=56$, $b+c=19$
$9 \leq b \leq c$이므로 $b=9$, $c=10$

STEP 03 편차를 구한 후 분산을 구한다.

주어진 자료는 3, 4, 4, 5, 9, 9, 10, 12이고 평균이 7이므로
이 자료의 편차는 차례로 -4, -3, -3, -2, 2, 2, 3, 5
따라서 구하는 분산은
$\dfrac{(-4)^2+(-3)^2+(-3)^2+(-2)^2+2^2+2^2+3^2+5^2}{8}=10$

● **핵심 공식**

▶ 도수분포표에서의 평균과 분산
• (평균) $= \dfrac{\{(계급값) \times (도수)\}의 \ 총합}{(도수)의 \ 총합}$
• (분산) $= \dfrac{\{(편차)^2 \times (도수)\}의 \ 총합}{(도수)의 \ 총합}$

★★ 문제 해결 꿀~팁 ★★

▶ 문제 해결 방법

$a \leq b \leq c$라 하고 주어진 자료를 작은 값부터 크기순으로 나열하면 3, 4, 4, 5, a, b, c, 12일 가능성이 가장 크다. $a \leq 5$이면 중앙값이 7이 될 수 없기 때문이다.
여기서 $\dfrac{5+a}{2}=7$, $a=9$
다음으로 평균이 7이므로 $b+c=19$이고, $a \leq b \leq c$이므로 $b=9$, $c=10$일수밖에 없다.
이제 자료의 모든 값을 구했으므로 분산을 구하면 된다. 중앙값, 평균, 분산을 구하는 방법을 정확하게 알고 있어야 한다.

★★★ 등급을 가르는 문제!

29 이차함수의 그래프 　정답률 15% | 정답 13

좌표평면에서 이차항의 계수가 양수인 이차함수 $y=f(x)$의 그래프 위의 두 점 A, B가 다음 조건을 만족시킨다.

(가) $a < 2 < b$인 두 수 a, b에 대하여 A$(a, \ 1)$, B$(b, \ 1)$이다.
(나) 점 C$(2, \ 1)$에 대하여 $\overline{AC}=3\overline{BC}$이다.

이차함수 $y=f(x)$의 그래프 위의 점 D에 대하여 삼각형 ADB가 $\angle ADB=90°$인 이등변삼각형이고 ❶ 넓이가 16일 때, $f(8)$의 값을 구하시오. [4점]

STEP 01 주어진 조건을 만족하도록 이차함수 위에 세 점 A, B, D를 잡고 직각이등변삼각형의 성질을 이용하여 각 변들의 길이의 비를 구한 후 ❶을 이용하여 미지수를 구한 다음 세 점 A, B, D의 좌표를 구한다.

삼각형 ADB가 $\angle ADB=90°$인 이등변삼각형이므로 빗변은 선분 AB이고, $\overline{AD}=\overline{BD}$이다.
점 D에서 선분 AB에 내린 수선의 발을 H라 하면 직선 DH는 선분 AB의 수직이등분선이다.

한편, 이차함수 $y=f(x)$의 그래프 위의 두 점 A와 B의 y좌표는 같으므로 선분 AB의 수직이등분선은 이차함수 $y=f(x)$의 그래프의 축이다.
그러므로 점 D는 이차함수 $y=f(x)$의 그래프와 축의 교점이므로 꼭짓점이다.

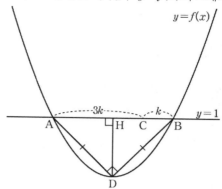

그림과 같이 $\overline{BC}=k$라 하면 $\overline{AC}=3 \times \overline{BC}$ 이므로
$\overline{AC}=3k$
삼각형 DHA는 $\angle DHA=90°$인 이등변삼각형이므로
$\overline{DH}=\overline{AH}=\dfrac{1}{2} \times \overline{AB}=\dfrac{1}{2} \times 4k=2k$
$\triangle ADB=\dfrac{1}{2} \times \overline{AB} \times \overline{DH}=\dfrac{1}{2} \times 4k \times 2k=4k^2=16$
$k^2=4$, $k=2 \ (k>0)$
그러므로 점 A의 좌표는 $(-4, \ 1)$, 점 B의 좌표는 $(4, \ 1)$, 점 D의 좌표는 $(0, \ -3)$

STEP 02 세 점 A, B, D의 좌표를 이용하여 이차함수 $y=f(x)$를 구한 후 $f(8)$의 값을 구한다.

이차함수 $y=f(x)$의 그래프의 꼭짓점의 좌표는 $(0, \ -3)$이므로
$f(x)=px^2-3$ (p는 상수)
$y=f(x)$의 그래프가 점 $(4, \ 1)$을 지나므로
$1=16p-3$, $p=\dfrac{1}{4}$
$f(x)=\dfrac{1}{4}x^2-3$
따라서 $f(8)=\dfrac{1}{4} \times 8^2-3=13$

★★ 문제 해결 꿀~팁 ★★

▶ 문제 해결 방법

먼저 주어진 조건을 만족하도록 그래프 위에 세 점 A, B, D를 잡으면 삼각형 ADB가 직각이등변삼각형이므로 삼각형 DHA도 직각이등변삼각형으로 $\overline{DH}=\overline{AH}$이고 $\overline{BC}=k$라 하면 $\overline{AC}=3k$, $\overline{DH}=\overline{AH}=2k$이다.
삼각형 ADB의 넓이가 16이므로 $k=2$이다. 그러므로 점 A$(-4, \ 1)$, 점 B$(4, \ 1)$, 점 D$(0, \ -3)$이고 점 D가 이차함수의 꼭짓점이므로 $f(x)=px^2-3$이다. 여기에 점 A의 좌표를 대입하면 $p=\dfrac{1}{4}$, $f(x)=\dfrac{1}{4}x^2-3$이다.

주어진 조건을 만족하도록 이차함수 위에 세 점을 적절하게 잡을 수 있어야 하고 직각이등변삼각형이 되도록 세 점을 잡고 나면 점 D가 이차함수의 꼭짓점임을 짐작할 수 있고 삼각형들의 변의 길이의 관계도 보다 쉽게 짐작할 수 있다. 주어진 조건을 최대한 활용하여 그래프를 그릴 수 있으면 보다 쉽게 문제를 해결할 수 있다.

★★★ 등급을 가르는 문제!

30 삼각형의 닮음을 이용한 도형의 넓이 　정답률 12% | 정답 320

그림과 같이 $\overline{AD} /\!/ \overline{BC}$인 사다리꼴 ABCD에서 두 대각선의 교점을 E라 하자. 점 E를 지나고 선분 AD와 평행한 직선이 선분 CD와 만나는 점을 F라 하고, 두 선분 AC, BF의 교점을 G라 하자. $\overline{AD}=4$, $\overline{EF}=3$일 때, 사다리꼴 ABCD의 넓이는 삼각형 EGF의 넓이의 k배이다. $9k$의 값을 구하시오. [4점]

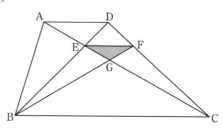

STEP 01 두 삼각형 ACD, ECF의 닮음과 두 삼각형 DEF, DBC의 닮음을 이용하여 $\overline{BC}$를 구한다.

두 삼각형 ACD, ECF에서 $\overline{AD}\,/\!/\,\overline{EF}$이므로 삼각형 ACD와 삼각형 ECF는 서로 닮음이다.

$\overline{AD}:\overline{EF}=4:3$이므로 $\overline{CD}:\overline{CF}=4:3$, $\overline{CF}:\overline{FD}=3:1$ …… ㉠

두 삼각형 DEF, DBC에서 $\overline{EF}\,/\!/\,\overline{BC}$이므로 삼각형 DEF와 삼각형 DBC는 서로 닮음이다.

$\overline{EF}:\overline{BC}=\overline{DF}:\overline{DC}=1:4$이므로 $\overline{BC}=12$

STEP 02 삼각형 EGF의 넓이를 S라 하고 각 삼각형들의 닮음비를 이용하여 각 삼각형들의 넓이를 S를 이용하여 나타낸다.

두 삼각형 EGF, CGB에서 $\overline{EF}\,/\!/\,\overline{BC}$이므로 삼각형 EGF와 삼각형 CGB는 서로 닮음이다.

$\overline{FG}:\overline{BG}=\overline{EG}:\overline{CG}=\overline{EF}:\overline{CB}=1:4$ …… ㉡

두 삼각형 AED, CEB에서 $\overline{AD}\,/\!/\,\overline{BC}$이므로 삼각형 AED와 삼각형 CEB는 서로 닮음이다.

$\overline{AD}:\overline{CB}=\overline{DE}:\overline{BE}=1:3$ …… ㉢

삼각형 EGF의 넓이를 S라 하면

㉡에서
$\triangle EBG=4\times\triangle EGF=4S$, $\triangle FGC=4\times\triangle EGF=4S$

㉠에서
$\triangle DEF=\dfrac{1}{3}\times\triangle ECF=\dfrac{1}{3}(\triangle EGF+\triangle FGC)=\dfrac{5}{3}S$

$\begin{aligned}\triangle ABE&=\triangle ABD-\triangle AED=\triangle ACD-\triangle AED\\&=\triangle DEC=\triangle DEF+\triangle EGF+\triangle FGC\\&=\dfrac{5}{3}S+S+4S=\dfrac{20}{3}S\end{aligned}$

㉡에서 두 삼각형 EGF와 GBC의 닮음비가 $1:4$이므로 넓이의 비는 $1^2:4^2=1:16$이 되어

$\triangle GBC=16\times\triangle EGF=16S$

㉢에서 두 삼각형 AED와 CEB의 닮음비가 $1:3$이므로 넓이의 비는 $1^2:3^2=1:9$가 되어

$\begin{aligned}\triangle AED&=\dfrac{1}{9}\times\triangle CEB=\dfrac{1}{9}(\triangle EBG+\triangle GBC)\\&=\dfrac{1}{9}(4S+16S)=\dfrac{20}{9}S\end{aligned}$

STEP 03 삼각형들의 넓이의 합으로 사다리꼴 ABCD의 넓이를 구하여 k를 구한 후 $9k$의 값을 구한다.

사다리꼴 ABCD의 넓이는

$\triangle ABE+\triangle EBG+\triangle GBC+\triangle FGC+\triangle EGF+\triangle DEF+\triangle AED$
$=\dfrac{20}{3}S+4S+16S+4S+S+\dfrac{5}{3}S+\dfrac{20}{9}S=\dfrac{320}{9}S$

이므로 삼각형 EGF의 넓이의 $\dfrac{320}{9}$배이다.

따라서 $k=\dfrac{320}{9}$이므로 $9k=9\times\dfrac{320}{9}=320$

★★ 문제 해결 꿀~팁 ★★

▶ 문제 해결 방법

$\overline{AD}=4$, $\overline{EF}=3$에서 각 삼각형들의 닮음비를 찾아내야 한다.

먼저 두 삼각형 ACD, ECF에서 $\overline{CF}:\overline{FD}=3:1$이고 두 삼각형 DEF, DBC에서 $\overline{EF}:\overline{BC}=1:4$이므로 $\overline{BC}=12$이다.

이와 같이 각각의 닮음인 삼각형들을 찾아 닮음비를 구하고 삼각형 EGF의 넓이를 S라 할 때 사다리꼴 ABCD의 내부의 작은 삼각형들의 넓이를 모두 S를 이용하여 나타내어야 한다. 이때 닮음비와 넓이의 비를 구분하여 넓이를 구해야 한다. 높이가 같고 밑변의 길이가 k배이면 넓이도 k배이지만, 모든 변의 길이가 k배이면 넓이는 k^2배이다. 이 점에 유의하여 각 삼각형들의 넓이를 구해야 한다. 각 삼각형들의 넓이를 구한 후 합을 구하면 사다리꼴의 넓이를 구할 수 있다.

• 정답 •

01 ③ 02 ④ 03 ② 04 ④ 05 ⑤ 06 ② 07 ① 08 ③ 09 ⑤ 10 ② 11 ③ 12 ① 13 ① 14 ④ 15 ③
16 ⑤ 17 ① 18 ⑤ 19 ④ 20 ② 21 ⑤ 22 7 ★ 23 18 24 70 25 84 26 128 27 48 28 25 29 31 30 149

★ 표기된 문항은 [등급을 가르는 문제]에 해당하는 문항입니다.

01 정수와 유리수의 연산 ⬛ 정답률 94% | 정답 ③

❶ $6\div(-4)-\dfrac{5}{2}\times(-3)$ 의 값은? [2점]

① 4 ② 5 ③ 6 ④ 7 ⑤ 8

STEP 01 유리수의 연산으로 ❶의 값을 구한다.

$\begin{aligned}6\div(-4)-\dfrac{5}{2}\times(-3)&=6\times\left(-\dfrac{1}{4}\right)+\dfrac{5}{2}\times3\\&=-\dfrac{6}{4}+\dfrac{15}{2}\\&=\dfrac{-3+15}{2}\\&=\dfrac{12}{2}=6\end{aligned}$

02 다항식의 연산 ⬛ 정답률 95% | 정답 ④

다항식 ❶ $2x(3x-1)-x(2x+3)$ 을 간단히 하였을 때, x^2 의 계수는? [2점]

① 1 ② 2 ③ 3 ④ 4 ⑤ 5

STEP 01 다항식의 계산으로 ❶을 정리하여 x^2 의 계수를 구한다.

$\begin{aligned}2x(3x-1)-x(2x+3)&=6x^2-2x-2x^2-3x\\&=6x^2-2x^2-2x-3x\\&=(6-2)x^2-(2+3)x\\&=4x^2-5x\end{aligned}$

따라서 x^2 의 계수는 4 이다.

● 핵심 공식

▶ 단항식과 다항식의 계산

(1) 계산 방법
 ① 계수는 계수끼리, 문자는 문자끼리 곱하여 계산한다.
 ② 같은 문자의 곱은 거듭제곱의 지수를 써서 나타낸다.
(2) 다항식의 덧셈과 뺄셈 괄호를 풀고 동류항끼리 모아서 간단히 한다.(※ 동류항 : 문자와 차수가 같은 항)
(3) 사칙 연산의 순서
 ① 괄호가 있으면 괄호를 먼저 푼다.
 ② 식의 곱셈과 나눗셈을 계산한다.
 ③ 동류항끼리 덧셈과 뺄셈을 계산한다.

03 제곱근의 성질 ⬛ 정답률 92% | 정답 ②

❶ $\sqrt{\dfrac{2}{3}}\times\sqrt{\dfrac{15}{2}}+\sqrt{20}$ 의 값은? [2점]

① $\dfrac{5\sqrt{5}}{2}$ ② $3\sqrt{5}$ ③ $\dfrac{7\sqrt{5}}{2}$ ④ $4\sqrt{5}$ ⑤ $\dfrac{9\sqrt{5}}{2}$

STEP 01 제곱근의 성질을 이용하여 ❶의 값을 구한다.

$\begin{aligned}\sqrt{\dfrac{2}{3}}\times\sqrt{\dfrac{15}{2}}+\sqrt{20}&=\sqrt{\dfrac{2}{3}\times\dfrac{15}{2}}+\sqrt{4\times5}\\&=\sqrt{5}+2\sqrt{5}=3\sqrt{5}\end{aligned}$

04 완전제곱식 ⬛ 정답률 93% | 정답 ④

❶ $9x^2+12x+k$ 가 완전제곱식이 되기 위한 상수 k 의 값은? [3점]

① $\dfrac{1}{9}$ ② $\dfrac{1}{4}$ ③ 1 ④ 4 ⑤ 9

STEP 01 ❶을 이차함수의 표준형으로 바꾸어 만족하는 k 의 값을 구한다.

$9x^2 + 12x + k$ 가 완전제곱식이 되려면
$$9x^2 + 12x + k = (3x)^2 + 2 \times (3x) \times 2 + k = (3x + 2)^2$$
이 되어야 한다.
따라서 $k = 2^2 = 4$

다른 풀이

$9x^2 + 12x + k$ 가 완전제곱식이 되려면 $9x^2 + 12x + k$ 의 판별식을 D 라 할 때
$$\frac{D}{4} = 36 - 9k = 0$$
$$k = 4$$

● 핵심 공식

▶ 판별식

이차방정식 $ax^2 + bx + c = 0$ 의 판별식 $D = b^2 - 4ac$ 를 이용한 근의 개수 판별
① $b^2 - 4ac > 0 \leftrightarrow$ 서로 다른 두 실근
② $b^2 - 4ac = 0 \leftrightarrow$ 한 개의 중근
③ $b^2 - 4ac < 0 \leftrightarrow$ 실근이 없다

---

05 입체도형 정답률 86% | 정답 ⑤

그림과 같이 ❶ 밑면의 지름의 길이가 4 인 원기둥의 ❷ 겉넓이가 38π 일 때, 이 원기둥의 높이는? [3점]

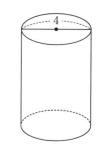

① $\frac{11}{2}$ ② 6 ③ $\frac{13}{2}$ ④ 7 ⑤ $\frac{15}{2}$

STEP 01 ❶을 이용하여 원기둥의 밑넓이를 구한 후 ❷를 이용하여 원기둥의 높이를 구한다.

원기둥의 높이를 x 라 하고 원기둥의 전개도를 그리면 다음과 같다.

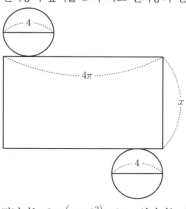

밑넓이는 $2 \times (\pi \times 2^2) = 8\pi$, 옆넓이는 $(2\pi \times 2) \times x = 4\pi x$ 이고 겉넓이가 38π 이므로
$$8\pi + 4\pi x = 38\pi, \ 4\pi x = 38\pi - 8\pi = 30\pi$$
$$x = \frac{30\pi}{4\pi} = \frac{15}{2}$$

따라서 구하는 높이는 $\frac{15}{2}$ 이다.

● 핵심 공식

▶ 입체도형의 겉넓이와 부피
(V : 부피, S : 겉넓이, h : 높이, r : 반지름)

도형	겉넓이	부피
각기둥	$S = ($밑넓이$\times 2) + $옆넓이	$V = S \times h \ (S :$ 밑넓이$)$
원기둥	$S = 2\pi r(r + h)$	$V = \pi r^2 h$
원뿔	$S = \pi r^2 + \pi r l \ (l :$ 모선의 길이$)$	$V = \frac{1}{3}\pi r^2 h$
구	$S = 4\pi r^2$	$V = \frac{4}{3}\pi r^3$

---

06 일차함수의 그래프 정답률 86% | 정답 ②

일차함수 ❶ $y = ax + b$ 의 그래프는 일차함수 $y = -\frac{2}{3}x$ 의 그래프와 평행하다. 일차함수 $y = ax + b$ 의 그래프의 ❷ x 절편이 3 일 때, $a + b$ 의 값은? (단, a 와 b 는 상수이다.) [3점]

① $\frac{7}{6}$ ② $\frac{4}{3}$ ③ $\frac{3}{2}$ ④ $\frac{5}{3}$ ⑤ $\frac{11}{6}$

STEP 01 ❶에서 a 를 구한 후 ❷에서 b 를 구한 다음 $a + b$ 의 값을 구한다.

$y = ax + b$ 의 그래프는 $y = -\frac{2}{3}x$ 의 그래프와 평행하므로
$$a = -\frac{2}{3}$$

$y = -\frac{2}{3}x + b$ 의 그래프의 x 절편이 3 이므로
$$0 = -\frac{2}{3} \times 3 + b, \ b = 2$$

따라서 $a + b = -\frac{2}{3} + 2 = -\frac{2}{3} + \frac{6}{3} = \frac{4}{3}$

● 핵심 공식

▶ 일차함수 $y = ax + b$

(1) 기울기 $= a$
(2) x 절편 $(y = 0$일 때의 x값$) = -\frac{b}{a}$
(3) y 절편 $(x = 0$일 때의 y값$) = b$

---

07 줄기와 잎 정답률 87% | 정답 ①

다음은 어느 고등학교 1 학년 학생 20 명이 1 년간 실시한 봉사 활동 시간을 줄기와 잎 그림으로 나타낸 것이다. 이 자료의 중앙값은? [3점]

(2 | 0 은 20 시간)

줄기	잎
0	4 5
1	1 2 4 7 7
2	0 1 1 5 8 9
3	4 4 8 9
4	0 0 2

① 23 시간 ② 24 시간 ③ 25 시간 ④ 26 시간 ⑤ 27 시간

STEP 01 자료를 작은 값부터 크기순으로 나열하여 중앙값을 구한다.

줄기와 잎 그림의 자료를 작은 값부터 크기순으로 나열하면
4, 5, 11, 12, 14, 17, 17, 20, 21, 21, 25, 28, 29, 34, 34, 38, 39, 40, 40, 42 이다.
자료의 개수가 짝수이므로 중앙값은 중앙에 위치한 10 번째와 11 번째에 위치한 두 값의 평균이다.
따라서 중앙값은 $\frac{21 + 25}{2} = 23$ (시간)이다.

---

08 거듭제곱의 성질 정답률 79% | 정답 ③

❶ $5^3 \times 6^4$ 이 n 자리의 수일 때, n 의 값은? [3점]

① 4 ② 5 ③ 6 ④ 7 ⑤ 8

STEP 01 ❶을 소인수분해한 후 10의 거듭제곱을 이용하여 나타내어 n의 값을 구한다.
$5^3 \times 6^4 = 5^3 \times (2 \times 3)^4 = 5^3 \times 2^4 \times 3^4 = 5^3 \times 2^3 \times 2 \times 3^4 = 162 \times 10^3 = 162000$
따라서 $5^3 \times 6^4$ 은 6 자리의 수이므로 $n = 6$ 이다.

---

09 확률 정답률 78% | 정답 ⑤

❶ 한 개의 주사위를 두 번 던질 때, ❷ 첫 번째 던져서 나온 눈의 수가 두 번째 던져서 나온 눈의 수보다 작을 확률은? [3점]

① $\frac{11}{36}$ ② $\frac{1}{3}$ ③ $\frac{13}{36}$ ④ $\frac{7}{18}$ ⑤ $\frac{5}{12}$

STEP 01 ❶의 모든 경우의 수를 구한 후 ❷의 경우의 수를 구하여 구하는 확률을 구한다.

한 개의 주사위를 두 번 던질 때 일어날 수 있는 모든 경우의 수는

$6 \times 6 = 36$ 이다.

첫 번째 던져서 나온 눈의 수를 a, 두 번째 던져서 나온 눈의 수를 b라 할 때, a가 b보다 작은 경우를 순서쌍 (a, b)로 나타내면

$(1, 2), (1, 3), (1, 4), (1, 5), (1, 6),$
$(2, 3), (2, 4), (2, 5), (2, 6),$
$(3, 4), (3, 5), (3, 6),$
$(4, 5), (4, 6),$
$(5, 6)$

이므로 경우의 수는 15이다.

따라서 구하는 확률은 $\dfrac{15}{36} = \dfrac{5}{12}$ 이다.

다른 풀이

한 개의 주사위를 두 번 던질 때 일어날 수 있는 모든 경우의 수는 36이다.
첫 번째 던져서 나온 눈의 수와 두 번째 던져서 나온 눈의 수가 같은 경우의 수는 6이므로 서로 다른 경우의 수는 30이다.
첫 번째 던져서 나온 눈의 수가 두 번째 던져서 나온 눈의 수보다 큰 경우의 수와 작은 경우의 수가 서로 같으므로 첫 번째 던져서 나온 눈의 수가 두 번째 던져서 나온 눈의 수보다 작은 경우의 수는 $\dfrac{30}{2} = 15$이다.

따라서 구하는 확률은 $\dfrac{15}{36} = \dfrac{5}{12}$ 이다.

---

10 일차부등식   정답률 84% | 정답 ②

일차부등식 ❶ $2a - x \le -3(x-2)$ 가 참이 되는 ❷ 자연수의 개수가 4일 때, 정수 a의 값은? [3점]

① -2 ② -1 ③ 0 ④ 1 ⑤ 2

STEP 01   ❶의 부등식을 정리한 후 ❷를 만족하도록 하는 정수 a의 값을 구한다.

$2a - x \le -3(x-2)$
$2a - x \le -3x + 6$
$3x - x \le 6 - 2a$
$2x \le 6 - 2a$
그러므로 $x \le 3 - a$

$3 - a$가 정수이고 일차부등식이 참이 되는 자연수의 개수가 4이므로 $3 - a = 4$
따라서 $a = -1$

---

11 인수분해   정답률 87% | 정답 ③

[그림 1]은 가로의 길이가 $2x$, 세로의 길이가 $x+2$인 직사각형에서 가로의 길이가 1, 세로의 길이가 x인 직사각형을 잘라 낸 도형을 나타낸 것이다.
[그림 2]는 세로의 길이가 x인 직사각형을 나타낸 것이다. ❶ [그림 1]의 도형과 [그림 2]의 직사각형의 넓이가 서로 같을 때, [그림 2]의 직사각형의 둘레의 길이는? (단, $x > \dfrac{1}{2}$) [3점]

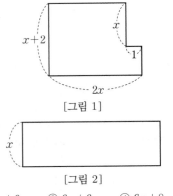

[그림 1]

[그림 2]

① $4x + 4$ ② $4x + 6$ ③ $6x + 6$ ④ $6x + 8$ ⑤ $8x + 8$

STEP 01   [그림 1]의 도형의 넓이를 구한 후 ❶을 이용하여 [그림 2]의 직사각형의 가로의 길이를 구한 다음 둘레의 길이를 구한다.

[그림 1]의 도형의 넓이는
$2x(x+2) - x = 2x^2 + 4x - x = 2x^2 + 3x = x(2x + 3)$
이고 [그림 2]의 직사각형의 넓이는 (가로의 길이)$\times x$이다.
[그림 1]의 도형과 [그림 2]의 직사각형의 넓이가 서로 같으므로 [그림 2]의 직사각형의 가로의 길이는 $2x + 3$이다.
따라서 [그림 2]의 직사각형의 둘레의 길이는
$2(x + 2x + 3) = 6x + 6$이다.

---

12 산점도   정답률 79% | 정답 ①

다음은 어느 반 학생 20명의 작년에 읽은 책의 수와 올해 읽은 책의 수에 대한 산점도이다.

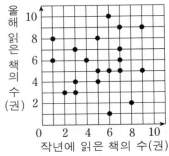

작년보다 올해 책을 더 많이 읽은 학생의 수를 a, 작년과 올해 해마다 5권 이상의 책을 읽은 학생의 수를 b라 할 때, $a+b$의 값은? [3점]

① 19   ② 21   ③ 23   ④ 25   ⑤ 27

STEP 01   산점도에서 a, b의 값을 각각 구한 후 $a+b$의 값을 구한다.

작년보다 올해 책을 더 많이 읽은 학생의 수는 그림에서 대각선의 위쪽에 있는 점의 개수이므로 9이다.

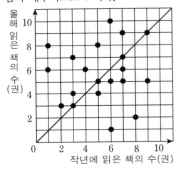

그러므로 $a = 9$
작년과 올해 해마다 5권 이상의 책을 읽은 학생의 수는 그림에서 표시한 부분과 같이 10이다.

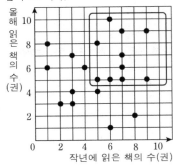

그러므로 $b = 10$
따라서 $a + b = 9 + 10 = 19$

---

13 연립방정식   정답률 74% | 정답 ①

어느 제과점에서 두 종류의 선물 세트 A, B를 각각 1상자씩 만드는 데 필요한 사탕과 쿠키의 개수는 다음과 같다.

	A	B
사탕(개)	20	5
쿠키(개)	15	25

선물 세트 A를 a상자, 선물 세트 B를 b상자 만드는 데 필요한 사탕과 쿠키의 개수가 각각 360, 440일 때, $a+b$의 값은? [3점]

① 24   ② 26   ③ 28   ④ 30   ⑤ 32

STEP 01   주어진 표를 이용하여 연립방정식을 세운 후 연립방정식을 풀어 a, b의 값을 각각 구한 후 $a+b$의 값을 구한다.

선물 세트 A를 a상자, 선물 세트 B를 b상자 만드는 데 필요한 사탕의 개수는 $20a + 5b$이고 쿠키의 개수는 $15a + 25b$이다.
주어진 조건에 따라 다음과 같이 연립방정식을 세울 수 있다.

$$\begin{cases} 20a + 5b = 360 & \cdots\cdots \, \unicode{x1D4D7} \\ 15a + 25b = 440 & \cdots\cdots \, \unicode{x1D4D8} \end{cases}$$

b의 계수의 절댓값이 같아지도록 ⓛ의 양변을 5로 나누면
$3a + 5b = 88$ $\cdots\cdots$ ⓒ
ⓣ에서 ⓒ을 변끼리 빼면
$17a = 272$, $a = 16$

$a = 16$ 을 ⓒ에 대입하면
$3 \times 16 + 5b = 88$
$48 + 5b = 88$
$5b = 40$, $b = 8$
따라서 $a + b = 16 + 8 = 24$

---

14 정비례와 반비례   정답률 62% | 정답 ④

그림과 같이 정비례 관계 $y = -\dfrac{1}{2}x$ 의 그래프와 반비례 관계

$y = \dfrac{a}{x}\,(a < 0)$의 그래프가 있다. 이 두 그래프가 만나는 두 점을 A, B 라

할 때, ❶ 두 점 A, B 의 x 좌표의 합이 0 이다. 점 A 를 지나고 x 축에 평행한 직선과 점 B 를 지나고 y 축에 평행한 직선이 만나는 점을 C 라 할 때, ❷ 삼각형 ABC 의 넓이는 16 이다. 상수 a 의 값은? (단, 점 A 는 제4사분면 위의 점이다.) [4점]

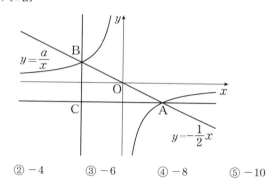

① -2 ② -4 ③ -6 ④ -8 ⑤ -10

STEP 01 ❶에 의해 미지수를 이용하여 세 점 A, B, C 의 좌표를 구한다.

두 점 A, B 의 x 좌표의 합이 0 이므로 점 A 의 x 좌표를 양수 p 라 하면 점 B 의 x 좌표는 $-p$ 이다.

직선 $y = -\dfrac{1}{2}x$ 가 두 점 A, B 를 지나므로

두 점 A, B 의 좌표는

$A\left(p, -\dfrac{1}{2}p\right)$, $B\left(-p, \dfrac{1}{2}p\right)$

그러므로 점 C 의 좌표는 $C\left(-p, -\dfrac{1}{2}p\right)$ 이다.

STEP 02 삼각형 ABC 의 넓이를 구한 후 ❷를 이용하여 p 를 구한 다음 a 의 값을 구한다.

삼각형 ABC 의 넓이가 16 이므로

$\dfrac{1}{2} \times \overline{AC} \times \overline{BC} = \dfrac{1}{2} \times 2p \times p = p^2 = 16$

$p = 4$ 이므로 $A(4, -2)$ 이다.

점 $A(4, -2)$ 가 반비례 관계 $y = \dfrac{a}{x}$ 의 그래프 위의 점이므로

$-2 = \dfrac{a}{4}$, $a = -8$

---

15 경우의 수   정답률 60% | 정답 ③

어느 동아리에서 부원 A, B, C, D, E 의 5 명 중에서 3 명을 선택하여 다음과 같이 동아리실 청소 당번을 정하려고 한다.

- 월요일, 수요일, 금요일의 당번을 각각 1 명씩 서로 다르게 정한다.
- A 는 당번을 하고, B 와 C 중 적어도 1 명은 당번을 한다.

다음은 당번을 정하는 경우의 수를 구하는 과정의 일부이다.

세 가지 경우로 나누어 구한다.
(ⅰ) B 와 C 가 모두 당번을 하는 경우
   A, B, C 세 명이 당번을 하므로 당번을 정하는 경우의 수는
    (가) 이다.
(ⅱ) B 는 당번을 하고 C 는 당번을 하지 않는 경우
   A, B 가 당번을 하고, C 는 당번을 하지 않으므로 당번을 정하는
   경우의 수는 (나) 이다.
(ⅲ) C 는 당번을 하고 B 는 당번을 하지 않는 경우
         : (중략)
(ⅰ), (ⅱ), (ⅲ)에 의하여 당번을 정하는 경우의 수는 (다) 이다.

위의 (가), (나), (다)에 알맞은 수를 각각 a, b, c 라 할 때, $a+b+c$ 의 값은?
                          [4점]

① 40   ② 44   ③ 48   ④ 52   ⑤ 56

STEP 01 각 경우에 당번을 정하는 경우의 수를 각각 구한 다음 합을 구한다.

세 가지 경우로 나누어 구한다.
(ⅰ) B 와 C 가 모두 당번을 하는 경우
   A, B, C 세 명이 당번을 하므로 당번을 정하는 방법은
   (A,B,C), (A,C,B), (B,A,C),
   (B,C,A), (C,A,B), (C,B,A) 의 6 가지이다.
   그러므로 당번을 정하는 경우의 수는 $\boxed{6}$ 이다.
(ⅱ) B 는 당번을 하고 C 는 당번을 하지 않는 경우
   A, B 가 당번을 하고, C 는 당번을 하지 않으므로
   A, B, D 또는 A, B, E 세 명이 당번을 하므로 당번을 정하는 방법은
   (A,B,D), (A,D,B), (B,A,D),
   (B,D,A), (D,A,B), (D,B,A),
   (A,B,E), (A,E,B), (B,A,E),
   (B,E,A), (E,A,B), (E,B,A) 의 12 가지이다.
   그러므로 당번을 정하는 경우의 수는 $\boxed{12}$ 이다.
(ⅲ) C 는 당번을 하고 B 는 당번을 하지 않는 경우
   A, C 가 당번을 하고, B 는 당번을 하지 않으므로
   A, C, D 또는 A, C, E 세 명이 당번을 하므로 당번을 정하는 방법은
   (A,C,D), (A,D,C), (C,A,D),
   (C,D,A), (D,A,C), (D,C,A),
   (A,C,E), (A,E,C), (C,A,E),
   (C,E,A), (E,A,C), (E,C,A) 의 12 가지이다.
   그러므로 당번을 정하는 경우의 수는 12 이다.
(ⅰ), (ⅱ), (ⅲ)에 의하여 당번을 정하는 경우의 수는 $\boxed{30}$ 이다.
따라서 $a = 6$, $b = 12$, $c = 30$ 에서
$a + b + c = 48$

---

16 외심의 성질   정답률 55% | 정답 ⑤

그림과 같이 $\angle A = 52°$ 인 예각삼각형 ABC 의 외심을 O 라 하고, 선분 BO 의 연장선과 변 AC 가 만나는 점을 D 라 하자.
❶ $\overline{BD} = \overline{BC}$ 일 때, $\angle OCD$ 의 크기는? [4점]

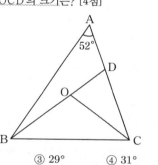

① 25°   ② 27°   ③ 29°   ④ 31°   ⑤ 33°

STEP 01 외심의 성질을 이용하여 $\angle BOC$, $\angle OBC$, $\angle BCO$ 의 크기를 차례로 구한다.

점 O 는 삼각형 ABC 의 외심이고
호 BC 에 대한 원주각의 크기가 52° 이므로
호 BC 에 대한 중심각 BOC 의 크기는 104° 이다.
$\overline{OB} = \overline{OC}$ 이므로 삼각형 OBC 는 이등변삼각형이다.
$\angle OBC = \angle OCB = 38°$

STEP 02 ❶을 이용하여 $\angle BCD$ 의 크기를 구한 다음 $\angle OCD$ 의 크기를 구한다.

또 $\overline{BD} = \overline{BC}$ 이므로 삼각형 BCD도 이등변삼각형이다.
$\angle BCD = \angle BDC = 71°$
따라서
$\angle OCD = \angle BCD - \angle BCO = 71° - 38° = 33°$

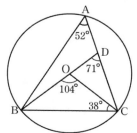

▶ 삼각형의 외심

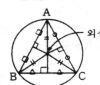

(1) 외심 : 삼각형의 세 변의 수직이등분선의 교점
(2) 외심에서 세 꼭짓점에 이르는 거리(외접원의 반지름)는 같다.
(3) 외심의 위치는 예각삼각형에서는 삼각형의 내부에, 직각삼각형에서는 빗변의 중점에, 둔각삼각형은 삼각형의 외부에 존재한다.

---

17 제곱근의 성질 　　　　　　　　정답률 54% | 정답 ①

다음 그림은 어느 수학 전시관의 입장권을 나타낸 것이다. 이 입장권은 고객용과 회수용의 두 부분으로 나누어져 있고 ❶ 고객용 부분의 넓이가 입장권의 넓이의 $\dfrac{\sqrt{15}}{5}$ 이다. 회수용 부분의 넓이가 4 일 때, 입장권의 넓이는? [4점]

① $10+2\sqrt{15}$　　② $11+2\sqrt{15}$　　③ $4+4\sqrt{15}$
④ $8+3\sqrt{15}$　　⑤ $9+3\sqrt{15}$

STEP 01 입장권의 넓이를 미지수로 놓고 ❶을 이용하여 방정식을 세워 입장권의 넓이를 구한다.

입장권의 넓이를 x 라 하자.

고객용 부분의 넓이가 입장권의 넓이의 $\dfrac{\sqrt{15}}{5}$ 이므로

고객용 부분의 넓이는 $\dfrac{\sqrt{15}}{5}x$ 이고 회수용 부분의 넓이는 $x-\dfrac{\sqrt{15}}{5}x$ 이다.

회수용 부분의 넓이가 4 이므로

$x-\dfrac{\sqrt{15}}{5}x=4$, $x\left(\dfrac{5-\sqrt{15}}{5}\right)=4$

$x=4\times\dfrac{5}{5-\sqrt{15}}=\dfrac{20}{5-\sqrt{15}}$

$=\dfrac{20(5+\sqrt{15})}{(5-\sqrt{15})(5+\sqrt{15})}$

$=\dfrac{20(5+\sqrt{15})}{5^2-(\sqrt{15})^2}$

$=\dfrac{20(5+\sqrt{15})}{10}$

$=2(5+\sqrt{15})=10+2\sqrt{15}$

따라서 입장권의 넓이는 $10+2\sqrt{15}$ 이다.

●핵심 공식

▶ 제곱근의 성질

(1) $a>0$일 때
　$\sqrt{a^2}=\sqrt{(-a)^2}=a$
　$(\sqrt{a})^2=(-\sqrt{a})^2=a$

(2) $\sqrt{a^2}=|a|=\begin{cases}a & (a\geq 0)\\ -a & (a<0)\end{cases}$

(3) $a>0$, $b>0$일 때
　① $\sqrt{a}\sqrt{b}=\sqrt{ab}$
　② $\sqrt{a^2 b}=a\sqrt{b}$
　③ $\dfrac{\sqrt{b}}{\sqrt{a}}=\sqrt{\dfrac{b}{a}}$
　④ $\sqrt{\dfrac{a}{b^2}}=\dfrac{\sqrt{a}}{b}$

(4) $a\leq 0$, $b\leq 0$일 때 $\sqrt{a}\sqrt{b}=-\sqrt{ab}$

(5) $a\geq 0$, $b<0$일 때 $\dfrac{\sqrt{a}}{\sqrt{b}}=-\sqrt{\dfrac{a}{b}}$

---

18 이차방정식 　　　　　　　　정답률 61% | 정답 ⑤

❶ 한 변의 길이가 2 인 정사각형 ABCD 의 변 AB 위의 점 E 와 변 AD 위의 점 F 에 대하여 다음이 성립한다.

(가) $\overline{EB}:\overline{FD}=2:1$

(나) 삼각형 AEF 의 넓이는 $\dfrac{10}{9}$ 이다.

선분 AF 의 길이는? [4점]

① $\dfrac{17}{9}$　　② $\dfrac{11}{6}$　　③ $\dfrac{16}{9}$　　④ $\dfrac{31}{18}$　　⑤ $\dfrac{5}{3}$

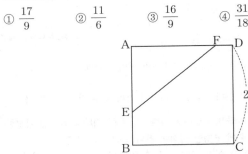

STEP 01 $\overline{FD}=x$ 라 하고 ❶과 조건 (가)에 의해 각 선분의 길이를 x에 관하여 나타낸 후 삼각형 AEF 의 넓이를 구한다.

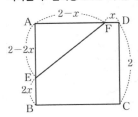

$\overline{FD}=x$ 라 하자.

조건 (가)에서 $\overline{EB}:\overline{FD}=2:1$ 이므로

$\overline{EB}=2x$이고 $0<x<1$ 이다.

정사각형의 한 변의 길이가 2 이므로

$\overline{AE}=2-2x$, $\overline{AF}=2-x$

그러므로 삼각형 AEF 의 넓이는 $\dfrac{1}{2}(2-2x)(2-x)=x^2-3x+2$

STEP 02 조건 (나)를 이용하여 x를 구한 다음 선분 AF 의 길이를 구한다.

조건 (나)에 의하여

$x^2-3x+2=\dfrac{10}{9}$

$9x^2-27x+8=0$

$(3x-1)(3x-8)=0$

$x=\dfrac{1}{3}$ 또는 $x=\dfrac{8}{3}$

$0<x<1$ 이므로 $x=\dfrac{1}{3}$

따라서 선분 AF 의 길이는 $\overline{AF}=\overline{AD}-\overline{FD}=2-\dfrac{1}{3}=\dfrac{5}{3}$

---

19 이차방정식 　　　　　　　　정답률 48% | 정답 ④

어느 평평한 광장의 네 지점 A, B, C, D 를 꼭짓점으로 하는 정사각형 ABCD 가 있다. 그림은 크기가 같은 정사각형 모양의 흰색 타일과 검은색 타일을 겹치지 않게 이어 붙여 정사각형 ABCD 의 내부를 빈틈없이 채운 모양을 일부 생략하여 나타낸 것이다.

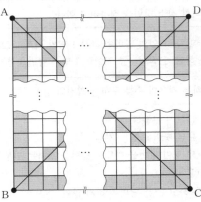

정사각형 ABCD 의 변에 닿은 타일과 정사각형 ABCD 의 대각선 위에 놓인 타일은 모두 검은색이고, 나머지 타일은 흰색이다. 정사각형 ABCD 의 내부에 채워진 전체 타일 중에서 ❶ 흰색 타일의 개수가 168 일 때, 검은색 타일의 개수는? [4점]

① 156　　② 121　　③ 100　　④ 88　　⑤ 64

STEP 01 한 변에 놓이는 타일의 개수를 n 이라 할 때, n 이 홀수인 경우와 짝수인 경우로 경우를 나누어 각 경우의 흰 타일의 개수를 구하여 ❶을 만족하도록 하는 자연수 n 의 값을 구한 다음 검은색 타일의 개수를 구한다.

정사각형 ABCD 의 내부를 정사각형 모양의 타일로 가로 n 개, 세로 n 개 이어 붙여 채웠다고 하면 전체 타일의 개수는 n^2 이다.

정사각형 ABCD 의 두 대각선이 교차하는 부분에 놓이는 타일의 모양은 n 의 값에 따라 다음과 같이 두 가지 형태가 있다.

(ⅰ) n 이 홀수일 때

그림과 같이 두 대각선이 교차하는 부분에 검은 타일이 하나 겹쳐진다.

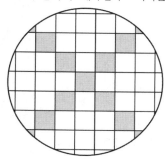

이제 정사각형 ABCD 에 놓인 검은 타일을 서로 인접하게 한쪽으로 이동하여 정리하면 다음과 같은 모양이 된다.

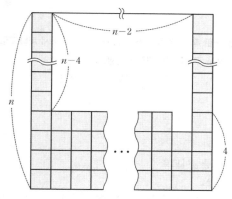

위 그림에서 흰 타일의 개수는 $(n-4)(n-2)+1$ 조건에서

$(n-4)(n-2)+1=168$, $n^2-6n+9=168$

$n^2-6n-159=0$

$n=3\pm\sqrt{168}=3\pm2\sqrt{42}$

따라서 조건을 만족시키는 홀수 n 은 존재하지 않는다.

(ⅱ) n 이 짝수일 때

그림과 같이 두 대각선이 교차하는 부분에 검은 타일이 겹쳐지지 않는다.

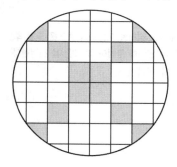

이제 정사각형 ABCD 에 놓인 검은 타일을 서로 인접하게 한쪽으로 이동하여 정리하면 다음과 같은 모양이 된다.

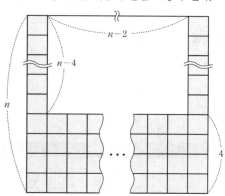

위 그림에서 흰 타일의 개수는 $(n-4)(n-2)$ 조건에서

$(n-4)(n-2)=168$, $n^2-6n+8=168$

$n^2-6n-160=0$, $(n+10)(n-16)=0$

n 은 자연수이므로 $n=16$

따라서 전체 타일의 개수는 $16^2=256$ 이므로

검은색 타일의 개수는 $256-168=88$ 이다.

다른 풀이

정사각형 ABCD 의 한 변에 놓인 타일의 개수를 n 이라 하면

정사각형 ABCD 의 내부의 전체 타일의 개수는 n^2 이고

정사각형 ABCD 의 네 변에 닿은 검은색 타일의 개수는 $4(n-1)$ 이다.

정사각형 ABCD 의 두 대각선이 교차하는 부분에 놓이는 타일의 모양은 n 의 값에 따라 다음과 같이 두 가지 형태가 있다.

(ⅰ) n 이 홀수일 때

그림과 같이 두 대각선이 교차하는 부분에 검은 타일이 하나 겹쳐진다.

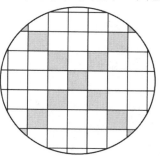

이때 정사각형 ABCD 의 네 변과 닿지 않으면서 두 대각선에 놓인 검은색 타일의 개수는 $2(n-2)-1$ 이다.

따라서 정사각형 ABCD 의 내부에 채워진 흰색 타일의 개수는

$n^2-\{4(n-1)+2(n-2)-1\}=168$

$n^2-6n-159=0$

$n=3\pm\sqrt{168}=3\pm2\sqrt{42}$

따라서 조건을 만족시키는 홀수 n 은 존재하지 않는다.

(ⅱ) n 이 짝수일 때

그림과 같이 두 대각선이 교차하는 부분에 검은 타일이 겹쳐지지 않는다.

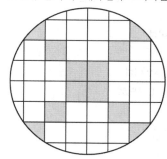

이때 정사각형 ABCD 의 네 변과 닿지 않으면서 두 대각선에 놓인 검은색 타일의 개수는 $2(n-2)$ 이다.

따라서 정사각형 ABCD 의 내부에 채워진 흰색 타일의 개수는

$n^2-\{4(n-1)+2(n-2)\}=168$

$n^2-6n-160=0$

$(n+10)(n-16)=0$

n 은 자연수이므로 $n=16$

검은색 타일의 개수는

$4(n-1)+2(n-2)=4(16-1)+2(16-2)$

$=60+28=88$

---

20 삼각비
정답률 47% | 정답 ②

그림과 같이 ❶ $\angle A=90°$, $\overline{AB}=\overline{AC}=3$ 인 직각삼각형 ABC 가 있다. 변 AB 위의 두 점 D, E 와 변 BC 위의 점 F 에 대하여 ❷ 삼각형 DEF 는 높이가 1 인 정삼각형이다. $\angle DCA=x$ 일 때, $\tan x$ 의 값은? (단, $\overline{AD}<\overline{AE}$) [4점]

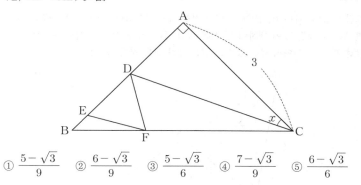

① $\dfrac{5-\sqrt{3}}{9}$ ② $\dfrac{6-\sqrt{3}}{9}$ ③ $\dfrac{5-\sqrt{3}}{6}$ ④ $\dfrac{7-\sqrt{3}}{9}$ ⑤ $\dfrac{6-\sqrt{3}}{6}$

STEP 01 ❶에 의해 삼각형 HBF 가 직각이등변삼각형임과 ❷를 이용하여 $\overline{DA}$ 의 길이를 구한다.

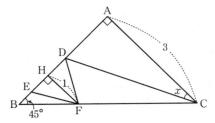

점 F 에서 선분 DE 에 내린 수선의 발을 H 라 하면
H 는 선분 DE 의 중점이다.
조건에 의해 $\overline{FH}=1$ 이다.
$\angle BHF=90°$, $\angle HBF=45°$ 이므로
삼각형 HBF 는 직각이등변삼각형이다.
그러므로 $\overline{BH}=1$ 이 되어 $\overline{HA}=2$ 이다.
직각삼각형 FDH 에서
$\angle FDH=60°$, $\overline{FH}=1$ 이므로
$\overline{HD}=\dfrac{1}{\sqrt{3}}=\dfrac{\sqrt{3}}{3}$ 이다.
따라서
$\overline{DA}=\overline{HA}-\overline{HD}=2-\dfrac{\sqrt{3}}{3}=\dfrac{6-\sqrt{3}}{3}$

STEP 02 직각삼각형 ACD 에서 $\tan x$ 의 값을 구한다.

따라서
$\tan x=\dfrac{\overline{DA}}{\overline{AC}}=\dfrac{6-\sqrt{3}}{3}\times\dfrac{1}{3}=\dfrac{6-\sqrt{3}}{9}$

다른 풀이

점 F 에서 선분 DE 에 내린 수선의 발을 H 라 하면 H 는 선분 DE 의 중점이다.
조건에 의해 $\overline{FH}=1$ 이다.
$\angle BHF=\angle BAC=90°$ 이므로 $\overline{HF}\,/\!/\,\overline{AC}$ 이다.
따라서 $\overline{BH}:\overline{BA}=\overline{HF}:\overline{AC}$
$\overline{BH}:3=1:3$ 이므로 $\overline{BH}=1$ 이 되어 $\overline{HA}=2$ 이다.
직각삼각형 FDH 에서 $\angle FDH=60°$, $\overline{FH}=1$ 이므로
$\overline{HD}=\dfrac{1}{\sqrt{3}}=\dfrac{\sqrt{3}}{3}$ 이다.
따라서
$\overline{DA}=\overline{HA}-\overline{HD}=2-\dfrac{\sqrt{3}}{3}=\dfrac{6-\sqrt{3}}{3}$
따라서
$\tan x=\dfrac{\overline{DA}}{\overline{AC}}=\dfrac{6-\sqrt{3}}{3}\times\dfrac{1}{3}=\dfrac{6-\sqrt{3}}{9}$

●핵심 공식

▶ 삼각비의 정의

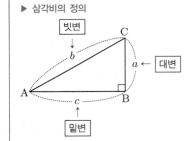

$\sin A=\dfrac{\overline{BC}}{\overline{AC}}=\dfrac{대변}{빗변}=\dfrac{a}{b}$

$\cos A=\dfrac{\overline{AB}}{\overline{AC}}=\dfrac{밑변}{빗변}=\dfrac{c}{b}$

$\tan A=\dfrac{\overline{BC}}{\overline{AB}}=\dfrac{대변}{밑변}=\dfrac{a}{c}$

---

21 삼각형의 성질 · 정답률 34% | 정답 ⑤

그림과 같이 $\overline{AB}=6$, $\overline{BC}=8$ 인 삼각형 ABC 가 있다. 변 BC 의 중점 M 과 변 AC 의 중점 N 에 대하여 두 선분 AM, BN 이 점 P 에서 서로 수직으로 만날 때, 〈보기〉에서 옳은 것만을 있는 대로 고른 것은? [4점]

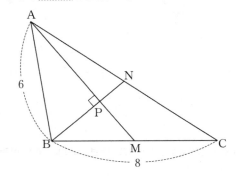

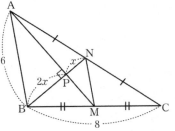

ㄱ. $3\overline{AP}=2\overline{AM}$
ㄴ. $\overline{BN}=\sqrt{21}$
ㄷ. 삼각형 ABC 의 넓이는 $4\sqrt{35}$ 이다.

① ㄱ   ② ㄷ   ③ ㄱ, ㄴ   ④ ㄴ, ㄷ   ⑤ ㄱ, ㄴ, ㄷ

STEP 01 ㄱ. 점 P 가 무게중심임을 이용하여 참, 거짓을 판별한다.

ㄱ. 점 P 는 삼각형 ABC 의 두 중선의 교점이므로 삼각형 ABC 의 무게중심이다.
그러므로 $\overline{AP}:\overline{PM}=2:1$
$\overline{AP}:\overline{AM}=2:3$
따라서 $3\overline{AP}=2\overline{AM}$
∴ 참

STEP 02 ㄴ. $\overline{MN}$ 의 길이를 구한 후 두 직각삼각형 BMP, PMN 에서 피타고라스 정리를 이용하여 $\overline{NP}$ 를 구한 후 $\overline{BN}$ 을 구하여 참, 거짓을 판별한다.

ㄴ. 두 점 M, N 이 각각 두 변 BC, AC 의 중점이므로 삼각형의 중점연결정리에 의하여
$\overline{MN}=\dfrac{1}{2}\overline{AB}=3$ 이다.

$\overline{NP}=x$ 라 하자.
점 P 가 삼각형 ABC 의 무게중심이므로
$\overline{BP}:\overline{NP}=2:1$ 에서 $\overline{BP}=2x$
두 직각삼각형 BMP 와 PMN 에서 피타고라스 정리에 의하여
$\overline{PM}^2=\overline{BM}^2-\overline{BP}^2=\overline{MN}^2-\overline{NP}^2$ 이므로
$4^2-(2x)^2=3^2-x^2$, $16-4x^2=9-x^2$
$3x^2=7$, $x^2=\dfrac{7}{3}$

x 는 양수이므로 $x=\sqrt{\dfrac{7}{3}}=\dfrac{\sqrt{21}}{3}$

$\overline{BN}=\overline{BP}+\overline{NP}=3x=3\times\dfrac{\sqrt{21}}{3}=\sqrt{21}$
∴ 참

STEP 03 ㄷ. 직각삼각형 ABP 에서 피타고라스 정리를 이용하여 $\overline{AP}$ 를 구한 후 삼각형 ABN 의 넓이를 구한 다음 삼각형 ABC 의 넓이를 구하여 참, 거짓을 판별한다.

ㄷ. 직각삼각형 ABP 에서 피타고라스 정리에 의하여
$\overline{AP}^2=\overline{AB}^2-\overline{BP}^2$
$=6^2-(2x)^2$
$=6^2-\left(\dfrac{2\sqrt{21}}{3}\right)^2$
$=36-\dfrac{28}{3}=\dfrac{80}{3}$

$\overline{AP}=\sqrt{\dfrac{80}{3}}=\dfrac{4\sqrt{15}}{3}$

ㄴ에서 $\overline{BN}=\sqrt{21}$ 이므로 삼각형 ABN 의 넓이는
$\triangle ABN=\dfrac{1}{2}\times\overline{BN}\times\overline{AP}=\dfrac{1}{2}\times\sqrt{21}\times\dfrac{4\sqrt{15}}{3}=2\sqrt{35}$

점 N 은 선분 AC 의 중점이므로 삼각형 ABC 의 넓이는
$\triangle ABC=2\times\triangle ABN=4\sqrt{35}$
∴ 참
따라서 옳은 것은 ㄱ, ㄴ, ㄷ이다.

●핵심 공식

▶ 삼각형의 무게중심
(1) 정의 : 세 중선의 교점(* 중선 : 한 꼭짓점에서 그 대변의 중점을 이은 직선)
(2) 성질
① 세 중선의 길이를 2 : 1 로 나눈다.
$\overline{AG}:\overline{DG}=\overline{BG}:\overline{EG}=\overline{CG}:\overline{FG}=2:1$
② 세 중선으로 삼각형의 넓이는 6등분된다.

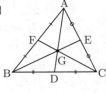

$\triangle AFG=\triangle FBG=\triangle BDG=\triangle DCG=\triangle CEG=\triangle EAG=\dfrac{1}{6}\triangle ABC$

③ 무게중심과 세 꼭짓점을 이으면 삼각형의 넓이는 3등분된다.

$$\triangle ABG = \triangle BCG = \triangle ACG = \frac{1}{3}\triangle ABC$$

④ $A(x_1, y_1)$, $B(x_2, y_2)$, $C(x_3, y_3)$라고 하면, 무게중심 G의 좌표는
$$\left(\frac{x_1+x_2+x_3}{3}, \frac{y_1+y_2+y_3}{3}\right)$$이다.

---

22 일차방정식 　　　　　　　　정답률 88% | 정답 7

일차방정식 ❶ $\dfrac{5-x}{2} = x-8$ 의 해가 $x = a$ 일 때, a 의 값을 구하시오. [3점]

STEP 01 ❶의 방정식을 풀어 해를 구한다.

$\dfrac{5-x}{2} = x-8$ 의 양변에 2 를 곱하면

$5-x = 2x-16$

$3x = 21$, $x = 7$

따라서 $a = 7$

★★★ 등급을 가르는 문제!

23 소인수분해 　　　　　　　　정답률 28% | 정답 18

30 이하의 자연수 중에서 99 와 서로소인 자연수의 개수를 구하시오. [3점]

STEP 01 99 를 소인수분해한 후 99 의 소인수를 이용하여 구하는 자연수의 개수를 구한다.

99 를 소인수분해하면 $99 = 3^2 \times 11$
이므로 99 와 서로소인 자연수는 3과 11을 소인수로 갖지 않는다.
30 이하의 자연수 중 3 을 소인수로 갖는 자연수는
3, 6, 9, 12, 15, 18, 21, 24, 27, 30의 10개,
11 을 소인수로 갖는 자연수는 11, 22의 2 개이다.
따라서 30 이하의 자연수 중 99 와 서로소인 자연수의 개수는
$30 - (10+2) = 30-12 = 18$

★★ 문제 해결 꿀~팁 ★★

▶ 문제 해결 방법
서로소란 1 이외에 공약수를 갖지 않는 둘 이상의 양의 정수를 의미한다.
99의 소인수는 3과 11 이므로 99와 서로소인 수는 3의 배수와 11의 배수가 아니다. 3 과 11의 최소공배수는 33이므로 30이하의 자연수 중에서 3의 배수와 11의 배수가 중복 되는 경우는 없으므로 3의 배수 10개와 11의 배수 2개를 제외한 나머지 18개가 99와 서로소이다.

---

24 히스토그램 　　　　　　　　정답률 55% | 정답 70

다음은 어느 편의점에서 30 일 동안 판매한 마스크의 일일 판매량을 조사하여 나타낸 히스토그램이다. 이 히스토그램에서 ❶ 일일 판매량이 30 개 이상인 일수는 전체의 $a\%$ 이다. a 의 값을 구하시오. [3점]

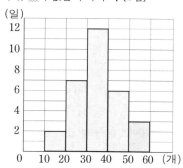

STEP 01 히스토그램에서 ❶의 도수를 구한 후 구하는 비율을 구하여 a 의 값을 구한다.

마스크의 일일 판매량이
30 개 이상 40 개 미만인 계급의 도수는 12,
40 개 이상 50 개 미만인 계급의 도수는 6,
50 개 이상 60 개 미만인 계급의 도수는 3
이므로 마스크의 일일 판매량이 30 개 이상인 일수는 $12+6+3 = 21$이다.
따라서 구하는 비율은
$\dfrac{21}{30} \times 100 = 70(\%)$이므로 $a = 70$

---

25 정수와 유리수의 개념 　　　　　　정답률 28% | 정답 84

다음 조건을 만족시키는 정수 a 의 개수를 구하시오. [3점]

(가) $-50 < a < 50$

(나) $\dfrac{a}{7}$ 는 정수가 아닌 유리수이다.

STEP 01 조건 (가)를 만족하는 정수 a 의 개수를 구한 후 조건 (나)를 만족하지 않는 정수 a 의 개수를 구하여 차를 구한다.

조건 (가)를 만족시키는 정수 a 는
$-49, -48, -47, \cdots, -1, 0, 1, \cdots, 47, 48, 49$ 의 99 개이다.

$\dfrac{a}{7}$ 가 정수인 a 는 $0, \pm 7, \pm 14, \pm 21, \pm 28, \pm 35, \pm 42, \pm 49$ 의 15 개이고

조건 (나)에서 $\dfrac{a}{7}$ 는 정수가 아닌 유리수이므로 조건을 만족시키는 정수 a 의 개수는
$99 - 15 = 84$

---

26 삼각형의 닮음 　　　　　　　정답률 33% | 정답 128

그림과 같이 삼각형 ABC 의 변 AB 위의 두 점 D, E 와 변 AC 위의 두 점 F, G 에 대하여
❶ $\overline{AD} = \overline{DE}$, $\overline{AE} = \overline{EB}$, $\overline{AF} = \overline{FG}$, $\overline{AG} = \overline{GC}$
이다. ❷ 사각형 DEGF 의 넓이가 24 일 때, 삼각형 ABC 의 넓이를 구하시오. [4점]

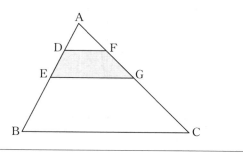

STEP 01 ❶에서 세 삼각형 ABC, AEG, ADF 의 넓이의 비를 구한다.

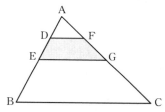

삼각형 ABC 의 넓이를 S 라 하자.
$\overline{AE} = \overline{EB}$ 에서 $\overline{AB} = 2 \times \overline{AE}$
$\overline{AG} = \overline{GC}$ 에서 $\overline{AC} = 2 \times \overline{AG}$
이므로 삼각형 AEG 와 삼각형 ABC 는 닮은 도형이다.
이 두 삼각형의 닮음비가 $1:2$ 이므로
$$\triangle AEG = \frac{1}{4} \times \triangle ABC = \frac{S}{4} \qquad \cdots\cdots ㉠$$
또, $\overline{AD} = \overline{DE}$ 에서 $\overline{AE} = 2 \times \overline{AD}$
$\overline{AF} = \overline{FG}$ 에서 $\overline{AG} = 2 \times \overline{AF}$
$\overline{AB} = 2 \times \overline{AE} = 2 \times (2 \times \overline{AD}) = 4 \times \overline{AD}$
$\overline{AC} = 2 \times \overline{AG} = 2 \times (2 \times \overline{AF}) = 4 \times \overline{AF}$
이므로 삼각형 ADF 와 삼각형 ABC 는 닮은 도형이다.
이 두 삼각형의 닮음비가 $1:4$ 이므로
$$\triangle ADF = \frac{1}{16} \times \triangle ABC = \frac{S}{16} \qquad \cdots\cdots ㉡$$

STEP 02 ❷를 이용하여 삼각형 ABC 의 넓이를 구한다.

㉠, ㉡ 에 의하여
$\square DEGF = \triangle AEG - \triangle ADF$
$= \dfrac{S}{4} - \dfrac{S}{16}$
$= \dfrac{3}{16}S$
$= 24$
따라서
$S = 24 \times \dfrac{16}{3} = 128$

삼각형 ADF의 넓이를 S라 하자.
$\overline{AD} = \overline{DE}$, $\overline{AF} = \overline{FG}$이므로 $\triangle AEG = 4S$
$\overline{AE} = \overline{EB}$, $\overline{AG} = \overline{GC}$이므로 $\triangle ABC = 16S$
$\square DEGF = \triangle AEG - \triangle ADF = 3S = 24$, $S = 3$
따라서 $\triangle ABC = 16S = 128$

● 핵심 공식

▶ 닮은 도형의 닮음비
두 도형의 길이의 비가 $m : n$일 때,

길이의 비	$m : n$
넓이의 비	$m^2 : n^2$
부피의 비	$m^3 : n^3$

★★★ 등급을 가르는 문제!

27 이차함수와 제곱근의 성질 　　　　정답률 14% | 정답 48

그림과 같이 이차함수 ❶ $y = ax^2 (a > 0)$의 그래프 위의 두 점 $A(p, 3)$, $B(q, 3)$이 있다. 두 점 $C(-1, -1)$, $D(1, -1)$에 대하여
❷ 사각형 ACDB의 넓이가 자연수가 되도록 하는 자연수 a의 최댓값을 구하시오. (단, $p < q$) [4점]

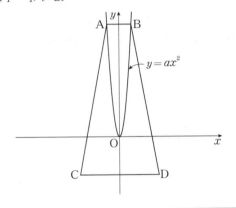

STEP 01 ❶을 이용하여 p, q를 구한다.

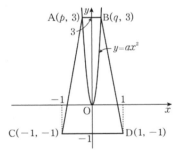

점 $A(p, 3)$이 이차함수 $y = ax^2$의 그래프 위의 점이므로
$3 = ap^2$, $p^2 = \dfrac{3}{a}$, $p = \pm\sqrt{\dfrac{3}{a}}$
$p < 0$이므로 $p = -\sqrt{\dfrac{3}{a}}$이다.

$y = ax^2$의 그래프는 y축에 대칭이므로 $q = \sqrt{\dfrac{3}{a}}$이다.

STEP 02 네 점 A, B, C, D의 좌표를 이용하여 사다리꼴 ACDB의 넓이를 구한다.

$\overline{CD} = 1 - (-1) = 2$
$\overline{AB} = \sqrt{\dfrac{3}{a}} - \left(-\sqrt{\dfrac{3}{a}}\right) = 2\sqrt{\dfrac{3}{a}}$이고
사다리꼴 ACDB의 높이는 $3 - (-1) = 4$이므로
$\square ACDB = \dfrac{1}{2} \times (\overline{CD} + \overline{AB}) \times 4 = \dfrac{1}{2} \times \left(2 + 2\sqrt{\dfrac{3}{a}}\right) \times 4$
$= 4 + 4\sqrt{\dfrac{3}{a}} = 4 + \sqrt{\dfrac{48}{a}}$

STEP 03 48을 소인수분해 한 뒤 ❷를 만족하도록 하는 자연수 a의 최댓값을 구한다.

사각형 ACDB의 넓이가 자연수가 되려면 $\sqrt{\dfrac{48}{a}}$이 자연수이어야 한다.

$\sqrt{\dfrac{48}{a}} = \sqrt{\dfrac{3 \times 2^4}{a}}$이 자연수가 되기 위한 자연수 a의 값은
3, 3×2^2, 3×2^4이다.
따라서 a의 최댓값은 48이다.

★★ 문제 해결 꿀~팁 ★★

▶ 문제 해결 방법
사각형 ACDB의 넓이에 관하여 언급하고 있으므로 우선 사다리꼴 ACDB의 넓이를 구해야 한다. 그러기 위해서는 두 점 A, B의 좌표를 구해야 하는데 두 점은 $y = ax^2$위의 점이므로 두 점의 좌표를 각각 $y = ax^2$에 대입하면 구할 수 있다.

이제 사다리꼴 ACDB의 윗변, 아랫변, 높이를 각각 구하여 넓이를 구하면 $4 + \sqrt{\dfrac{48}{a}}$이고 이 값이 자연수이면 된다. 4는 자연수이므로 $\sqrt{\dfrac{48}{a}} = \sqrt{\dfrac{3 \times 2^4}{a}}$가 자연수이면 되는데 이 값이 자연수가 되도록 하는 a의 최댓값은 $\sqrt{\dfrac{48}{a}}$가 최소의 자연수 1이 될 때이므로 a의 최댓값은 48이다.

참고로 $\sqrt{\dfrac{48}{a}} = \sqrt{\dfrac{3 \times 2^4}{a}}$가 자연수가 되도록 하는 a는 48의 소인수중 지수가 홀수인 3은 무조건 소인수로 가져야 하며 다른 소인수 2에 대하여는 지수가 짝수인 2^2, 2^4을 소인수로 가질 수 있다. 그러므로 만족하는 a의 값은 3, 3×2^2, 3×2^4이다.

★★★ 등급을 가르는 문제!

28 삼각형의 넓이를 이용한 삼각비 　　　　정답률 16% | 정답 25

그림과 같이 $\angle BCA = 90°$, $\overline{BC} = 30$, $\overline{AC} = 16$인 직각삼각형 ABC가 있다. 변 AB의 중점 M과 변 BC의 중점 N에 대하여 선분 MN의 연장선 위에 $\overline{ND} = 9$가 되도록 점 D를 잡는다. $\angle ADC = x$일 때, $\sin x = \dfrac{q}{p}$이다.
$p + q$의 값을 구하시오. (단, $\overline{MD} > \overline{ND}$이고 p와 q는 서로소인 자연수이다.)
[4점]

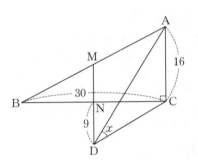

STEP 01 보조선을 그어 직각삼각형 ADH를 만든 후 피타고라스 정리에 의하여 $\overline{AD}$, $\overline{CD}$를 구한다.

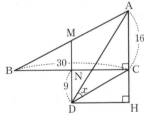

점 D에서 선분 AC의 연장선에 내린 수선의 발을 H라 하자.
$\overline{ND} = \overline{CH} = 9$이므로
$\overline{AH} = \overline{AC} + \overline{CH} = 16 + 9 = 25$
$\overline{DH} = \overline{NC} = \dfrac{1}{2} \times \overline{BC} = 15$

직각삼각형 ADH에서 피타고라스 정리에 의하여
$\overline{AD} = \sqrt{\overline{AH}^2 + \overline{DH}^2} = \sqrt{25^2 + 15^2} = 5\sqrt{34}$
직각삼각형 CDH에서 피타고라스 정리에 의하여
$\overline{CD} = \sqrt{\overline{CH}^2 + \overline{DH}^2} = \sqrt{9^2 + 15^2} = 3\sqrt{34}$

STEP 02 삼각형 ADC의 넓이를 이용하여 $\sin x$를 구한 다음 $p + q$의 값을 구한다.

$\triangle ADC = \dfrac{1}{2} \times \overline{AD} \times \overline{CD} \times \sin x$
$= \dfrac{1}{2} \times 5\sqrt{34} \times 3\sqrt{34} \times \sin x$
$= 255 \times \sin x$
또, 삼각형 ADC는 밑변이 선분 AC이고, 높이가 선분 NC이므로
$\triangle ADC = \dfrac{1}{2} \times \overline{AC} \times \overline{NC} = \dfrac{1}{2} \times 16 \times 15 = 120$
$255 \times \sin x = 120$에서
$\sin x = \dfrac{120}{255} = \dfrac{8}{17}$
따라서 $p = 17$, $q = 8$이므로 $p + q = 25$

다른 풀이

직각삼각형 ABC 에서 피타고라스 정리에 의하여
$\overline{AB}^2 = \overline{AC}^2 + \overline{BC}^2 = 16^2 + 30^2 = 34^2$ 이므로 $\overline{AB} = 34$
직각삼각형 ABC 는 선분 AB 를 지름으로 하고 중심이 M 인 원에 내접한다.

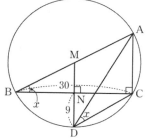

삼각형의 중점연결정리에 의하여
$\overline{MN} = \dfrac{1}{2} \times \overline{AC} = 8$
$\overline{MD} = \overline{MN} + \overline{ND} = 8 + 9 = 17$
이므로 점 D 는 원 위의 점이다.
원주각의 성질에 의하여 $x = \angle ADC = \angle ABC$
그러므로 $\sin x = \sin(\angle ABC) = \dfrac{\overline{AC}}{\overline{AB}} = \dfrac{16}{34} = \dfrac{8}{17}$
따라서 $p = 17$, $q = 8$ 이므로 $p + q = 25$

★★ 문제 해결 꿀~팁 ★★

▶ 문제 해결 방법
보조선을 그어 직각삼각형 ADH 를 만들지 못하면 문제풀이가 어려워진다.
궁극적으로 구해야 하는 것이 $\sin x$ 이고 x 는 삼각형 ADC 에서 $\overline{AD}$ 와 $\overline{CD}$ 의 사잇각이다. 그러므로 삼각형 ADC 의 넓이와 $\overline{AD}$, $\overline{CD}$ 를 구하면 $\sin x$ 를 구할 수 있다.
직각삼각형 ADH 와 CDH 에서 피타고라스 정리를 이용하면 각각 $\overline{AD}$ 와 $\overline{CD}$ 를 구할 수 있다. 또한 밑변을 $\overline{AC}$ 로 높이를 $\overline{NC}$ 로 하여 삼각형 ADC 의 넓이를 구할 수 있다.
이제 구해야 할 모든 사항들을 다 구했으므로
$\triangle ADC = \dfrac{1}{2} \times \overline{AD} \times \overline{CD} \times \sin x = \dfrac{1}{2} \times \overline{AC} \times \overline{NC}$ 에서
$\sin x$ 를 구하면 된다.
필요한 보조선을 그을 수 있고 삼각형의 넓이를 구하는 공식을 알고 있어야 한다.

★★★ 등급을 가르는 문제! ★★★

29 이차함수의 성질 · · · · · · · · · · · 정답률 21% | 정답 31

좌표평면에 꼭짓점이 점 A 로 일치하는
두 이차함수
❶ $y = -x^2 + 2x$,
$y = ax^2 + bx + c \ (a > 0)$
의 그래프가 있다. 함수 $y = ax^2 + bx + c$ 의 그래프가 y 축과 만나는 점을 B 라 하고, 점 B 를 지나고 x 축에 평행한 직선이 함수 $y = ax^2 + bx + c$ 의 그래프와 만나는 점 중 B 가 아닌 점을 C 라 하자. 두 점 A, C 를 지나는 직선이 y 축과 만나는 점을 D 라 할 때, ❷ 삼각형 BDC 의 넓이가 12 이다. $2a - b + c$ 의 값을 구하시오. (단, a, b, c 는 상수이다.) [4점]

STEP 01 ❶의 꼭짓점의 좌표를 구한 후 이를 이용하여 두 점 B, C 의 좌표를 구한다.

이차함수 $y = -x^2 + 2x$ 에서 $y = -x^2 + 2x = -(x-1)^2 + 1$
이므로 꼭짓점 A 의 좌표는 $A(1, 1)$ 이다.
이차함수 $y = ax^2 + bx + c \ (a > 0)$ 의 꼭짓점의 좌표가 $(1, 1)$ 이므로
$y = ax^2 + bx + c = a(x-1)^2 + 1 = ax^2 - 2ax + a + 1$
따라서 $b = -2a$, $c = a + 1$ · · · · · · ⊙
이차함수 $y = ax^2 + bx + c$ 의 그래프가 y 축과 만나는 점이 $(0, c)$ 이므로
점 B 의 좌표는 $B(0, c) \ (c > 1)$ 이다.
두 점 B 와 C 는 y 좌표가 같고, 이차함수 $y = ax^2 + bx + c$ 의 그래프의 축인
직선 $x = 1$ 에 대하여 대칭이므로 점 C 의 좌표는 $C(2, c)$ 이다.

STEP 02 직선 AC 의 방정식을 구한 후 점 D 의 좌표를 구한 다음 삼각형 BDC 의 넓이를 구한다. ❷를 이용하여 c, a, b 를 구한 다음 $2a - b + c$ 의 값을 구한다.

두 점 A 와 C 를 지나는 직선은 기울기가 $\dfrac{c-1}{2-1} = c - 1$ 이고
점 $(1, 1)$ 을 지나므로 직선의 방정식은 $y = (c-1)x + 2 - c$ 이다.
직선의 y 절편이 $2 - c$ 이므로 점 D 의 좌표는 $D(0, 2-c)$ 이다.
$\overline{BC} = 2$, $\overline{BD} = 2c - 2$ 이므로 삼각형 BDC 의 넓이는

$\dfrac{1}{2} \times 2 \times (2c - 2) = 12$, $2c - 2 = 12$
$2c = 14$, $c = 7$
⊙에서 $a = 6$, $b = -12$
따라서
$2a - b + c = 12 + 12 + 7 = 31$

● 핵심 공식

▶ 직선의 방정식
(1) 기울기가 m 이고 점 (x_1, y_1) 을 지나는 직선 : $y - y_1 = m(x - x_1)$
(2) 두 점 (x_1, y_1), (x_2, y_2) 를 지나는 직선 : $y - y_1 = \dfrac{y_2 - y_1}{x_2 - x_1}(x - x_1)$
(3) x 절편이 a, y 절편이 b 인 직선 : $\dfrac{x}{a} + \dfrac{y}{b} = 1$

▶ 이차함수의 그래프
(1) $y = ax^2 \ (a \neq 0)$
 ① 꼭짓점의 좌표 $(0, 0)$
 ② 대칭축 $x = 0$
 ③ $a > 0$ 이면 아래로 볼록, $a < 0$ 이면 위로 볼록한 그래프
 ④ $|a|$ 가 클수록 그래프의 폭이 좁아진다. (y 축에 가까워진다.)
(2) $y = ax^2 + q \ (a \neq 0)$
 ① $y = ax^2 \ (a \neq 0)$ 의 그래프를 y 축 방향으로 q 만큼 평행이동
 ② 꼭짓점의 좌표 $(0, q)$
 ③ 대칭축 $x = 0$
(3) $y = a(x-p)^2 \ (a \neq 0)$
 ① $y = ax^2 \ (a \neq 0)$ 의 그래프를 x 축 방향으로 p 만큼 평행이동
 ② 꼭짓점의 좌표 $(p, 0)$
 ③ 대칭축 $x = p$
(4) $y = a(x-p)^2 + q \ (a \neq 0)$
 ① $y = ax^2 \ (a \neq 0)$ 의 그래프를 x 축 방향으로 p 만큼, y 축으로 q 만큼 평행이동
 ② 꼭짓점의 좌표 (p, q)
 ③ 대칭축 $x = p$

★★ 문제 해결 꿀~팁 ★★

▶ 문제 해결 방법
$y = -x^2 + 2x$ 의 꼭짓점 A 의 좌표는 $A(1, 1)$ 이므로 $y = ax^2 + bx + c = a(x-1)^2 + 1$ 이다. 점 B 의 좌표는 $B(0, a+1)$ 이고 $x = 1$ 이 대칭축이므로 점 C 의 좌표는 $C(2, a+1)$ 이다.
직선 AC 의 방정식은 $y - 1 = \dfrac{(a+1) - 1}{2 - 1}(x - 1)$, $y = ax - a + 1$ 이므로 점 D 의 좌표는 $D(0, -a+1)$ 이다.
삼각형 BDC 의 넓이는 $\dfrac{1}{2} \times \{(a+1) - (-a+1)\} \times 2 = 2a = 12$ 이므로 $a = 6$
$y = ax^2 + bx + c = a(x-1)^2 + 1 = 6(x-1)^2 + 1 = 6x^2 - 12x + 7$ 이다.
이차함수의 꼭짓점의 좌표와 두 점을 지나는 직선의 방정식을 구할 수 있고 이차함수의 대칭성의 성질을 알면 어렵지 않게 답을 구할 수 있다. 이차함수와 일차함수의 기본적인 성질을 반드시 알고 있어야 한다.

★★★ 등급을 가르는 문제! ★★★

30 삼각형의 닮음과 원의 성질 · · · · · · 정답률 7% | 정답 149

그림과 같이 $\overline{AB} = \overline{AC} = 25$, $\overline{BC} = 30$ 인 삼각형 ABC 가 있다. 점 A 에서 변 BC 에 내린 수선의 발을 D 라 하고, 점 B 에서 변 AC 에 내린 수선의 발을 E 라 하자. 선분 DE 를 지름으로 하는 원이 변 BC 와 만나는 점 중 D 가 아닌 점을 F, 변 AC 와 만나는 점 중 E 가 아닌 점을 G 라 하자. 삼각형 GFC 의 둘레의 길이가 $\dfrac{q}{p}$ 일 때, $p + q$ 의 값을 구하시오. (단, p 와 q 는 서로소인 자연수이다.) [4점]

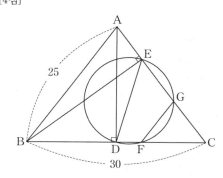

STEP 01 두 삼각형 ADC, BEC 의 닮음을 이용하여 $\overline{CE}$ 를 구한다.

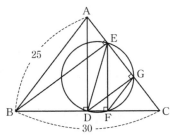

$\overline{AB} = \overline{AC} = 25$ 이므로 삼각형 ABC는 이등변삼각형이다.

점 D가 점 A에서 변 BC에 내린 수선의 발이므로

$\overline{BC} = 30$ 에서 $\overline{BD} = \overline{DC} = 15$

두 삼각형 ADC, BEC에서 $\angle C$ 가 공통이고

$\angle ADC = \angle BEC = 90°$ 이므로 $\triangle ADC \backsim \triangle BEC$ 이다.

$\overline{AC} : \overline{CD} = \overline{BC} : \overline{CE}$ 이고 $25 : 15 = 30 : \overline{CE}$ 이므로

$\overline{CE} = 18$ 이다.

STEP 02 $\overline{DG} /\!/ \overline{BE}$ 를 이용하여 $\overline{CG}$ 를 구한다.

$\overline{DE}$ 가 원의 지름이므로 $\angle DGE = 90°$

$\angle BEC = \angle DGC = 90°$ 이므로 $\overline{DG} /\!/ \overline{BE}$

점 D가 변 BC의 중점이므로 $\overline{EG} = \overline{GC} = 9$

STEP 03 점 G가 직각삼각형 EFC의 외심임을 이용하여 $\overline{GC}$ 를 구한다.

$\overline{DE}$ 가 원의 지름이므로

$\angle EFD = 90°$ 가 되어 삼각형 EFC는 직각삼각형이다.

점 G는 선분 EC의 중점이므로 직각삼각형 EFC의 외심이다.

따라서 $\overline{FG} = \overline{GC} = 9$

STEP 04 두 삼각형 ADC, EFC의 닮음을 이용하여 $\overline{CF}$ 를 구한다.

두 삼각형 ADC, EFC에서 $\angle C$ 는 공통이고

$\angle ADC = \angle EFC = 90°$ 이므로 $\triangle ADC \backsim \triangle EFC$ 이다.

$\overline{CA} : \overline{CE} = \overline{CD} : \overline{CF}$ 이고 $25 : 18 = 15 : \overline{CF}$ 이므로

$\overline{CF} = \dfrac{54}{5}$ 이다.

STEP 05 삼각형 GFC의 각변의 길이의 합을 구하여 둘레의 길이를 구한다.

그러므로 삼각형 GFC의 둘레의 길이는

$\overline{GF} + \overline{FC} + \overline{CG} = 9 + \dfrac{54}{5} + 9 = \dfrac{144}{5}$ 이다.

따라서 $p = 5$, $q = 144$ 이므로 $p + q = 149$

다른 풀이

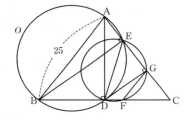

$\overline{AB} = \overline{AC} = 25$ 이므로 삼각형 ABC는 이등변삼각형이다.

점 D가 점 A에서 변 BC에 내린 수선의 발이므로

$\overline{BC} = 30$ 에서 $\overline{BD} = \overline{DC} = 15$

직각삼각형 ABD에서 피타고라스 정리에 의하여

$\overline{AD} = \sqrt{\overline{AB}^2 - \overline{BD}^2} = \sqrt{25^2 - 15^2} = 20$

삼각형 ABC의 넓이에서

$\dfrac{1}{2} \times \overline{BC} \times \overline{AD} = \dfrac{1}{2} \times \overline{AC} \times \overline{BE}$

$\dfrac{1}{2} \times 30 \times 20 = \dfrac{1}{2} \times 25 \times \overline{BE}$

$\overline{BE} = 24$

직각삼각형 BCE에서 피타고라스 정리에 의하여

$\overline{EC} = \sqrt{\overline{BC}^2 - \overline{BE}^2} = \sqrt{30^2 - 24^2} = 18$

선분 DE가 원의 지름이므로 $\angle DGE = 90°$

$\angle BEC = \angle DGC = 90°$ 이므로 $\overline{DG} /\!/ \overline{BE}$

$\overline{BD} = \overline{DC}$ 이므로 삼각형의 중점연결정리에 의하여

$\overline{EG} = \overline{GC} = 9$

조건에 의해 사각형 EDFG는 원에 내접한다.

원에 내접하는 사각형에서 두 대각의 합은 180° 이므로

$\angle FGE + \angle EDF = 180°$

또, $\angle FGE + \angle CGF = 180°$ 이므로

$\angle FGE + \angle EDF = \angle FGE + \angle CGF$

$\angle EDF = \angle CGF$ ...... ㉠

이때 $\angle GCF$ 는 공통이므로 두 삼각형 CGF, CDE는 닮음이다.

삼각형 ABD의 외접원을 O 라 하자.

$\angle AEB = 90°$ 이므로 점 E는 원 O 위에 있다.

즉, 사각형 ABDE는 원 O 에 내접한다.

원에 내접하는 사각형에서 두 대각의 합은 180° 이므로

$\angle BAE + \angle BDE = 180°$

또, $\angle BDE + \angle CDE = 180°$ 이므로

$\angle BAE + \angle BDE = \angle BDE + \angle CDE$

$\angle BAE = \angle CDE$ ...... ㉡

두 각 CDE, EDF는 같은 각이므로

㉠, ㉡에서 $\angle BAE = \angle CGF$

두 각 BAC, BAE는 같은 각이므로

$\angle BAC = \angle CGF$

삼각형 ABC와 삼각형 GFC에서 $\angle C$ 는 공통이고 $\angle BAC = \angle FGC$ 이므로 $\triangle ABC \backsim \triangle GFC$

삼각형 ABC가 이등변삼각형이므로 삼각형 GFC도 이등변삼각형이다.

그러므로 $\overline{GF} = \overline{GC} = 9$

$\overline{AC} : \overline{GC} = \overline{BC} : \overline{FC}$ 에서 $25 : 9 = 30 : \overline{FC}$ 이므로

$\overline{FC} = \dfrac{54}{5}$

그러므로 삼각형 GFC의 둘레의 길이는

$\overline{GF} + \overline{FC} + \overline{CG} = 9 + \dfrac{54}{5} + 9 = \dfrac{144}{5}$ 이다.

따라서 $p = 5$, $q = 144$ 이므로

$p + q = 149$

●**핵심 공식**

▶ 삼각형의 외심

(1) 외심 : 삼각형의 세 변의 수직이등분선의 교점

(2) 외심에서 세 꼭짓점에 이르는 거리(외접원의 반지름)는 같다.

(3) 외심의 위치는 예각삼각형에서는 삼각형의 내부에, 직각삼각형에서는 빗변의 중점에, 둔각삼각형은 삼각형의 외부에 존재한다.

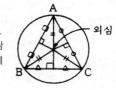

▶ 삼각형의 닮음 조건

(1) SSS닮음 : 세 쌍의 변의 길이의 비가 같다.

(2) SAS닮음 : 두 쌍의 변의 길이의 비가 같고, 그 끼인각의 크기가 서로 같다.

(3) AA닮음 : 두 쌍의 각의 크기가 서로 같다.

★★ **문제 해결 꿀~팁** ★★

▶ 문제 해결 방법

원과 삼각형이 있는 도형 문제의 풀이에서 많이 이용되는 성질은 삼각형의 닮음, 피타고라스 정리, 내심, 외심, 무게중심의 성질등이다. 또한 적절한 보조선을 그을 수 있느냐가 문제 풀이의 핵심이라 할 수 있다.

이 문제에서 가장 먼저 눈에 띄는 것은 두 직각삼각형 ADC, BEC 이다. 두 직각삼각형이 $\angle C$ 를 공유하고 있으므로 두 삼각형은 닮음이다. 한 각을 공유하는 두 직각삼각형은 언제나 닮음이다. 여기서 $\overline{CE} = 18$ 임을 알 수 있고,

$\overline{DE}$ 가 원의 지름이므로 $\angle DGE = 90°$, $\angle EFD = 90°$ 이다. 원의 지름을 한 변으로 하는 삼각형은 언제나 직각삼각형이다.

$\angle DGE = 90°$ 이므로 $\overline{DG} /\!/ \overline{BE}$, 점 D가 변 BC의 중점이므로 $\overline{EG} = \overline{GC} = 9$

$\angle EFD = 90°$ 이므로 삼각형 EFC는 직각삼각형이다. 따라서 $\overline{EG} = \overline{GC} = \overline{FG} = 9$

이렇게 보조선들이 생기고 나니 다시 $\angle C$ 를 공유하는 두 직각삼각형 ADC와 EFC가 생겼다. 두 삼각형의 닮음을 이용하면 $\overline{CF}$ 를 구할 수 있다. 직각삼각형의 성질과 닮음을 잘 알아두어야 한다.

•정답•

01 ④ 02 ③ 03 ④ 04 ① 05 ⑤ 06 ① 07 ② 08 ② 09 ④ 10 ② 11 ③ 12 ⑤ 13 ③ 14 ① 15 ⑤
16 ③ 17 ④ 18 ① 19 ③ 20 ② 21 ⑤ 22 3 23 7 24 12 25 15 26 87 27 14 28 16 29 162 30 23

★ 표기된 문항은 [등급을 가르는 문제]에 해당하는 문항입니다.

---

01 유리식의 계산
정답률 92% | 정답 ④

❶ $-\dfrac{7}{2} \times (-3) + 4 \times \left(-\dfrac{5}{2}\right)$ 의 값은? [2점]

① -1 ② $-\dfrac{1}{2}$ ③ 0 ④ $\dfrac{1}{2}$ ⑤ 1

STEP 01 유리식의 계산으로 ❶의 값을 구한다.

$-\dfrac{7}{2} \times (-3) + 4 \times \left(-\dfrac{5}{2}\right) = \dfrac{7 \times 3}{2} - 4 \times \dfrac{5}{2} = \dfrac{21}{2} - \dfrac{20}{2} = \dfrac{1}{2}$

---

02 지수법칙
정답률 91% | 정답 ③

❶ $\left(2^4\right)^3 \div 2^{10}$ 의 값은? [2점]

① 1 ② 2 ③ 4 ④ 8 ⑤ 16

STEP 01 지수법칙을 이용하여 ❶의 값을 구한다.

$\left(2^4\right)^3 \div 2^{10} = 2^{12} \div 2^{10} = 2^{12-10} = 2^2 = 4$

●핵심 공식

▶ 지수법칙

① m, n이 자연수일 때 $a^m \times a^n = a^{m+n}$

② m, n이 자연수일 때 $(a^m)^n = a^{mn}$

③ m, n이 자연수, $a \neq 0$일 때
  • $m > n$이면 $a^m \div a^n = a^{m-n}$ • $m = n$이면 $a^m \div a^n = 1$
  • $m < n$이면 $a^m \div a^n = \dfrac{1}{a^{n-m}}$

④ n이 자연수일 때 $(ab)^n = a^n b^n$, $\left(\dfrac{a}{b}\right)^n = \dfrac{a^n}{b^n}$ (단, $b \neq 0$)

---

03 다항식의 연산
정답률 89% | 정답 ④

두 다항식 ❶ $A = 2a^2 + a$, $B = 3a - 1$ 에 대하여 $3A - B$를 간단히 하면?
[2점]

① $6a^2 + 6a + 1$ ② $6a^2 - 6a + 1$ ③ $6a^2 - 1$
④ $6a^2 + 1$ ⑤ $6a^2$

STEP 01 ❶에서 다항식의 연산을 이용하여 $3A - B$를 간단히 한다.

$3A - B = 3(2a^2 + a) - (3a - 1) = 6a^2 + 3a - 3a + 1 = 6a^2 + 1$

●핵심 공식

▶ 단항식과 다항식의 계산

(1) 계산 방법
  ① 계수는 계수끼리, 문자는 문자끼리 곱하여 계산한다.
  ② 같은 문자의 곱은 거듭제곱의 지수를 써서 나타낸다.
(2) 다항식의 덧셈과 뺄셈 괄호를 풀고 동류항끼리 모아서 간단히 한다.(※ 동류항 : 문자와 차수가 같은 항)
(3) 사칙 연산의 순서
  ① 괄호가 있으면 괄호를 먼저 푼다.
  ② 식의 곱셈과 나눗셈을 계산한다.
  ③ 동류항끼리 덧셈과 뺄셈을 계산한다.

---

04 일차부등식
정답률 92% | 정답 ①

부등식 ❶ $5x - 7 \leq 23 - x$ 를 만족시키는 자연수 x 의 개수는? [3점]

① 5 ② 6 ③ 7 ④ 8 ⑤ 9

STEP 01 ❶의 부등식을 풀어 x의 범위를 구한 후 만족하는 자연수 x의 개수를 구한다.

$5x - 7 \leq 23 - x$, $5x + x \leq 23 + 7$
$6x \leq 30$, $x \leq 5$
이를 만족시키는 자연수는 1, 2, 3, 4, 5이므로 구하는 개수는 5이다.

---

05 부채꼴의 넓이
정답률 85% | 정답 ⑤

❶ 중심각의 크기가 $150°$ 이고 넓이가 15π 인 부채꼴의 반지름의 길이는? [3점]

① 2 ② 3 ③ 4 ④ 5 ⑤ 6

STEP 01 ❶을 이용하여 부채꼴의 반지름의 길이를 구한다.

부채꼴의 반지름의 길이를 r 라 하자.
중심각의 크기가 $150°$ 인 부채꼴의 넓이는
$\pi r^2 \times \dfrac{150}{360}$
주어진 조건에서 부채꼴의 넓이가 15π 이므로
$\pi r^2 \times \dfrac{150}{360} = 15\pi$
$r^2 \times \dfrac{5}{12} = 15$, $r^2 = 36$
$r > 0$이므로 $r = 6$
따라서 부채꼴의 반지름의 길이는 6 이다.

●핵심 공식

▶ 부채꼴의 호의 길이와 넓이

반지름의 길이가 r, 중심각의 크기가 $x°$ 인 부채꼴의 호의 길이를 l, 넓이를 S라 하면

• $l = 2\pi r \times \dfrac{x}{360}$ • $S = \pi r^2 \times \dfrac{x}{360}$ • $S = \dfrac{1}{2}rl$

---

06 함숫값
정답률 93% | 정답 ①

함수 $f(x) = ax - 9$ 에 대하여 ❶ $f(3) = 3$ 일 때, $f(4)$ 의 값은? (단, a 는 상수이다.) [3점]

① 7 ② 8 ③ 9 ④ 10 ⑤ 11

STEP 01 ❶을 $f(x)$에 대입하여 a를 구한 후 $f(4)$의 값을 구한다.

$f(3) = 3$이므로 $f(x) = ax - 9$ 에 $x = 3$ 을 대입하면
$f(3) = 3a - 9 = 3$
$3a = 12$, $a = 4$
따라서 $f(x) = 4x - 9$
$f(4) = 4 \times 4 - 9 = 16 - 9 = 7$

---

07 이차방정식
정답률 89% | 정답 ②

이차방정식 ❶ $2x^2 - 7x + 2a = 0$ 의 한 근이 $x = \dfrac{1}{2}$ 일 때, 상수 a 의 값은?
[3점]

① 1 ② $\dfrac{3}{2}$ ③ 2 ④ $\dfrac{5}{2}$ ⑤ 3

STEP 01 $x = \dfrac{1}{2}$ 을 ❶에 대입하여 a의 값을 구한다.

이차방정식 $2x^2 - 7x + 2a = 0$ 의 한 근이 $x = \dfrac{1}{2}$ 이므로
$2x^2 - 7x + 2a = 0$ 에 $x = \dfrac{1}{2}$ 을 대입하면
$2 \times \left(\dfrac{1}{2}\right)^2 - 7 \times \dfrac{1}{2} + 2a = 0$
$2 \times \dfrac{1}{4} - 7 \times \dfrac{1}{2} + 2a = 0$
$\dfrac{1}{2} - \dfrac{7}{2} + 2a = 0$
$-3 + 2a = 0$
$2a = 3$ ∴ $a = \dfrac{3}{2}$

---

08 제곱근의 성질
정답률 90% | 정답 ②

❶ $x = 2 - \sqrt{3}$ 일 때, ❷ $x^2 - 4x$ 의 값은? [3점]

① -2 ② -1 ③ 0 ④ 1 ⑤ 2

주어진 식에 $x = 2 - \sqrt{3}$ 을 대입하면

$x^2 - 4x = (2 - \sqrt{3})^2 - 4(2 - \sqrt{3}) = 4 - 4\sqrt{3} + 3 - 8 + 4\sqrt{3} = -1$

다른 풀이 1

2 를 이항하면 $x - 2 = -\sqrt{3}$

양변을 제곱하면 $(x - 2)^2 = (-\sqrt{3})^2$, $x^2 - 4x + 4 = 3$

따라서 $x^2 - 4x = -1$

다른 풀이 2

$x^2 - 4x = x(x - 4) = (2 - \sqrt{3})(2 - \sqrt{3} - 4)$
$\quad = (2 - \sqrt{3})(-2 - \sqrt{3})$
$\quad = (-\sqrt{3})^2 - 2^2 = -1$

---

09 삼각비와 닮음   정답률 86% | 정답 ④

그림과 같이 $\angle A = 90°$, $\overline{AB} = 10$ 인 직각삼각형 ABC 가 있다. 변 AC 위의 한 점 D 에서 변 BC 에 내린 수선의 발을 H 라 하고 $\angle CDH = x°$ 라 하자.

❶ $\cos x° = \dfrac{2}{3}$ 일 때, 변 BC 의 길이는? [3점]

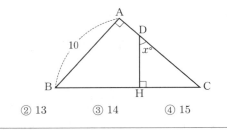

① 12   ② 13   ③ 14   ④ 15   ⑤ 16

STEP 01 ❶과 삼각형의 닮음을 이용하여 변 BC 의 길이를 구한다.

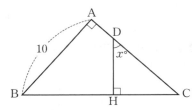

△ABC 와 △HDC 에서 $\angle A = \angle DHC = 90°$

$\angle C$ 는 공통이므로 △ABC 와 △HDC 는 닮음이다.

따라서 $\angle B = \angle CDH = x°$이므로 $\cos B = \cos x° = \dfrac{2}{3}$

한편 △ABC 에서 $\cos B = \dfrac{\overline{BA}}{\overline{BC}} = \dfrac{10}{\overline{BC}}$ 이므로 $\dfrac{10}{\overline{BC}} = \dfrac{2}{3}$

$2 \times \overline{BC} = 10 \times 3$

따라서 $\overline{BC} = 15$

●핵심 공식

▶ 삼각형의 닮음 조건
(1) SSS닮음: 세 쌍의 변의 길이의 비가 같다.
(2) SAS닮음: 두 쌍의 변의 길이의 비가 같고, 그 끼인각의 크기가 서로 같다.
(3) AA닮음: 두 쌍의 각의 크기가 서로 같다.

▶ 삼각비의 정의

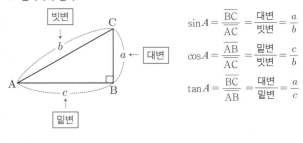

$\sin A = \dfrac{\overline{BC}}{\overline{AC}} = \dfrac{대변}{빗변} = \dfrac{a}{b}$

$\cos A = \dfrac{\overline{AB}}{\overline{AC}} = \dfrac{밑변}{빗변} = \dfrac{c}{b}$

$\tan A = \dfrac{\overline{BC}}{\overline{AB}} = \dfrac{대변}{밑변} = \dfrac{a}{c}$

---

10 피타고라스 정리   정답률 83% | 정답 ②

그림과 같이 대각선의 길이가 $\sqrt{6}$ 인 직사각형 ABCD 의 두 꼭짓점 B, C 는 각각 3, 4 에 대응하는 수직선 위의 점이다. 또, 수직선 위의 두 점 P, Q 에 대하여 $\overline{BA} = \overline{BP}$ 이고 $\overline{CD} = \overline{CQ}$ 이다. 두 점 P, Q 에 대응하는 수를 각각 p, q 라 할 때, $q - p$ 의 값은? [3점]

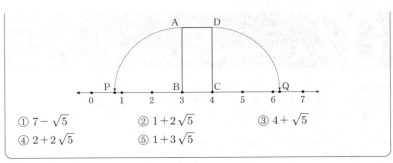

① $7 - \sqrt{5}$ ② $1 + 2\sqrt{5}$ ③ $4 + \sqrt{5}$
④ $2 + 2\sqrt{5}$ ⑤ $1 + 3\sqrt{5}$

STEP 01 피타고라스 정리를 이용하여 $\overline{AB}$ 를 구한 후 두 점 P, Q 의 좌표를 각각 구한다. $q - p$ 의 값을 구한다.

조건에서 직사각형 ABCD 의 대각선의 길이가 $\sqrt{6}$ 이므로 이를 그림으로 나타내면 다음과 같다.

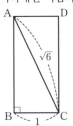

직각삼각형 ABC 에서 $\overline{AC} = \sqrt{6}$, $\overline{BC} = 1$이므로 피타고라스 정리에 의해

$\overline{AB}^2 = \overline{AC}^2 - \overline{BC}^2 = (\sqrt{6})^2 - 1^2 = 6 - 1 = 5$

따라서 $\overline{AB} = \sqrt{5}$

변 DC 의 길이와 변 AB 의 길이는 같으므로 $\overline{DC} = \overline{AB} = \sqrt{5}$

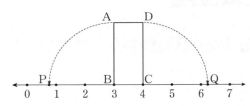

$\overline{BP} = \overline{BA} = \sqrt{5}$ 이므로 $p = 3 - \sqrt{5}$

$\overline{CQ} = \overline{CD} = \sqrt{5}$ 이므로 $q = 4 + \sqrt{5}$

따라서 $q - p = 4 + \sqrt{5} - (3 - \sqrt{5}) = 4 + \sqrt{5} - 3 + \sqrt{5} = 1 + 2\sqrt{5}$

다른 풀이

위의 풀이에서 $\overline{DC} = \overline{AB} = \sqrt{5}$

$q - p$ 의 값은 선분 PQ 의 길이와 같다.

$\overline{PQ} = \overline{PB} + \overline{BC} + \overline{CQ}$ 이므로 각 선분의 길이를 구하면

$\overline{PB} = \overline{AB} = \sqrt{5}$

$\overline{BC} = 1$

$\overline{CQ} = \overline{CD} = \sqrt{5}$

따라서 $\overline{PQ} = \overline{PB} + \overline{BC} + \overline{CQ} = \sqrt{5} + 1 + \sqrt{5} = 1 + 2\sqrt{5}$

●핵심 공식

▶ 피타고라스 정리

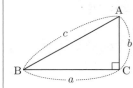

직각삼각형에서 직각을 낀 두 변을 각각 a, b 라 하고 빗변의 길이를 c라 하면 $a^2 + b^2 = c^2$이다.

---

11 도수분포다각형   정답률 85% | 정답 ③

어느 반 학생들의 1 주일 동안의 스마트폰 사용 시간을 조사하여 나타낸 도수분포다각형이 그림과 같다.

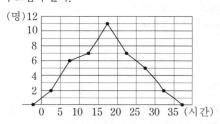

이 반 학생들 중 1 주일 동안의 ❶ 스마트폰 사용 시간이 10 시간 미만인 학생의 비율이 $a%$ 일 때, a 의 값은? [3점]

① 10   ② 15   ③ 20   ④ 25   ⑤ 30

STEP 01
도수분포다각형으로부터 도수분포표를 만들고 전체 학생 수와 ❶의 학생 수를 구한 후 ❶의 비율을 구한다.

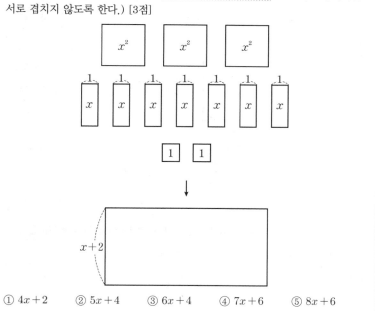

위의 도수분포다각형으로부터 도수분포표를 만들면 다음과 같다.

사용 시간	도수(명)
$0^{이상}$ ~5 미만	2
5 ~10	6
10 ~15	7
15 ~20	11
20 ~25	7
25 ~30	5
30 ~35	2
합계	40

도수의 총합은
$2+6+7+11+7+5+2=40$ (명)
사용 시간이 10 시간 미만인 학생의 수는
$2+6=8$ (명)
사용시간이 10시간 미만인 학생의 비율은
$\dfrac{8}{40} \times 100 = 20$ (%)
따라서 a 의 값은 20 이다.

12 인수분해
정답률 87% | 정답 ⑤

그림과 같이 넓이가 x^2 인 정사각형 3 개, 한 변의 길이가 1 이고 넓이가 x 인 직사각형 7 개, 넓이가 1 인 정사각형 2 개를 모두 사용하여 한 변의 길이가 $x+2$ 인 직사각형을 만들었다. 이 직사각형의 둘레의 길이는? (단, 도형끼리는 서로 겹치지 않도록 한다.) [3점]

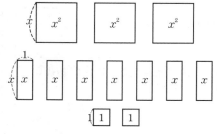

① $4x+2$ ② $5x+4$ ③ $6x+4$ ④ $7x+6$ ⑤ $8x+6$

STEP 01
모든 사각형의 넓이의 합을 구한 후 인수분해 하여 직사각형의 다른 한 변의 길이를 구한 다음 둘레의 길이를 구한다.

모든 사각형의 넓이의 합은
$3x^2 + 7x + 2 = (3x+1)(x+2)$
이므로 만들어진 직사각형은 두 변의 길이가 각각

$x+2$ 와 $3x+1$ 인 직사각형이 된다.
위 도형을 모두 사용하여 직사각형을 만들면 다음과 같다.

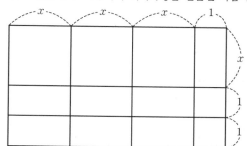

따라서 둘레의 길이는 $2(x+2) + 2(3x+1) = 8x+6$

13 대푯값
정답률 88% | 정답 ③

다음은 어떤 모둠의 학생 7 명이 가장 좋아하는 수를 각각 하나씩 적은 것이다.

$$4, 1, 6, 2, 8, 3, a$$

이 자료의 평균, 최빈값, 중앙값이 모두 같을 때, a 의 값은? [3점]
① 2 ② 3 ③ 4 ④ 5 ⑤ 6

STEP 01
a 를 제외한 자료를 작은 값부터 순서대로 나열한 후 최빈값이 존재하기 위한 조건으로 a 의 값이 될 수 있는 수를 구한 다음 평균을 구하여 만족하는 a 의 값을 구한다.

a 를 제외한 자료를 작은 값부터 크기 순서대로 나열하면 다음과 같다.
$1, 2, 3, 4, 6, 8$
최빈값이 존재하기 위해서 a 는
$1, 2, 3, 4, 6, 8$ 중에 하나가 되어야 한다.
이때, 중앙값이 될 수 있는 수는 3, 4 중 하나이므로
$a=3$ 또는 $a=4$ 이다.
$a=3$ 이면 중앙값이 3 이 되는데,
평균이 $\dfrac{27}{7} (\neq 3)$ 이므로 $a \neq 3$ 이다.

$a=4$ 이면 중앙값이 4 가 되고 평균 역시 4 가 되어 모든 조건을 만족한다.
따라서 $a=4$

14 이차함수의 그래프
정답률 74% | 정답 ①

다음은 두 직선 $y=ax+b$ 와 $y=c$ 를 나타낸 것이다.

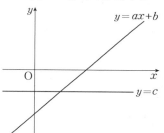

이차함수 $y=ax^2 + bx + c$ 의 그래프로 알맞은 것은? (단, a, b, c 는 상수이다.) [4점]

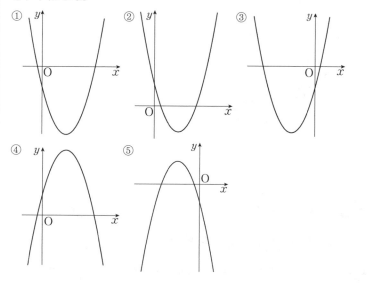

STEP 01
주어진 그래프에서 a, b, c의 부호를 결정한 후 이차함수 $y = ax^2 + bx + c$ 의 그래프의 개형으로 알맞은 그래프를 찾는다.

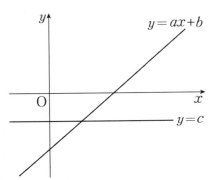

직선 $y = ax + b$ 에서 기울기는 양수이고 y 절편은 음수이므로
$a > 0$, $b < 0$ 이다.
직선 $y = c$ 가 y 축과 만나는 점의 y 좌표가 음수이므로
$c < 0$ 이다.
이차함수 $y = ax^2 + bx + c$ 의 그래프는
$a > 0$ 이므로 아래로 볼록하고, $c < 0$ 이므로
y 절편은 음수이다.

$$y = ax^2 + bx + c = a\left(x + \frac{b}{2a}\right)^2 - \frac{b^2 - 4ac}{4a}$$

축의 방정식은 $x = -\dfrac{b}{2a}$ 이고 $a > 0$, $b < 0$ 이므로 꼭짓점의 x 좌표는 양수이다.

따라서 이차함수 $y = ax^2 + bx + c$ 의 그래프로 알맞은 것은 다음과 같다.

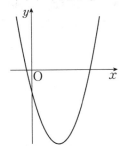

●핵심 공식

▶ 이차함수 $y = ax^2 + bx + c$ 에서 계수의 부호 판정
(1) a의 부호는 그래프의 모양으로 판정한다.
   아래로 볼록한 그래프이면 $a > 0$, 위로 볼록한 그래프이면 $a < 0$
(2) b의 부호는 꼭짓점의 x좌표 $\left(x = -\dfrac{b}{2a}\right)$ 로 판정한다.
   꼭짓점의 x좌표가 양수이면 a와 b는 다른 부호이고 음수이면 a와 b의 부호가 같다.
(3) c의 부호는 y절편의 위치로 판정한다.
   y절편이 양수이면 $c > 0$, y절편이 음수이면 $c < 0$

▶ 일차함수 $y = ax + b$ 의 그래프
(1) 일차함수 $y = ax + b$ $(a \neq 0)$의 그래프는 기울기가 a이고 y절편이 b인 직선이다.
(2) 그래프의 모양
   ① $a > 0$일 때,
      왼쪽 아래에서 오른쪽 위로 올라가는 직선

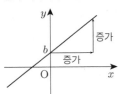

   ② $a < 0$일 때,
      왼쪽 위에서 오른쪽 아래로 내려가는 직선

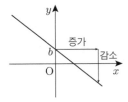

---

15 일차함수의 그래프의 성질   정답률 52% | 정답 ⑤

두 일차함수 ❶ $y = ax$, $y = \dfrac{2}{3}x + 2$ 의 그래프와 y 축으로 둘러싸인 부분의

넓이가 6 이 되도록 하는 모든 실수 a 의 값의 합은? (단, $a \neq \dfrac{2}{3}$) [4점]

① 1 ② $\dfrac{13}{12}$ ③ $\dfrac{7}{6}$ ④ $\dfrac{5}{4}$ ⑤ $\dfrac{4}{3}$

STEP 01 a의 범위를 나누어 각각 두 그래프를 좌표평면에 그린 후 ❶을 구한 다음 값이 6이 되도록 하는 a의 값을 각각 구하여 합을 구한다.

(ⅰ) $a > \dfrac{2}{3}$ 일 때

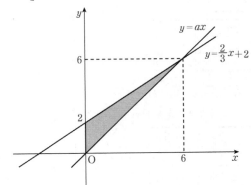

$y = ax$, $y = \dfrac{2}{3}x + 2$ 가 제1사분면에서 만날 때
두 직선과 y 축으로 둘러싸인 부분의 넓이가 6 이므로
교점의 x 좌표는 6 이 되어야 한다.
이때, 교점의 y 좌표는 6 이 된다.
따라서 a 의 값은 $a = \dfrac{6}{6} = 1$ 이다.

(ⅱ) $0 < a < \dfrac{2}{3}$ 일 때

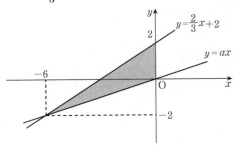

$y = ax$, $y = \dfrac{2}{3}x + 2$ 가 제3사분면에서 만날 때
두 직선과 y 축으로 둘러싸인 부분의 넓이가 6 이므로
교점의 x 좌표는 -6 이 되어야 한다.
이때, 교점의 y 좌표는 -2 가 된다.
따라서 a 의 값은 $a = \dfrac{-2}{-6} = \dfrac{1}{3}$ 이다.

(ⅲ) $a \leq 0$ 일 때

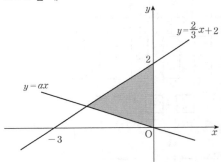

$y = ax$, $y = \dfrac{2}{3}x + 2$ 와 y 축으로 둘러싸인 삼각형의 넓이의 최댓값은
3 이므로 주어진 조건을 만족시키지 않는다.

따라서 모든 실수 a 의 값의 합은 $1 + \dfrac{1}{3} = \dfrac{4}{3}$

---

16 연립일차방정식   정답률 75% | 정답 ③

A, B 두 사람이 가위바위보를 하여 다음과 같은 규칙으로 점수를 얻는다.

> • 이긴 사람은 4 점을 얻고 진 사람은 1 점을 얻는다.
> • 비기면 두 사람 모두 2 점씩 얻는다.

❶ 가위바위보를 10 번 하고 난 결과, A 는 27 점을 얻었고 B 는 21 점을 얻었다. 이때 A 가 이긴 횟수는? [4점]

① 3   ② 4   ③ 5   ④ 6   ⑤ 7

STEP 01 A 가 이긴 횟수와 비긴 횟수를 각각 미지수를 이용하여 놓고 ❶에서 연립방정식을 세워 A 가 이긴 횟수를 구한다.

A 가 이긴 횟수를 a, 비긴 횟수를 b 라 하면 A 가 진 횟수는 $10 - a - b$ 이다.

A 가 얻은 점수는

$4 \times a + 2 \times b + 1 \times (10 - a - b) = 27$

$3a + b = 17$ ...... ㉠

B 가 이긴 횟수는 A 가 진 횟수와 같으므로 B 가 얻은 점수는

$4 \times (10 - a - b) + 2 \times b + 1 \times a = 21$

$3a + 2b = 19$ ...... ㉡

㉠, ㉡에서 $a = 5$, $b = 2$

따라서 A 가 이긴 횟수는 5 이다.

다른 풀이

가위바위보를 10 번 하고 난 결과, A 의 점수가 B 의 점수보다 6 점이 많다.
한 번의 가위바위보에서 이긴 사람과 진 사람의 점수 차이는 3 점이므로
A 의 이긴 횟수는 B 가 이긴 횟수보다 2 만큼 많다.
A 가 이긴 횟수를 a 라 하면 B 가 이긴 횟수는 $a - 2$ 이고
비긴 횟수는 $10 - (a + a - 2) = 12 - 2a$ 이다.
따라서 가위바위보를 10 번 하고 난 결과, A 의 점수는 27 점이므로

$4 \times a + 2 \times (12 - 2a) + 1 \times (a - 2) = 27$

$a = 5$

따라서 A 가 이긴 횟수는 5 이다.

---

17 내심과 외심의 성질

정답률 58% | 정답 ④

$\angle A > 90°$, ❶ $\overline{AB} = \overline{AC}$ 인 이등변삼각형 ABC 의 내심을 I, 외심을 O 라 하자. $\angle IBO = 33°$ 일 때, $\angle A$ 의 크기는? [4점]

① 98° ② 100° ③ 102° ④ 104° ⑤ 106°

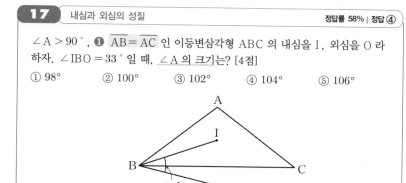

STEP 01 $\angle OAB = x°$ 라 하고 외심과 내심의 성질과 ❶을 이용하여 삼각형 ABC 의 세 내각의 크기를 x 를 이용하여 나타낸다.

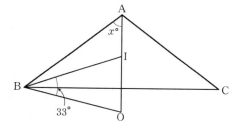

$\angle OAB = x°$ 라 하자.

외심의 성질에 의해 $\overline{OA} = \overline{OB}$ 이고 삼각형 OAB 는 이등변삼각형이므로

$\angle OBA = x°$

$\angle OBA = \angle IBO + \angle ABI = 33° + \angle ABI$

$\angle ABI = x° - 33°$

점 I 는 삼각형 ABC 의 내심이므로

$\angle ABI = \angle IBC$, $\angle BAI = \angle IAC$

$\angle IBC = x° - 33°$, $\angle IAC = x°$

따라서

$\angle ABC = \angle ABI + \angle IBC$

$= (x° - 33°) + (x° - 33°) = 2x° - 66°$

삼각형 ABC 는 $\overline{AB} = \overline{AC}$ 인 이등변삼각형이므로

$\angle ABC = \angle ACB = 2x° - 66°$

STEP 02 삼각형의 내각의 합을 이용하여 x 를 구한다.

삼각형 ABC 의 내각의 합은 180° 이므로

$\angle ABC + \angle ACB + \angle BAC = 180°$

$(2x° - 66°) + (2x° - 66°) + 2x° = 180°$

$6x° - 132° = 180°$, $x° = 52°$

따라서 $\angle A = 2x° = 104°$

다른 풀이 1

점 I 는 삼각형 ABC 의 내심이므로 직선 AI 는 $\angle BAC$ 를 이등분한다.
삼각형 ABC 는 $\overline{AB} = \overline{AC}$ 인 이등변삼각형이므로
직선 AI 는 밑변 $\overline{BC}$ 를 수직이등분한다.

삼각형 ABC 의 외심 O 는 변 BC 의 수직이등분선 위에 있으므로 점 O 는 직선 AI 위에 있다.

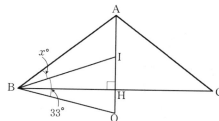

$\angle ABI = x°$ 라면 $\angle ABO = x° + 33°$

점 O 는 삼각형 ABC 의 외심이므로

$\overline{BO} = \overline{AO}$

따라서 삼각형 ABO 는 이등변삼각형이다.

$\angle BAO = \angle ABO = x° + 33°$

$\angle BIH$ 는 삼각형 ABI 의 한 외각이므로

$\angle BIH = x° + (x° + 33°) = 2x° + 33°$

한편 점 I 는 삼각형 ABC 의 내심이므로

$\angle IBH = \angle ABI = x°$

따라서 직각삼각형 IBH 에서

$x° + (2x° + 33°) + 90° = 180°$

$3x° + 123° = 180°$

$3x° = 57°$, $x° = 19°$

한편 $\angle BAH = x° + 33° = 19° + 33° = 52°$ 이므로

$\angle A = 2 \times 52° = 104°$

다른 풀이 2

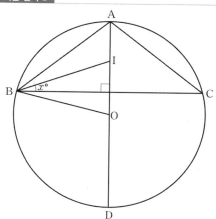

삼각형 ABC 의 외접원과 직선 AO 의 교점을 D 라 하고 $\angle IBC = x°$ 라 하면

$\angle OBC = 33° - x°$

점 I 가 삼각형 ABC 의 내심이므로

$\angle ABC = 2x°$

점 O 가 삼각형 ABC 의 외심이고 직선 AD 는 변 BC 의 수직이등분선이므로

$\angle BAD = 90° - 2x°$

$\angle BOD$ 는 삼각형 ABO 의 한 외각이므로

$\angle BOD = 90° - 2x° + 33° + x° = 123° - x°$

$\angle BAD$ 는 호 BD 에 대한 원주각, $\angle BOD$ 는 호 BD 에 대한 중심각이므로

$\angle BOD = 2 \times \angle BAD$

따라서

$123° - x° = 2 \times (90° - 2x°) = 180° - 4x°$

$3x° = 57°$, $x° = 19°$

따라서 $\angle BAD = 90° - 2x° = 52°$ 이므로, $\angle A = 104°$

● 핵심 공식

▶ 삼각형의 외심

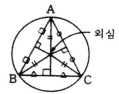

(1) 외심 : 삼각형의 세 변의 수직이등분선의 교점
(2) 외심에서 세 꼭짓점에 이르는 거리(외접원의 반지름)는 같다.
(3) 외심의 위치는 예각삼각형에서는 삼각형의 내부에, 직각삼각형에서는 빗변의 중점에, 둔각삼각형은 삼각형의 외부에 존재한다.

▶ 삼각형의 내심(내접원의 중심)

(1) 내심 : 삼각형의 세 내각의 이등분선의 교점
(2) 내심에서 삼각형의 각 변에 이르는 거리는 내접원의 반지름으로 모두 같다.
(3) 삼각형의 넓이는 $\frac{1}{2}rl$
($r = $ 원의 반지름, $l = $ 삼각형의 둘레)

다음은 숫자가 적힌 25개의 타일을 연결한 도로망과 두 지점 A, B를 나타낸 것이다.

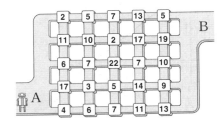

도로를 따라 ↑ 방향, ↓ 방향, → 방향으로만 이동하는 로봇이 있다.
이 로봇이 A에서 B까지 도로를 따라 이동했을 때 지나간 타일에 적힌 모든 수의 곱이 382200이었다. 지나간 타일에 적힌 모든 수의 합은? [4점]

① 50   ② 53   ③ 56   ④ 59   ⑤ 62

STEP 01 382200을 소인수분해한 후 지날 수 없는 타일을 제외한다.

382200을 소인수분해하면
$382200 = 2^3 \times 3 \times 5^2 \times 7^2 \times 13$이므로
2가 3번, 3이 1번, 5가 2번, 7이 2번, 13이 한 번 곱해진다.
따라서 지나갈 수 있는 타일의 최대 개수는 9개다.
또한 주어진 도로망에서 9, 11, 22, 17, 19가 적힌 타일은 지날 수 없다.
따라서 지날 수 있는 타일은 그림과 같다.

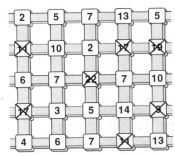

382200에서 소인수 3과 13은 한 번씩만 곱해지므로
3의 배수인 3 또는 6이 적힌 타일 중 하나를 한 번, 13이 적힌 타일을 한 번 지나야 한다.

STEP 02 출발지점에 따라 경우를 나누어 지나갈 수 있는 경로를 찾는다.

따라서 지날 수 있는 경로는 다음과 같다.
(i) 처음에 2가 적힌 타일을 지나는 경우
    반드시 3이 적힌 타일을 거쳐서 13이 적힌 타일을 지나야 한다.
    이 경우 9개 이하의 타일을 지나는 경로는 없으므로 조건을 만족하는 경로는 없다.
(ii) 처음에 6이 적힌 타일을 지나는 경우
    두 번째로 지나는 타일에 적힌 수는 7이고
    3과 6이 적힌 타일은 동시에 지날 수 없으므로 세 번째로 지나는 타일은 10이다.
    i) $6 \to 7 \to 10 \to 7 \to \cdots$ 로 이동하는 경우
        B 지점으로 이동하는 모든 경로는
        7을 추가로 한 번 이상 지나게 되므로
        7이 세 번 이상 곱해져서 조건을 만족하는 경로는 없다.
    ii) $6 \to 7 \to 10 \to 5 \to \cdots$ 로 이동하는 경우
        B 지점으로 이동하는 모든 경로는
        5를 추가로 한 번 이상 지나게 되므로
        5가 세 번 이상 곱해져서 조건을 만족하는 경로는 없다.
    iii) $6 \to 7 \to 10 \to 2$ 로 이동하는 경우 계속하여
        $6 \to 7 \to 10 \to 2 \to 7 \to 13 \to 5$ 로 이동해야 한다.
        이때 지나간 타일에 적힌 모든 수의 곱은 다음과 같다.
        $6 \times 7 \times 10 \times 2 \times 7 \times 13 \times 5 = 2^3 \times 3 \times 5^2 \times 7^2 \times 13$
    이 곱은 문제의 조건을 만족시킨다.
    따라서 지나간 타일에 적힌 모든 수의 합은 다음과 같다.
    $6 + 7 + 10 + 2 + 7 + 13 + 5 = 50$
(iii) 처음에 4가 적힌 타일을 지나는 경우
    3 또는 6이 적힌 타일 중 하나를 한 번,
    13이 적힌 타일을 한 번 지나는 경로는 존재하지 않으므로
    주어진 조건을 만족하는 경로는 없다.
(i), (ii), (iii)에서 구하는 합은 50이다.

다른 풀이

382200을 소인수분해하면

$382200 = 2^3 \times 3 \times 5^2 \times 7^2 \times 13$
이므로 2가 3번, 3이 1번, 5가 2번, 7이 2번, 13이 1번 곱해진다.
또한 주어진 도로망에서 9, 11, 22, 17, 19가 적힌 타일은 지날 수 없다.
따라서 지날 수 있는 타일은 다음 그림과 같다.

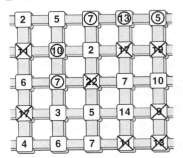

B에서부터 지나온 자리를 거꾸로 찾아오면 맨 아래 줄의 13은 지날 수 없으므로 맨 윗줄의 13을 지나야한다.
따라서 경로의 마지막은 $7 \to 13 \to 5$이다.
이후 6 또는 3을 지나야 하므로 세 번째 줄의 7을 지나야 하고,
7을 지나기 위해서는 그 위의 10도 지나야 한다.

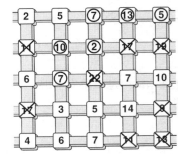

이미 5와 10을 지났으므로 5는 더 이상 지날 수 없다.
따라서 두 번째 줄의 2를 지나야 한다.

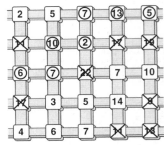

거쳐야 할 타일의 남은 수의 곱은 6뿐이므로 가능한 경로는 6을 지나는 경우뿐이다.
따라서 아래 그림과 같이 동그라미가 그려진 수를 따라가야 한다.

따라서 지나간 타일에 적힌 모든 수의 합은 다음과 같다.
$6 + 7 + 10 + 2 + 7 + 13 + 5 = 50$

19 무리수   정답률 57% | 정답 ③

다음 조건을 만족시키는 실수 a의 값의 범위는? [4점]

> (가) $0 < a < 1$
> (나) $a + \sqrt{7}$ 과 $a + 2\sqrt{2}$ 사이에 있는 정수의 개수는 1이다.

① $8 - 3\sqrt{7} < a < 3 - 2\sqrt{2}$
② $8 - 3\sqrt{7} < a < 3 - \sqrt{7}$
③ $3 - 2\sqrt{2} < a < 3 - \sqrt{7}$
④ $3 - 2\sqrt{2} < a < 2 - \sqrt{2}$
⑤ $3 - \sqrt{7} < a < 2 - \sqrt{2}$

STEP 01 두 조건을 이용하여 조건 (나)를 만족하는 정수 1개를 구한 후 조건 (나)로 부등식을 세워 a의 값의 범위를 구한다.

$\sqrt{4} < \sqrt{7} < \sqrt{8} < \sqrt{9}$ 이므로 $2 < \sqrt{7} < 2\sqrt{2} < 3$
$a+2 < a+\sqrt{7} < a+2\sqrt{2} < a+3$
조건 (가)에서 $a > 0$이므로 $a+2 > 2$
$a < 1$이므로 $a+3 < 4$
따라서 $2 < a+\sqrt{7} < a+2\sqrt{2} < 4$
조건 (나)에서
$a+\sqrt{7}$ 과 $a+2\sqrt{2}$ 사이에 한 개의 정수가 있으려면 그 정수는 3이어야 한다.
즉 $a+\sqrt{7} < 3 < a+2\sqrt{2}$
$a+\sqrt{7} < 3$에서 $a < 3-\sqrt{7}$ ...... ㉠
$a+2\sqrt{2} > 3$에서 $a > 3-2\sqrt{2}$ ...... ㉡
㉠, ㉡에서 구하는 a의 값의 범위는
$3-2\sqrt{2} < a < 3-\sqrt{7}$

---

20 도형의 닮음과 이차방정식   정답률 46% | 정답 ②

그림과 같이 한 변의 길이가 2 인 정사각형 ABCD 가 있다. 변 CD 위의 점 P 에 대하여 직선 AP 와 선분 BD 의 교점을 Q 라 하고, 직선 AP 와 직선 BC 의 교점을 R 라 하자.

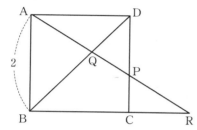

다음은 $\overline{AQ} = \overline{RP}$ 일 때, 선분 PC 의 길이를 구하는 과정이다.

> $\overline{CR} = x$ 라 하자.
> $\overline{AD} /\!/ \overline{BR}$ 이므로 $\triangle QDA \backsim \triangle QBR$
> 이다. 따라서
> $\boxed{(가)} : (x+2) = \overline{AQ} : \overline{RQ}$ ...... ㉠
> 이다.
> $\triangle PCR \backsim \triangle PDA$ 이므로
> $x : 2 = \overline{RP} : \overline{AP}$ ...... ㉡
> 이다.
> ❶ $\overline{AQ} = \overline{RP}$ 이므로 $\overline{AP} = \overline{RQ}$ 이다.
> ㉠, ㉡에서 $x = \boxed{(나)}$ 이다.
> 따라서 $\overline{PC} = \boxed{(다)}$ 이다.

위의 (가), (나), (다)에 알맞은 수를 각각 a, b, c 라 할 때, $a+b+c$ 의 값은? [4점]

① $2\sqrt{5}-1$ ② 4 ③ $2+\sqrt{5}$ ④ $2\sqrt{5}$ ⑤ 5

STEP 01 삼각형의 닮음을 이용하여 (가)를 구한다.

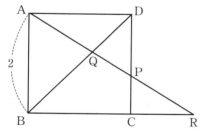

$\overline{CR} = x$ 라 하자.
두 직선 AD, BR 가 평행하므로 $\angle QAD = \angle QRB$
두 삼각형 QDA, QBR 에서 $\angle AQD = \angle RQB$ 이므로
$\triangle QDA$ 와 $\triangle QBR$ 는 닮음이다. (AA 닮음)
따라서 $\overline{AD} : \overline{RB} = \overline{AQ} : \overline{RQ}$
$\boxed{2} : x+2 = \overline{AQ} : \overline{RQ}$ ...... ㉠

STEP 02 ㉠을 ㉡에 대입한 후 ㉠과 연립하여 (나)를 구한다.
두 직선 AD, BR 가 평행하므로
$\angle PAD = \angle PRC$
두 삼각형 PCR, PDA 에서 $\angle APD = \angle RPC$ 이므로
$\triangle PCR$ 와 $\triangle PDA$ 도 닮음이다. (AA 닮음)
따라서 $\overline{RC} : \overline{AD} = \overline{RP} : \overline{AP}$
$x : 2 = \overline{RP} : \overline{AP}$ ...... ㉡

$\overline{AQ} = \overline{RP}$ 이므로
$\overline{AP} = \overline{AQ} + \overline{QP} = \overline{RP} + \overline{QP} = \overline{RQ}$
따라서 $x : 2 = \overline{RP} : \overline{AP} = \overline{AQ} : \overline{RQ}$
㉠, ㉡에서
$x : 2 = 2 : (x+2)$
$x(x+2) = 4$
$x^2 + 2x - 4 = 0$
$x = -1 \pm \sqrt{5}$ 에서 $x > 0$ 이므로
$x = \boxed{-1+\sqrt{5}}$

STEP 03 두 삼각형 $\triangle PCR$, $\triangle PDA$ 의 닮음을 이용하여 (다)를 구한다. a, b, c를 찾아 세 수의 합을 구한다.

$\triangle PCR$ 와 $\triangle PDA$ 에서 $\overline{CP} : \overline{CR} = \overline{DP} : \overline{DA}$
$\overline{CP} : (-1+\sqrt{5}) = (2-\overline{CP}) : 2$
$(-1+\sqrt{5}) \times (2-\overline{CP}) = 2 \times \overline{CP}$
$-2+2\sqrt{5} - (-1+\sqrt{5}) \times \overline{CP} = 2 \times \overline{CP}$
$-2+2\sqrt{5} = (1+\sqrt{5}) \times \overline{CP}$
따라서
$\overline{CP} = \dfrac{-2+2\sqrt{5}}{1+\sqrt{5}} = \dfrac{(-2+2\sqrt{5})(1-\sqrt{5})}{(1+\sqrt{5})(1-\sqrt{5})} = \dfrac{-12+4\sqrt{5}}{-4} = \boxed{3-\sqrt{5}}$
그러므로 $a = 2$, $b = -1+\sqrt{5}$, $c = 3-\sqrt{5}$ 이므로
$a+b+c = 4$

● **핵심 공식**

▶ 삼각형의 닮음 조건
  (1) SSS닮음 : 세 쌍의 변의 길이의 비가 같다.
  (2) SAS닮음 : 두 쌍의 변의 길이의 비가 같고, 그 끼인각의 크기가 서로 같다.
  (3) AA닮음 : 두 쌍의 각의 크기가 서로 같다.
▶ 삼각비의 정의

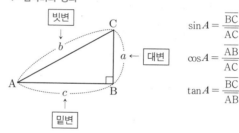

$\sin A = \dfrac{\overline{BC}}{\overline{AC}} = \dfrac{\text{대변}}{\text{빗변}} = \dfrac{a}{b}$
$\cos A = \dfrac{\overline{AB}}{\overline{AC}} = \dfrac{\text{밑변}}{\text{빗변}} = \dfrac{c}{b}$
$\tan A = \dfrac{\overline{BC}}{\overline{AB}} = \dfrac{\text{대변}}{\text{밑변}} = \dfrac{a}{c}$

★★★ 등급을 가르는 문제!

21 원의 성질   정답률 40% | 정답 ⑤

그림과 같이 반지름의 길이가 6 인 원의 둘레를 12 등분한 12 개의 점이 있다. 이 12 개의 점들 중에서 $\overline{AB}$ 가 원의 지름이 되도록 두 점 A, B 를 잡고 $\overparen{AC} : \overparen{CD} : \overparen{DB} = 2 : 1 : 3$ 이 되도록 두 점 C, D 를 잡는다. 마찬가지로 이 12 개의 점들 중에서 $\overparen{AE} : \overparen{EF} : \overparen{FB} = 2 : 3 : 1$ 이 되도록 두 점 E, F 를 잡는다. $\overline{AB}$ 와 $\overline{DE}$ 의 교점을 P, $\overline{AB}$ 와 $\overline{CF}$ 의 교점을 Q 라 하자. 〈보기〉에서 옳은 것만을 있는 대로 고른 것은? (단, 점 C 와 E 는 서로 다른 점이다.) [4점]

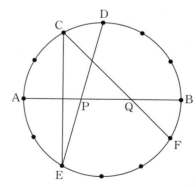

> ── 〈보기〉 ──
> ㄱ. $\angle ECF = 45°$
> ㄴ. $\overline{CE} = 6\sqrt{3}$
> ㄷ. $\overline{PQ} = 9 - 3\sqrt{3}$

① ㄱ   ② ㄱ, ㄴ   ③ ㄱ, ㄷ   ④ ㄴ, ㄷ   ⑤ ㄱ, ㄴ, ㄷ

STEP 01 ㄱ. 원의 중심을 잡고 원주각과 중심각의 관계를 이용하여 $\angle ECF$ 의 크기를 구하여 참 거짓을 판별한다.

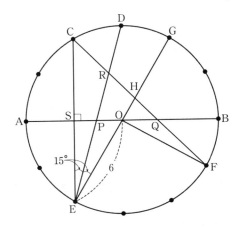

ㄱ. 그림과 같이 원의 중심을 O 라 하면 부채꼴 OEF 의 중심각의 크기는

$$\angle EOF = 360° \times \frac{3}{12} = 90°$$

한 호에 대한 원주각의 크기는 중심각의 크기의 $\frac{1}{2}$ 배이므로

$$\angle ECF = \frac{1}{2} \times \angle EOF = \frac{1}{2} \times 90° = 45° \qquad \therefore \text{참}$$

STEP 02 ㄴ. ∠AOE를 구한 후 반지름의 길이와 특수각의 삼각비를 이용하여 $\overline{ES}$, $\overline{CE}$를 구하여 참 거짓을 판별한다.

ㄴ. $\angle AOE = 60°$ 이므로
두 직선 CE 와 AB 의 교점을 S 라 하면

$$\overline{ES} = 6 \times \sin 60° = 6 \times \frac{\sqrt{3}}{2} = 3\sqrt{3}$$

$$\overline{CE} = 2 \times \overline{ES} = 6\sqrt{3} \qquad \therefore \text{참}$$

STEP 03 ㄷ. 직각삼각형 OES에서 각의 이등분선의 성질을 이용하여 $\overline{OP}$ 를 구한 후 직각이등변삼각형 CSQ에서 $\overline{SQ}$ 를 구하여 $\overline{QO}$ 를 구한다. $\overline{OP} + \overline{QO}$ 를 구하여 참 거짓을 판별한다.

ㄷ. 직선 EO 가 원과 만나는 점을 G 라 하면
∠CED, ∠DEG 는 각각 호 CD, 호 DG 의 원주각이므로
$$\angle CED = \angle DEG = 15°$$
삼각형 OES 에서 각의 이등분선의 성질에 의하여
$$\overline{OP} : \overline{PS} = \overline{OE} : \overline{ES}$$
$\overline{OE} = 6$, $\overline{ES} = 3\sqrt{3}$ 이므로
$$\overline{OP} : \overline{PS} = 2 : \sqrt{3}$$
$$\overline{PS} = \frac{\sqrt{3}}{2} \times \overline{OP}$$
$$\overline{OS} = 6 \times \cos 60° = 6 \times \frac{1}{2} = 3$$
$\overline{OP} + \overline{PS} = \overline{OS} = 3$ 이므로
$$\left(1 + \frac{\sqrt{3}}{2}\right) \times \overline{OP} = \left(\frac{2+\sqrt{3}}{2}\right) \times \overline{OP} = 3$$
$$\overline{OP} = 3 \times \frac{2}{2+\sqrt{3}} = 12 - 6\sqrt{3}$$
ㄱ에서 ∠ECF = 45°
$$\overline{SQ} = \overline{SC} = 3\sqrt{3}$$
$$\overline{QO} = \overline{QS} - \overline{OS} = 3\sqrt{3} - 3$$
따라서 $\overline{PQ} = \overline{OP} + \overline{QO} = (12 - 6\sqrt{3}) + (3\sqrt{3} - 3) = 9 - 3\sqrt{3}$ $\qquad \therefore \text{참}$
따라서 옳은 것은 ㄱ, ㄴ, ㄷ이다.

다른 풀이

ㄷ. $\overline{DE}$, $\overline{CF}$ 의 교점을 R 라 하고, $\overarc{BF} = \overarc{BF'}$ 이 되도록 점 F' 을 잡는다.
그러면 $\overline{EF'}$ 과 $\overline{AB}$ 의 교점은 점 Q 이다.

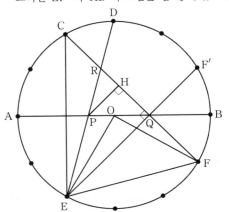

∠REF = 60°, ∠RFE = 60° 이므로
△REF 는 정삼각형이 되어 ∠ERQ = 60° 이다.
∠DEF' = 30° 이므로 ∠RQE = 90° 이다.
따라서 $\overarc{QR} = \overarc{QF}$
원의 중심을 O 라 하면 △OEF는 $\overline{OE} = \overline{OF} = 6$인 직각이등변삼각형이므로
$\overline{EF} = 6\sqrt{2}$ 이다.
△REF 가 정삼각형이므로
$\overline{QR} = \frac{1}{2} \times \overline{RF} = 3\sqrt{2}$ 이다.
∠CQA = ∠EQA 이므로
∠RQP = 45° 이고 ∠PRQ = 60°
점 P 에서 $\overline{QR}$ 에 내린 수선의 발을 H 라 하고 $\overline{PQ} = x$ 라 하면
$$\overline{QH} = \overline{PQ} \times \cos 45° = \frac{x}{\sqrt{2}}$$
$$\overline{PH} = \overline{PQ} \times \sin 45° = \frac{x}{\sqrt{2}}$$
$$\overline{PH} = \overline{RH} \times \tan 60° = \sqrt{3} \times \overline{RH}$$ 이므로
$$\overline{RH} = \frac{x}{\sqrt{6}}$$ 이다.
$$\overline{QH} + \overline{RH} = \frac{x}{\sqrt{2}} + \frac{x}{\sqrt{6}} = 3\sqrt{2}$$ 이므로
이 식의 양변에 $\sqrt{6}$ 을 곱하여 정리하면
$$(\sqrt{3}+1)x = 6\sqrt{3}$$
$$x = \frac{6\sqrt{3}}{\sqrt{3}+1} = \frac{6\sqrt{3}(\sqrt{3}-1)}{(\sqrt{3}+1)(\sqrt{3}-1)}$$
$$= \frac{6\sqrt{3}(\sqrt{3}-1)}{2}$$
$$= 3\sqrt{3}(\sqrt{3}-1) = 9 - 3\sqrt{3}$$

●핵심 공식

▶ 원주각

(1) 원주각 = $\frac{1}{2}$ × 중심각

(2) 한 원에서 같은 길이의 호에 대한 원주각의 크기는 같다.

(3) 반원의 원주각 = 90°

▶ 각의 이등분선에 관한 정리

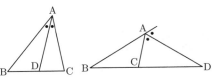

$$\overline{AB} : \overline{AC} = \overline{BD} : \overline{CD}$$

▶ 특수각의 삼각비

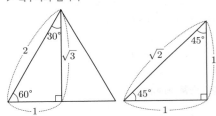

삼각비 \ 각(A)	30°	45°	60°
sinA	$\frac{1}{2}$	$\frac{\sqrt{2}}{2}$	$\frac{\sqrt{3}}{2}$
cosA	$\frac{\sqrt{3}}{2}$	$\frac{\sqrt{2}}{2}$	$\frac{1}{2}$
tanA	$\frac{\sqrt{3}}{3}$	1	$\sqrt{3}$

★★ 문제 해결 꿀~팁 ★★

▶ 문제 해결 방법
원주각과 중심각의 크기의 관계만 알면 ㄱ은 쉽게 답을 구할 수 있다.
ㄴ은 ∠AOE를 구한 후 반지름의 길이와 특수각의 삼각비를 이용하여 구하면 된다.
ㄷ에서 $\overline{PQ}$ 는 $\overline{OP} + \overline{QO}$ 로 나누어 각각 구해야 한다. $\overline{PQ}$ 를 포함하는 삼각형 중 적당한 삼각형이 없기 때문이다. 먼저 $\overline{OP}$ 는 직각삼각형 OES에서 각의 이등분선의 성질을 이용하여 구할 수 있다. $\overline{QO}$ 는 직각이등변삼각형 CSQ에서 $\overline{QS} - \overline{OS}$ 를 이용하여 구하면 된다. 각 선분의 길이를 구하는 과정보다 각 선분을 포함하는 삼각형들을 찾을 수 있느냐 가 더 중요하다 할 수 있다.
이렇듯 선분의 길이를 구하는 문제는 그 선분을 어떻게 나누어 구하느냐, 그 선분이 포함된 적절한 도형을 찾을 수 있느냐가 문제풀이의 가장 중요한 핵심이라 할 수 있다.

22 삼각비　　　　　　　　　　　　정답률 86% | 정답 3

❶ $6 \times \sin 30°$ 의 값을 구하시오. [3점]

STEP 01　삼각비의 값을 이용하여 ❶의 값을 구한다.

$6 \times \sin 30° = 6 \times \dfrac{1}{2} = 3$

●핵심 공식

▶ 특수각의 삼각비

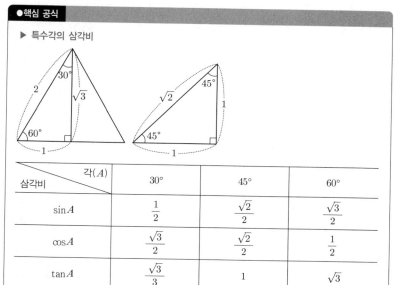

삼각비 ＼ 각(A)	30°	45°	60°
$\sin A$	$\dfrac{1}{2}$	$\dfrac{\sqrt{2}}{2}$	$\dfrac{\sqrt{3}}{2}$
$\cos A$	$\dfrac{\sqrt{3}}{2}$	$\dfrac{\sqrt{2}}{2}$	$\dfrac{1}{2}$
$\tan A$	$\dfrac{\sqrt{3}}{3}$	1	$\sqrt{3}$

23 이차함수의 꼭짓점　　　　　　　정답률 83% | 정답 7

이차함수 ❶ $y = x^2 + 2x + 3 + 4k$ 의
❷ 꼭짓점의 y의 좌표가 30 일 때, 상수 k의 값을 구하시오. [3점]

STEP 01　❶을 이차함수의 표준형으로 바꾸고 ❷를 이용하여 k의 값을 구한다.

이차함수 $y = x^2 + 2x + 3 + 4k$ 에서 식을 변형하면

$y = x^2 + 2x + 3 + 4k$
$= (x^2 + 2x + 1) - 1 + 3 + 4k$
$= (x+1)^2 - 1 + 3 + 4k$
$= (x+1)^2 + 2 + 4k$

따라서 이차함수 $y = x^2 + 2x + 3 + 4k$ 의 꼭짓점의 좌표는 $(-1, 2+4k)$ 이므로
$2 + 4k = 30, \ 4k = 28$
따라서 구하는 값은 $k = 7$

24 함수의 그래프의 성질과 선분의 길이　　정답률 78% | 정답 12

그림과 같이 함수 $y = -\dfrac{a}{x}$ 의 그래프가 있다. 점 A$(3, 4)$ 를 지나고 y 축에 평행한 직선이 함수 $y = -\dfrac{a}{x}$ 의 그래프와 만나는 점을 B 라 하자.
❶ $\overline{\mathrm{AB}} = 8$ 일 때, 양수 a의 값을 구하시오. [3점]

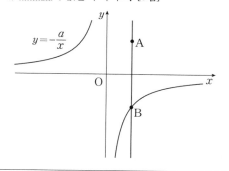

STEP 01　점 B 의 x좌표를 $y = -\dfrac{a}{x}$ 에 대입하여 점 B 의 y좌표를 구한 후 ❶을 이용하여 양수 a의 값을 구한다.

점 B 는 함수 $y = -\dfrac{a}{x}$ 의 그래프 위의 점이므로 점 B 의 x 좌표와 y 좌표는

방정식 $y = -\dfrac{a}{x}$ 를 만족시킨다.

조건에서 점 A$(3, 4)$ 를 지나고 y 축에 평행한 직선이 함수 $y = -\dfrac{a}{x}$ 의 그래프와

만나는 점이 B 이므로 점 B 의 x 좌표는 3이다.

$x = 3$을 $y = -\dfrac{a}{x}$ 에 대입하면 점 B 의 y좌표는 $y = -\dfrac{a}{3}$

따라서 선분 AB 의 길이는 $4 - \left(-\dfrac{a}{3} \right) = 4 + \dfrac{a}{3}$

조건에서 $\overline{\mathrm{AB}} = 8$ 이므로 $4 + \dfrac{a}{3} = 8, \ \dfrac{a}{3} = 4$
따라서 구하는 값은 $a = 12$

25 경우의 수　　　　　　　　　　정답률 60% | 정답 15

다음은 어느 학교에서 실시하는 문화 체험의 날에 할 수 있는 체험을 조사한 것이다.

오전에 가능한 체험	오후에 가능한 체험
미술관 관람 고궁 관람 야구 경기 관람	전통 시장 방문 뮤지컬 관람 축구 경기 관람
박물관 견학(오전, 오후 모두 가능)	

위의 7 가지 체험 중에서 오전과 오후에 각각 한 가지씩 선택하여 서로 다른 두 가지 체험을 하는 방법의 수를 구하시오. [3점]

STEP 01　오전과 오후에 각각 체험 가능한 경우의 수를 파악하여 곱의 법칙으로 서로 다른 두 가지 체험을 하는 방법의 수를 구한다.

문화 체험의 날 오전에 가능한 체험은 미술관 관람, 고궁 관람, 야구 경기 관람, 박물관 견학의 4 가지이다.
한편 오후에 가능한 체험은 전통 시장 방문, 뮤지컬 관람, 축구 경기 관람, 박물관 견학의 4 가지이다.
오전과 오후에 각각 한 가지씩 선택하여 서로 다른 2 가지를 체험하는 방법의 수는
$4 \times 4 = 16$
그런데 오전과 오후에 모두 박물관 견학을 선택하는 경우는 제외하여야 하므로 구하는 방법의 수는
$16 - 1 = 15$

다른 풀이

그림을 이용하여 체험을 하는 방법의 수를 구하면 다음과 같다.

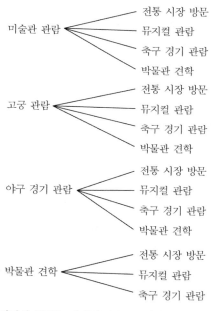

따라서 구하는 방법의 수는 15 이다.

26 확률　　　　　　　　　　　　정답률 63% | 정답 87

A 는 흰 공 9개, 검은 공 1개가 들어 있는 주머니를 가지고 있고 B 는 흰 공 8 개, 검은 공 2 개가 들어 있는 주머니를 가지고 있다. ❶ A 와 B 가 동시에 자신의 주머니에서 각각 한 개씩 공을 꺼낼 때, 같은 색의 공이 나올 확률이 $\dfrac{q}{p}$ 이다. $p + q$ 의 값을 구하시오. (단, p 와 q는 서로소인 자연수이다.) [4점]

STEP 01　❶의 경우를 각각 나누어 각각의 확률을 구한 후 합을 구한다.

같은 색의 공이 나오는 경우는 다음의 두 가지 경우이다.
(i) A 와 B 가 동시에 자신의 주머니에서 흰 공 한 개씩을 꺼내는 경우
A 가 자신의 주머니에서 흰 공 한 개를 꺼낼 확률은 $\dfrac{9}{10}$ 이고,

B 가 자신의 주머니에서 흰 공 한 개를 꺼낼 확률은 $\dfrac{4}{5}$ 이다.

따라서 A 와 B 가 동시에 자신의 주머니에서 흰 공 한 개씩을 꺼낼 확률은

$$\dfrac{9}{10} \times \dfrac{4}{5} = \dfrac{18}{25}$$

(ii) A 와 B 가 동시에 자신의 주머니에서 검은 공 한 개씩을 꺼내는 경우

　A 가 자신의 주머니에서 검은 공 한 개를 꺼낼 확률은 $\dfrac{1}{10}$ 이고,

　B 가 자신의 주머니에서 검은 공 한 개를 꺼낼 확률은 $\dfrac{1}{5}$ 이다.

따라서 A 와 B 가 동시에 자신의 주머니에서 검은 공 한 개씩을 꺼낼 확률은

$$\dfrac{1}{10} \times \dfrac{1}{5} = \dfrac{1}{50}$$

(i)의 경우와 (ii)의 경우는 동시에 일어나지 않으므로 구하는 확률은

$$\dfrac{18}{25} + \dfrac{1}{50} = \dfrac{37}{50}$$

따라서 $p=50$, $q=37$ 이므로 $p+q=87$

★★★ 등급을 가르는 문제!

27 제곱근의 성질　　　정답률 21% | 정답 14

그림과 같이 세 모서리의 길이가 1, a, $\sqrt{2}$ 인 직육면체가 있다.
이 직육면체의 부피가 자연수가 되도록 하는 10 이하의 실수 a 의 개수를
구하시오. [4점]

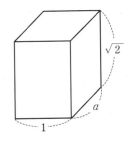

STEP 01 직육면체의 부피를 구한 후 a의 범위를 이용하여 만족하는 부피의 범위를
구한 다음 실수 a의 개수를 구한다.

세 모서리의 길이가 1, a, $\sqrt{2}$ 인 직육면체의 부피는

$$1 \times a \times \sqrt{2} = a\sqrt{2}$$

주어진 조건에서 직육면체의 부피가 자연수가 되어야 하므로

$a\sqrt{2} = n$ (단, n 은 자연수)이라 놓을 수 있다.

$$a = \dfrac{n}{\sqrt{2}} = \dfrac{n\sqrt{2}}{2}$$

주어진 조건에서 a 는 10 이하의 실수가 되어야 하므로

$$\dfrac{n\sqrt{2}}{2} \le 10, \quad n\sqrt{2} \le 20, \quad n \le \dfrac{20}{\sqrt{2}}$$

이때 $\dfrac{20}{\sqrt{2}} = \dfrac{20\sqrt{2}}{2} = 10\sqrt{2}$ 이므로 $n \le 10\sqrt{2}$

위 부등식을 만족시키는 자연수 n 의 값을 구하여 보자.

$(10\sqrt{2})^2 = 200$ 이고 $14^2 = 196$, $15^2 = 225$ 이므로

$14 < 10\sqrt{2} < 15$ 가 성립함을 알 수 있다.

따라서 $n \le 10\sqrt{2}$ 를 만족시키는 자연수 n 은 1 부터 14 까지이므로 구하는 실수
a 의 개수는 14 이다.

다른 풀이

세 모서리의 길이가 1, a, $\sqrt{2}$ 인 직육면체의 부피는

$$1 \times a \times \sqrt{2} = a\sqrt{2}$$

주어진 조건에서 직육면체의 부피가 자연수가 되어야 하므로

a는 $p\sqrt{2}$ (p는 자연수) 또는 $\dfrac{q}{\sqrt{2}}$ (q는 자연수) 꼴이어야 한다.

$p\sqrt{2} \le 10$이고 $7\sqrt{2} < 10 < 8\sqrt{2}$ 이므로

$p \le 7$

$\dfrac{q}{\sqrt{2}} \le 10$이고 $\dfrac{14}{\sqrt{2}} < 10 < \dfrac{15}{\sqrt{2}}$ 이므로

$q \le 14$

그런데 q가 2의 배수이면 $p\sqrt{2}$ 와 중복되므로 q는 14이하의 홀수이다.

따라서 만족하는

$p = 1, 2, 3, 4, 5, 6, 7$

$q = 1, 3, 5, 7, 9, 11, 13$이므로

만족하는 a의 개수는 $7+7=14$

★★ 문제 해결 꿀~팁 ★★

▶ 문제 해결 방법

먼저 주어진 도형의 부피를 구하면 $a\sqrt{2}$ 이고 이 값이 자연수이고 a는 10이하의 자연수
이다. 풀이에서처럼 두 가지 방법으로 나누어 풀 수 있는데 a의 범위를 이용하여 풀이하
는 방법과 $a\sqrt{2}$ 가 자연수가 되도록 하는 a의 성질을 이용하는 방법이 있다.

첫 번째 방법은 자연수 n 에 대하여 $a\sqrt{2} = n$ 라 놓으면 $a = \dfrac{n}{\sqrt{2}} = \dfrac{n\sqrt{2}}{2} \le 10$이고 이

부등식을 풀면 $n \le 10\sqrt{2}$ 이다. 이 부등식을 만족하는 n의 개수와 a의 개수는 같다.
a에 관한 부등식을 a와 n의 관계를 이용하여 n에 관한 부등식을 세우고 풀어 주면 된
다. 미지수를 포함한 어떠한 수가 자연수라 할 때 그 수$= n$(n은 자연수)로 놓는 것은 일
반적으로 많이 사용하는 방법이다. 이러한 방법을 익혀 두는 것이 좋다. 두 번째 방법은
직접 a를 구하는 방법이다. $a\sqrt{2}$ 가 자연수이려면 a는 분자 또는 분모에 $\sqrt{2}$ 를 가지고
있어야 한다.

a가 분자에 $\sqrt{2}$ 를 가지는 경우는 $\sqrt{2}$, $2\sqrt{2}$, $\cdots$인데 $7\sqrt{2} = \sqrt{98} < 10 = \sqrt{100}$ 이므로
$a = \sqrt{2}$, $2\sqrt{2}$, $\cdots$, $7\sqrt{2}$ 이다. 또한 a가 분모에 $\sqrt{2}$ 를 가지는 경우는 $\dfrac{1}{\sqrt{2}}$, $\dfrac{2}{\sqrt{2}}$,

$\cdots$ 인데 $\dfrac{2}{\sqrt{2}} = \sqrt{2}$ 로 분자에 $\sqrt{2}$ 를 가지는 경우와 중복된다.

한편 $\dfrac{14}{\sqrt{2}} = \sqrt{\dfrac{196}{2}} < 10 = \sqrt{100}$ 이므로 a가 분모에 $\sqrt{2}$ 를 가지는 경우는 $\dfrac{1}{\sqrt{2}}$, $\dfrac{3}{\sqrt{2}}$,

$\cdots$ $\dfrac{13}{\sqrt{2}}$ 이다. 두 경우의 개수를 더하여 주면 된다.

두 번째 방법의 경우 다르게 생각하면 a가 분모에 $\sqrt{2}$ 를 가지는 경우만 생각해도 무방
하다. 어차피 분자가 짝수인 경우 분자와 분모를 $\sqrt{2}$ 로 약분하면 분자에 $\sqrt{2}$ 를 가지는
경우와 중복되기 때문이다.

어떠한 방법이든 주어진 조건으로 부등식을 세울 수 있고 정확하게 풀이할 수 있어야 한다.

★★★ 등급을 가르는 문제!

28 곱셈 공식의 활용　　　정답률 22% | 정답 16

선분 AB 를 지름으로 하는 반원이 있다. 그림과 같이 호 AB 위의 점 P 에서
선분 AB 에 내린 수선의 발을 Q 라 하고, 선분 AQ 와 선분 QB 를 지름으로
하는 반원을 각각 그린다. ❶ 호 AB , 호 AQ 및 호 QB 로 둘러싸인
모양 도형의 넓이를 S_1 , ❷ 선분 PQ를 지름으로 하는 반원의 넓이를 S_2 라
하자. ❸ $\overline{AQ} - \overline{QB} = 8\sqrt{3}$ 이고 $S_1 - S_2 = 2\pi$ 일 때, ❹ 선분 AB 의
길이를 구하시오. [4점]

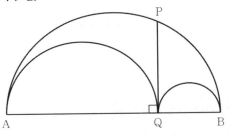

STEP 01 $\overline{AQ}$, $\overline{QB}$ 를 각각 미지수로 놓고 ❶을 구한다.

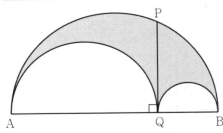

$\overline{AQ} = x$, $\overline{QB} = y$ 라 하자.

$$S_1 = \dfrac{\pi}{2}\left(\dfrac{x+y}{2}\right)^2 - \dfrac{\pi}{2}\left(\dfrac{x}{2}\right)^2 - \dfrac{\pi}{2}\left(\dfrac{y}{2}\right)^2 = \dfrac{\pi}{4}xy$$ 이다.

STEP 02 두 삼각형 AQP와 PQB의 닮음을 이용하여 ❷를 구한다.

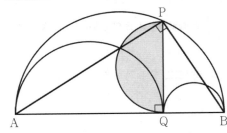

$\triangle AQP \backsim \triangle PQB$ 이므로

$\overline{AQ} : \overline{PQ} = \overline{PQ} : \overline{BQ}$ 이다.

따라서 $\overline{PQ}^2 = \overline{AQ} \times \overline{BQ} = xy$ 이다.

그러므로 $S_2 = \dfrac{\pi}{2}\left(\dfrac{\overline{PQ}}{2}\right)^2 = \dfrac{\pi}{8}xy$ 이다.

STEP 03 ❸의 두 식과 곱셈공식을 이용하여 ❹를 구한다.

$S_1 - S_2 = \dfrac{\pi}{8}xy = 2\pi$ 에서 $xy = 16$ 이고

$\overline{AQ} - \overline{QB} = 8\sqrt{3}$ 에서 $x - y = 8\sqrt{3}$ 이므로

$(\overline{AB})^2 = (\overline{AQ} + \overline{QB})^2$

$\qquad\quad = (x+y)^2 = (x-y)^2 + 4xy = 192 + 64 = 256$ 이다.

따라서 $\overline{AB} = 16$ 이다.

STEP 02의 다른 풀이

$\angle APB = 90°$ 이므로

$\overline{AP}^2 + \overline{BP}^2 = (x+y)^2$ ……①

$\angle AQP = 90°$, $\angle PQB = 90°$ 이므로

$\overline{PQ}^2 = \overline{AP}^2 - x^2 = \overline{BP}^2 - y^2$ ……②

①에서 $\overline{AP}^2 = (x+y)^2 - \overline{BP}^2$ 을 ②에 대입하면

$2\overline{BP}^2 = (x+y)^2 + y^2 - x^2 = 2xy + 2y^2$ 이므로

$\overline{BP}^2 = xy + y^2$ ……③

③을 ②에 대입하면 $\overline{PQ}^2 = xy$ 이다.

●핵심 공식

▶ **곱셈공식**

(1) $(a \pm b)^2 = a^2 \pm 2ab + b^2$ (복부호동순)

(2) $(a+b)(a-b) = a^2 - b^2$

(3) $(x+a)(x+b) = x^2 + (a+b)x + ab$

(4) $(ax+b)(cx+d) = acx^2 + (ad+bc)x + bd$

(5) $(a \pm b)^3 = a^3 \pm 3a^2 b + 3ab^2 \pm b^3$ (복부호동순)

(6) $(a \pm b)(a^2 \mp ab + b^2) = a^3 \pm b^3$ (복부호동순)

(7) $(a+b+c)(a^2 + b^2 + c^2 - ab - bc - ca) = a^3 + b^3 + c^3 - 3abc$

▶ **곱셈공식의 변형**

(1) $a^2 + b^2 = (a+b)^2 - 2ab = (a-b)^2 + 2ab$

(2) $a^3 \pm b^3 = (a \pm b)^3 \mp 3ab(a \pm b)$ (복부호동순)

(3) $a^2 + b^2 + c^2 = (a+b+c)^2 - 2(ab+bc+ca)$

★★ 문제 해결 꿀~팁 ★★

▶ **문제 해결 방법**

먼저 S_1과 S_2를 구해야 하는데 두 반원의 지름이나 반지름을 미지수로 잡는 것이 편하다. $\overline{AQ} = x$, $\overline{QB} = y$ 라 하고 S_1을 구한 후 삼각형의 닮음을 이용해도 좋고 다른 풀이처럼 피타고라스의 정리를 이용해도 좋다. $\overline{PQ}$ 를 구하려면 보조선을 그리는 게 우선이다. $\overline{PQ}$ 를 한 변으로 하는 두 개의 직각삼각형을 각각 그릴 수 있어야 이 문제를 해결할 수 있다. 도형문제에서 보조선을 어떻게 그리느냐가 문제를 푸는 핵심이 되는 경우가 많은데 구하려는 선분을 한 변으로 하는 직각삼각형이나 정삼각형을 그리는 것은 자주 쓰이는 방법이다. $\overline{PQ}$ 를 구한 후 S_2를 구하고 문제에서 주어진 조건을 이용하면 $xy = 16$, $x - y = 8\sqrt{3}$ 을 얻을 수 있다. 구하려하는 것이 $(x+y)^2$ 이므로 곱셈공식을 이용하면 답을 구할 수 있다.

★★★ 등급을 가르는 문제!

29 삼각형의 무게중심과 닮음 　　정답률 14% | 정답 162

$\overline{AB} = \overline{AC}$ 인 이등변삼각형 ABC 의 무게중심을 G 라 하고, 두 삼각형 GAB, GCA 의 무게중심을 각각 P, Q 라 하자. 삼각형 ❶ APQ 의 넓이가 30 일 때, 삼각형 ABC 의 넓이를 구하시오. [4점]

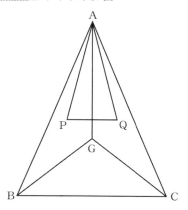

STEP 01 무게중심과 중점의 성질을 이용하여 닮음인 삼각형을 찾는다.

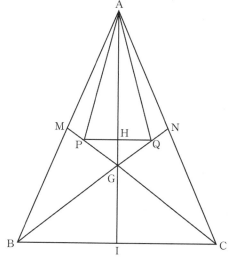

선분 AB 의 중점을 M 이라 하면 무게중심의 성질에 의해 네 점 C, G, P, M 은 한 직선 위에 있다. 마찬가지로 선분 AC 의 중점을 N 이라 하면 무게중심의 성질에 의해 네 점 B, G, Q, N 도 한 직선 위에 있다. 두 점 M, N 은 각각 $\overline{AB}$, $\overline{AC}$ 의 중점이므로 $\overline{BC}\,/\!/\,\overline{MN}$ 이다. 삼각형 MGN 에서 $\overline{GP}:\overline{PM} = \overline{GQ}:\overline{QN}$ 이므로 $\overline{PQ}\,/\!/\,\overline{MN}$ 이고 $\overline{PQ}\,/\!/\,\overline{BC}$ 이다. 그러므로 두 삼각형 GQP, GBC 는 닮음이다.

STEP 02 중선, 무게중심의 성질, 닮음을 이용하여 닮음비를 찾고 이를 이용하여 두 삼각형 APQ, ABC 의 밑변과 높이의 비를 구한다. ❶을 이용하여 삼각형 ABC 의 넓이를 구한다.

이제 닮음비를 구해 보자.

점 P 가 삼각형 ABG 의 무게중심이므로

$\overline{GP}:\overline{PM} = 2:1$

$\overline{PM} = k$ 라 하면 $\overline{GP} = 2k$, $\overline{GM} = 3k$

점 G 가 삼각형 ABC 의 무게중심이므로

$\overline{CG}:\overline{GM} = 2:1$, $\overline{GM} = 3k$ 에서 $\overline{CG} = 6k$

따라서 $\overline{CG}:\overline{GP} = 6k:2k = 3:1$ 이므로 $\overline{PQ} = \dfrac{1}{3} \times \overline{BC}$

선분 PQ 의 중점을 H 라 하고 선분 BC 의 중점을 I 라 하면 $\overline{GI} = \dfrac{1}{3} \times \overline{AI}$

두 삼각형 GQP, GBC 는 닮음이므로

$\overline{GH} = \dfrac{1}{3} \times \overline{GI}$ 에서 $\overline{GH} = \dfrac{1}{9} \times \overline{AI}$ 이므로

$\overline{HI} = \overline{HG} + \overline{GI} = \dfrac{1}{9} \times \overline{AI} + \dfrac{1}{3} \times \overline{AI} = \dfrac{4}{9} \times \overline{AI}$

따라서 $\overline{AH} = \dfrac{5}{9} \times \overline{AI}$

즉, 삼각형 APQ 는 삼각형 ABC 에 비해 밑변은 $\dfrac{1}{3}$ 배, 높이는 $\dfrac{5}{9}$ 배이므로

넓이는 $\dfrac{1}{3} \times \dfrac{5}{9} = \dfrac{5}{27}$ 배이다.

따라서 삼각형 ABC 의 넓이는 삼각형 APQ 의 넓이의 $\dfrac{27}{5}$ 배이므로

구하는 넓이는 $30 \times \dfrac{27}{5} = 162$

다른 풀이

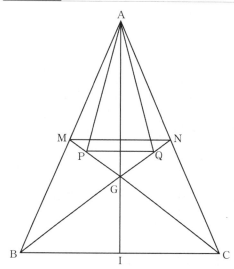

변 AB 의 중점을 M 이라 하면 점 P , G 는 중선 CM 위의 점이고
$\overline{CG} : \overline{GM} = 2 : 1$, $\overline{GP} : \overline{PM} = 2 : 1$ 이다.
따라서 $\overline{CG} : \overline{GP} : \overline{PM} = 6 : 2 : 1$
마찬가지로 변 AC 의 중점을 N 이라 하면
$\overline{BG} : \overline{GQ} : \overline{QN} = 6 : 2 : 1$
△GQP 의 넓이를 a 라 하자.
△GQP 와 △GNM 은 닮음이고 닮음비가 $2 : 3$ 이므로

$\triangle GNM = \left(\dfrac{3}{2}\right)^2 a = \dfrac{9}{4}a$

△GNM 과 △GBC 는 닮음이고 닮음비가 $1 : 2$ 이므로

$\triangle GBC = 2^2 \times \dfrac{9}{4}a = 9a$

△MBC 에서 $\overline{CG} : \overline{GM} = 2 : 1$ 이므로

$\triangle BGM = \dfrac{1}{2} \times \triangle GBC = \dfrac{9}{2}a$, $\triangle AMG = \dfrac{9}{2}a$

△AMG 에서 $\overline{GP} : \overline{PM} = 2 : 1$ 이므로

$\triangle APG = \dfrac{2}{3} \times \triangle AMG = 3a$

$\square APGQ = \triangle APG + \triangle AGQ = 6a$
$\triangle APQ = \square APGQ - \triangle GQP = 6a - a = 5a = 30$
따라서 $a = 6$ 이므로
$\triangle ABC = 3 \times \triangle GBC = 27a = 162$

● 핵심 공식

▶ 삼각형의 닮음 조건
  (1) SSS닮음 : 세 쌍의 변의 길이의 비가 같다.
  (2) SAS닮음 : 두 쌍의 변의 길이의 비가 같고, 그 끼인각의 크기가 서로 같다.
  (3) AA닮음 : 두 쌍의 각의 크기가 서로 같다.
▶ 삼각형의 무게중심
  (1) 정의 : 세 중선의 교점이다.
  (2) 성질 : 중선을 $2 : 1$ 로 내분한다.

★★ 문제 해결 꿀~팁 ★★

▶ 문제 해결 방법
삼각형의 무게중심과 많은 중선들이 삼각형 ABC 내에 존재한다. 이것들을 이용하여 삼각형의 닮음과 닮음비를 이용하면 삼각형 ABC 의 넓이를 구할 수 있다.
넓이를 구하는 방법은 크게 두 가지가 있다. 닮음비를 이용하여 두 삼각형 APQ , ABC 의 밑변과 높이의 비를 구하여 넓이를 구하는 방법과 적절한(되도록 가장 작은) 삼각형의 넓이를 미지수를 이용하여 놓고 다른 삼각형들의 넓이의 비를 이용하여 구하는 방법이 있다. 두 가지 방법 모두 많이 쓰이는 방법이므로 모두 알아두는 것이 좋다. 무게중심의 성질들을 이용하면 두 삼각형 GQP , GBC 가 닮음이고 $\overline{CG} : \overline{GP} : \overline{PM} = 6 : 2 : 1$, $\overline{IG} : \overline{GH} : \overline{HA} = 3 : 1 : 5$ 임을 알 수 있다.
이 비를 이용하면 두 가지 방법 모두 어렵지 않게 삼각형 ABC 의 넓이를 구할 수 있다. 무게중심의 특징과 닮음비, 넓이비의 관계를 알고 있어야 한다.

★★★ 등급을 가르는 문제!

30 도형의 성질과 삼각비의 활용　　정답률 4% | 정답 23

한 변의 길이가 4 인 정육각형 모양의 종이를 다음과 같이 차례로 접는다.

Ⅰ	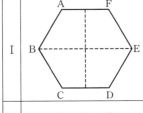	점 A 와 점 F 가 겹쳐지도록 접었다가 편 후, 점 A 와 점 C 가 겹쳐지도록 접었다가 펴준다.
Ⅱ	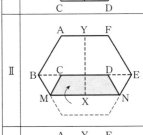	$\overline{CD}$ 를 $\overline{BE}$ 와 겹쳐지도록 접는다. 이때 새로 생긴 두 꼭짓점을 M , N 이라 하고 $\overline{MN}$, $\overline{AF}$ 의 중점을 각각 X , Y 라 하자.
Ⅲ	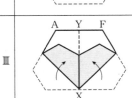	$\overline{XM}$ 과 $\overline{XN}$ 을 $\overline{XY}$ 와 겹쳐지도록 접는다.

아래 그림은 위와 같은 방법으로 접은 모양을 나타낸 것이다.

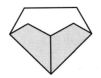

이 그림의 어두운 부분인 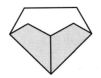 모양의 넓이가 $a + b\sqrt{3}$ 일 때, $a + b$ 의 값을 구하시오. (단, a , b 는 유리수이고, 종이의 두께는 무시한다.) [4점]

STEP 01 보조선을 그어 사각형 NXHE 를 삼각형과 사각형으로 나눈 후 사각형 NXIE 의 넓이를 구한다.

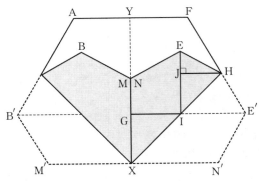

그림에서 $\overline{B'E'}$ 과 $\overline{XH}$ 가 만나는 점을 I 라 하면 $\overline{NX} /\!/ \overline{EI}$ 이므로 사각형 NXIE 는 사다리꼴이다.
$\overline{B'E'} /\!/ \overline{M'N'}$ 이므로 $\angle GXI = \angle GIX = 45°$
△GXI는 $\overline{GX} = \overline{GI}$ 인 이등변삼각형이다.
$2\overline{GX} = \overline{GY}$, $\overline{GY} = 2\sqrt{3}$ 이므로
$\overline{GX} = \overline{GI} = \sqrt{3}$, $\overline{IE} = \overline{IE'} = \overline{GE'} - \overline{GI} = 4 - \sqrt{3}$
$\overline{M'N'} = \dfrac{1}{2} \times (\overline{B'E'} + \overline{AF})$ 이므로 $\overline{M'N'} = 6$ 이다.
$\overline{NX} = \overline{N'X} = \dfrac{1}{2}\overline{M'N'} = 3$ 이므로 사다리꼴 NXIE 의 넓이는

$\dfrac{1}{2} \times \{3 + (4 - \sqrt{3})\} \times \sqrt{3} = \dfrac{-3 + 7\sqrt{3}}{2}$ ······ ㉠

STEP 02 삼각비를 이용하여 삼각형 EIH 의 넓이를 구한다. 사다리꼴과 삼각형의 넓이의 합으로 구하고자 하는 도형의 넓이를 구한다.

$\angle EIE' = 90°$ 이므로 $\angle EIH = 45°$ 이다.
점 H 에서 $\overline{EI}$ 에 내린 수선의 발을 J 라 하면
$\angle HE'I = \angle HEJ = 60°$
$\overline{HJ} = h$ 라 하면
$\overline{EJ} = \dfrac{h}{\tan 60°}$, $\overline{JI} = \dfrac{h}{\tan 45°}$
$\overline{EI} = \overline{EJ} + \overline{JI} = 4 - \sqrt{3}$ 이므로
$h \times \left(\dfrac{1}{\tan 60°} + \dfrac{1}{\tan 45°}\right) = 4 - \sqrt{3}$, $h = \dfrac{15 - 7\sqrt{3}}{2}$
삼각형 EIH 의 넓이는
$\dfrac{1}{2} \times (4 - \sqrt{3}) \times \left(\dfrac{15 - 7\sqrt{3}}{2}\right) = \dfrac{81 - 43\sqrt{3}}{4}$ ······ ㉡

㉠, ㉡에서 구하는 넓이는

$2 \times \left\{\left(\dfrac{-3 + 7\sqrt{3}}{2}\right) + \left(\dfrac{81 - 43\sqrt{3}}{4}\right)\right\} = \dfrac{75}{2} - \dfrac{29}{2}\sqrt{3}$

$a = \dfrac{75}{2}$, $b = -\dfrac{29}{2}$ 이므로 $a + b = \dfrac{75}{2} + \left(-\dfrac{29}{2}\right) = 23$

다른 풀이 1

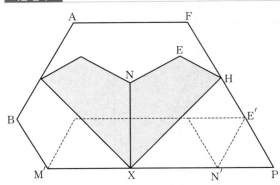

그림에서 두 사각형 XNEH 와 XN'E'H 는 합동이다.
$\overline{FE'}$ 의 연장선과 $\overline{M'N'}$ 의 연장선이 만나는 점을 P 라 하면 삼각형 E'N'P 는 한 변의 길이가 2 인 정삼각형이고 그 넓이는
$\dfrac{1}{2} \times 2 \times \sqrt{3} = \sqrt{3}$ 이다.

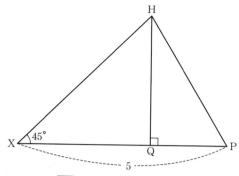

점 H 에서 $\overline{XP}$ 에 내린 수선의 발을 Q 라 하고 $\overline{QP}=x$ 라 하자.

직각삼각형 HQP 에서 $\angle HPQ = 60°$ 이므로

$\overline{HQ}=\sqrt{3}\,x$

직각삼각형 HXQ 에서 $\angle HXQ = 45°$ 이므로

$\overline{XQ}=\overline{HQ}=\sqrt{3}\,x$

$\overline{XP}=\overline{XQ}+\overline{QP}=x+\sqrt{3}\,x=5$ 이므로

$x=\dfrac{5}{\sqrt{3}+1}=\dfrac{5(\sqrt{3}-1)}{2}$

삼각형 HXP 의 넓이는

$\dfrac{1}{2}\times\overline{XP}\times\overline{HQ}=\dfrac{1}{2}\times 5\times\sqrt{3}\,x=\dfrac{5\sqrt{3}}{2}x$

$\qquad=\dfrac{5\sqrt{3}}{2}\times\dfrac{5(\sqrt{3}-1)}{2}=\dfrac{75-25\sqrt{3}}{4}$

사각형 XN′E′H 의 넓이는 삼각형 HXP 의 넓이에서 삼각형 E′N′P 의 넓이를 뺀 것과 같으므로

$\dfrac{75-25\sqrt{3}}{4}-\sqrt{3}=\dfrac{75-29\sqrt{3}}{4}$

그러므로 구하는 도형의 넓이는

$2\times\dfrac{75-29\sqrt{3}}{4}=\dfrac{75}{2}-\dfrac{29}{2}\sqrt{3}$

따라서 $a=\dfrac{75}{2}$, $b=-\dfrac{29}{2}$ 이므로 $a+b=23$

다른 풀이 2

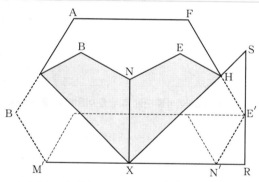

그림에서 두 사각형 XNEH와 XN′E′H는 합동이다.

점 E′ 을 지나고 직선 XN 에 평행한 직선이 $\overline{XN'}$ 의 연장선과 만나는 점을 R, $\overline{XH}$ 의 연장선과 만나는 점을 S 라 하자.

직각삼각형 XRS 에서

$\angle SXR = 45°$, $\overline{XR}=4$ 이므로

삼각형 XRS 의 넓이는 $\dfrac{1}{2}\times 4\times 4=8$

직각삼각형 N′RE′ 에서

$\overline{N'R}=\overline{XR}-\overline{XN'}=4-3=1$, $\overline{RE'}=\sqrt{3}$ 이므로

삼각형 N′RE′ 의 넓이는 $\dfrac{1}{2}\times 1\times\sqrt{3}=\dfrac{\sqrt{3}}{2}$

삼각형 HE′S 에서 $\angle HSE'=45°$, $\angle HE'S=30°$ 이므로

$\angle SHE'=105°$ 이다.

삼각형 HE′S 를 그리면 다음과 같다.

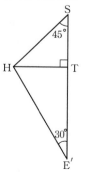

점 H 에서 변 SE′ 에 내린 수선의 발을 T 라 하고 $\overline{ST}=x$ 라 하자.

직각삼각형 SHT 에서 $\angle HST = 45°$ 이므로 $\overline{HT}=x$

직각삼각형 HE′T 에서 $\angle HE'T = 30°$ 이므로 $\overline{E'T}=\sqrt{3}\,x$

한편 $\overline{SE'}=\overline{SR}-\overline{RE'}=4-\sqrt{3}$ 이고

$\overline{SE'}=\overline{ST}+\overline{TE'}=x+\sqrt{3}\,x$ 이므로

$x+\sqrt{3}\,x=4-\sqrt{3}$

$x=\dfrac{4-\sqrt{3}}{\sqrt{3}+1}=\dfrac{5\sqrt{3}-7}{2}$

삼각형 HE′S 의 넓이는

$\dfrac{1}{2}\times\overline{SE'}\times\overline{HT}=\dfrac{1}{2}\times(4-\sqrt{3})\times\dfrac{5\sqrt{3}-7}{2}=\dfrac{27\sqrt{3}-43}{4}$

사각형 XN′E′H 의 넓이는 삼각형 XRS 의 넓이에서 두 삼각형 N′RE′ 과 HE′S 의 넓이를 뺀 것과 같다.

XN′E′H 의 넓이는

$8-\left(\dfrac{\sqrt{3}}{2}+\dfrac{27\sqrt{3}-43}{4}\right)=\dfrac{75-29\sqrt{3}}{4}$

그러므로 구하는 도형의 넓이는

$2\times\dfrac{75-29\sqrt{3}}{4}=\dfrac{75}{2}-\dfrac{29}{2}\sqrt{3}$

따라서 $a=\dfrac{75}{2}$, $b=-\dfrac{29}{2}$ 이므로

$a+b=23$

●핵심 공식

▶ 삼각형의 닮음 조건

(1) SSS닮음 : 세 쌍의 변의 길이의 비가 같다.

(2) SAS닮음 : 두 쌍의 변의 길이의 비가 같고, 그 끼인각의 크기가 서로 같다.

(3) AA닮음 : 두 쌍의 각의 크기가 서로 같다.

▶ 삼각비의 정의

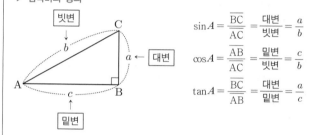

$\sin A=\dfrac{\overline{BC}}{\overline{AC}}=\dfrac{\text{대변}}{\text{빗변}}=\dfrac{a}{b}$

$\cos A=\dfrac{\overline{AB}}{\overline{AC}}=\dfrac{\text{밑변}}{\text{빗변}}=\dfrac{c}{b}$

$\tan A=\dfrac{\overline{BC}}{\overline{AB}}=\dfrac{\text{대변}}{\text{밑변}}=\dfrac{a}{c}$

★★ 문제 해결 꿀~팁 ★★

▶ 문제 해결 방법

색칠한 도형은 일단 대칭인 두 개의 사각형으로 나누어지고 하나의 사각형은 특정한 모양의 사각형이 아니므로 한 번에 넓이를 구하는 것이 불가능하다. 그러므로 보조선을 그어 사다리꼴과 삼각형으로 나누어 넓이를 구할 수밖에 없다.

사다리꼴 NXIE 는 종이를 펼치면 사다리꼴 N′XIE′ 과 포개진다. 이렇게 펼쳐놓고 보면 사다리꼴의 넓이를 구하기 위해 필요한 선분들의 길이들이 보다 수월하게 눈에 들어올 것이다. 각 필요한 선분들의 길이를 구하여 사다리꼴의 넓이를 구하면 된다.

다음으로 삼각형 EIH 의 넓이를 구해야 하는데 이 삼각형도 마찬가지로 펼치면 E′IH 와 포개진다. 삼각형의 밑변의 길이는 쉽게 구할 수 있고 높이는 삼각비를 이용하여 구해야 한다. $\overline{EJ}=x$ 라 하면 $\overline{JI}=\overline{JH}=\sqrt{3}\,x$ 이고 $\overline{EI}=(1+\sqrt{3})x=4-\sqrt{3}$ 이다. 이를 이용하여 삼각형 EIH 의 넓이를 구하면 된다.

도형과 관련된 문제에서 보조선을 어떻게 긋느냐에 따라 문제 풀이의 방향이 달라진다. 여러 유형의 문제들을 많이 다루어 적당한 보조선을 빠르게 그을 수 있도록 훈련해야 할 것이다.

•정답•

01 ⑤ 02 ⑤ 03 ② 04 ④ 05 ② 06 ③ 07 ⑤ 08 ② 09 ② 10 ③ 11 ④ 12 ① 13 ④ 14 ② 15 ③
16 ⑤ 17 ④ 18 ① 19 ④ 20 ① ★21 ⑤ 22 6 23 7 24 81 25 20 26 15 27 110 28 18 29 13 30 21

★ 표기된 문항은 [등급을 가르는 문제]에 해당하는 문항입니다.

---

01   유리식의 계산   정답률 92% | 정답 ⑤

❶ $\dfrac{5}{2} \div \left(-\dfrac{1}{2}\right)^2$ 의 값은? [2점]

① -10 ② -5 ③ 2   ④ 5   ⑤ 10

STEP 01   유리식의 계산으로 ❶을 계산하여 값을 구한다.

$\dfrac{5}{2} \div \left(-\dfrac{1}{2}\right)^2 = \dfrac{5}{2} \div \dfrac{1}{4} = \dfrac{5}{2} \times 4 = 10$

---

02   최대공약수   정답률 89% | 정답 ⑤

두 수 ❶ $2^2 \times 3$, $2 \times 3 \times 5$ 의 최대공약수는? [2점]

① 2   ② 3   ③ 4   ④ 5   ⑤ 6

STEP 01   ❶의 두 수의 공통인수를 찾아 ❶을 구한다.

$2^2 \times 3$, $2 \times 3 \times 5$ 에서 공통인 인수는 2와 3이다.
따라서 두 수 $2^2 \times 3$, $2 \times 3 \times 5$ 의 최대공약수는
두 수의 공통인 인수 2, 3을 곱한 수이므로
최대공약수는 $2 \times 3 = 6$

---

03   일차방정식의 해   정답률 95% | 정답 ②

일차방정식 ❶ $7x + 3 = 5x + 1$ 의 해는? [2점]

① -2 ② -1 ③ 0   ④ 1   ⑤ 2

STEP 01   ❶을 일차방정식의 풀이에 의해 x를 구한다.

$7x + 3 = 5x + 1$ 에서
$7x - 5x = 1 - 3$
$2x = -2$
따라서 $x = -1$

---

04   인수분해   정답률 96% | 정답 ④

다항식 ❶ $x^2 + 6x + 8$ 을 인수분해하면 $(x+2)(x+a)$ 일 때, 상수 a의 값은?
[3점]

① 1   ② 2   ③ 3   ④ 4   ⑤ 5

STEP 01   ❶을 인수분해하여 a의 값을 구한다.

$x^2 + 6x + 8$ 을 인수분해하면
$x^2 + 6x + 8 = (x+2)(x+4) = (x+2)(x+a)$
따라서 $a = 4$

---

05   함수의 뜻   정답률 91% | 정답 ②

함수 ❶ $y = \dfrac{a}{x}$ 의 그래프가 두 점 $(3, 4)$, $(6, b)$ 를 지날 때, 두 상수 a, b의 합
$a+b$ 의 값은? [3점]

① 13   ② 14   ③ 15   ④ 16   ⑤ 17

STEP 01   ❶에 $(3, 4)$ 를 대입하여 a를 구한 뒤 $(6, b)$ 를 대입하여 b를 구한 후
$a+b$의 값을 구한다.

함수 $y = \dfrac{a}{x}$ 의 그래프가 점 $(3, 4)$ 를 지나므로
$y = \dfrac{a}{x}$ 에 $x = 3$, $y = 4$ 를 대입하면
$4 = \dfrac{a}{3}$, $a = 12$

따라서 함수 $y = \dfrac{a}{x}$ 는 $y = \dfrac{12}{x}$ 이다.
함수 $y = \dfrac{12}{x}$ 의 그래프가 점 $(6, b)$ 를 지나므로 $y = \dfrac{12}{x}$ 에
$x = 6$, $y = b$ 를 대입하면
$b = \dfrac{12}{6}$, $b = 2$
따라서 $a + b = 14$

---

06   지수의 성질   정답률 86% | 정답 ③

두 자연수 a, b 에 대하여 ❶ $(7^3 \times 9)^3 = 7^a \times 3^b$ 이 성립할 때, $a + b$의
값은? [3점]

① 11   ② 13   ③ 15   ④ 17   ⑤ 19

STEP 01   ❶의 9를 3의 거듭제곱으로 바꾼 후 지수법칙에 의해 전개하여 a, b를 구한
후 더한다.

$(7^3 \times 9)^3 = (7^3 \times 3^2)^3 = 7^{3 \times 3} \times 3^{2 \times 3} = 7^9 \times 3^6$
$7^9 \times 3^6 = 7^a \times 3^b$ 이고 a, b 는 자연수이므로 $a = 9$, $b = 6$
따라서 $a + b = 9 + 6 = 15$

●핵심 공식●

▶ 지수법칙
(1) $a^m \times a^n = a^{m+n}$, $(a^m)^n = a^{mn}$

(2) $\begin{cases} m > n \text{일 때, } a^m \div a^n = a^{m-n} \\ m = n \text{일 때, } a^m \div a^n = 1 \\ m < n \text{일 때, } a^m \div a^n = \dfrac{1}{a^{n-m}} \end{cases}$

(3) $(ab)^n = a^n b^n$, $\left(\dfrac{a}{b}\right)^n = \dfrac{a^n}{b^n}$ $(b \neq 0)$

(4) $a^0 = 1$

---

07   일차함수의 그래프의 평행이동   정답률 82% | 정답 ⑤

❶ 일차함수 $y = 2x$ 의 그래프를 평행이동 하였더니 일차함수 $y = ax + b$ 의
그래프와 겹쳐졌다. 이 그래프의 ❷ x 절편이 3 일 때, $a+b$의 값은? (단, a,
b 는 상수이다.) [3점]

① -8 ② -7 ③ -6 ④ -5 ⑤ -4

STEP 01   ❶에서 평행이동의 성질을 이용하여 a를 구한 후 ❷를 이용하여 b를 구하여
더한다.

일차함수 $y = ax + b$ 의 그래프는 일차함수 $y = 2x$ 의 그래프와 평행하므로
두 직선의 기울기는 서로 같다.
따라서 $a = 2$
일차함수 $y = 2x + b$ 의 그래프의 x 절편이 3 이므로 $x = 3$, $y = 0$ 을 대입하면
$0 = 2 \times 3 + b$, $b = -6$
따라서 $a + b = 2 + (-6) = -4$

---

08   삼각비   정답률 85% | 정답 ②

❶ $\angle B = 90°$ 인 직각삼각형 ABC 에서 ❷ $\sin A = \dfrac{2\sqrt{2}}{3}$ 일 때, $\cos A$ 의
값은? [3점]

① $\dfrac{1}{6}$ ② $\dfrac{1}{3}$ ③ $\dfrac{1}{2}$ ④ $\dfrac{2}{3}$ ⑤ $\dfrac{5}{6}$

STEP 01   ❶을 그린 후 ❷를 성립하도록 각 변의 길이를 정한 후 $\cos A$ 의 값을
구한다.

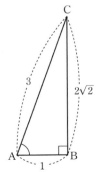

$\angle B = 90°$ 인 직각삼각형 ABC 에서
$\sin A = \dfrac{\overline{BC}}{\overline{AC}} = \dfrac{2\sqrt{2}}{3}$ 이므로
$\overline{AC} = 3$ 이라 하면 $\overline{BC} = 2\sqrt{2}$ 이다.
피타고라스 정리에 의해
$\overline{AC}^2 = \overline{AB}^2 + \overline{BC}^2$ 에서
$\overline{AB}^2 = \overline{AC}^2 - \overline{BC}^2 = 3^2 - (2\sqrt{2})^2 = 9 - 8 = 1$
따라서 $\overline{AB} = 1$

그러므로 구하는 값은 $\cos A = \dfrac{\overline{AB}}{\overline{AC}} = \dfrac{1}{3}$

●핵심 공식

▶ 삼각비

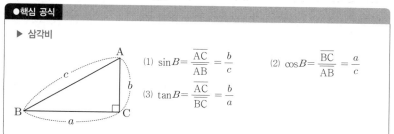

(1) $\sin B = \dfrac{\overline{AC}}{\overline{AB}} = \dfrac{b}{c}$ (2) $\cos B = \dfrac{\overline{BC}}{\overline{AB}} = \dfrac{a}{c}$

(3) $\tan B = \dfrac{\overline{AC}}{\overline{BC}} = \dfrac{b}{a}$

---

09 연립방정식   정답률 90% | 정답 ②

연립방정식
❶ $\begin{cases} 2x + y = 7 \\ 3x - 2y = 0 \end{cases}$

의 해가 $x = a$, $y = b$ 일 때, $a + b$ 의 값은? [3점]

① 4   ② 5   ③ 6   ④ 7   ⑤ 8

STEP 01 ❶의 연립방정식을 풀어 해를 구한 뒤 합을 구한다.

$\begin{cases} 2x + y = 7 & \cdots\cdots ㉠ \\ 3x - 2y = 0 & \cdots\cdots ㉡ \end{cases}$

$2 \times ㉠ + ㉡$ 을 하면
$7x = 14$, $x = 2$ $\cdots\cdots ㉢$
㉢을 ㉠에 대입하면
$4 + y = 7$, $y = 3$ $\cdots\cdots ㉣$
따라서 ㉢, ㉣에서 $a = 2$, $b = 3$ 이므로
$a + b = 2 + 3 = 5$

다른 풀이

연립방정식
$\begin{cases} 2x + y = 7 & \cdots\cdots ㉠ \\ 3x - 2y = 0 & \cdots\cdots ㉡ \end{cases}$

에서 ㉡의 등식을 변형하면 $3x = 2y$, $y = \dfrac{3}{2}x$

$y = \dfrac{3}{2}x$ 를 ㉠에 대입하면 $2x + \dfrac{3}{2}x = 7$

$\dfrac{7}{2}x = 7$, $x = 2$ $\cdots\cdots ㉢$

$x = 2$ 를 $y = \dfrac{3}{2}x$ 에 대입하면 $y = 3$ $\cdots\cdots ㉣$

따라서 ㉢, ㉣에서 $a = 2$, $b = 3$ 이므로
$a + b = 2 + 3 = 5$

---

10 삼각형의 닮음   정답률 73% | 정답 ③

그림과 같이 사각형 $ABCD$ 에서 ❷ $\overline{AB} = 4$, $\overline{BC} = 9$, $\overline{AD} = 3$ 이다. 대각선 ❶ BD 는 $\angle B$ 의 이등분선이고 $\angle BDA = \angle BCD$ 일 때, 선분 DC 의 길이는? [3점]

① 4   ② $\dfrac{17}{4}$ ③ $\dfrac{9}{2}$ ④ $\dfrac{19}{4}$ ⑤ 5

STEP 01 ❶을 이용하여 닮음인 두 삼각형을 찾아 ❷에 의해 닮음비를 이용하여 $\overline{DB}$ 를 구한다.

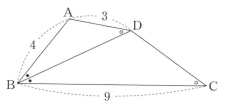

두 삼각형 ABD, DBC 에 대하여 대각선 BD 가 $\angle B$ 의 이등분선이므로
$\angle ABD = \angle DBC$ $\cdots\cdots ㉠$
주어진 조건에서
$\angle BDA = \angle BCD$ $\cdots\cdots ㉡$
㉠, ㉡에 의해 $\triangle ABD \backsim \triangle DBC$ (AA닮음)
$\overline{AB} : \overline{DB} = \overline{DB} : \overline{CB}$ 에서 $\overline{DB}^2 = \overline{AB} \times \overline{CB} = 4 \times 9 = 36$
따라서 $\overline{DB} = 6$

STEP 02 step 01과 마찬가지로 닮음비를 이용하여 $\overline{DC}$ 를 구한다.

$\overline{AB} : \overline{AD} = \overline{DB} : \overline{DC}$ 에서 $\overline{AB} \times \overline{DC} = \overline{AD} \times \overline{DB}$

$4 \times \overline{DC} = 3 \times 6$

따라서 $\overline{DC} = \dfrac{18}{4} = \dfrac{9}{2}$

●핵심 공식

▶ 삼각형의 닮음 조건
(1) SSS닮음: 세 쌍의 변의 길이의 비가 같다.
(2) SAS닮음: 두 쌍의 변의 길이의 비가 같고, 그 끼인각의 크기가 서로 같다
(3) AA닮음: 두 쌍의 각의 크기가 서로 같다.

---

11 확률   정답률 82% | 정답 ④

숫자 1, 2, 3, 4, 5, 6 이 하나씩 적혀 있는 카드 6 장이 있다. 이 중 1 장의 카드를 임의로 뽑을 때, ❶ 2 의 배수 또는 ❷ 5 의 배수가 적혀 있는 카드가 나올 확률은? [3점]

① $\dfrac{1}{6}$ ② $\dfrac{1}{3}$ ③ $\dfrac{1}{2}$ ④ $\dfrac{2}{3}$ ⑤ $\dfrac{5}{6}$

STEP 01 주어진 시행에서 ❶의 확률과 ❷의 확률을 각각 구한 후 두 확률의 합을 구한다.

숫자 1, 2, 3, 4, 5, 6 이 하나씩 적혀 있는 6장의 카드 중에서 2 의 배수가 적혀 있는 카드는 2, 4, 6 의 3 가지이다.
따라서 1 장의 카드를 임의로 뽑을 때 2 의 배수가 적혀 있는 카드가 나올 확률은
$\dfrac{3}{6} = \dfrac{1}{2}$

또 숫자 1, 2, 3, 4, 5, 6 이 하나씩 적혀 있는 6장의 카드 중에서 5 의 배수가 적혀 있는 카드는 5의 1 가지이다.
따라서 1 장의 카드를 임의로 뽑을 때 5 의 배수가 적혀 있는 카드가 나올 확률은
$\dfrac{1}{6}$ 이다.

이 두 사건이 동시에 일어나는 경우는 없으므로 1 장의 카드를 임의로 뽑을 때, 2 의 배수 또는 5 의 배수가 적혀 있는 카드가 나올 확률은
$\dfrac{1}{2} + \dfrac{1}{6} = \dfrac{2}{3}$

---

12 삼각형의 내심과 외심의 성질   정답률 72% | 정답 ①

그림과 같이 $\angle C = 90°$, $\overline{BC} = 12$ 인 직각삼각형 ABC 의 내접원의 반지름의 길이가 2 이다. 이 직각삼각형 ABC 의 외접원의 둘레의 길이는? [3점]

① 13π ② 14π ③ 15π ④ 16π ⑤ 17π

STEP 01 삼각형의 내심의 성질과 피타고라스의 정리를 이용하여 빗변 AB 의 길이를 구한다.

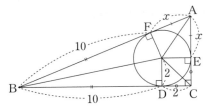

위의 그림과 같이 내접원의 중심에서 삼각형 ABC 의 세 변에 내린 수선의 발을
각각 D, E, F라 하자.

$\overline{AE} = x$ 라 놓으면 내접원의 성질에 의해

$\overline{CD} = \overline{CE} = 2$, $\overline{BD} = \overline{BF} = 10$, $\overline{AF} = \overline{AE} = x$

삼각형 ABC 는 직각삼각형이므로 피타고라스 정리에 의해

$\overline{AB}^2 = \overline{BC}^2 + \overline{CA}^2$

$(x+10)^2 = 12^2 + (2+x)^2$

$x^2 + 20x + 100 = 144 + 4 + 4x + x^2$

$16x = 48$ 에서 $x = 3$

따라서 직각삼각형 ABC 의 빗변 AB 의 길이는 13 이다.

STEP 02 직각삼각형과 외접원의 성질을 이용하여 외접원의 둘레의 길이를 구한다.

직각삼각형의 외심은 빗변의 중점이므로 빗변 AB 는 삼각형 ABC 의 외접원의
지름이다. 그러므로 직각삼각형 ABC 의 외접원의 둘레의 길이는 13π 이다.

─ 다른 풀이 ─

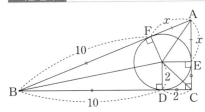

위의 그림과 같이 내접원의 중심에서 삼각형 ABC 의 세 변에 내린 수선의 발을
각각 D, E, F라 하자.

$\overline{AE} = x$ 라 놓으면 내접원의 성질에 의해

$\overline{CD} = \overline{CE} = 2$, $\overline{BD} = \overline{BF} = 10$, $\overline{AF} = \overline{AE} = x$

삼각형 ABC 의 내접원의 반지름의 길이가 2 이므로 이것을 이용하여 삼각형의
넓이를 구하면

$\triangle ABC = \frac{1}{2} \times 2 \times (\overline{AB} + \overline{BC} + \overline{CA}) = \frac{1}{2} \times 2 \times \{(x+10) + 12 + (2+x)\}$

$= 2x + 24$ ······ ㉠

다른 방법으로 넓이를 구하면

$\triangle ABC = \frac{1}{2} \times \overline{BC} \times \overline{AC} = \frac{1}{2} \times 12 \times (x+2) = 6x + 12$ ······ ㉡

㉠, ㉡이 서로 같으므로

$2x + 24 = 6x + 12$ 에서 $x = 3$

따라서 직각삼각형 ABC 의 빗변 AB 의 길이는 13 이다. 직각삼각형의 외심은
빗변의 중점이므로 빗변 AB 는 삼각형 ABC 의 외접원의 지름이다.
그러므로 직각삼각형 ABC 의 외접원의 둘레의 길이는 13π 이다.

●핵심 공식

▶ 삼각형의 외심

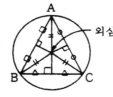

(1) 외심 : 삼각형의 세 변의 수직이등분선의 교점
(2) 외심에서 세 꼭짓점에 이르는 거리(외접원의 반지름)는 같다.
(3) 외심의 위치는 예각삼각형에서는 삼각형의 내부에, 직각삼
각형에서는 빗변의 중점에, 둔각삼각형은 삼각형의 외부에
존재한다.

13 히스토그램 정답률 87% | 정답 ④

그림은 어느 **❶ 동호회 회원 25 명**의 나이를 조사하여 나타낸 히스토그램의
일부이다. 이 히스토그램을 이용하여 계산한 동호회 회원 25 명의 나이의
평균은? [3점]

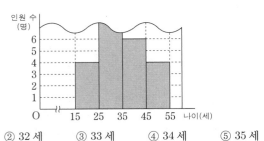

① 31 세　② 32 세　③ 33 세　④ 34 세　⑤ 35 세

STEP 01 ❶을 이용하여 25세 이상 35세 미만인 계급의 도수를 구한다.

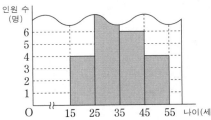

25 세 이상 35 세 미만인 계급의 도수를 a 라 하고
위 히스토그램을 이용하여 도수분포표를 만들면 다음과 같다.

나이(세)	도수(명)
15 이상 ~ 25 미만	4
25 이상 ~ 35 미만	a
35 이상 ~ 45 미만	6
45 이상 ~ 55 미만	4
합계	25

도수의 합계가 25 이므로
$4 + a + 6 + 4 = 25$ 에서 $a = 11$

STEP 02 각 계급의 계급값을 구하여 평균을 구한다.

도수분포표에서 15 세 이상 25 세 미만인 계급의 계급값은 20 (세)이므로
(계급값)×(도수)=$20 \times 4 = 80$
다른 계급에 대해서도 마찬가지 방법으로 계산하여 표로 나타내면 다음과 같다.

나이 (세)	계급값 (세)	도수 (명)	(계급값)×(도수)
15 이상 ~ 25 미만	20	4	$20 \times 4 = 80$
25 이상 ~ 35 미만	30	11	$30 \times 11 = 330$
35 이상 ~ 45 미만	40	6	$40 \times 6 = 240$
45 이상 ~ 55 미만	50	4	$50 \times 4 = 200$
합계		25	850

위의 표를 이용하여 평균을 구하면

$(\text{평균}) = \dfrac{\{(\text{계급값}) \times (\text{도수})\}의\ 총합}{(\text{도수})의\ 총합}$

$= \dfrac{80 + 330 + 240 + 200}{25}$

$= \dfrac{850}{25} = 34 \ (\text{세})$

●핵심 공식

▶ 도수분포표에서의 평균

$(\text{평균}) = \dfrac{\{(\text{계급값}) \times (\text{도수})\}의\ 총합}{(\text{도수})의\ 총합}$

14 원의 성질 정답률 84% | 정답 ②

그림과 같이 구름다리의 두 지점을 각각 A, B 라 하자. 이 구름다리를 따라 두
지점 A, B 를 연결하면 **❶ 반지름의 길이가 6 m 인 원의 일부**가 된다. 선분
AB 의 중점을 M, 점 M 을 지나고 선분 AB 에 수직인 직선이 호 AB 와
만나는 점을 N 이라 하자. **❷ $\overline{AB} = 8 \text{ m}$ 일 때, $\overline{MN} = a \text{ m}$** 이다. a의 값은?
(단, $a < 6$) [4점]

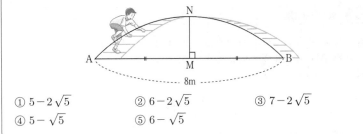

① $5 - 2\sqrt{5}$　② $6 - 2\sqrt{5}$　③ $7 - 2\sqrt{5}$
④ $5 - \sqrt{5}$　⑤ $6 - \sqrt{5}$

STEP 01 ❶을 그리고 ❷와 피타고라스의 정리를 이용하여 $\overline{MN}$을 구한다.

호 AB 를 포함한 원을 그리면 아래와 같다.
원의 중심을 O 라 하면 반지름 ON 은
현 AB 를 수직이등분 하므로 삼각형 OBM은
$\angle BMO = 90°$ 인 직각삼각형이다.

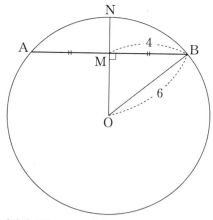

직각삼각형 OBM 에서 피타고라스 정리에 의해
$\overline{OB}^2 = \overline{OM}^2 + \overline{MB}^2$ 이므로
$6^2 = \overline{OM}^2 + 4^2$
$\overline{OM}^2 = 36 - 16 = 20$
$\overline{OM} > 0$ 이므로
$\overline{OM} = 2\sqrt{5}$
$\overline{MN} = \overline{ON} - \overline{OM} = 6 - 2\sqrt{5}$ (m)
따라서
$a = 6 - 2\sqrt{5}$

다른 풀이

호 AB 를 포함한 원을 그리면 아래와 같다.

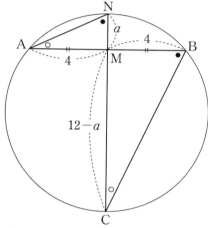

선분 MN의 연장선과 이 원의 교점을 C 라 하면 원주각의 성질에 의해
$\angle CNA = \angle CBA$, $\angle NAB = \angle NCB$ 이므로
$\triangle AMN \sim \triangle CMB$
따라서 $\overline{AM} : \overline{MN} = \overline{CM} : \overline{MB}$
$\overline{MN} \times \overline{CM} = \overline{AM} \times \overline{MB}$
$a(12 - a) = 4 \times 4$
$12a - a^2 = 16$
$a^2 - 12a + 16 = 0$
$a = 6 \pm 2\sqrt{5}$
$a < 6$ 이므로
$a = 6 - 2\sqrt{5}$

15 이차방정식   정답률 54% | 정답 ③

그림과 같이 $\overline{AB} = 2$, $\overline{BC} = 4$ 인 직사각형 ABCD 가 있다. 대각선 BD 위에 한 점 O 를 잡고, 점 O 에서 네 변 AB, BC, CD, DA 에 내린 수선의 발을 각각 P, Q, R, S 라 하자. ❶ 사각형 APOS와 사각형 OQCR 의 넓이의 합이 3 이고 $\overline{AP} < \overline{PB}$ 일 때, ❷ 선분 AP 의 길이는? [4점]

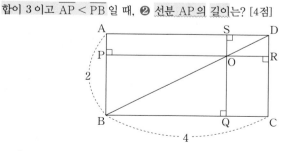

① $\dfrac{3}{8}$ ② $\dfrac{7}{16}$ ③ $\dfrac{1}{2}$ ④ $\dfrac{9}{16}$ ⑤ $\dfrac{5}{8}$

STEP 01 $\overline{AP} = x$ 라 하고 두 삼각형 ABD 와 SOD 의 닮음을 이용하여 필요한 각 선분의 길이를 x 에 대하여 나타낸 후 ❶을 이용하여 ❷를 구한다.

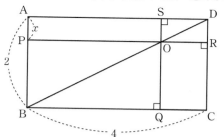

두 삼각형 ABD 와 삼각형 SOD 에서
$\angle DAB = \angle DSO = 90°$, $\angle ADB$ 는 공통이므로
두 삼각형 ABD 와 삼각형 SOD 는 서로 닮음이다.
따라서 $\overline{AB} : \overline{AD} = \overline{SO} : \overline{SD}$
$\overline{AB} = 2$, $\overline{BC} = \overline{AD} = 4$ 이므로
$\overline{SO} : \overline{SD} = 1 : 2$
$\overline{AP} = x$ 라 하면
$\overline{SO} = \overline{AP} = x$, $\overline{SD} = 2\overline{SO} = 2x$
따라서 사각형 APOS 의 넓이는
$\overline{AP} \times \overline{AS} = \overline{AP} \times (\overline{AD} - \overline{SD}) = x \times (4 - 2x) = 4x - 2x^2$
사각형 OQCR 의 넓이는
$\overline{OQ} \times \overline{OR} = (\overline{SQ} - \overline{SO}) \times \overline{OR} = (\overline{AB} - \overline{AP}) \times \overline{SD}$
        $= (2 - x) \times 2x = 4x - 2x^2$
조건에서 사각형 APOS 의 넓이와 사각형 OQCR 의 넓이의 합이 3 이므로
$4x - 2x^2 + 4x - 2x^2 = 3$
$4x^2 - 8x + 3 = 0$
$(2x - 3)(2x - 1) = 0$
$x = \dfrac{3}{2}$ 또는 $x = \dfrac{1}{2}$
조건에서 $\overline{AP} < \overline{PB}$ 이므로
$x < 2 - x$, $x < 1$
따라서 $x = \dfrac{1}{2}$
그러므로 $\overline{AP} = \dfrac{1}{2}$

다른 풀이 1

사각형 APOS의 넓이와 사각형 OQCR 의 넓이의 합은
직사각형 ABCD 의 넓이에서 직사각형 PBQO 의 넓이와 직사각형 SORD 의 넓이를 뺀 것과 같다.
$\overline{AP} = x$ 라 할 때, 직사각형 PBQO 의 넓이는 다음과 같이 x 에 관한 식으로 나타낼 수 있다.
$\overline{PB} \times \overline{PO} = (\overline{AB} - \overline{AP}) \times (\overline{AD} - \overline{SD})$
        $= (2 - x)(4 - 2x) = 2x^2 - 8x + 8$
마찬가지로 직사각형 SORD 의 넓이도 x 에 관한 식으로 나타낼 수 있다.
$\overline{SO} \times \overline{SD} = \overline{AP} \times \overline{SD} = x \times 2x = 2x^2$
조건에서 사각형 APOS 의 넓이와 사각형 OQCR 의 넓이의 합이 3 이므로
$8 - (2x^2 - 8x + 8) - 2x^2 = 3$
$4x^2 - 8x + 3 = 0$
$(2x - 3)(2x - 1) = 0$
$x = \dfrac{3}{2}$ 또는 $x = \dfrac{1}{2}$
$x < 1$ 이므로 $x = \dfrac{1}{2}$

다른 풀이 2

$\overline{PB} = x$ 라 하면
$\overline{PO} = 2x$, $\overline{SO} = 2 - x$, $\overline{OR} = 4 - 2x$
따라서 사각형 POQB 의 넓이는
$\overline{PB} \times \overline{PO} = x \times 2x = 2x^2$
사각형 SDRO 의 넓이는
$\overline{SO} \times \overline{OR} = (2 - x)(4 - 2x)$
조건에서 사각형 APOS 의 넓이와 사각형 OQCR 의 넓이의 합이 3 이므로
직사각형 ABCD 의 넓이는
$2x^2 + (2 - x)(4 - 2x) + 3 = 8$
$4x^2 - 8x + 3 = 0$

$(2x-3)(2x-1)=0$

$x=\dfrac{3}{2}$ 또는 $x=\dfrac{1}{2}$

조건에서 $\overline{\mathrm{AP}}<\overline{\mathrm{PB}}$ 이므로 $x=\dfrac{3}{2}$

그러므로 $\overline{\mathrm{AP}}=2-\dfrac{3}{2}=\dfrac{1}{2}$

---

16 일차함수 그래프의 성질 ·························· 정답률 **74%** | 정답 ⑤

그림과 같이 좌표평면에서 ❶ 두 점 $\mathrm{A}(2,6)$, $\mathrm{B}(8,0)$ 에 대하여 일차함수
❷ $y=\dfrac{1}{2}x+\dfrac{1}{2}$ 의 그래프가 x 축과 만나는 점을 C, 선분 AB 와 만나는 점을
D 라 할 때, 삼각형 CBD 의 넓이는? [4점]

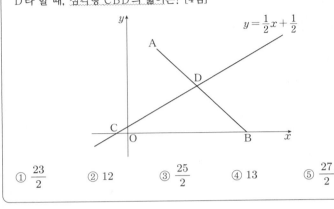

① $\dfrac{23}{2}$　　② 12　　③ $\dfrac{25}{2}$　　④ 13　　⑤ $\dfrac{27}{2}$

STEP 01 ❷를 구한 뒤 ❶을 이용하여 직선 AB 의 방정식을 구한다.

점 C 는 일차함수 $y=\dfrac{1}{2}x+\dfrac{1}{2}$ 의 그래프가 x 축과 만나는 점이므로

$y=\dfrac{1}{2}x+\dfrac{1}{2}$ 에 $y=0$ 을 대입하면

$0=\dfrac{1}{2}x+\dfrac{1}{2}$

$\dfrac{1}{2}x=-\dfrac{1}{2}$

$x=-1$

따라서 점 C 의 좌표는 $(-1,0)$
한편 두 점 $\mathrm{A}(2,6)$, $\mathrm{B}(8,0)$ 을 지나는 일차함수의 그래프의 기울기는
$\dfrac{0-6}{8-2}=-1$

이므로 일차함수의 식을 $y=-x+b$ 라 하자.
이 직선이 점 $\mathrm{A}(2,6)$ 을 지나므로 $x=2$, $y=6$ 을 대입하면
$6=-2+b$, $b=8$
따라서 두 점 A, B 를 지나는 일차함수의 그래프를 나타내는 식은
$y=-x+8$

STEP 02 두 직선 $y=\dfrac{1}{2}x+\dfrac{1}{2}$ 과 직선 AB 를 연립하여 점 D 의 좌표를 구한다.

점 D 는 일차함수 $y=\dfrac{1}{2}x+\dfrac{1}{2}$ 의 그래프와 일차함수
$y=-x+8$ 의 그래프의 교점이므로
$\dfrac{1}{2}x+\dfrac{1}{2}=-x+8$

$\dfrac{3}{2}x=\dfrac{15}{2}$

$3x=15$, $x=5$

이제 $y=\dfrac{1}{2}x+\dfrac{1}{2}$ 에 $x=5$ 를 대입하면

$y=\dfrac{1}{2}\times5+\dfrac{1}{2}=3$

따라서 점 D 의 좌표는 $(5,3)$

STEP 03 세 점 B, C, D 의 좌표를 이용하여 삼각형 CBD 의 넓이를 구한다.

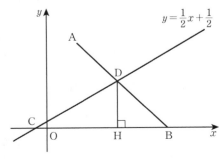

삼각형 CBD 에서 선분 BC 의 길이는 $\overline{\mathrm{BC}}=8-(-1)=9$ 이고
그림과 같이 점 D 에서 변 BC 에 내린 수선의 발을 H 라 하면 $\overline{\mathrm{DH}}=3$
따라서 삼각형 CBD 의 넓이는
$\triangle\mathrm{CBD}=\dfrac{1}{2}\times9\times3=\dfrac{27}{2}$

---

17 원의 접선과 삼각형의 닮음 ·················· 정답률 **76%** | 정답 ④

그림과 같이 $\overline{\mathrm{AD}}=3$, $\overline{\mathrm{DC}}=2\sqrt{3}$ 인 직사각형 ABCD 가 있다. 선분 AD
위의 점 E, 선분 BC 위의 점 F 에 대하여 두 선분 EC, DF 가 선분 AB 를
지름으로 하는 반원 위의 두 점 G, H 에서 각각 접한다. 선분 GH 의 길이는?
[4점]

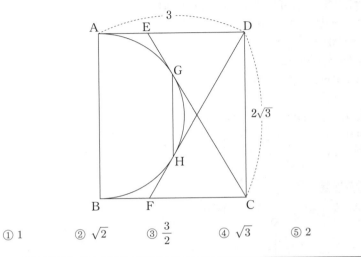

① 1　　② $\sqrt{2}$　　③ $\dfrac{3}{2}$　　④ $\sqrt{3}$　　⑤ 2

STEP 01 $\overline{\mathrm{BF}}=x$ 라 하고 원의 접선의 성질을 이용하여 삼각형 DFC 의 모든 변의
길이를 구한 후 피타고라스 정리를 이용하여 $\overline{\mathrm{BF}}$ 를 구한다.

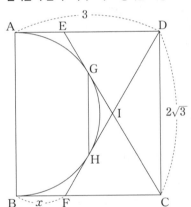

$\overline{\mathrm{BF}}=x$ 라 하자.
두 점 B, H 가 점 F 에서 원에 그은 두 접선의 접점이므로 $\overline{\mathrm{BF}}=\overline{\mathrm{FH}}$
두 점 A, H 가 점 D 에서 원에 그은 두 접선의 접점이므로 $\overline{\mathrm{AD}}=\overline{\mathrm{DH}}=3$
직각삼각형 DFC 에서
$\overline{\mathrm{DF}}=x+3$, $\overline{\mathrm{FC}}=3-x$, $\overline{\mathrm{DC}}=2\sqrt{3}$
이므로 피타고라스 정리에 의해
$\overline{\mathrm{DF}}^2=\overline{\mathrm{FC}}^2+\overline{\mathrm{DC}}^2$
$(x+3)^2=(3-x)^2+(2\sqrt{3})^2$
$x^2+6x+9=9-6x+x^2+12$
$12x=12$, $x=1$
따라서 $\overline{\mathrm{BF}}=\overline{\mathrm{FH}}=1$

STEP 02 직사각형 ABCD 의 모서리의 일부인 각 선분들의 길이를 구하여 사각형
EFCD 가 직사각형임을 찾아 두 삼각형 IGH, IEF 가 닮음임을 이용하여 $\overline{\mathrm{GH}}$ 를 구한다.

$\overline{\mathrm{AE}}=\overline{\mathrm{EG}}=1$, $\overline{\mathrm{ED}}=\overline{\mathrm{FC}}=2$
그러므로 사각형 EFCD 는 직사각형이다.
직사각형 EFCD 의 대각선의 교점을 I 라 하면 직사각형의 대각선은 서로 다른
것을 이등분하므로
$\overline{\mathrm{DF}}=\overline{\mathrm{EC}}=4$ 에서 $\overline{\mathrm{EI}}=\overline{\mathrm{FI}}=2$
$\overline{\mathrm{EG}}=\overline{\mathrm{FH}}=1$ 에서 $\overline{\mathrm{IG}}=\overline{\mathrm{IH}}=1$
두 삼각형 IGH, IEF 에서
∠HIG 는 공통인 각　　　　　　　　　 ······ ㉠
$\overline{\mathrm{IG}}:\overline{\mathrm{IE}}=1:2$ 이고 $\overline{\mathrm{IH}}:\overline{\mathrm{IF}}=1:2$ 　 ······ ㉡
㉠, ㉡에서 두 삼각형 IGH, IEF 는 닮음비가 $1:2$ 인 도형이다.
$\overline{\mathrm{EF}}=2\sqrt{3}$ 이고 $\overline{\mathrm{GH}}:\overline{\mathrm{EF}}=1:2$ 이므로

$$2\overline{GH} = 2\sqrt{3}$$
$$\overline{GH} = \sqrt{3}$$

다른 풀이

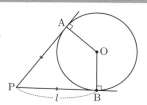

$\overline{BF} = x$ 라 하자. 두 점 B, H가 점 F에서 원에 그은 두 접선의 접점과 같으므로
$$\overline{BF} = \overline{FH}$$
두 점 A, H가 점 D에서 원에 그은 두 접선의 접점과 같으므로
$$\overline{AD} = \overline{DH} = 3$$
직각삼각형 DFC에서
$$\overline{DF} = x+3, \quad \overline{FC} = 3-x, \quad \overline{CD} = 2\sqrt{3}$$
이므로 피타고라스 정리에 의해
$$\overline{DF}^2 = \overline{FC}^2 + \overline{CD}^2$$
$$(x+3)^2 = (3-x)^2 + (2\sqrt{3})^2$$
$$x^2 + 6x + 9 = 9 - 6x + x^2 + 12$$
$$12x = 12, \quad x = 1$$
따라서 $\overline{BF} = \overline{FH} = 1$
선분 AB를 지름으로 하는 반원의 중심을 O라 하면
$$\overline{OB} = \overline{OH} = \sqrt{3}, \quad \angle OBF = \angle OHF = 90°$$ 이므로
$$\tan(\angle BOF) = \frac{\overline{BF}}{\overline{OB}} = \frac{\sqrt{3}}{3}$$ 에서 $\angle BOF = 30°$
같은 방법으로 나머지 각을 구하면
$$\angle HOF = \angle EOG = \angle AOE = 30°$$
그러므로 $\angle GOH = 60°$이고 $\overline{OG} = \overline{OH}$이므로 삼각형 GOH는 정삼각형이다.
따라서 $\overline{GH} = \sqrt{3}$

●핵심 공식

▶ 원의 반지름과 접선
(1) 접선의 길이(l) : 원 밖의 한 점에서 원에 접선을 그었을 때, 그 점에서 접점까지의 거리
(2) 원의 외부에 있는 한 점에서 그 원에 그은 두 접선의 길이는 같다.

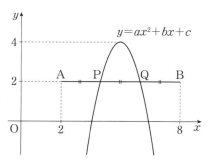

---

18 이차함수의 그래프의 성질 　　　정답률 62% | 정답 ①

좌표평면 위의 두 점 ❶ A(2, 2), B(8, 2)에 대하여 이차함수
$y = ax^2 + bx + c \ (a < 0)$의 그래프가 다음 조건을 만족시킬 때, $a+b+c$의 값은? (단, a, b, c는 상수이다.) [4점]

　(가) 꼭짓점의 y좌표는 4이다.
　(나) 선분 AB와 두 점 P, Q에서 만나고 $\overline{AP} = \overline{PQ} = \overline{QB} = 2$이다.

　① -28　　② -26　　③ -24　　④ -22　　⑤ -20

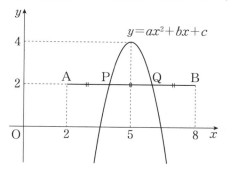

STEP 01 ❶과 조건 (나)를 이용하여 두 점 P, Q의 좌표를 구한다.

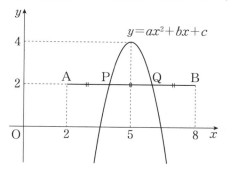

선분 AB는 x축과 평행하고 $\overline{AP} = \overline{PQ} = \overline{QB} = 2$이므로
두 점 P, Q의 좌표는
P(4, 2), Q(6, 2)

STEP 02 이차함수의 대칭성과 (가)를 이용하여 꼭짓점을 구한 후 그래프의 식을 구한다.

이차함수 $y = ax^2 + bx + c$의 그래프는
축에 대해서 대칭이므로 꼭짓점의 x좌표는 5이다.
조건에서 이차함수의 그래프의 꼭짓점의 y좌표는 4이므로
$$y = a(x-5)^2 + 4$$

STEP 03 위에서 구한 이차함수 식에 점 P 또는 Q를 대입하여 a를 구한 후 식을 전개하여 b, c를 구한다.

이차함수 $y = a(x-5)^2 + 4$의 그래프가 점 P(4, 2)를 지나므로
$$2 = a(4-5)^2 + 4 = a + 4, \quad a = -2$$
따라서
$$y = -2(x-5)^2 + 4$$
$$= -2(x^2 - 10x + 25) + 4$$
$$= -2x^2 + 20x - 46$$
이므로 $a = -2$, $b = 20$, $c = -46$
따라서 $a + b + c = -28$

---

19 삼각비와 피타고라스 정리 　　　정답률 43% | 정답 ④

그림과 같이 $\angle A = 90°$이고 $\overline{AB} = 3$, $\overline{AC} = 4$인 직각삼각형 ABC에 대하여 점 A에서 선분 BC에 내린 수선의 발을 H라 하자. 선분 HC 위의 점 D에 대하여 ❶ $\tan(\angle ADH) = 2$일 때, 〈보기〉에서 옳은 것만을 있는 대로 고른 것은? [4점]

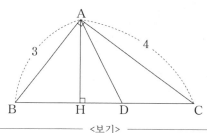

〈보기〉
　ㄱ. $\overline{AH} = \dfrac{12}{5}$
　ㄴ. $\overline{BD} = \dfrac{16}{5}$
　ㄷ. $\tan(\angle BAD) = 2$

　① ㄱ　　　② ㄴ　　　③ ㄱ, ㄴ
　④ ㄱ, ㄷ　　　⑤ ㄱ, ㄴ, ㄷ

STEP 01 ㄱ. 피타고라스의 정리를 이용하여 $\overline{BC}$를 구한 후 삼각형의 넓이를 이용하여 $\overline{AH}$를 구한다.

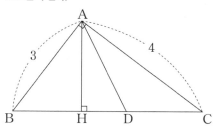

직각삼각형 ABC에서 피타고라스 정리에 의해
$\overline{BC}^2 = \overline{AB}^2 + \overline{AC}^2$이므로
$$\overline{BC}^2 = 3^2 + 4^2 = 25$$

$\overline{BC}=5$

ㄱ. 삼각형 ABC 에서
$$\triangle ABC = \frac{1}{2}\times\overline{AB}\times\overline{AC} = \frac{1}{2}\times\overline{BC}\times\overline{AH}$$
$$\frac{1}{2}\times 3\times 4 = \frac{1}{2}\times 5\times\overline{AH}$$
$$\overline{AH} = \frac{12}{5}$$
(참)

STEP 02 ㄴ. **❶**을 이용하여 $\overline{DH}$를 구하고 피타고라스 정리를 이용하여 $\overline{BH}$를 구하여 더한다.

ㄴ. $\tan(\angle ADH) = \dfrac{\overline{AH}}{\overline{DH}} = 2$ 이므로
$$\overline{DH} = \frac{1}{2}\times\overline{AH}$$
ㄱ에서 $\overline{AH} = \dfrac{12}{5}$ 이므로
$$\overline{DH} = \frac{1}{2}\times\overline{AH} = \frac{1}{2}\times\frac{12}{5} = \frac{6}{5}$$
직각삼각형 ABH 에서 피타고라스 정리에 의해
$\overline{AB}^2 = \overline{BH}^2 + \overline{AH}^2$ 이므로
$$\overline{BH}^2 = 9 - \frac{144}{25} = \frac{81}{25} = \left(\frac{9}{5}\right)^2$$
$$\overline{BH} = \frac{9}{5}$$
따라서 $\overline{BD} = \overline{BH} + \overline{DH} = \dfrac{9}{5} + \dfrac{6}{5} = 3$ (거짓)

STEP 03 ㄷ. $\overline{DP}$를 이용하여 삼각형 ABD 가 이등변삼각형임을 구하고 $\angle$BAD와 크기가 같은 각을 찾아 참·거짓을 판별한다.

ㄷ. $\overline{AB} = \overline{BD} = 3$에서 삼각형 ABD 는 이등변삼각형이므로 $\angle$BAD $= \angle$ADH
따라서 $\tan(\angle BAD) = \tan(\angle ADH) = 2$ (참)
이상에서 옳은 것은 ㄱ, ㄷ이다.

다른 풀이

ㄴ. $\tan(\angle ADH) = \dfrac{\overline{AH}}{\overline{DH}} = 2$ 이므로
$$\overline{DH} = \frac{1}{2}\times\overline{AH}$$
ㄱ에서 $\overline{AH} = \dfrac{12}{5}$ 이므로
$$\overline{DH} = \frac{1}{2}\times\overline{AH} = \frac{1}{2}\times\frac{12}{5} = \frac{6}{5}$$
두 삼각형 ABH, CBA 에서 $\angle$ABH 는 공통인 각,
$\angle$AHB $= \angle$CAB $= 90°$
따라서 $\triangle$ABH $\backsim \triangle$CBA 이므로
$\overline{AB} : \overline{BH} = \overline{CB} : \overline{BA}$
$3 : \overline{BH} = 5 : 3$
$5\times\overline{BH} = 9$, $\overline{BH} = \dfrac{9}{5}$
$\overline{BD} = \overline{BH} + \overline{DH} = \dfrac{9}{5} + \dfrac{6}{5} = 3$ (거짓)

● **핵심 공식**

▶ 삼각비의 정의

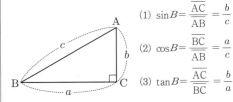

(1) $\sin B = \dfrac{\overline{AC}}{\overline{AB}} = \dfrac{b}{c}$

(2) $\cos B = \dfrac{\overline{BC}}{\overline{AB}} = \dfrac{a}{c}$

(3) $\tan B = \dfrac{\overline{AC}}{\overline{BC}} = \dfrac{b}{a}$

20 이차함수의 그래프 　　　　정답률 36% | 정답 ①

좌표평면에서 두 이차함수
$$y = x^2 - 2x + 1, \quad y = -\frac{1}{2}x^2 + 3x - \frac{5}{2}$$
의 그래프가 x 축에 수직인 직선과 만나는 두 점을 각각 A, B 라 하자.
다음은 점 C $(k, 0)$에 대하여 삼각형 ABC 가 정삼각형이 되도록 하는 양수 k 의 값을 구하는 과정이다.

두 점 A, B 를 지나는 직선의 방정식을 $x = t$ 라 하고
직선 $x = t$ 와 x 축과의 교점을 D 라 하자.
삼각형 ABC 가 정삼각형이 되기 위해서는 직선 CD 가
선분 AB 를 수직이등분해야 한다.
그러므로 **❶** $\boxed{\overline{AD} = \overline{BD}}$ 에서
❷ $t^2 + \boxed{}$ 　(가)　 $= 0$
$t = 1$ 또는 $t = \boxed{}$ 　(나)
이때 $t = 1$ 인 경우는 조건을 만족시키지 않고
$t = \boxed{}$ 　(나)　 인 경우는 조건을 만족시킨다.
따라서 양수 k 의 값은 　(다)　 이다.

위의 (가)에 알맞은 식을 $f(t)$ 라 하고 (나), (다)에 알맞은 수를 각각 a, b 라 할 때, $f(a) + b$의 값은? [4점]

① $-12 + 16\sqrt{3}$ 　② $-11 + 16\sqrt{3}$ 　③ $-12 + 17\sqrt{3}$
④ $-12 + 18\sqrt{2}$ 　⑤ $-11 + 18\sqrt{2}$

STEP 01 두 이차함수에 $x = t$를 대입하여 두 점 A, B 의 y좌표를 구한 후 **❶**을 이용하여 (가)를 구한다. **❷**를 인수분해하여 (나)를 구한다.

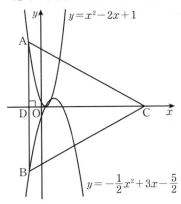

두 점 A, B 를 지나는 직선의 방정식을
$x = t$ 라 하면
두 점 A, B 의 x 좌표는 t 이므로
이차함수 $y = x^2 - 2x + 1$ 에
$x = t$ 를 대입하여 점 A 의 좌표를 구하면 다음과 같다.
A$(t, t^2 - 2t + 1)$
마찬가지로 이차함수 $y = -\dfrac{1}{2}x^2 + 3x - \dfrac{5}{2}$ 에
$x = t$ 를 대입하여 점 B 의 좌표를 구하면 다음과 같다.
B$\left(t, -\dfrac{1}{2}t^2 + 3t - \dfrac{5}{2}\right)$
삼각형 ABC 가 정삼각형이 되기 위해서는
직선 CD 가 선분 AB 를 수직이등분해야 하므로
두 점 A, B 에서 점 D 를 잇는 두 선분의 길이가 서로 같아야 한다.
따라서 $\overline{AD} = \overline{BD}$
선분 $\overline{AD}$ 의 길이는
$\overline{AD} = t^2 - 2t + 1$
선분 $\overline{BD}$ 의 길이는
$\overline{BD} = -\left(-\dfrac{1}{2}t^2 + 3t - \dfrac{5}{2}\right) = \dfrac{1}{2}t^2 - 3t + \dfrac{5}{2}$
두 선분의 길이가 같아야 하므로
$t^2 - 2t + 1 = \dfrac{1}{2}t^2 - 3t + \dfrac{5}{2}$
정리하면
$\dfrac{1}{2}t^2 + t - \dfrac{3}{2} = 0$
양변에 2 를 곱하면
$t^2 + \boxed{2t - 3} = 0$
$(t - 1)(t + 3) = 0$
따라서 $t = 1$ 또는 $t = \boxed{-3}$

STEP 02 정삼각형 ABC 의 한 변의 길이를 구한 후 정삼각형의 높이를 구하여 (다)를 구한다. $f(t)$, a, b를 찾아 $f(a) + b$의 값을 구한다.
(i) $t = 1$ 인 경우
$\overline{AD} = 1^2 - 2 + 1 = 0$이므로

$\overline{BD} = \overline{AD} = 0$ 이 되어 삼각형이 만들어지지 않는다.

따라서 조건을 만족시키지 않는다.

(ii) $t = -3$ 인 경우

$\overline{AD} = (-3)^2 - 2 \times (-3) + 1 = 16$ 이므로

정삼각형 ABC 의 한 변의 길이는

$16 \times 2 = 32$

정삼각형 ABC 의 높이는

$\dfrac{\sqrt{3}}{2} \times 32 = 16\sqrt{3}$

이때, 점 C 의 x 좌표는

$-3 + 16\sqrt{3}$ 또는 $-3 - 16\sqrt{3}$ 이다.

(i), (ii)에 의해

양수 k 의 값은 $\boxed{-3 + 16\sqrt{3}}$ 이다.

$f(t) = 2t - 3$

$a = -3$, $b = -3 + 16\sqrt{3}$ 이므로 구하는 값은

$f(a) + b = 2 \times (-3) - 3 + (-3 + 16\sqrt{3}) = -12 + 16\sqrt{3}$

● 핵심 공식

▶ 정삼각형의 높이와 넓이

한 변의 길이가 a일 때,

정삼각형의 높이 $h = \dfrac{\sqrt{3}}{2}a$

정삼각형의 넓이 $S = \dfrac{\sqrt{3}}{4}a^2$

★★★ 등급을 가르는 문제!

21 내각의 이등분선의 성질   정답률 33% | 정답 ⑤

한 변의 길이가 10 cm 인 정사각형 모양의 종이를 다음과 같이 차례로 접는다.

I	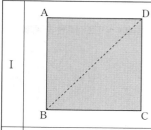	선분 BD 를 접는 선으로 하여 접었다가 펴준다.
II	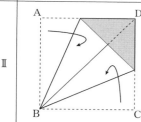	두 선분 AB 와 BC 를 선분 BD 와 겹쳐지도록 접는다.
III	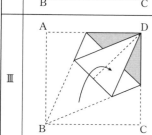	두 점 B, D 가 일치하도록 접는다.

아래 그림은 위와 같은 방법으로 접은 모양을 나타낸 것이다. 선분 PQ 의 길이가 $(a + b\sqrt{2})$ cm 일 때, $a + b$ 의 값은? (단, a, b 는 정수이고, 종이의 두께는 무시한다.) [4점]

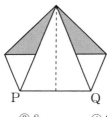

① 6   ② 7   ③ 8   ④ 9   ⑤ 10

STEP 01 접은 종이를 다시 펼쳐 접힌 그림을 그린 후 삼각형 ABE 에서 삼각형의 내각의 이등분선의 성질을 이용하여 $\overline{PE}$ 를 구하여 $\overline{PQ}$ 를 구한다.

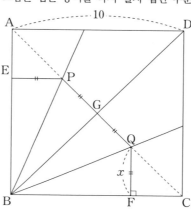

$\triangle AFB \equiv \triangle GFB$ 이므로 $\angle ABF = \angle GBF$ 이다.

따라서 삼각형 ABE 에서 $\overline{BP}$ 는 $\angle ABE$의 이등분선이므로

$\overline{AB} : \overline{BE} = \overline{AP} : \overline{PE}$ 이다.

$\overline{AB} = 10$,

점 E 는 정사각형 ABCD 의 대각선의 교점이므로

$\overline{BE} = \dfrac{1}{2}\overline{BD} = 5\sqrt{2}$

따라서 $\overline{AP} : \overline{PE} = 10 : 5\sqrt{2} = \sqrt{2} : 1$

한편 $\overline{AP} + \overline{PE} = \dfrac{1}{2}\overline{AC} = 5\sqrt{2}$ 이므로

$\overline{PE} = 5\sqrt{2} \times \dfrac{1}{\sqrt{2}+1} = 5\sqrt{2}(\sqrt{2}-1)$

따라서 $\overline{PQ} = 2\overline{PE} = 10\sqrt{2}(\sqrt{2}-1) = 20 - 10\sqrt{2}$

따라서 $a = 20$, $b = -10$ 에서 $a + b = 10$

다른 풀이

그림은 접은 종이를 다시 펼쳐 접힌 부분을 실선으로 나타낸 것이다.

종이가 접혀진 모양에서

$\triangle BPE \equiv \triangle BPG$, $\triangle BQG \equiv \triangle BQF$

두 점 B, D 가 일치하도록 접어서 만들어진 선이 선분 PQ 이므로

선분 PQ 는 대각선 AC 의 일부이고,

정사각형의 대각선은 서로 다른 것을 수직이등분한다.

두 삼각형 BPG, BQG 에서

선분 BG 는 공통인 변이고 $\angle PGB = \angle QGB = 90°$,

$\angle PBG = \angle QBG = 22.5°$ 이므로

$\triangle BPG \equiv \triangle BQG$ (ASA 합동)

따라서 $\triangle BPE \equiv \triangle BPG \equiv \triangle BQG \equiv \triangle BQF$

$\overline{EP} = \overline{PG} = \overline{GQ} = \overline{QF} = x$ 라 하자.

점 Q 는 대각선 AC 위의 점이므로

$\angle QCF = 45°$

따라서 삼각형 QFC 가 직각이등변삼각형이므로

$\overline{AP} = \overline{CQ} = \sqrt{2} \times \overline{QF} = \sqrt{2}x$

선분 AC 는 정사각형 ABCD 의 대각선이므로

$\overline{AC} = 10\sqrt{2}$

$\overline{AC} = \overline{AP} + \overline{PG} + \overline{GQ} + \overline{QC}$

$10\sqrt{2} = \sqrt{2}x + x + x + \sqrt{2}x$

$(\sqrt{2}+1)x = 5\sqrt{2}$

$x = \dfrac{5\sqrt{2}}{\sqrt{2}+1}$

$= 5\sqrt{2}(\sqrt{2}-1) = 10 - 5\sqrt{2}$

$\overline{PQ} = 2x = 20 - 10\sqrt{2}$

따라서

$a = 20$, $b = -10$ 에서 $a + b = 10$

▶ 문제 해결 방법
[다른 풀이]에서처럼 합동인 삼각형을 찾아 피타고라스의 정리를 이용해서 풀 수도 있으나 삼각형의 내각의 이등분선의 성질을 이용하면 훨씬 더 수월하게 문제를 해결할 수 있다. 내각의 이등분의 성질은 종종 쓰이므로 꼭 알아두어야 한다. 또한 종이를 접었다 다시 펼친그림에서는 접혔을 때와 종이를 다시 펼쳤을 때 일치하는 도형이 반드시 생긴다. 이때 두 도형이 합동임을 이용해서 문제를 풀어야 한다.

---

22 다항식의 계산   정답률 90% | 정답 6

다항식 ❶ $\frac{1}{2}(4x+3)+4(x-1)$ 을 간단히 하였을 때, x 의 계수를 구하시오. [3점]

STEP 01 ❶을 전개하여 식을 정리한 후 x의 계수를 구한다.

주어진 식을 정리하면
$$\frac{1}{2}(4x+3)+4(x-1)=2x+\frac{3}{2}+4x-4=6x-\frac{5}{2}$$
따라서 x 의 계수는 6 이다.

---

23 제곱근과 부등식의 성질   정답률 77% | 정답 7

부등식 ❶ $2<\sqrt{3x}<\sqrt{26}$ 을 만족시키는 자연수 x의 개수를 구하시오. [3점]

STEP 01 ❶에서 $2=\sqrt{4}$ 임을 이용하여 부등식을 풀어 자연수의 개수를 구한다.

부등식 $2<\sqrt{3x}<\sqrt{26}$ 에서
$\sqrt{4}<\sqrt{3x}<\sqrt{26}$ 이므로 제곱근의 대소 관계에 의해 $4<3x<26$
이 부등식의 양변을 3 으로 나누면 $\frac{4}{3}<x<\frac{26}{3}$
이 부등식을 만족시키는 자연수 x 는 2, 3, 4, 5, 6, 7, 8 이다.
따라서 구하는 자연수 x 의 개수는 7 이다.

---

24 순환소수   정답률 67% | 정답 81

10 보다 작은 두 자연수 a, b 에 대하여 $\frac{15}{22}$ 를 순환소수로 나타내면 $0.6\dot{a}\dot{b}$ 이다. $10a+b$의 값을 구하시오. [3점]

STEP 01 $\frac{15}{22}$ 를 소수로 바꾸어 a, b를 구한 후 $10a+b$ 의 값을 구한다.

분수 $\frac{15}{22}$ 를 소수로 나타내면
$$\frac{15}{22}=15\div22=0.681818181\cdots=0.6\dot{8}\dot{1}$$
따라서 $a=8$, $b=1$ 이므로 구하는 값은
$10a+b=10\times8+1=81$

다른 풀이 1

$x=\frac{15}{22}$ 라 하면 $\frac{15}{22}=0.6\dot{a}\dot{b}$ 이므로
$1000x-10x=600+10a+b-6$
$990x=600+10a+b-6$
x에 $\frac{15}{22}$ 를 대입하면
$675=600+10a+b-6$
$10a+b=81$

다른 풀이 2

$$0.6\dot{a}\dot{b}=\frac{6\times100+a\times10+b-6}{990}$$
$\frac{15}{22}=0.6\dot{a}\dot{b}$ 이므로
$$\frac{6\times100+a\times10+b-6}{990}=\frac{15}{22}$$
이 식을 정리하면
$6\times100+a\times10+b=681$
따라서 구하는 값은
$10a+b=10\times8+1=81$

---

25 연립방정식   정답률 75% | 정답 20

그림과 같이 한 변의 길이가 a 인 정사각형 2 개와 한 변의 길이가 b 인 정사각형 3 개를 모두 사용하여 직사각형 ABCD 를 만들었다. ❶ 직사각형 ABCD 의 둘레의 길이가 88 일 때, $a+b$의 값을 구하시오. [3점]

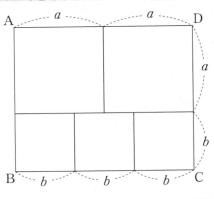

STEP 01 직사각형 ABCD의 두 가로의 길이가 같음을 이용하여 a, b의 관계식을 구한다.

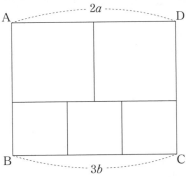

직사각형 ABCD 에서 한 변의 길이가 a 인 정사각형 2 개를 연결하여 만든 변 AD 의 길이와 한 변의 길이가 b 인 정사각형 3 개를 연결하여 만든 변 BC 의 길이가 같다.
따라서 $2a=3b$ …… ㉠

STEP 02 직사각형 ABCD의 둘레를 a, b를 이용하여 식으로 나타낸 후 ❶을 이용하여 a, b의 관계식을 구한다.

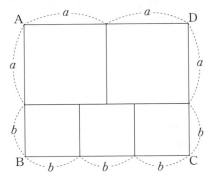

또 직사각형 ABCD 의 둘레의 길이가 88 이다.
따라서 $4a+5b=88$ …… ㉡

STEP 03 ㉠, ㉡을 연립하여 a, b를 구한 후 더한다.

㉠에서 $4a=6b$ 를 ㉡에 대입하면
$6b+5b=88$
$11b=88$, $b=8$
$b=8$ 을 ㉠에 대입하면 $a=12$
따라서 $a+b=12+8=20$

---

26 닮음과 이차방정식   정답률 36% | 정답 15

그림과 같이 ❶ 두 밑면의 넓이는 각각 $4x$, x 이고 높이는 $x+5$ 인 원뿔대가 있다. 이 원뿔대의 ❷ 부피가 700 일 때, x 의 값을 구하시오. [4점]

STEP 01 원뿔대가 잘리기 전의 원뿔을 그린 후 ❶을 직각삼각형의 닮음에 이용하여 원뿔의 부피를 구한다.

주어진 원뿔대의 두 밑면의 넓이가 각각
$4x$, x 이므로 넓이의 비는 $4:1$ 이다. 그러므로
$\overline{CD}^2 : \overline{AB}^2 = 4:1$ 에서
$\overline{CD} : \overline{AB} = 2:1$
$\overline{CD} : \overline{AB} = \overline{PC} : \overline{PA}$ 이므로
$\overline{PC} : \overline{PA} = 2:1$
따라서 $\overline{PA} = \overline{AC} = x+5$

STEP 02 두 원뿔의 부피의 차가 원뿔대의 부피임을 이용하여 원뿔대의 부피식을 세운 후 ❷를 이용하여 x를 구한다.

(원뿔의 부피)$=\dfrac{1}{3}\times$(밑면의 넓이)$\times$(높이)이고 원뿔대의 부피는 원뿔의 부피에서 원뿔을 밑면에 평행한 평면으로 잘라서 생기는 두 입체도형 중 원뿔의 부피를 빼면 되므로

$\dfrac{1}{3}\times 4x \times (2x+10) - \dfrac{1}{3}\times x \times (x+5) = 700$

$\dfrac{4}{3}x(2x+10) - \dfrac{1}{3}x(x+5) = 700$

양변에 3을 곱하면
$4x(2x+10) - x(x+5) = 2100$
$8x^2 + 40x - x^2 - 5x = 2100$
$7x^2 + 35x - 2100 = 0$
$x^2 + 5x - 300 = 0$
$(x+20)(x-15) = 0$
$x = -20$ 또는 $x = 15$
$x > 0$ 이므로 $x = 15$

●핵심 공식

▶ 원뿔의 부피
밑면의 반지름의 길이가 r 이고 높이가 h인 원뿔의 부피
$V = \dfrac{1}{3}\pi r^2 h$

★★★ 등급을 가르는 문제!

27 연립방정식과 분산   정답률 30% | 정답 110

6 명의 학생이 팔씨름 시합을 하여 ❶ 이기는 학생에게는 2 점, 지는 학생에게는 0 점을 주기로 하였다. 6 명의 학생은 모두 서로 한 번씩 시합을 하였고 총 15 번의 시합 중 비기는 경우는 없었다. 다음은 학생들이 받은 점수를 조사하여 표로 나타낸 것이다. 학생들이 받은 점수의 분산을 V 라 할 때, $30V$ 의 값을 구하시오. (단, a, b 는 상수이다.) [4점]

받은 점수(점)	학생 수(명)
2	1
4	a
6	b
8	1
합계	6

STEP 01 학생 수의 총합이 6임을 이용하여 a, b의 관계식을 구한다.

학생 수는 모두 6 명이므로 $1+a+b+1=6$
$a+b=4$ ...... ㉠

STEP 02 ❶에서 학생들이 받은 점수의 합을 구하고 표를 이용하여 학생들이 받은 점수의 합을 구하여 서로 같음을 이용하여 a, b의 관계식을 구한다.

모두 6 명의 학생이 15 번의 시합을 하면
비기는 경우가 없으므로 이긴 횟수는 모두 15회이며 이기면
2점씩 받으므로 받은 점수의 총합은 $15\times 2 = 30$ 이다.

받은 점수(점)	학생 수(명)
2	1
4	a
6	b
8	1
합계	6

표를 이용하여 학생들이 받은 점수의 총합을 구하면
$(2\times 1) + (4\times a) + (6\times b) + (8\times 1) = 30$
$2a+3b=10$ ...... ㉡

STEP 03 ㉠, ㉡을 연립하여 a, b를 구한다.

㉠에서 $b=4-a$ 를 ㉡에 대입하면
$2a+3(4-a)=10$
$a=2$, $b=2$

STEP 04 학생들이 받은 점수의 총합이 30임을 이용하여 평균을 구하고 a, b를 표에 대입한 후 편차를 구하여 분산 구하는 공식에 의해 분산을 구한다.

(평균)$=\dfrac{(\text{받은 점수})의 총합}{(\text{도수})의 총합}=\dfrac{30}{6}=5(\text{점})$

받은 점수에 대한 편차와 편차의 제곱을 구하여 표로 나타내면 다음과 같다.

받은 점수(점)	도수 (명)	편차	(편차)$^2\times$(도수)
2	1	-3	$(-3)^2\times 1 = 9$
4	2	-1	$(-1)^2\times 2 = 2$
6	2	1	$1^2\times 2 = 2$
8	1	3	$3^2\times 1 = 9$
합계	6	0	22

분산 V 는
$V = \dfrac{\{(\text{편차})^2\times(\text{도수})\}의 총합}{(\text{도수})의 총합} = \dfrac{9+2+2+9}{6} = \dfrac{11}{3}$

따라서 $30V = 110$

●핵심 공식

▶ 도수분포표에서의 평균과 분산
(평균)$=\dfrac{\{(\text{계급값})\times(\text{도수})\}의 총합}{(\text{도수})의 총합}$
(분산)$=\dfrac{\{(\text{편차})^2\times(\text{도수})\}의 총합}{(\text{도수})의 총합}$

★★ 문제 해결 꿀~팁 ★★

▶ 문제 해결 방법
연립일차방정식은 미지수의 개수만큼 식이 필요하다. 이 문제는 미지수가 2개이므로 방정식이 2개 필요하다.
일단 학생 수가 모두 6명이라는 것에서 식이 하나 나오고 다른 하나의 식을 찾는 것이 이 문제의 열쇠이다. 지는 학생은 점수를 받지 않으므로 15번의 시합에서 이기는 학생에게 주는 점수의 합계를 더하면 $2\times 15 = 30$이므로 점수의 총합이 30점이라는 식을 세워 두 식을 연립하면 미지수는 구할 수 있다.
나머지는 분산을 구하는 공식을 알고 있으면 된다. 문제에서 주어진 조건을 잘 살펴 필요한 식을 찾아내는 것은 꼭 필요한 과제이다.

★★★ 등급을 가르는 문제!

28 이차함수의 그래프   정답률 33% | 정답 18

좌표평면에서 이차함수 $y=f(x)$ 의 그래프의 꼭짓점을 A 라 하고 이차함수 $y=f(x)$ 의 그래프가 x 축과 만나는 두 점을 B, C 라 할 때, 세 점 A, B, C 가 다음 조건을 만족시킨다.

(가) 점 A 는 이차함수 ❶ $y=-x^2-2x-7$ 의 그래프의 꼭짓점이다.
(나) 삼각형 ABC 의 넓이는 12 이다.

$f(3)$의 값을 구하시오. [4점]

❶을 이차함수의 표준형으로 변형하여 꼭짓점을 구하고 미지수를 이용하여
$y = f(x)$를 놓는다.

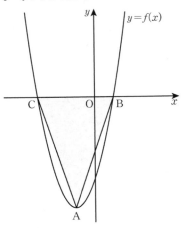

$y = -x^2 - 2x - 7 = -(x+1)^2 - 6$

이차함수 $y = -x^2 - 2x - 7$의 그래프의 꼭짓점의 좌표는 $(-1, -6)$이다.

따라서 점 A의 좌표는 $(-1, -6)$이다.

이차함수 $y = f(x)$를

$f(x) = a(x+1)^2 - 6$ (단, a는 상수)이라 하자.

STEP 02 조건 (나)와 포물선의 대칭을 이용하여 두 점 B, C의 좌표를 구하고
$y = f(x)$, $f(3)$을 차례로 구한다.

조건 (나)에서 삼각형 ABC의 넓이가 12이고

꼭짓점의 y좌표가 -6이므로

$\frac{1}{2} \times \overline{BC} \times 6 = 12$에서 변 BC의 길이는 4이다.

이차함수 $y = f(x)$의 그래프는

직선 $x = -1$에 대하여 대칭이므로

두 점 B, C의 좌표 중 하나는 $(1, 0)$,

다른 하나는 $(-3, 0)$이다.

즉, $f(1) = 0$에서

$4a - 6 = 0$

$a = \frac{3}{2}$

$f(x) = \frac{3}{2}(x+1)^2 - 6$이므로

$f(3) = 18$

● **핵심 공식**

▶ 이차함수의 그래프

(1) $y = ax^2$ $(a \neq 0)$
 ① 꼭짓점의 좌표 $(0, 0)$
 ② 대칭축 $x = 0$
 ③ $a > 0$이면 아래로 볼록, $a < 0$이면 위로 볼록한 그래프
 ④ $|a|$가 클수록 그래프의 폭이 좁아진다. (y축에 가까워진다.)

(2) $y = ax^2 + q$ $(a \neq 0)$
 ① $y = ax^2$ $(a \neq 0)$의 그래프를 y축 방향으로 q만큼 평행이동
 ② 꼭짓점의 좌표 $(0, q)$
 ③ 대칭축 $x = 0$

(3) $y = a(x-p)^2$ $(a \neq 0)$
 ① $y = ax^2$ $(a \neq 0)$의 그래프를 x축 방향으로 p만큼 평행이동
 ② 꼭짓점의 좌표 $(p, 0)$
 ③ 대칭축 $x = p$

(4) $y = a(x-p)^2 + q$ $(a \neq 0)$
 ① $y = ax^2$ $(a \neq 0)$의 그래프를 x축 방향으로 p만큼, y축으로 q만큼 평행이동
 ② 꼭짓점의 좌표 (p, q)
 ③ 대칭축 $x = p$

★★ **문제 해결 꿀~팁** ★★

▶ 문제 해결 방법

두 이차함수의 꼭짓점이 같다는 것은 두 이차함수의 표준형의 꼴에서 기울기만 다르다는 의미이다.

$y = -x^2 - 2x - 7 = -(x+1)^2 - 6$이므로 $f(x) = a(x+1)^2 - 6$라 할 수 있다. 삼각형 ABC의 넓이가 12이고 꼭짓점의 y좌표가 -6이므로 삼각형 ABC의 높이는 6. 그러므로 밑변인 변 BC의 길이는 4이다. 또한 이차함수 $y = f(x)$의 그래프는 직선 $x = -1$에 대하여 대칭이므로 두 점 B, C의 좌표는 $(1, 0)$, $(-3, 0)$이다. 이제 이 두 점중 한 점의 좌표를 $y = f(x)$에 대입하여 미지수 a를 구하면 된다.

이차함수의 그래프의 특징에 대한 전반적인 물음을 하고 있다. 이차함수는 모든 문제에 여러 가지 형태로 응용되고 있으므로 정확하게 알아두어야 한다.

★★★ 등급을 가르는 문제!

29 삼각형의 닮음 정답률 14% | 정답 13

그림과 같이 삼각형 ABC에서 변 BC의 중점을 M, 변 AC를 삼등분하는 두 점을 각각 D, E라 하자. 또 선분 AM이 두 선분 BD, BE와 만나는 점을 각각 P, Q라 하자. $\overline{PQ} = 1$일 때, $\overline{AM} = \dfrac{q}{p}$이다. $p + q$의 값을 구하시오.
(단, p와 q는 서로소인 자연수이다.) [4점]

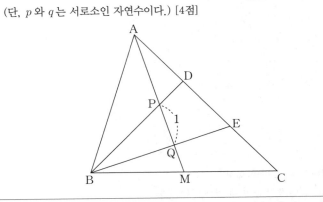

STEP 01 두 점 D, E에서 선분 AM과 평행한 직선을 각각 그리고 삼각형의 닮음을 이용하여 $\overline{DR}$, $\overline{AQ}$를 차례로 구한다.

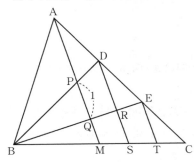

그림과 같이 점 D를 지나고 선분 AM과 평행한 직선이 두 선분 BE, BC와 만나는 점을 각각 R, S라 하자.
점 E를 지나고 선분 AM과 평행한 직선이 선분 BC와 만나는 점을 T라 하자.
두 점 D, E가 변 AC를 삼등분하는 점이므로
$\overline{AD} = \overline{DE} = \overline{EC}$이고 따라서
$\overline{MS} = \overline{ST} = \overline{TC}$, $\overline{BM} = \overline{MC}$이므로
$\overline{BM} : \overline{BS} = 3 : 4$
$\overline{AM}$과 $\overline{DS}$는 서로 평행하므로 두 삼각형 BMQ와 BSR는 서로 닮음이고,
두 삼각형 BPQ와 BDR는 서로 닮음이다.
이때 닮음비는 모두 $3 : 4$이므로
$\overline{BQ} : \overline{BR} = \overline{PQ} : \overline{DR} = 3 : 4$
$\overline{PQ} = 1$이므로 $\overline{DR} = \dfrac{4}{3}$
$\overline{AQ}$와 $\overline{DR}$는 서로 평행하므로 두 삼각형 AQE와 DRE는 서로 닮음이다.
$\overline{AD} = \overline{DE}$이므로 닮음비는 $2 : 1$이고
$\overline{AQ} = 2\overline{DR} = \dfrac{8}{3}$ ...... ㉠

STEP 02 $\overline{AM}$과 $\overline{ET}$의 길이의 비를 이용하여 $\overline{QM}$을 구한 후 $\overline{AM}$을 구한다.

$\overline{AM}$과 $\overline{ET}$는 서로 평행하므로
두 삼각형 BMQ와 BTE는 서로 닮음이다.
닮음비는 $\overline{BM} : \overline{BT} = 3 : 5$이므로
$\overline{QM} : \overline{ET} = 3 : 5$
$\overline{QM} = x$라 하면 $\overline{ET} = \dfrac{5}{3}x$
$\overline{AM}$과 $\overline{ET}$는 서로 평행하므로
두 삼각형 CAM과 CET는 서로 닮음이다.
닮음비는 $\overline{CM} : \overline{CT} = 3 : 1$이므로
$\overline{AM} = 3\overline{ET} = 3 \times \dfrac{5}{3}x = 5x$
$\overline{AQ} = \overline{AM} - \overline{QM} = 4x$ ...... ㉡
㉠, ㉡에서
$4x = \dfrac{8}{3}$, $x = \dfrac{2}{3}$
따라서 $\overline{AM} = 5x = \dfrac{10}{3}$
따라서 구하는 값은
$p = 3$, $q = 10$이므로 $p + q = 13$

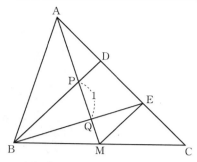

그림과 같이 두 점 M과 E를 선분으로 연결하면
점 M은 선분 BC의 중점이고 점 E는 선분 CD의 중점이다.
삼각형의 중점연결정리에 의해
$\overline{BD}$와 $\overline{ME}$는 서로 평행이고
$\overline{ME}:\overline{BD}=1:2$
삼각형 AME에서 점 D는 선분 AE의 중점이므로
삼각형의 중점연결정리에 의해
점 P는 선분 AM의 중점이고
$\overline{PD}:\overline{ME}=1:2$
$\overline{BP}$와 $\overline{ME}$는 서로 평행하므로
두 삼각형 BPQ와 EMQ는 서로 닮음이다.
$\overline{BP}:\overline{ME}=3:2$ 이므로
$\overline{PQ}:\overline{QM}=3:2$
$\overline{PQ}=1$ 이므로 $\overline{QM}=\dfrac{2}{3}$
그러므로 두 선분 $\overline{PM}$과 $\overline{AM}$의 길이는
$\overline{PM}=\overline{PQ}+\overline{QM}=1+\dfrac{2}{3}=\dfrac{5}{3}$
$\overline{AM}=2\overline{PM}=2\times\dfrac{5}{3}=\dfrac{10}{3}$
따라서 구하는 값은
$p=3$, $q=10$ 에서 $p+q=13$

★★ 문제 해결 꿀~팁 ★★

▶ 문제 해결 방법
보조선을 어떻게 긋느냐에 따라 문제를 풀이하는 방법이 달라진다. 어떠한 방법이든 삼각형의 닮음을 이용해야 한다. 두 점 D, E에서 선분 AM과 평행한 직선을 각각 그리고 풀이하는 방법을 간단히 정리하면 각 삼각형들의 닮음에 의해
$\overline{BM}:\overline{MS}:\overline{ST}:\overline{TC}=3:1:1:1$ 이므로 $\overline{PQ}:\overline{DR}:\overline{AQ}=3:4:8$ 이고 $\overline{PQ}=3a=1$,
$\overline{QM}=3x$ 라 하면 $\overline{ET}=5x$, $\overline{ET}:\overline{AM}=1:3$ 이므로 $8a+3x=3\times5x$ 에서 $3x=2a$,
$\overline{AM}=10a=\dfrac{10}{3}$ 이다. 삼각형들의 닮음과 중점연결의 정리를 이용하면 쉽게 해결할 수 있다. 닮음인 삼각형들을 찾는 연습을 충분히 해야 한다.

★★★ 등급을 가르는 문제!

30 원의 성질과 삼각형의 성질 　　　　정답률 11% | 정답 21

한 눈금의 길이가 1인 모눈종이 위에 그림과 같이 두 점 A, B를 포함하여 81개의 점이 그려져 있다. 이 점 중에서 한 점을 선택하여 그 점을 C라 하자. 세 점 A, B, C를 꼭짓점으로 하는 삼각형이 예각삼각형이 되도록 하는 점 C의 개수를 구하시오. [4점]

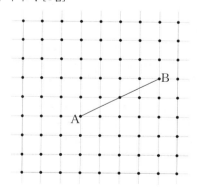

STEP 01 점 A를 지나고 $\overline{AB}$와 수직인 선분과 점 B를 지나고 $\overline{AB}$와 수직인 선분을 그려 삼각형 ABC가 예각삼각형이 되도록 하는 점 C의 위치를 파악한다.

세 점 A, B, C를 꼭짓점으로 하는 삼각형이 예각삼각형이 되려면 세 내각이 모두 90°보다 작아야 한다.

[그림 1]과 같이 $\angle PAB=90°$, $\angle QBA=90°$인 두 점 P, Q를 모눈종이 위에 그린다.

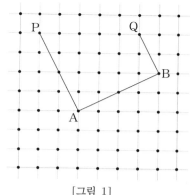

[그림 1]

[그림 2]와 같이 두 점 P, A를 지나는 직선을 l, 두 점 Q, B를 지나는 직선을 m이라 하자. 두 직선 l, m 위의 점 C에 대하여 세 점 A, B, C를 꼭짓점으로 하는 삼각형은 직각삼각형이다.

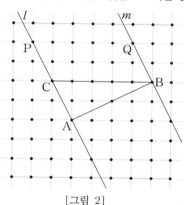

[그림 2]

[그림 3]과 같이 두 직선 l, m 사이에 있지 않은 점 C에 대하여 세 점 A, B, C를 꼭짓점으로 하는 삼각형은 둔각삼각형이다.

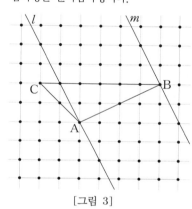

[그림 3]

따라서 세 점 A, B, C를 꼭짓점으로 하는 삼각형이 예각삼각형이 되려면 점 C가 두 직선 l, m 사이에 있어야 한다.

STEP 02 예각삼각형이 되려면 $\overline{AB}$를 지름으로 하는 원 밖에 점 C가 존재해야 함을 이용하여 점 C의 개수를 구한다.

[그림 4]는 두 직선 l, m 사이에 있는 점 C에 대하여 세 점 A, B, C를 꼭짓점으로 하는 삼각형이 직각삼각형이 되는 경우를 나타낸 것이다.

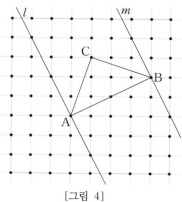

[그림 4]

[그림 5]는 두 직선 l, m 사이에 있는 점 C에 대하여 세 점 A, B, C를 꼭짓점으로 하는 삼각형이 둔각삼각형이 되는 경우를 나타낸 것이다.

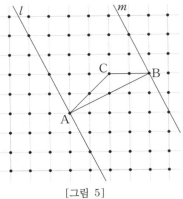

[그림 5]

[그림 6]은 두 직선 l, m 사이에 있는 점 C에 대하여
세 점 A, B, C를 꼭짓점으로 하는 삼각형이 예각삼각형이
되는 경우를 나타낸 것이다.

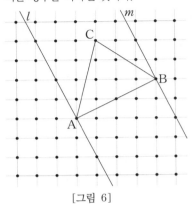

[그림 6]

[그림 4]와 같이 세 점 A, B, C를 꼭짓점으로 하는 삼각형이
직각삼각형이면 반원에 대한 원주각이 $90°$이므로
세 점 A, B, C는 선분 AB를 지름으로 하는 원 위에 있다.
따라서 [그림 7]과 같이 선분 AB를 지름으로 하는 원을 그리고
점 C가 원의 안에 있는 경우,
점 C가 원 위에 있는 경우,
점 C가 원의 밖에 있는 경우로
나누어 생각해 보자.

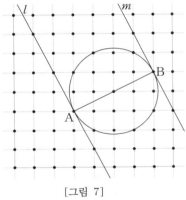

[그림 7]

[그림 8]과 같이 점 C가 원 위에 있는 경우에는
반원에 대한 원주각이 $90°$이므로
$\angle ACB = 90°$이다.
따라서 세 점 A, B, C를 꼭짓점으로 하는 삼각형은 직각삼각형이다.

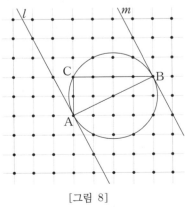

[그림 8]

[그림 9]와 같이 점 C가 원의 안에 있는 경우에는
$\angle ACB$가 반원에 대한 원주각보다 크다.
따라서 $\angle ACB > 90°$이므로
세 점 A, B, C를 꼭짓점으로 하는 삼각형은 둔각삼각형이다.

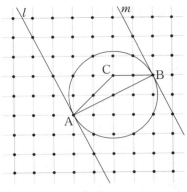

[그림 9]

[그림 10]과 같이 점 C가 원의 밖에 있는 경우에는
$\angle ACB$가 반원에 대한 원주각보다 작다.
따라서 $\angle ACB < 90°$이므로
세 점 A, B, C를 꼭짓점으로 하는 삼각형은 예각삼각형이다.

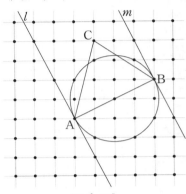

[그림 10]

그러므로 [그림 8], [그림 9], [그림 10]으로부터
세 점 A, B, C를 꼭짓점으로 하는 삼각형 중에서
예각삼각형이 되려면 점 C가 선분 AB를 지름으로 하는
원의 밖에 있어야 한다는 것을 알 수 있다.
[그림 11]은 두 직선 l, m 사이에 있고
선분 AB를 지름으로 하는 원의 밖에 있는
점 C의 위치를 표시한 것이다.

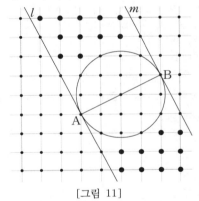

[그림 11]

따라서 구하는 점 C의 개수는 21이다.

★★ 문제 해결 꿀~팁 ★★

▶ 문제 해결 방법
만들 수 있는 예각삼각형의 개수를 구하는 것과 같은 문제이다. 예각삼각형 또는 둔각삼
각형의 개수를 구하는 문제에서 언제나 기준은 직각삼각형이다. 또한 $\overline{AB}$를 지름으로 하
는 원의 내부에 있는 점을 택할 경우 둔각삼각형이며 원 위의 점을 택할 경우 직각삼각형
임은 반드시 알아두어야 한다.
[그림 7]을 보면 우선 $\overline{AB}$와 수직인 두 선분 l, m을 그어야 한다. 두 선분 바깥쪽에 있
는 임의의 점을 잡아 삼각형을 그리면 둔각삼각형이 됨을 알 수 있다. 따라서 예각삼각형
이 되려면 두 선분 사이에 있으면서 원의 외부에 있는 점만이 점C가 될 수 있음을 알 수
있다.
풀이가 자세하게 하나하나 예를 들어 해설을 해두어서 복잡해 보이나 핵심은 [그림 11]
에 있는 점들처럼 '두 선분 사이에 있으면서 원의 외부에 있는 점'이라는 것이다. 직각,
예각, 둔각은 점C가 $\overline{AB}$를 지름으로 하는 원 위, 원의 외부, 원의 내부에 있음에 따라 결
정된다는 것을 반드시 기억해 두어야 한다.

09회

•정답•

01⑤ 02① 03④ 04⑤ 05③ 06④ 07③ 08① 09③ 10④ 11② 12② 13③ 14① 15②
16③ 17② 18⑤ 19④ 20① 21⑤ 22 6 23 16 24 7 25 14 26 23 27 21 28 91 29 94 30 120

★ 표기된 문항은 [등급을 가르는 문제]에 해당하는 문항입니다.

01　복소수의 계산　　　　　　　정답률 92% | 정답⑤

❶ $i(1-i)$ 의 값은? (단, $i=\sqrt{-1}$) [2점]

① $-1-i$　　② $-1+i$　　③ i　　④ $1-i$　　⑤ $1+i$

STEP 01　복소수의 계산으로 ❶의 값을 구한다.

$i(1-i)=i-i^2=1+i$

02　다항식의 계산　　　　　　　정답률 95% | 정답①

두 다항식 ❶ $A=2x^2-4x+3$, $B=-x^2+9x+6$ 에 대하여 $A+B$를 간단히 하면? [2점]

① x^2+5x+9　　② x^2+5x-9　　③ x^2-5x+9
④ $-x^2+5x+9$　　⑤ $-x^2-5x+9$

STEP 01　❶의 두 식을 더한 후 식을 정리한다.

$A+B=(2x^2-4x+3)+(-x^2+9x+6)=x^2+5x+9$

03　나머지정리　　　　　　　정답률 94% | 정답④

x에 대한 다항식 ❶ x^3-2x^2-8x+a 가 $x-3$으로 나누어떨어질 때, 상수 a의 값은? [2점]

① 6　　② 9　　③ 12　　④ 15　　⑤ 18

STEP 01　나머지정리에 의해 ❶에 $x=3$을 대입하여 a의 값을 구한다.

$P(x)=x^3-2x^2-8x+a$라 하면 $P(x)$가 $x-3$으로 나누어떨어지므로
나머지정리에 의해
$P(3)=3^3-2\times3^2-8\times3+a=0$
따라서 $a=15$

●핵심 공식

▶ 나머지정리
(1) 다항식의 나눗셈
　　다항식 A를 다항식 B (단, $B\neq0$)로 나누었을 때의 몫을 Q, 나머지를 R이라고 하면
　　$A=B\cdot Q+R$
　　이때, R의 차수는 B의 차수보다 낮다. 그리고, 위의 등식은 항등식이다.
(2) 나머지 정리
　　x에 대한 다항식 $f(x)$를 일차식 $x-\alpha$로 나누었을 때의 나머지는 $f(\alpha)$이다.
(3) 인수정리
　　x에 대한 다항식 $f(x)$가 $x-\alpha$로 나누어 떨어지기 위한 필요충분조건은 $f(\alpha)=0$이다.

04　항등식의 성질　　　　　　　정답률 95% | 정답⑤

등식

❶ $x^2+ax-3=x(x+2)+b$

가 x에 대한 항등식일 때, $a+b$의 값은? (단, a, b는 상수이다.) [3점]

① -5　　② -4　　③ -3　　④ -2　　⑤ -1

STEP 01　❶의 우변을 전개한 후 양변의 계수를 비교하여 a, b를 구한 다음 합을 구한다.

등식 $x^2+ax-3=x(x+2)+b$가 x에 대한 항등식이므로
$x^2+ax-3=x^2+2x+b$에서
$a=2$, $b=-3$
따라서 $a+b=-1$

●핵심 공식

▶ 항등식
(1) 항등식 : 변수 값에 어떤 실수를 대입해도 항상 성립하는 식

---

(2) 항등식의 성질
다음 등식이 x에 대한 항등식일 때,
① $\begin{cases} ax+b=0 \Leftrightarrow a=0,\ b=0 \\ ax+b=a'x+b' \Leftrightarrow a=a',\ b=b' \end{cases}$
② $\begin{cases} ax^2+bx+c=0 \Leftrightarrow a=0,\ b=0,\ c=0 \\ ax^2+bx+c=a'x^2+b'x+c' \Leftrightarrow a=a',\ b=b',\ c=c' \end{cases}$

05　절댓값을 포함한 일차부등식　　　　　　　정답률 91% | 정답③

부등식 ❶ $|2x-3|<5$의 해가 $a<x<b$일 때, $a+b$의 값은? [3점]

① 2　　② $\dfrac{5}{2}$　　③ 3　　④ $\dfrac{7}{2}$　　⑤ 4

STEP 01　❶의 부등식을 풀어 a, b를 구한 후 합을 구한다.

부등식 $|2x-3|<5$를 풀면 $-5<2x-3<5$이므로
$-1<x<4$에서 $a=-1$, $b=4$
따라서 $a+b=3$

06　이차함수의 그래프와 직선의 위치 관계　　　　　　　정답률 84% | 정답④

이차함수 ❶ $y=x^2+5x+9$의 그래프와 직선 $y=x+k$가 만나지 않도록 하는 자연수 k의 개수는? [3점]

① 1　　② 2　　③ 3　　④ 4　　⑤ 5

STEP 01　❶의 두 식을 연립한 후 판별식을 이용하여 k의 범위를 구한 다음 범위에 해당하는 자연수 k의 개수를 구한다.

이차함수 $y=x^2+5x+9$의 그래프와
직선 $y=x+k$가 만나지 않도록 하려면
$x^2+5x+9=x+k$에서
이차방정식 $x^2+4x+9-k=0$의 판별식을 D라 할 때
$D=4^2-4(9-k)=4k-20<0$
$k<5$이므로 자연수 k는 1, 2, 3, 4
따라서 자연수 k의 개수는 4

●핵심 공식

▶ 이차함수와 이차방정식
(1) 포물선 $y=ax^2+bx+c$ (단, $a\neq0$)의 그래프와 x축과의 위치 관계
　　$ax^2+bx+c=0$ (단, $a\neq0$)의 판별식이 D라 할 때,
　　① $D>0$: 두 점에서 만난다.
　　② $D=0$: 접한다.
　　③ $D<0$: 만나지 않는다.
(2) 포물선 $y=ax^2+bx+c$ (단, $a\neq0$)의 그래프와 직선 $y=mx+n$의 위치 관계
　　두 방정식을 연립한 이차방정식 $ax^2+bx+c=mx+n$의 판별식을 D라 하면,
　　① $D>0$: 두 점에서 만난다.
　　② $D=0$: 접한다.
　　③ $D<0$: 만나지 않는다.

07　다항식의 연산　　　　　　　정답률 89% | 정답③

❶ $\dfrac{2022\times(2023^2+2024)}{2024\times2023+1}$ 의 값은? [3점]

① 2018　　② 2020　　③ 2022　　④ 2024　　⑤ 2026

STEP 01　❶에서 2023을 치환한 후 식을 정리하여 값을 구한다.

$a=2023$이라 하면
$\dfrac{2022\times(2023^2+2024)}{2024\times2023+1}=\dfrac{(a-1)(a^2+a+1)}{(a+1)a+1}$
$\qquad=\dfrac{(a-1)(a^2+a+1)}{a^2+a+1}$
$\qquad=a-1=2023-1=2022$

08　인수분해　　　　　　　정답률 85% | 정답①

❶ $x=1-2i$, $y=1+2i$일 때, ❷ $x^3y+xy^3-x^2-y^2$의 값은?
(단, $i=\sqrt{-1}$) [3점]

① -24　　② -22　　③ -20　　④ -18　　⑤ -16

$$x^3y + xy^3 - x^2 - y^2 = xy(x^2+y^2) - (x^2+y^2)$$
$$= (xy-1)(x^2+y^2)$$

$x = 1-2i$, $y = 1+2i$에서 $x+y = 2$, $xy = 5$이므로

$$x^2+y^2 = (x+y)^2 - 2xy = 2^2 - 2 \times 5 = -6$$

따라서 $x^3y + xy^3 - x^2 - y^2 = (5-1) \times (-6) = -24$

---

09 곱셈공식을 활용한 연립방정식   정답률 91% | 정답 ③

연립방정식

$$❶ \begin{cases} 4x^2 - y^2 = 27 \\ 2x + y = 3 \end{cases}$$

의 해를 $x = \alpha$, $y = \beta$라 할 때, $\alpha - \beta$의 값은? [3점]

① 2   ② 4   ③ 6   ④ 8   ⑤ 10

STEP 01 ❶의 이차식을 인수분해하여 연립방정식을 풀고 x, y를 구한 후 $\alpha - \beta$의 값을 구한다.

연립방정식

$$\begin{cases} 4x^2 - y^2 = 27 & \cdots\cdots ㉠ \\ 2x + y = 3 & \cdots\cdots ㉡ \end{cases}$$

에서 ㉠과 ㉡에 의해

$4x^2 - y^2 = (2x+y)(2x-y) = 3(2x-y) = 27$이므로

$2x - y = 9$ $\cdots\cdots ㉢$

㉡과 ㉢을 더하면 $4x = 12$, $x = 3$이고

$x = 3$을 ㉡에 대입하면 $y = -3$이므로

$\alpha = 3$, $\beta = -3$

따라서 $\alpha - \beta = 6$

---

10 복소수의 성질   정답률 87% | 정답 ④

x에 대한 이차방정식 ❶ $2x^2 + ax + b = 0$의 한 근이 $2-i$일 때, $b-a$의 값은? (단, a, b는 실수이고, $i = \sqrt{-1}$이다.) [3점]

① 12   ② 14   ③ 16   ④ 18   ⑤ 20

STEP 01 ❶에 $2-i$를 대입하여 a, b를 구한 다음 $b-a$의 값을 구한다.

이차방정식 $2x^2 + ax + b = 0$의 한 근이 $2-i$이므로 x에 $2-i$를 대입하면

$2(2-i)^2 + a(2-i) + b = (2a+b+6) - (8+a)i = 0$

$2a+b+6 = 0$, $8+a = 0$에서 $a = -8$, $b = 10$

따라서 $b-a = 18$

다른 풀이

이차방정식 $2x^2 + ax + b = 0$의 한 근이 $2-i$이므로 다른 한 근은 $2+i$이고

이차방정식은 근과 계수의 관계에 의하여

$(2-i) + (2+i) = -\dfrac{a}{2}$, $a = -8$

$(2-i)(2+i) = \dfrac{b}{2}$, $b = 10$

따라서 $b-a = 18$

---

11 나머지정리   정답률 69% | 정답 ②

최고차항의 계수가 1인 이차다항식 $P(x)$가 다음 조건을 만족시킬 때, $P(4)$의 값은? [3점]

(가) $P(x)$를 $x-1$로 나누었을 때의 나머지는 1이다.

(나) $xP(x)$를 $x-2$로 나누었을 때의 나머지는 2이다.

---

① 6   ② 7   ③ 8   ④ 9   ⑤ 10

STEP 01 $P(x)$를 놓고 두 조건을 나머지정리에 이용하여 $P(x)$를 구한 다음 $P(4)$의 값을 구한다.

두 상수 a, b에 대해 $P(x) = x^2 + ax + b$라 하자.

조건 (가)에서 나머지정리에 의해 $P(1) = 1$이므로

$a + b = 0$ $\cdots\cdots ㉠$

조건 (나)에서 나머지정리에 의해 $2P(2) = 2$, $P(2) = 1$이므로

$2a + b = -3$ $\cdots\cdots ㉡$

㉠, ㉡을 연립하면 $a = -3$, $b = 3$

따라서 $P(4) = 4^2 - 3 \times 4 + 3 = 7$

---

12 근과 계수의 관계   정답률 70% | 정답 ②

x에 대한 삼차방정식 ❶ $x^3 - (2a+1)x^2 + (a+1)^2 x - (a^2+1) = 0$의 서로 다른 두 허근을 α, β라 하자. $\alpha + \beta = 8$일 때, $\alpha\beta$의 값은? (단, a는 실수이다.) [3점]

① 16   ② 17   ③ 18   ④ 19   ⑤ 20

STEP 01 ❶을 조립제법으로 인수분해한 후 근과 계수의 관계에서 a를 구한 다음 $\alpha\beta$의 값을 구한다.

조립제법을 이용하면

1	1	$-(2a+1)$	$(a+1)^2$	$-(a^2+1)$
		1	$-2a$	a^2+1
	1	$-2a$	a^2+1	0

에서

$x^3 - (2a+1)x^2 + (a+1)^2 x - (a^2+1) = (x-1)(x^2 - 2ax + a^2+1)$이고

이차방정식 $x^2 - 2ax + a^2 + 1 = 0$의 판별식을 D라 하면

$D = 4a^2 - 4(a^2+1) = -4 < 0$이므로

삼차방정식 $x^3 - (2a+1)x^2 + (a+1)^2 x - (a^2+1) = 0$의

서로 다른 두 허근을 α, β는

이차방정식 $x^2 - 2ax + a^2 + 1 = 0$의 서로 다른 두 허근과 같다.

이차방정식의 근과 계수의 관계에 의해 $\alpha + \beta = 2a = 8$이므로 $a = 4$

따라서 $\alpha\beta = a^2 + 1 = 17$

●**핵심 공식**

▶ 이차방정식의 근과 계수의 관계

이차방정식 $ax^2 + bx + c = 0$ (단, $a \neq 0$)의 두 근을 α, β라고 하면,

$\alpha + \beta = -\dfrac{b}{a}$, $\alpha\beta = \dfrac{c}{a}$

---

13 나머지정리를 이용한 다항식의 나눗셈   정답률 81% | 정답 ③

x에 대한 다항식 ❶ $x^5 + ax^2 + (a+1)x + 2$를 $x-1$로 나누었을 때의 몫은 $Q(x)$이고 나머지는 6이다. $a + Q(2)$의 값은? (단, a는 상수이다.) [3점]

① 33   ② 35   ③ 37   ④ 39   ⑤ 41

STEP 01 ❶의 식을 세운 후 나머지정리에 의해 a를 구한 다음 $Q(2)$, $a + Q(2)$의 값을 구한다.

$x^5 + ax^2 + (a+1)x + 2 = (x-1)Q(x) + 6$ $\cdots\cdots ㉠$

㉠에 $x = 1$을 대입하면

$1 + a + (a+1) + 2 = 6$이므로 $a = 1$

$x^5 + x^2 + 2x + 2 = (x-1)Q(x) + 6$ $\cdots\cdots ㉡$

㉡에 $x = 2$을 대입하면

$32 + 4 + 4 + 2 = Q(2) + 6$이므로 $Q(2) = 36$

따라서 $a + Q(2) = 37$

---

14 다항식의 연산의 활용   정답률 72% | 정답 ①

분자 사이에 인력이나 반발력이 작용하지 않고 분자의 크기를 무시할 수 있는 가상의 기체를 이상 기체라 한다.

강철 용기에 들어 있는 이상 기체의 부피를 $V(\text{L})$, 몰수를 $n(\text{mol})$, 절대 온도를 $T(\text{K})$, 압력을 $R(\text{atm})$이라 할 때, 다음과 같은 관계식이 성립한다.

$$❶ \quad V = R\left(\dfrac{nT}{P}\right) \quad \text{(단, } R\text{는 기체 상수이다.)}$$

강철 용기 A와 강철 용기 B에 부피가 각각 V_A, V_B인 이상 기체가 들어 있다. ❷ 강철 용기 A에 담긴 이상 기체의 몰수는 강철 용기 B에 담긴 이상 기체의 몰수의 $\dfrac{1}{4}$ 배이고, ❸ 강철 용기 A에 담긴 이상 기체의 압력은 강철 용기 B에 담긴 이상 기체의 압력의 $\dfrac{3}{2}$ 배이다. 강철 용기 A와 강철 용기 B에 담긴 이상 기체의 절대 온도가 같을 때, $\dfrac{V_A}{V_B}$의 값은? [4점]

① $\dfrac{1}{6}$ ② $\dfrac{1}{3}$ ③ $\dfrac{1}{2}$ ④ $\dfrac{2}{3}$ ⑤ $\dfrac{5}{6}$

STEP 01 ❶에 ❷, ❸을 대입하여 $\dfrac{V_A}{V_B}$ 의 값을 구한다.

절대 온도가 T인 이상 기체가 담긴 두 강철 용기 A, B에 대하여
각 강철 용기에 담긴 이상 기체의 몰수를 각각 n_A, n_B라 하고,
압력을 각각 P_A, P_B라 하자.

$n_A = \dfrac{1}{4} n_B$, $P_A = \dfrac{3}{2} P_B$이므로

$$V_A = R\left(\dfrac{n_A T}{P_A}\right) = R\left(\dfrac{\frac{1}{4} n_B T}{\frac{3}{2} P_B}\right) = \dfrac{1}{6} R\left(\dfrac{n_B T}{P_B}\right) = \dfrac{1}{6} V_B$$

따라서 $\dfrac{V_A}{V_B} = \dfrac{1}{6}$

---

15 이차함수의 최대와 최소 　　　　정답률 55% | 정답 ②

그림과 같이 직선 $x = t\,(0 < t < 3)$이 두 이차함수 $y = 2x^2 + 1$,
$y = -(x-3)^2 + 1$의 그래프와 만나는 점을 각각 P, Q라 하자. 두 점
A(0, 1), B(3, 1)에 대하여 ❶ 사각형 PAQB의 넓이의 최솟값은? [4점]

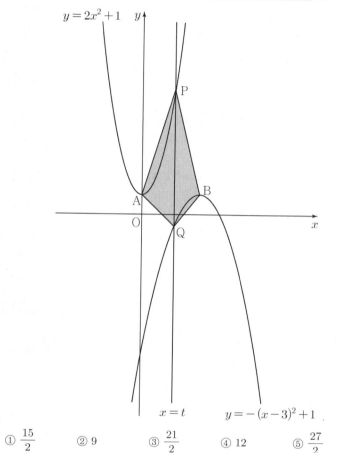

$y = 2x^2 + 1$

$x = t$　　$y = -(x-3)^2 + 1$

① $\dfrac{15}{2}$　　② 9　　③ $\dfrac{21}{2}$　　④ 12　　⑤ $\dfrac{27}{2}$

STEP 01 두 점 P, Q의 좌표를 놓고 $\overline{PQ}$, $\overline{AB}$를 구한 후 ❶을 구한 다음 최솟값을
구한다.

두 점 P, Q는 각각
$P(t, 2t^2 + 1)$, $Q(t, -(t-3)^2 + 1)$이므로
$\overline{PQ} = 2t^2 + (t-3)^2 = 3t^2 - 6t + 9$
$\overline{AB} = 3$이고 $\overline{AB} \perp \overline{PQ}$이므로 사각형 PAQB의 넓이는
$\dfrac{1}{2} \times \overline{AB} \times \overline{PQ} = \dfrac{3}{2}(3t^2 - 6t + 9)$이다.

사각형 PAQB의 넓이를 $S(t)$라 하면 $0 < t < 3$에서
$$S(t) = \dfrac{3}{2}(3t^2 - 6t + 9) = \dfrac{9}{2}(t-1)^2 + 9$$
$S(t)$는 $t = 1$일 때 최솟값 9를 갖는다.
따라서 사각형 PAQB의 넓이의 최솟값은 9

---

16 삼차방정식 　　　　정답률 57% | 정답 ③

x에 대한 삼차방정식 ❶ $(x-a)\{x^2 + (1-3a)x + 4\} = 0$이 ❷ 서로 다른 세
실근 1, α, β를 가질 때, $\alpha\beta$의 값은? (단, a는 상수이다.) [4점]

① 4　　② 6　　③ 8　　④ 10　　⑤ 12

STEP 01 1이 ❶의 일차식의 근이거나 이차식의 근인 경우를 나누어 ❷를 만족하는
경우를 찾아 α, β를 구한 다음 $\alpha\beta$의 값을 구한다.

(i) 1이 x에 대한 방정식 $x - a = 0$의 근일 경우
　$a = 1$이므로
　주어진 방정식은 $(x-1)(x^2 - 2x + 4) = 0$이고
　방정식 $x^2 - 2x + 4 = 0$의 판별식을 D라 할 때
　$D = 4 - 16 < 0$이므로
　방정식 $(x-1)(x^2 - 2x + 4) = 0$은 서로 다른 세 실근을 갖지 않는다.

(ii) 1이 x에 대한 방정식 $x^2 + (1-3a)x + 4 = 0$의 근일 경우
　$1 + (1-3a) + 4 = 0$에서 $a = 2$이므로
　주어진 방정식은 $(x-2)(x^2 - 5x + 4) = 0$
　방정식 $x^2 - 5x + 4 = 0$이 두 실근 1, 4를 가지므로
　방정식 $(x-2)(x^2 - 5x + 4) = 0$은 서로 다른 세 실근 1, 2, 4를 갖는다.

따라서 (i), (ii)에 의해
$\alpha = 2$, $\beta = 4$ (또는 $\alpha = 4$, $\beta = 2$)이므로 $\alpha\beta = 8$

---

17 이차방정식과 이차함수의 관계 　　　　정답률 53% | 정답 ②

그림과 같이 ❶ 이차함수 $y = ax^2\,(a > 0)$의 그래프와 직선 $y = x + 6$이
만나는 두 점 A, B의 x좌표를 각각 α, β라 하자. 점 B에서 x축에 내린
수선의 발을 H, 점 A에서 선분 BH에 내린 수선의 발을 C라 하자.
❷ $\overline{BC} = \dfrac{7}{2}$일 때, $\alpha^2 + \beta^2$의 값은? (단, $\alpha < \beta$) [4점]

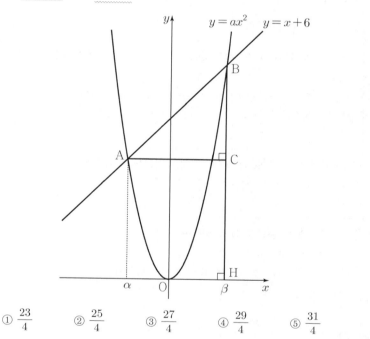

$y = ax^2$　　$y = x + 6$

① $\dfrac{23}{4}$　　② $\dfrac{25}{4}$　　③ $\dfrac{27}{4}$　　④ $\dfrac{29}{4}$　　⑤ $\dfrac{31}{4}$

STEP 01 ❶의 두 식을 연립한 이차방정식의 근과 계수의 관계에 의해 $\alpha + \beta$, $\alpha\beta$를
구한 다음 직선 $y = x + 6$의 기울기와 ❷를 이용하여 $\beta - \alpha$를 구한다.

이차함수 $y = ax^2\,(a > 0)$의 그래프와
직선 $y = x + 6$이 만나는 두 점의 x좌표는
$ax^2 = x + 6$에서 이차방정식 $ax^2 - x - 6 = 0$의 두 실근 α, $\beta\,(\alpha < \beta)$와
같으므로 이차방정식의 근과 계수의 관계에 의해
$$\alpha + \beta = \dfrac{1}{a},\quad \alpha\beta = -\dfrac{6}{a}$$
한편, $\overline{CA} = \beta - \alpha$이고 직선 $y = x + 6$의 기울기가 1이므로
$\dfrac{\overline{BC}}{\overline{CA}} = \dfrac{\overline{BC}}{\beta - \alpha} = 1$에서 $\beta - \alpha = \overline{BC} = \dfrac{7}{2}$

STEP 02 $\alpha + \beta$, $\alpha\beta$, $\beta - \alpha$에서 곱셈공식을 이용하여 a를 구한 다음 $\alpha^2 + \beta^2$의
값을 구한다.

$(\beta - \alpha)^2 = (\alpha + \beta)^2 - 4\alpha\beta$이므로
$$\left(\dfrac{7}{2}\right)^2 = \left(\dfrac{1}{a}\right)^2 - 4 \times \left(-\dfrac{6}{a}\right)$$
$\left(\dfrac{1}{a}\right)^2 + \dfrac{24}{a} - \dfrac{49}{4} = 0$이므로
$49a^2 - 96a - 4 = 0$에서 $(49a + 2)(a - 2) = 0$
$a > 0$이므로 $a = 2$
따라서
$$\alpha^2 + \beta^2 = (\alpha + \beta)^2 - 2\alpha\beta = \left(\dfrac{1}{2}\right)^2 - 2 \times \left(-\dfrac{6}{2}\right) = \dfrac{1}{4} + 6 = \dfrac{25}{4}$$

▶ 곱셈공식의 변형

(1) $a^2+b^2=(a+b)^2-2ab=(a-b)^2+2ab$

(2) $(a+b)^2=(a-b)^2+4ab$

(3) $a^2+b^2+c^2=(a+b+c)^2-2(ab+bc+ca)$

---

18 사차방정식 　　　　　정답률 49% | 정답 ⑤

다음은 자연수 n에 대하여 x에 대한 사차방정식

$$4x^4-4(n+2)x^2+(n-2)^2=0$$

이 서로 다른 네 개의 정수해를 갖도록 하는 20 이하의 모든 n의 값을 구하는 과정이다.

> $P(x)=4x^4-4(n+2)x^2+(n-2)^2$이라 하자.
>
> $x^2=X$라 하면 주어진 방정식 $P(x)=0$은
>
> ❶ $4X^2-4(n+2)X+(n-2)^2=0$이고
>
> 근의 공식에 의해 $X=\dfrac{n+2\pm\sqrt{\boxed{(가)}}}{2}$ 이다.
>
> 그러므로 $X=\left(\sqrt{\dfrac{n}{2}}+1\right)^2$ 또는 $X=\left(\sqrt{\dfrac{n}{2}}-1\right)^2$에서
>
> $x=\sqrt{\dfrac{n}{2}}+1$ 또는 $x=-\sqrt{\dfrac{n}{2}}-1$ 또는 $x=\sqrt{\dfrac{n}{2}}-1$
>
> 또는 $x=-\sqrt{\dfrac{n}{2}}+1$이다.
>
> 방정식 $P(x)=0$이 정수해를 갖기 위해서는 ❷ $\sqrt{\dfrac{n}{2}}$ 이 자연수가 되어야 한다.
>
> 따라서 자연수 n에 대하여 방정식 ❸ $P(x)=0$이 서로 다른 네 개의 정수해를 갖도록 하는 20 이하의 모든 n의 값은 $\boxed{(나)}$, $\boxed{(다)}$ 이다.

위의 (가)에 알맞은 식을 $f(n)$이라 하고, (나), (다)에 알맞은 수를 각각 a, b라 할 때, $f(b-a)$의 값은? (단, $a<b$) [4점]

① 48　　② 56　　③ 64　　④ 72　　⑤ 80

STEP 01 ❶에서 근의 공식에 의해 (가)를 구한다.

$x^2=X$라 하면 주어진 방정식 $P(x)=0$은
$4X^2-4(n+2)X+(n-2)^2=0$이고 근의 공식에 의해

$X=\dfrac{2(n+2)\pm\sqrt{4(n+2)^2-4(n-2)^2}}{4}=\dfrac{n+2\pm\sqrt{\boxed{8n}}}{2}$ 이다.

그러므로 $X=\left(\sqrt{\dfrac{n}{2}}+1\right)^2$ 또는 $X=\left(\sqrt{\dfrac{n}{2}}-1\right)^2$

즉, $x^2=\left(\sqrt{\dfrac{n}{2}}+1\right)^2$ 또는 $x^2=\left(\sqrt{\dfrac{n}{2}}-1\right)^2$에서

$x=\sqrt{\dfrac{n}{2}}+1$ 또는 $x=-\sqrt{\dfrac{n}{2}}-1$ 또는 $x=\sqrt{\dfrac{n}{2}}-1$

또는 $x=-\sqrt{\dfrac{n}{2}}+1$이다.

STEP 02 20 이하의 자연수 중 ❷를 만족하는 n을 구한 후 ❸을 만족하는지 확인하여 (나), (다)를 구한 다음 $f(b-a)$의 값을 구한다.

방정식 $P(x)=0$이 정수해를 갖기 위해서는 $\sqrt{\dfrac{n}{2}}$ 이 자연수가 되어야 한다.

자연수 l에 대하여 $n=2l^2$이어야 하므로 20 이하의 자연수 n의 값은 2, 8, 18이다.

(i) $n=2$인 경우
　　$x=-2$ 또는 $x=0$ 또는 $x=2$
　　이므로 서로 다른 세 개의 정수해를 가진다.

(ii) $n=8$인 경우
　　$x=-3$ 또는 $x=-1$ 또는 $x=1$ 또는 $x=3$
　　이므로 서로 다른 네 개의 정수해를 가진다.

(iii) $n=18$인 경우
　　$x=-4$ 또는 $x=-2$ 또는 $x=2$ 또는 $x=4$
　　이므로 서로 다른 네 개의 정수해를 가진다.

(i), (ii), (iii)에 의해 방정식 $P(x)=0$이 서로 다른 네 개의 정수해를 갖도록 하는 20 이하의 모든 n의 값은 $\boxed{8}$, $\boxed{18}$ 이다.

따라서 $f(n)=8n$, $a=8$, $b=18$이므로
$f(b-a)=f(10)=80$

---

19 다항식의 연산의 활용 　　　정답률 52% | 정답 ④

그림과 같이 선분 AB를 빗변으로 하는 직각삼각형 ABC가 있다. 점 C에서 선분 AB에 내린 수선의 발을 H라 할 때, $\overline{CH}=1$이고 ❶ 삼각형 ABC의 넓이는 $\dfrac{4}{3}$이다.

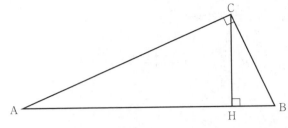

$\overline{BH}=x$라 할 때, ❷ $3x^3-5x^2+4x+7$의 값은? (단, $x<1$) [4점]

① $13-3\sqrt{7}$　② $14-3\sqrt{7}$　③ $15-3\sqrt{7}$　④ $16-3\sqrt{7}$　⑤ $17-3\sqrt{7}$

STEP 01 ❶에서 $\overline{AB}$를 구한 후 두 삼각형 AHC와 CHB의 닮음을 이용하여 방정식을 세워 x를 구한다.

$\overline{CH}=1$, $\overline{BH}=x$이고 삼각형 ABC의 넓이가 $\dfrac{4}{3}$이므로 $\overline{AB}=\dfrac{8}{3}$

직각삼각형 AHC와 직각삼각형 CHB는 서로 닮음이므로
$\overline{AH}:\overline{CH}=\overline{CH}:\overline{BH}$이다.

$\left(\dfrac{8}{3}-x\right):1=1:x$이므로 $3x^2-8x+3=0$

$0<x<1$이므로 $x=\dfrac{4-\sqrt{7}}{3}$ 이다.

STEP 02 다항식의 나눗셈을 이용하여 ❷의 값을 구한다.

한편, 다항식 $3t^3-5t^2+4t+7$을 $3t^2-8t+3$으로 나누었을 때의 몫은 $t+1$, 나머지는 $9t+4$이므로
$3t^3-5t^2+4t+7=(3t^2-8t+3)(t+1)+9t+4$

따라서
$3x^3-5x^2+4x+7=(3x^2-8x+3)(x+1)+9x+4$

$\qquad\qquad=9x+4=9\times\dfrac{4-\sqrt{7}}{3}+4=16-3\sqrt{7}$

★★★ 등급을 가르는 문제!

20 이차함수의 최대와 최소 　　　정답률 43% | 정답 ①

실수 a에 대하여 이차함수 $f(x)=(x-a)^2$이 다음 조건을 만족시킨다.

> (가) $2\le x\le10$에서 함수 $f(x)$의 최솟값은 0이다.
> (나) $2\le x\le6$에서 함수 $f(x)$의 최댓값과
> 　　　$6\le x\le10$에서 함수 $f(x)$의 최솟값은 같다.

$f(-1)$의 최댓값을 M, 최솟값을 m이라 할 때, $M+m$의 값은? [4점]

① 34　　② 35　　③ 36　　④ 37　　⑤ 38

STEP 01 a의 범위를 나누어 조건을 만족하는 $f(-1)$의 범위를 구한 후 $M+m$의 값을 구한다.

함수 $f(x)=(x-a)^2$이므로 이차함수 $y=f(x)$의 그래프의 꼭짓점의 좌표는 $(a, 0)$이고, 조건 (가)에 의해 $2\le a\le10$이다.

(i) $a=2$인 경우
　　$2\le x\le6$에서 함수 $f(x)$의 최댓값과 $6\le x\le10$에서 함수 $f(x)$의 최솟값은 $f(6)$으로 같으므로 조건 (나)를 만족시킨다.
　　그러므로 $f(-1)=(-1-2)^2=9$

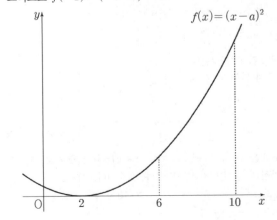

(ii) $2 < a \le 6$인 경우

$2 \le x \le 6$에서 함수 $f(x)$의 최댓값은 $f(2)$ 또는 $f(6)$이고

$6 \le x \le 10$에서 함수 $f(x)$의 최솟값은 $f(6)$이므로

조건 (나)에 의해 $f(2) \le f(6)$이다.

$(2-a)^2 - (6-a)^2 \le 0$에서 $a \le 4$이므로 $2 < a \le 4$

$f(-1) = (-1-a)^2$이므로 $9 < f(-1) \le 25$

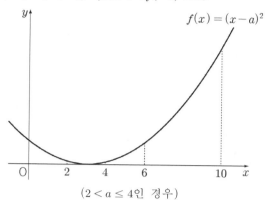

(2 < a ≤ 4인 경우)

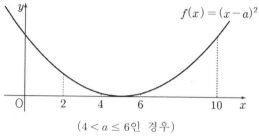

(4 < a ≤ 6인 경우)

(iii) $6 < a \le 10$인 경우

$2 \le x \le 6$에서 함수 $f(x)$의 최댓값은 $f(2)$이고

$6 \le x \le 10$에서 함수 $f(x)$의 최솟값은 0이다.

$f(2) > 0$이므로 조건 (나)를 만족시키지 않는다.

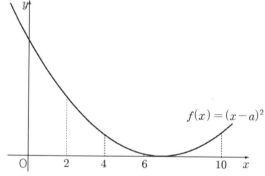

따라서 (i), (ii), (iii)에 의해 $9 \le f(-1) \le 25$이므로

$M + m = 25 + 9 = 34$

★★ 문제 해결 꿀~팁 ★★

▶ 문제 해결 방법

두 조건에서 $2 \le a < 6$이고 $f(a) \le f(2) \le f(6)$임을 알 수 있다.
미리 이 사실을 알 수 있으면 a의 범위를 나눌 필요 없이 부등식을 세워 a의 범위를 구하여 $f(-1)$의 최댓값과 최솟값을 구하면 된다. $f(x)$의 그래프가 비교적 간단한 이차함수의 그래프이므로 주어진 조건을 만족하는 그래프의 개형을 추론하는 것이 그다지 어렵지 않다. 이처럼 주어진 조건을 만족하도록 그래프를 추론하여 그리는 연습을 꾸준히 하는 것이 좋다.

---

21 이차함수의 그래프와 직선의 위치 관계 정답률 **44%** | 정답 ⑤

1이 아닌 양수 k에 대하여 직선 $y = k$와 이차함수 ❶ $y = x^2$의 그래프가 만나는 두 점을 각각 A, B라 하고, 직선 $y = k$와 이차함수 ❷ $y = x^2 - 6x + 6$의 그래프가 만나는 두 점을 각각 C, D라 할 때, 〈보기〉에서 옳은 것만을 있는 대로 고른 것은? (단, 점 A의 x좌표는 점 B의 x좌표보다 작고, 점 C의 x좌표는 점 D의 x좌표보다 작다.) [4점]

— 〈보기〉 —

ㄱ. $k = 6$일 때, $\overline{CD} = 6$이다.

ㄴ. k의 값에 관계없이 $\overline{CD}^2 - \overline{AB}^2$의 값은 일정하다.

ㄷ. ❸ $\overline{CD} + \overline{AB} = 4$일 때, $k + \overline{BC} = \dfrac{17}{16}$이다.

① ㄱ ② ㄱ, ㄴ ③ ㄱ, ㄷ ④ ㄴ, ㄷ ⑤ ㄱ, ㄴ, ㄷ

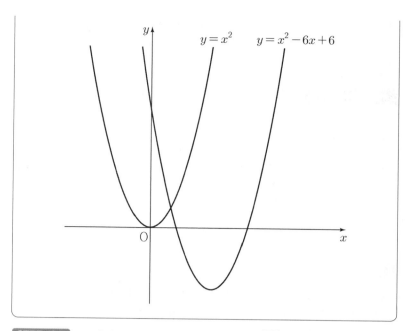

STEP 01 ㄱ. ❷와 $y = 6$을 연립한 식의 해를 구하여 $\overline{CD}$를 구해 참, 거짓을 판별한다.

ㄱ. 방정식 $x^2 - 6x + 6 = 6$의 해는

$x = 0$ 또는 $x = 6$이므로

점 C$(0, 6)$, 점 D$(6, 6)$에서 $\overline{CD} = 6$이다. ∴ 참

STEP 02 ㄴ. ❶, ❷와 $y = k$를 각각 연립한 식에서 $\overline{AB}^2$, $\overline{CD}^2$을 구하여 참, 거짓을 판별한다.

ㄴ. 방정식 $x^2 = k$의 해는

$x = \pm\sqrt{k}$ 이므로

점 A$(-\sqrt{k}, k)$, 점 B$(\sqrt{k}, k)$에서 $\overline{AB}^2 = 4k$

두 점 C, D의 x좌표를 각각 α, β라 하면

방정식 $x^2 - 6x + 6 = k$에서

$\alpha + \beta = 6$, $\alpha\beta = 6 - k$

$\overline{CD}^2 = (\beta - \alpha)^2 = (\alpha + \beta)^2 - 4\alpha\beta = 12 + 4k$

따라서 $\overline{CD}^2 - \overline{AB}^2 = (12 + 4k) - 4k = 12$로 일정하다. ∴ 참

STEP 03 ㄷ. ❸과 ㄴ에서 구한 식을 연립하여 k를 구한 후 두 점 B, C의 좌표를 구하여 $\overline{BC}$를 구해 참, 거짓을 판별한다.

ㄷ. $\overline{CD}^2 - \overline{AB}^2 = (\overline{CD} + \overline{AB})(\overline{CD} - \overline{AB}) = 12$에서

$\overline{CD} + \overline{AB} = 4$이므로 $\overline{CD} - \overline{AB} = 3$

$\overline{AB} = \dfrac{1}{2}$, $\overline{CD} = \dfrac{7}{2}$이고, $\overline{AB} = 2\sqrt{k} = \dfrac{1}{2}$에서 $k = \dfrac{1}{16}$이다.

점 B의 x좌표는 $\dfrac{1}{4}$이고, 방정식 $x^2 - 6x + 6 = \dfrac{1}{16}$에서

$16x^2 - 96x + 95 = 0$이므로

$x = \dfrac{5}{4}$ 또는 $x = \dfrac{19}{4}$이다.

점 C의 x좌표는 점 D의 x좌표보다 작으므로

점 B의 x좌표는 $\dfrac{5}{4}$이고 $\overline{BC} = 1$

따라서 $k + \overline{BC} = \dfrac{1}{16} + 1 = \dfrac{17}{16}$이다. ∴ 참

따라서 옳은 것은 ㄱ, ㄴ, ㄷ

---

22 다항식의 연산 정답률 **90%** | 정답 **6**

다항식 ❶ $(4x - y - 3z)^2$의 전개식에서 yz의 계수를 구하시오. [3점]

STEP 01 ❶을 전개하여 yz의 계수를 구한다.

$(4x - y - 3z)^2 = 16x^2 + y^2 + 9z^2 - 8xy + 6yz - 24zx$

따라서 yz의 계수는 6

---

23 이차부등식 정답률 **84%** | 정답 **16**

x에 대한 부등식 $x^2 + ax + b \le 0$의 ❶ 해가 $-2 \le x \le 4$일 때, ab의 값을 구하시오. (단, a, b는 상수이다.) [3점]

STEP 01 ❶을 만족하는 이차부등식을 세워 a, b를 구한 후 ab의 값을 구한다.

이차항의 계수가 1이고 해가 $-2 \le x \le 4$인 이차부등식은

$(x+2)(x-4) \le 0$

$x^2-2x-8 \le 0$이므로 $a=-2$, $b=-8$

따라서 $ab=16$

●핵심 공식

▶ 이차부등식의 풀이

이차부등식 $ax^2+bx+c>0$ (단, $a>0$)

또는 $ax^2+bx+c<0$ (단, $a<0$)의 좌변을 인수분해공식을 이용하거나 근의 공식을 이용하여 인수분해하여 해를 구하면, ($\alpha<\beta$일 때)

(1) $(x-\alpha)(x-\beta)>0$의 해는 $x<\alpha$, $x>\beta$

(2) $(x-\alpha)(x-\beta)<0$의 해는 $\alpha<x<\beta$

---

24 나머지정리   정답률 78% | 정답 7

❶ 다항식 x^3+2를 $(x+1)(x-2)$로 나누었을 때의 나머지를 $ax+b$라 할 때, $a+b$의 값을 구하시오. (단, a, b는 상수이다.) [3점]

STEP 01 ❶의 식을 세운 후 나머지정리를 이용하여 a, b를 구한 다음 $a+b$의 값을 구한다.

다항식 x^3+2를 $(x+1)(x-2)$로 나누었을 때의 몫을 $Q(x)$, 나머지를 $ax+b$라 하면

$x^3+2=(x+1)(x-2)Q(x)+ax+b$

$x=-1$을 대입하면 $-a+b=1$ …… ㉠

$x=2$를 대입하면 $2a+b=10$ …… ㉡

㉠과 ㉡을 연립하면 $a=3$, $b=4$

따라서 $a+b=7$

●핵심 공식

▶ 나머지정리

(1) 다항식의 나눗셈

다항식 A를 다항식 B (단, $B\ne 0$)로 나누었을 때의 몫을 Q, 나머지를 R이라고 하면

$A=B \cdot Q+R$

이때, R의 차수는 B의 차수보다 낮다. 그리고, 위의 등식은 항등식이다.

(2) 나머지 정리

x에 대한 다항식 $f(x)$를 일차식 $x-\alpha$로 나누었을 때의 나머지는 $f(\alpha)$이다.

(3) 인수정리

x에 대한 다항식 $f(x)$가 $x-\alpha$로 나누어 떨어지기 위한 필요충분조건은 $f(\alpha)=0$이다.

---

25 근과 계수의 관계   정답률 60% | 정답 14

이차방정식 ❶ $x^2-6x+11=0$의 서로 다른 두 허근을 α, β라 할 때,

❷ $11\left(\dfrac{\overline{\alpha}}{\alpha}+\dfrac{\overline{\beta}}{\beta}\right)$의 값을 구하시오.

(단, $\overline{\alpha}$, $\overline{\beta}$는 각각 α, β의 켤레복소수이다.) [3점]

STEP 01 ❶에서 이차방정식의 근과 계수의 관계를 이용하여 $\alpha+\beta$, $\alpha\beta$를 구한 후 켤레복소수의 성질을 이용하여 ❷를 정리한 다음 $\alpha+\beta$, $\alpha\beta$를 대입하여 값을 구한다.

이차방정식 $x^2-6x+11=0$에서 $x=3\pm\sqrt{2}\,i$이므로

$\alpha=3+\sqrt{2}\,i$, $\beta=3-\sqrt{2}\,i$라 하면

β는 α의 켤레복소수이다.

즉, $\beta=\overline{\alpha}$, $\alpha=\overline{\beta}$이다.

또한 이차방정식의 근과 계수의 관계에 의하여

$\alpha+\beta=6$, $\alpha\beta=11$

따라서

$11\left(\dfrac{\overline{\alpha}}{\alpha}+\dfrac{\overline{\beta}}{\beta}\right)=11\left(\dfrac{\beta}{\alpha}+\dfrac{\alpha}{\beta}\right)=11\left(\dfrac{\alpha^2+\beta^2}{\alpha\beta}\right)$

$\qquad =11\left\{\dfrac{(\alpha+\beta)^2-2\alpha\beta}{\alpha\beta}\right\}$

$\qquad =11\times\dfrac{36-22}{11}=14$

●핵심 공식

▶ 이차방정식의 근과 계수의 관계

이차방정식 $ax^2+bx+c=0$ (단, $a\ne 0$)의 두 근을 α, β라고 하면,

$\alpha+\beta=-\dfrac{b}{a}$, $\alpha\beta=\dfrac{c}{a}$

---

26 나머지정리   정답률 83% | 정답 23

다음은 삼차다항식 $P(x)=ax^3+bx^2+cx+11$을 $x-3$으로 나누었을 때의 몫과 나머지를 조립제법을 이용하여 구하는 과정의 일부를 나타낸 것이다.

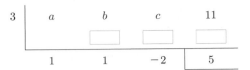

$P(x)$를 $x-4$로 나누었을 때의 나머지를 구하시오. (단, a, b, c는 상수이다.) [4점]

STEP 01 조립제법에서 $P(x)$를 구한 후 나머지정리를 이용하여 $P(4)$의 값을 구한다.

$P(x)=ax^3+bx^2+cx+11=(x-3)(x^2+x-2)+5$

다항식 $P(x)$를 $x-4$로 나누었을 때의 나머지는 $P(4)$이다.

따라서 $P(4)=1\times 18+5=23$

★★★ 등급을 가르는 문제!

27 절댓값을 포함한 이차부등식   정답률 31% | 정답 21

자연수 n에 대하여 x에 대한 연립부등식

❶ $\begin{cases} |x-n|>2 \\ x^2-14x+40 \le 0 \end{cases}$

을 ❷ 만족시키는 자연수 x의 개수가 2가 되도록 하는 모든 n의 값의 합을 구하시오. [4점]

STEP 01 ❶의 두 부등식을 각각 푼 후 n의 범위를 나누어 부등식 ㉠을 풀어 ❷를 만족하는지 확인하여 만족하는 n을 구한 다음 합을 구한다.

x에 대한 연립부등식

$\begin{cases} |x-n|>2 & \cdots\cdots ㉠ \\ x^2-14x+40 \le 0 & \cdots\cdots ㉡ \end{cases}$

에서 부등식 ㉠의 해는

$x<n-2$ 또는 $x>n+2$이다.

이차부등식 ㉡의 해는

$x^2-14x+40=(x-4)(x-10)\le 0$에서

$4\le x\le 10$이다.

(i) $n\le 5$ 또는 $n\ge 9$인 경우

i) $n\le 5$인 경우

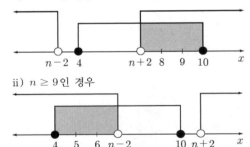

ii) $n\ge 9$인 경우

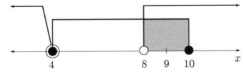

두 부등식 ㉠, ㉡을 동시에 만족시키는 자연수 x의 개수는 3 이상이다.

(ii) $n=6$인 경우

부등식 ㉠은 $|x-6|>2$이므로 해는 $x<4$ 또는 $x>8$이다.

두 부등식 ㉠, ㉡을 동시에 만족시키는 자연수는 9, 10이다.

(iii) $n=7$인 경우

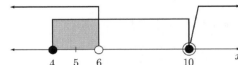

부등식 ㉠은 $|x-7|>2$이므로 해는 $x<5$ 또는 $x>9$이다.

두 부등식 ㉠, ㉡을 동시에 만족시키는 자연수는 4, 10이다.

(iv) $n=8$인 경우

부등식 ㉠은 $|x-8|>2$이므로 해는 $x<6$ 또는 $x>10$이다.

두 부등식 ㉠, ㉡을 동시에 만족시키는 자연수는 4, 5이다.

따라서 (i), (ii), (iii), (iv)에 의해

자연수 n의 값은 6, 7, 8이므로

모든 자연수 n의 값의 합은 $6+7+8=21$

★★ **문제 해결 꿀~팁** ★★

▶ 문제 해결 방법

$x^2-14x+40 \le 0$의 부등식을 풀면 $4 \le x \le 10$이고

$|x-n|>2$은 $x<n-2$ 또는 $x>n+2$이다.

만족하는 자연수 x의 개수가 2인 경우는 만족하는 자연수가 4, 5이거나 4, 10이거나 9, 10인 경우이다.

해설의 풀이처럼 n의 범위를 나누어 부등식을 풀어 만족하는 n을 구하여도 되나 이처럼 만족하는 자연수에 따라 경우를 나누면 좀 더 수월하게 문제를 해결할 수 있다.

만족하는 자연수가 9, 10인 경우 수직선에 두 부등식의 교집합에 9, 10만 포함되도록 범위를 그려 보면 $n-2 \ge 4$, $7<n+2 \le 8$이어야 하므로 만족하는 $n=6$이다.

다른 경우도 같은 방법으로 수직선을 그려 n을 구할 수 있다. 주어진 조건을 만족하도록 수직선에 영역을 나타내어 $n+2$, $n-2$의 범위를 구할 수 있으면 된다.

★★★ *등급을 가르는 문제!*

| **28** 이차함수의 그래프와 직선의 위치 관계 | 정답률 22% | 정답 **91** |

그림과 같이 이차함수 ❶ $y=x^2-4x+\dfrac{25}{4}$의 그래프가 직선

$y=ax(a>0)$과 한 점 A에서만 만난다. 이차함수 $y=x^2-4x+\dfrac{25}{4}$의

그래프가 y축과 만나는 점을 B, 점 A에서 x축에 내린 수선의 발을 H라

하고, 선분 OA와 선분 BH가 만나는 점을 C라 하자. 삼각형 BOC의 넓이를

S_1, 삼각형 ACH의 넓이를 S_2라 할 때, $S_1-S_2=\dfrac{q}{p}$이다. $p+q$의 값을

구하시오. (단, O는 원점이고, p와 q는 서로소인 자연수이다.) [4점]

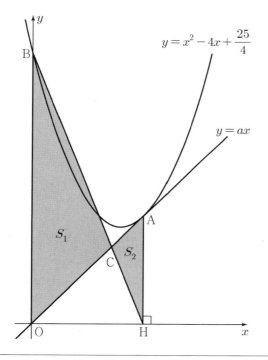

STEP 01 ❶에서 판별식을 이용하여 a를 구한다.

이차함수 $y=x^2-4x+\dfrac{25}{4}$의 그래프가 직선 $y=ax$와 한 점에서만 만나므로

$x^2-4x+\dfrac{25}{4}=ax$에서

이차방정식 $x^2-(a+4)x+\dfrac{25}{4}=0$의 판별식을 D라 할 때

$D=(a+4)^2-4\times 1\times\dfrac{25}{4}=0$

$(a+4)^2=25$에서 $a>0$이므로 $a=1$

STEP 02 세 점 A, B, H의 좌표를 구한 후 두 삼각형 BOH와 AOH의 넓이의 차를 이용하여 S_1-S_2를 구한 다음 $p+q$의 값을 구한다.

이차함수 $y=x^2-4x+\dfrac{25}{4}$의 그래프가 $y=x$와 만나는 점의 x좌표는

$x^2-4x+\dfrac{25}{4}=x$에서

이차방정식 $x^2-5x+\dfrac{25}{4}=0$의 실근과 같으므로

$\left(x-\dfrac{5}{2}\right)^2=0$에서 $x=\dfrac{5}{2}$이고,

세 점을 A, B, H는 각각

$A\left(\dfrac{5}{2}, \dfrac{5}{2}\right)$, $B\left(0, \dfrac{25}{4}\right)$, $H\left(\dfrac{5}{2}, 0\right)$이다.

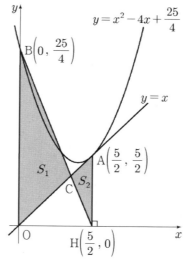

한편, 삼각형 BOH의 넓이를 T_1,

삼각형 AOH의 넓이를 T_2라 할 때,

$T_1-T_2=S_1-S_2$가 성립한다.

$S_1-S_2=T_1-T_2=\dfrac{1}{2}\times\dfrac{5}{2}\times\dfrac{25}{4}-\dfrac{1}{2}\times\dfrac{5}{2}\times\dfrac{5}{2}=\dfrac{75}{16}$

따라서 $p=16$, $q=75$이므로 $p+q=91$

★★ **문제 해결 꿀~팁** ★★

▶ 문제 해결 방법

$y=x^2-4x+\dfrac{25}{4}$와 $y=ax$가 한 점에서만 만나므로 두 식을 연립한 식의 판별식

$D=0$에서 $a=1$이다. 그러므로 $y=x^2-4x+\dfrac{25}{4}$와 $y=x$를 연립하면 점 A의 좌표를 구할 수 있고 나머지 두 점 B, H의 좌표도 구할 수 있다.

S_1-S_2를 구해야 하는데 직선 BH의 방정식을 구하고 $y=x$와 연립하여 점 C의 좌표를 구하여 두 삼각형의 넓이를 각각 구하여도 무방하나 두 삼각형 BOH와 AOH의 넓이의 차를 이용하는 것이 훨씬 더 간단하게 구할 수 있는 방법이다. 두 삼각형 BOH와 AOH가 모두 삼각형 COH를 공유하고 있으므로 이 두 삼각형의 넓이의 차를 구하면 된다.

★★★ *등급을 가르는 문제!*

| **29** 복소수의 성질 | 정답률 25% | 정답 **94** |

49 이하의 두 자연수 m, n이

❶ $\left\{\left(\dfrac{1+i}{\sqrt{2}}\right)^m - i^n\right\}^2 = 4$

를 만족시킬 때, $m+n$의 최댓값을 구하시오. (단, $i=\sqrt{-1}$) [4점]

STEP 01 m의 범위를 나누어 $\left(\dfrac{1+i}{\sqrt{2}}\right)^m$과 i^n의 값을 구한다.

49 이하의 두 자연수 m에 대하여 $\left(\dfrac{1+i}{\sqrt{2}}\right)^m$의 값은 다음과 같다.

$m=1, 9, 17, \cdots, 49$일 때, $\left(\dfrac{1+i}{\sqrt{2}}\right)^m = \dfrac{1+i}{\sqrt{2}}$

$m=2, 10, 18, \cdots, 42$일 때, $\left(\dfrac{1+i}{\sqrt{2}}\right)^m = i$

$m=3, 11, 19, \cdots, 43$일 때, $\left(\dfrac{1+i}{\sqrt{2}}\right)^m = \dfrac{-1+i}{\sqrt{2}}$

$m=4, 12, 20, \cdots, 44$일 때, $\left(\dfrac{1+i}{\sqrt{2}}\right)^m = -1$

$m=5, 13, 21, \cdots, 45$일 때, $\left(\dfrac{1+i}{\sqrt{2}}\right)^m = \dfrac{-1-i}{\sqrt{2}}$

$m=6, 14, 22, \cdots, 46$일 때, $\left(\dfrac{1+i}{\sqrt{2}}\right)^m = -i$

$m=7, 15, 23, \cdots, 47$일 때, $\left(\dfrac{1+i}{\sqrt{2}}\right)^m = \dfrac{1-i}{\sqrt{2}}$

$m = 8, 16, 24, \cdots, 48$일 때, $\left(\dfrac{1+i}{\sqrt{2}}\right)^m = 1$

49 이하의 자연수 n에 대하여 i^n의 값은 다음과 같다.

$m = 1, 5, 9, \cdots, 49$일 때, $i^n = i$

$m = 2, 6, 10, \cdots, 46$일 때, $i^n = -1$

$m = 3, 7, 11, \cdots, 47$일 때, $i^n = -i$

$m = 4, 8, 12, \cdots, 48$일 때, $i^n = 1$

STEP 02 ❶을 만족하는 $\left(\dfrac{1+i}{\sqrt{2}}\right)^m$과 i^n의 값을 구하여 그 때의 m, n을 구한 다음 $m+n$의 최댓값을 구한다.

$\left\{\left(\dfrac{1+i}{\sqrt{2}}\right)^m - i^n\right\}^2 = 4$이므로

$\left(\dfrac{1+i}{\sqrt{2}}\right)^m - i^n = 2$ 또는 $\left(\dfrac{1+i}{\sqrt{2}}\right)^m - i^n = -2$

(i) $\left(\dfrac{1+i}{\sqrt{2}}\right)^m - i^n = 2$인 경우

$\left(\dfrac{1+i}{\sqrt{2}}\right)^m = 1$, $i^n = -1$이므로

$m = 48$, $n = 46$일 때 $m+n$은 최댓값 94를 갖는다.

(ii) $\left(\dfrac{1+i}{\sqrt{2}}\right)^m - i^n = -2$인 경우

$\left(\dfrac{1+i}{\sqrt{2}}\right)^m = -1$, $i^n = 1$이므로

$m = 44$, $n = 48$일 때 $m+n$은 최댓값 92를 갖는다.

따라서 (i), (ii)에 의해 $m+n$의 최댓값은 94

★★ 문제 해결 꿀~팁 ★★

▶ **문제 해결 방법**

$\left\{\left(\dfrac{1+i}{\sqrt{2}}\right)^m - i^n\right\}^2 = 4$이므로

$\left(\dfrac{1+i}{\sqrt{2}}\right)^m - i^n = 2$ 또는 $\left(\dfrac{1+i}{\sqrt{2}}\right)^m - i^n = -2$이다.

$\left(\dfrac{1+i}{\sqrt{2}}\right)^m - i^n = 2$인 경우는 $\left(\dfrac{1+i}{\sqrt{2}}\right)^m = 1$, $i^n = -1$이고

$\left(\dfrac{1+i}{\sqrt{2}}\right)^m - i^n = -2$인 경우는 $\left(\dfrac{1+i}{\sqrt{2}}\right)^m = -1$, $i^n = 1$일 때이다.

$\left(\dfrac{1+i}{\sqrt{2}}\right)^m = 1$인 경우는 m이 8의 배수일 때이므로 m의 최댓값은 48, $i^n = -1$인 경우는 n이 4의 배수+2일 때이므로 n의 최댓값은 46으로 $m+n$의 최댓값은 94이다.

$\left(\dfrac{1+i}{\sqrt{2}}\right)^m = -1$, $i^n = 1$인 경우도 같은 방법으로 최댓값을 구하여 94와 비교하면 된다.

i^n의 규칙은 알고 있어야 하고 $\left(\dfrac{1+i}{\sqrt{2}}\right)^m$의 규칙성은 $m = 1$일 때부터 차례로 구하여 규칙을 찾아야 한다. 대부분의 i와 관련된 식들이 규칙을 가지는 경우는 4의 배수나 8의 배수를 기준으로 나누어진다.

★★★ 등급을 가르는 문제!

30 부등식을 활용한 이차함수의 그래프의 추론　정답률 8% | 정답 **120**

이차함수 $f(x)$, $g(x)$가 다음 조건을 만족시킨다.

(가) 함수 $y = f(x)$의 그래프는 x축과 한 점 $(0, 0)$에서만 만난다.
(나) 부등식 $f(x) + g(x) \geq 0$의 해는 $x \geq 2$이다.
(다) 모든 실수 x에 대하여 $f(x) - g(x) \geq f(1) - g(1)$이다.

x에 대한 방정식 ❶ $\{f(x) - k\} \times \{g(x) - k\} = 0$이 실근을 갖지 않도록 하는 ❷ 정수 k의 개수가 5일 때, $f(22) + g(22)$의 최댓값을 구하시오. [4점]

STEP 01 조건 (가)에서 미지수를 이용하여 $f(x)$를 구한 후 조건 (나)에서 $g(x)$를 구한다. 두 조건 (나), (다)의 부등식을 이용하여 미지수들의 관계식을 구한다.

조건 (가)에서 $f(x) = ax^2 (a \neq 0)$

조건 (나)를 만족시키려면 $f(x) + g(x)$는 일차식이어야 하므로

$g(x) = -ax^2 + bx + c (b \neq 0)$으로 나타낼 수 있다.

$f(x) + g(x) = bx + c$이고 부등식 $bx + c \geq 0$의 해가 $x \geq 2$이므로

$b > 0$, $-\dfrac{c}{b} = 2$, $c = -2b$

조건 (다)를 만족시키려면

함수 $f(x) - g(x) = 2ax^2 - bx + 2b$가 $x = 1$에서 최솟값을 가지므로

$a > 0$이고, $\dfrac{b}{4a} = 1$에서 $b = 4a$

조건 (나)에서 $c = -2b$이므로 $c = -8a$

즉, $g(x) = -a(x^2 - 4x + 8) = -a(x-2)^2 - 4a$

STEP 02 ❶을 성립할 조건을 구한 후 그래프에서 k의 범위를 구한 다음 ❷에서 a의 범위를 구하여 $f(22) + g(22)$의 최댓값을 구한다.

두 조건 (가), (나)에서 $f(x) + g(x) = 4a(x-2)$이다.

방정식 $\{f(x) - k\} \times \{g(x) - k\} = 0$이 실근을 갖지 않기 위해서는

방정식 $f(x) - k = 0$은 실근을 갖지 않고, 방정식 $g(x) - k = 0$도 실근을 갖지 않아야 한다.

즉, 함수 $y = f(x)$의 그래프와 직선 $y = k$가 만나지 않고, 함수 $y = g(x)$의 그래프와 직선 $y = k$도 만나지 않으므로 직선 $y = k$는 두 함수 $y = f(x)$, $y = g(x)$의 그래프의 사이에 있다.

그러므로 정수 k는 함수 $g(x)$의 최댓값인 $-4a$보다 크고, 함수 $f(x)$의 최솟값인 0보다 작다.

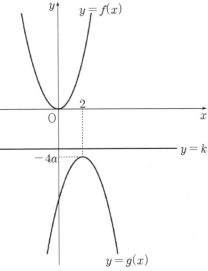

$-4a < k < 0$을 만족시키는 정수 k의 개수가 5이므로

$-6 \leq -4a < -5$에서 $\dfrac{5}{4} < a \leq \dfrac{3}{2}$

따라서 $f(22) + g(22) = 4a(22-2) = 80a$이므로

$f(22) + g(22)$의 최댓값은 $80 \times \dfrac{3}{2} = 120$

★★ 문제 해결 꿀~팁 ★★

▶ **문제 해결 방법**

조건 (가)에서 $f(x) = ax^2 (a \neq 0)$이고

조건 (나)에서 $g(x) = -ax^2 + b(x-2) (b > 0)$

조건 (다)에서 이차함수 $f(x) - g(x) = 2ax^2 - b(x-2)$는 $x = 1$이 대칭축이므로

$\dfrac{b}{2a} = 1$, $b = 4a$이다.

이제 미지수 a만 구하면 되는데 다음 조건으로 $\{f(x) - k\} \times \{g(x) - k\} = 0$이 실근을 갖지 않기 위해서는

직선 $y = k$는 두 함수 $y = f(x)$, $y = g(x)$의 그래프의 사이에 있어야 하므로 k는 함수 $g(x)$의 최댓값인 $-4a$보다 크고, 함수 $f(x)$의 최솟값인 0보다 작아야 한다. 그러므로 $-4a < k < 0$이고 이를 만족시키는 정수 k의 개수가 5이므로 $-6 \leq -4a < -5$이다. 주어진 세 조건의 활용도가 높다고 할 수 있다.

조건 (가)에서 $f(x)$를 놓고 조건 (나)에서 $g(x)$를 놓을 수 있어야 한다. 또한 조건 (나)에서 $f(x) + g(x)$의 차수와 조건 (다)에서 $f(x) - g(x)$의 차수를 파악할 수 있어야 한다. 아울러 조건 (다)에서 이차함수 $f(x) - g(x)$가 $x = 1$에서 최솟값을 갖는다는 것을 파악할 수 있어야 한다. 각 조건이 주는 정보를 파악하여 식을 세울수 있어야 한다.

뿐만 아니라 $\{f(x) - k\} \times \{g(x) - k\} = 0$이 실근을 갖지 않으려면 그래프에서 직선 $y = k$가 두 이차함수 사이에 있어야 함도 알아야 한다. 모든 조건과 식에 함축된 의미를 포함하고 있어 이를 정확하게 이해하여야만 문제를 풀 수 있다.

| 정답과 해설 |

•정답•

01④ 02③ 03④ 04⑤ 05⑤ 06③ 07① 08① 09③ 10② 11② 12① 13③ 14② 15①
16③ 17④ 18② 19⑤ 20② 21⑤ 22112 2318 243 256 267 2725 2810 2913 3031

★ 표시된 문항은 [등급을 가르는 문제]에 해당하는 문항입니다.

---

01 복소수의 계산 · 정답률 96% | 정답 ④

❶ $1+2i+i(1-i)$ 의 값은? (단, $i=\sqrt{-1}$ 이다.) [2점]

① $-2+3i$　② $-1+3i$　③ $-1+4i$　④ $2+3i$　⑤ $2+4i$

STEP 01 복소수의 계산으로 ❶의 값을 구한다.

$1+2i+i(1-i)=1+2i+i+1=2+3i$

---

02 다항식의 계산 · 정답률 96% | 정답 ③

두 다항식 $A=4x^2+2x-1$, $B=x^2+x-3$에 대하여 $A-2B$를 간단히 하면? [2점]

① x^2+2　② x^2+5　③ $2x^2+5$
④ x^2-x+4　⑤ $2x^2-x+5$

STEP 01 다항식의 계산으로 $A-2B$를 정리한다.

$$A-2B=4x^2+2x-1-2(x^2+x-3)$$
$$=4x^2+2x-1-2x^2-2x+6$$
$$=2x^2+5$$

---

03 다항식의 나눗셈 · 정답률 90% | 정답 ④

다항식 x^3+x^2+x+1을 $2x-1$로 나눈 나머지는? [2점]

① $\dfrac{9}{8}$　② $\dfrac{11}{8}$　③ $\dfrac{13}{8}$　④ $\dfrac{15}{8}$　⑤ $\dfrac{17}{8}$

STEP 01 나머지정리를 이용하여 나머지를 구한다.

$P(x)=x^3+x^2+x+1$이라 하자.

$P(x)$를 $2x-1$로 나눈 나머지는 나머지정리에 의하여 $P\left(\dfrac{1}{2}\right)$이므로

$P\left(\dfrac{1}{2}\right)=\dfrac{1}{8}+\dfrac{1}{4}+\dfrac{1}{2}+1=\dfrac{15}{8}$이다.

따라서 나머지는 $\dfrac{15}{8}$

●핵심 공식

▶ 나머지정리

(1) 다항식의 나눗셈
다항식 A를 다항식 B (단, $B\neq0$)로 나누었을 때의 몫을 Q, 나머지를 R이라고 하면
$$A=B\cdot Q+R$$
이때, R의 차수는 B의 차수보다 낮다. 그리고, 위의 등식은 항등식이다.

(2) 나머지 정리
x에 대한 다항식 $f(x)$를 일차식 $x-\alpha$로 나누었을 때의 나머지는 $f(\alpha)$이다.

(3) 인수정리
x에 대한 다항식 $f(x)$가 $x-\alpha$로 나누어 떨어지기 위한 필요충분조건은 $f(\alpha)=0$이다.

---

04 이차부등식 · 정답률 83% | 정답 ⑤

x에 대한 이차부등식 $x^2+ax+b<0$의 해가 ❶ $-4<x<3$일 때, 두 상수 a, b에 대하여 $a-b$의 값은? [3점]

① 5　② 7　③ 9　④ 11　⑤ 13

STEP 01 ❶을 만족하는 이차부등식을 구한 후 $a-b$의 값을 구한다.

이차항의 계수가 1이고 해가 $-4<x<3$인 이차부등식은 $(x+4)(x-3)<0$이다.

$x^2+x-12<0$이므로 $a=1$, $b=-12$이다.

따라서 $a-b=1-(-12)=13$

---

05 절댓값을 포함한 일차부등식 · 정답률 85% | 정답 ⑤

부등식 $|x-2|<5$를 만족시키는 모든 정수 x의 개수는? [3점]

① 5　② 6　③ 7　④ 8　⑤ 9

STEP 01 부등식을 풀어 x의 범위를 구한 후 만족시키는 모든 정수 x의 개수를 구한다.

부등식 $|x-2|<5$를 풀면 $-5<x-2<5$, $-3<x<7$이다.

부등식을 만족시키는 정수 x의 값은 -2, -1, 0, 1, 2, 3, 4, 5, 6이다.

따라서 모든 정수 x의 개수는 9

다른 풀이

(i) $x<2$인 경우
　$-x+2<5$이므로 $x>-3$이다. 따라서 $-3<x<2$이다.
(ii) $x\geq2$인 경우
　$x-2<5$이므로 $x<7$이다. 따라서 $2\leq x<7$이다.
(i), (ii)에 의해 $-3<x<7$이므로 부등식을 만족시키는 정수 x의 값은 -2, -1, 0, 1, 2, 3, 4, 5, 6이다.

따라서 모든 정수 x의 개수는 9

---

06 인수분해 · 정답률 82% | 정답 ③

$\dfrac{101^3-3\times101^2+3\times101-1}{}$의 값은? [3점]

① 10^5　② 3×10^5　③ 10^6　④ 3×10^6　⑤ 10^7

STEP 01 101을 치환한 후 인수분해를 이용하여 값을 구한다.

101을 x라 하면

$101^3-3\times101^2+3\times101-1=x^3-3x^2+3x-1=(x-1)^3=(101-1)^3=100^3$

따라서 주어진 식의 값은 $100^3=10^6$

---

07 방정식의 활용 · 정답률 93% | 정답 ①

어느 가족이 작년까지 한 변의 길이가 10m 인 정사각형 모양의 밭을 가꾸었다. 올해는 그림과 같이 가로의 길이를 xm 만큼, 세로의 길이를 $(x-10)$m 만큼 늘여서 새로운 직사각형 모양의 밭을 가꾸었다. 올해 늘어난 모양의 밭의 넓이가 500m^2일 때, x의 값은? (단, $x>10$) [3점]

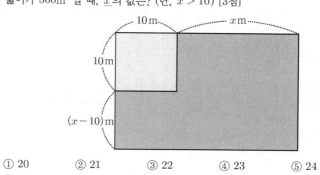

① 20　② 21　③ 22　④ 23　⑤ 24

STEP 01 올해 밭의 총넓이에 관한 방정식을 세워 x의 값을 구한다.

올해 늘어난 ⌐ 모양의 밭의 넓이가 500이므로 올해 밭의 총넓이는 $10\times10+500=600$이다.

올해 밭의 총넓이에 관한 식을 세우면 $(10+x)(10+x-10)=600$이고

$x^2+10x-600=0$, $(x+30)(x-20)=0$

$x=-30$ 또는 $x=20$

따라서 $x>10$이므로 $x=20$

---

08 다항식의 나눗셈 · 정답률 80% | 정답 ①

다항식 $Q(x)$에 대하여 등식

$$x^3-5x^2+ax+1=(x-1)Q(x)-1$$

이 x에 대한 항등식일 때, $Q(a)$의 값은? (단, a는 상수이다.) [3점]

① -6　② -5　③ -4　④ -3　⑤ -2

STEP 01 주어진 등식에 $x=1$을 대입하여 a를 구한 후 $x=a$를 대입하여 $Q(a)$의 값을 구한다.

$x^3-5x^2+ax+1=(x-1)Q(x)-1$이

x에 대한 항등식이므로 $x=1$을 대입하면

$1-5+a+1=-1$이고 $a=2$이다.

$x^3 - 5x^2 + 2x + 1 = (x-1)Q(x) - 1$에서 $x=2$를 대입하면
$2^3 - 5 \times 2^2 + 2 \times 2 + 1 = (2-1) \times Q(2) - 1$
$8 - 20 + 4 + 1 = Q(2) - 1$
따라서 $Q(2) = -6$

---

09 곱셈공식 　　　　　　　　　　　　　　정답률 82% | 정답 ③

❶ $x = 2+i$, $y = 2-i$일 때, ❷ $x^4 + x^2y^2 + y^4$의 값은?
(단, $i = \sqrt{-1}$ 이다.) [3점]

① 9　　　② 10　　　③ 11　　　④ 12　　　⑤ 13

STEP 01 ❶에서 $x+y$, xy를 구한 후 곱셈공식을 이용하여 ❷를 변형한 식에 대입하여 값을 구한다.

$x^4 + x^2y^2 + y^4 = x^4 + 2x^2y^2 + y^4 - x^2y^2 = (x^2+y^2)^2 - (xy)^2$이다.
$x = 2+i$, $y = 2-i$에서 $x+y = 4$, $xy = 5$이므로
$x^2 + y^2 = (x+y)^2 - 2xy = 6$이다.
따라서 $x^4 + x^2y^2 + y^4 = (x^2+y^2)^2 - (xy)^2 = 6^2 - 5^2 = 11$

---

10 이차함수의 그래프와 이차방정식 　　　　정답률 81% | 정답 ②

이차함수 $y = x^2 + 2(a-1)x + 2a + 13$의 그래프가 x축과 만나지 않도록 하는 모든 정수 a의 값의 합은? [3점]

① 12　　　② 14　　　③ 16　　　④ 18　　　⑤ 20

STEP 01 판별식을 이용하여 a의 범위를 구한 후 만족하는 모든 정수 a의 값의 합을 구한다.

이차함수 $y = x^2 + 2(a-1)x + 2a + 13$의 그래프가 x축과 만나지 않으므로
이차방정식 $x^2 + 2(a-1)x + 2a + 13 = 0$의 판별식
$\dfrac{D}{4} = (a-1)^2 - (2a+13) = (a+2)(a-6) < 0$
$-2 < a < 6$이므로 정수 a의 값은 -1, 0, 1, 2, 3, 4, 5
따라서 모든 정수 a의 값의 합은 14

●핵심 공식

▶ 이차함수와 이차방정식
(1) 포물선 $y = ax^2 + bx + c$ (단, $a \neq 0$)의 그래프와 x축과의 위치 관계
$ax^2 + bx + c = 0$ (단, $a \neq 0$)의 판별식이 D라 할 때,
① $D > 0$: 두 점에서 만난다.
② $D = 0$: 접한다.
③ $D < 0$: 만나지 않는다.
(2) 포물선 $y = ax^2 + bx + c$ (단, $a \neq 0$)의 그래프와 직선 $y = mx + n$의 위치 관계
두 방정식을 연립한 이차방정식 $ax^2 + bx + c = mx + n$의 판별식을 D라 하면,
① $D > 0$: 두 점에서 만난다.
② $D = 0$: 접한다.
③ $D < 0$: 만나지 않는다.

---

11 미정계수를 포함한 항등식 　　　　　　정답률 81% | 정답 ②

x에 대한 이차방정식 $x^2 + k(2p-3)x - (p^2-2)k + q + 2 = 0$이
실수 k의 값에 관계없이 항상 1을 근으로 가질 때, 두 상수 p, q에 대하여 $p+q$의 값은? [3점]

① -5　　② -2　　③ 1　　④ 4　　⑤ 7

STEP 01 주어진 식에 $x=1$을 대입한 식을 k에 관한 방정식으로 정리한 후 항등식의 성질을 이용하여 p, q를 구한 다음 $p+q$의 값을 구한다.

주어진 방정식이 실수 k의 값에 관계없이 항상 1을 근으로 가지므로
$x=1$을 대입하면 $1 + k(2p-3) - (p^2-2)k + q + 2 = 0$이다.
$-(p^2 - 2p + 1)k + q + 3 = 0$이 실수 k에 대한 항등식이므로
$p^2 - 2p + 1 = 0$, $q + 3 = 0$에서 $p = 1$, $q = -3$
따라서 $p + q = -2$

---

12 연립방정식 　　　　　　　　　　　　정답률 87% | 정답 ①

연립방정식
$\begin{cases} x + y + xy = 8 \\ 2x + 2y - xy = 4 \end{cases}$

의 해를 $x = \alpha$, $y = \beta$라 할 때, $\alpha^2 + \beta^2$의 값은? [3점]

① 8　　　② 10　　　③ 12　　　④ 14　　　⑤ 16

STEP 01 두 식을 연립하여 $\alpha + \beta$, $\alpha\beta$를 구한 후 곱셈공식을 이용하여 $\alpha^2 + \beta^2$의 값을 구한다.

$\begin{cases} x + y + xy = 8 & \cdots\cdots \text{㉠} \\ 2x + 2y - xy = 4 & \cdots\cdots \text{㉡} \end{cases}$
에서 두 식 ㉠과 ㉡을 더하면 $3(x+y) = 12$, $x+y = 4$이고
㉠에 대입하면 $xy = 4$이므로 $\alpha + \beta = 4$, $\alpha\beta = 4$
따라서 $\alpha^2 + \beta^2 = (\alpha+\beta)^2 - 2\alpha\beta = 4^2 - 2 \times 4 = 8$

---

13 삼차방정식 　　　　　　　　　　　　정답률 83% | 정답 ③

삼차방정식
❶ $x^3 + 2x^2 - 3x - 10 = 0$
의 서로 다른 두 허근을 α, β라 할 때, $\alpha^3 + \beta^3$의 값은? [3점]

① -2　　② -3　　③ -4　　④ -5　　⑤ -6

STEP 01 조립제법을 이용하여 ❶을 인수분해한 뒤 이차방정식의 근과 계수의 관계를 이용하여 $\alpha + \beta$, $\alpha\beta$를 구한 후 곱셈공식을 이용하여 $\alpha^3 + \beta^3$의 값을 구한다.

조립제법을 이용하면

2	1	2	-3	-10
		2	8	10
	1	4	5	0

에서 $x^3 + 2x^2 - 3x - 10 = (x-2)(x^2 + 4x + 5)$이므로
삼차방정식 $x^3 + 2x^2 - 3x - 10 = 0$의 두 허근은 이차방정식 $x^2 + 4x + 5 = 0$의 두 허근이고 $\alpha + \beta = -4$, $\alpha\beta = 5$이다.
따라서
$\alpha^3 + \beta^3 = (\alpha+\beta)^3 - 3\alpha\beta(\alpha+\beta) = (-4)^3 - 3 \times 5 \times (-4) = -4$

●핵심 공식

▶ 이차방정식의 근과 계수의 관계
이차방정식 $ax^2 + bx + c = 0$ (단, $a \neq 0$)의 두 근을 α, β라고 하면,
$\alpha + \beta = -\dfrac{b}{a}$, $\alpha\beta = \dfrac{c}{a}$

▶ 곱셈공식
(1) $(a \pm b)^2 = a^2 \pm 2ab + b^2$ (복부호동순)
(2) $(a+b)(a-b) = a^2 - b^2$
(3) $(x+a)(x+b) = x^2 + (a+b)x + ab$
(4) $(ax+b)(cx+d) = acx^2 + (ad+bc)x + bd$
(5) $(a \pm b)^3 = a^3 \pm 3a^2b + 3ab^2 \pm b^3$ (복부호동순)
(6) $(a \pm b)(a^2 \mp ab + b^2) = a^3 \pm b^3$ (복부호동순)
(7) $(a+b+c)(a^2 + b^2 + c^2 - ab - bc - ca) = a^3 + b^3 + c^3 - 3abc$

▶ 곱셈공식의 변형
(1) $a^2 + b^2 = (a+b)^2 - 2ab = (a-b)^2 + 2ab$
(2) $a^3 \pm b^3 = (a \pm b)^3 \mp 3ab(a \pm b)$ (복부호동순)
(3) $a^2 + b^2 + c^2 = (a+b+c)^2 - 2(ab+bc+ca)$

---

14 이차방정식 　　　　　　　　　　　　정답률 61% | 정답 ②

x에 대한 이차방정식 ❶ $x^2 - 2kx - k + 20 = 0$이 서로 다른 두 실근 α, β를 가질 때, ❷ $\alpha\beta > 0$을 만족시키는 모든 자연수 k의 개수는? [4점]

① 14　　　② 15　　　③ 16　　　④ 17　　　⑤ 18

STEP 01 판별식을 이용하여 ❶을 만족하도록 하는 k의 범위를 구한 후 근과 계수의 관계에서 ❷를 만족하도록 하는 k의 범위를 구한 다음 두 부등식을 연립하여 만족하는 k의 범위를 구한다. 만족시키는 모든 자연수 k의 개수를 구한다.

x에 대한 이차방정식 $x^2 - 2kx - k + 20 = 0$이 서로 다른 두 실근을 가지므로
판별식
$\dfrac{D}{4} = k^2 - (-k+20) = k^2 + k - 20 = (k+5)(k-4) > 0$
에서 $k < -5$ 또는 $k > 4$이고 k는 자연수이므로
$k > 4$ 　　　　　　　　　　　　　　　　　$\cdots\cdots$ ㉠
두 근의 곱 $\alpha\beta = -k + 20$이 양수이므로
$k < 20$ 　　　　　　　　　　　　　　　　　$\cdots\cdots$ ㉡
㉠과 ㉡에 의해 k의 범위는 $4 < k < 20$이고 이를 만족시키는 자연수 k의 값은

$5, 6, \cdots, 19$

따라서 모든 자연수 k의 개수는 15

---

15 방정식과 부등식　　　　　　　정답률 59% | 정답 ①

이차다항식 $P(x)$가 다음 조건을 만족시킬 때, $P(-1)$의 값은? [4점]

> (가) 부등식 $P(x) \geq -2x-3$의 해는 $0 \leq x \leq 1$이다.
> (나) 방정식 $P(x) = -3x-2$는 중근을 가진다.

① -3　　② -4　　③ -5　　④ -6　　⑤ -7

STEP 01 조건 (가)에서 $P(x)$를 구한 후 조건 (나)에서 판별식을 이용하여 이차항의 계수를 구한 다음 $P(-1)$의 값을 구한다.

조건 (가)에 의하여 $P(x)+2x+3=ax(x-1)$ $(a<0)$
이므로 $P(x)=ax^2-(a+2)x-3$이다.

조건 (나)에 의하여 방정식 $ax^2-(a+2)x-3=-3x-2$가 중근을 가지므로

$ax^2-(a-1)x-1=0$의 판별식

$D=(a-1)^2-4a\times(-1)=(a+1)^2=0$에서 $a=-1$

따라서 $P(x)=-x^2-x-3$에서 $P(-1)=-3$

---

16 이차함수의 활용　　　　　　　정답률 62% | 정답 ③

그림과 같이 한 변의 길이가 2인 정삼각형 ABC에 대하여 변 BC의 중점을 P라 하고, 선분 AP 위의 점 Q에 대하여 선분 PQ의 길이를 x라 하자.

❶ $\overline{AQ}^2+\overline{BQ}^2+\overline{CQ}^2$은 $x=a$에서 최솟값 m을 가진다. $\dfrac{m}{a}$의 값은?

(단, $0 < x < \sqrt{3}$이고, a는 실수이다.) [4점]

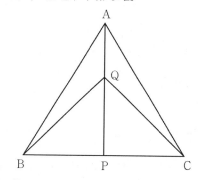

① $3\sqrt{3}$　　② $\dfrac{7}{2}\sqrt{3}$　　③ $4\sqrt{3}$　　④ $\dfrac{9}{2}\sqrt{3}$　　⑤ $5\sqrt{3}$

STEP 01 ❶을 x에 관한 식으로 나타낸 후 이차함수의 표준형으로 식을 변형하여 a, m을 구한 다음 $\dfrac{m}{a}$의 값을 구한다.

$\overline{PQ}=x$이므로 $\overline{BQ}^2=\overline{CQ}^2=1^2+x^2$이다.

$\overline{AQ}^2+\overline{BQ}^2+\overline{CQ}^2=(\sqrt{3}-x)^2+2(1+x^2)=3x^2-2\sqrt{3}x+5$이다.

$\quad =3\left(x^2-\dfrac{2}{3}\sqrt{3}x\right)+5=3\left(x^2-\dfrac{2}{3}\sqrt{3}x+\dfrac{1}{3}-\dfrac{1}{3}\right)+5$

$\quad =3\left(x-\dfrac{\sqrt{3}}{3}\right)^2+4$

$\overline{AQ}^2+\overline{BQ}^2+\overline{CQ}^2$은 $x=\dfrac{\sqrt{3}}{3}$에서 최솟값 4를 가진다.

따라서 $a=\dfrac{\sqrt{3}}{3}$, $m=4$이므로 $\dfrac{m}{a}=4\sqrt{3}$

---

17 다항식의 나눗셈　　　　　　　정답률 76% | 정답 ④

x에 대한 다항식 ❶ x^3+x^2+ax+b가 $(x-1)^2$으로 나누어떨어질 때의 몫을 $Q(x)$라 하자. 두 상수 a, b에 대하여 $Q(ab)$의 값은? [4점]

① -15　　② -14　　③ -13　　④ -12　　⑤ -11

STEP 01 조립제법으로 ❶의 나눗셈을 하고 나머지가 0임을 이용하여 a, b와 $Q(x)$를 구한 후 $Q(ab)$의 값을 구한다.

x에 대한 다항식 x^3+x^2+ax+b가 $(x-1)^2$으로 나누어떨어지므로 조립제법을 이용하면

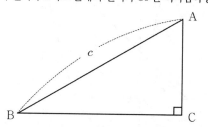

$a+b+2=0$, $a+5=0$이므로 $a=-5$, $b=3$

따라서 $Q(x)=x+3$이므로

$Q(ab)=Q(-15)=-15+3=-12$

---

18 이차방정식의 판별식　　　　　　정답률 63% | 정답 ②

그림과 같이 빗변의 길이가 c이고 둘레의 길이가 10인 직각삼각형 ABC가 있다.

다음은 직각삼각형 ABC의 빗변의 길이 c의 범위를 구하는 과정이다.

> $\overline{BC}=a$, $\overline{CA}=b$라 하면
> ❶ 삼각형 ABC의 둘레의 길이가 10이고 $\overline{AB}=c$이므로
> $a+b=$ ⎵(가)⎵ …… ㉠
> 이다. 삼각형 ABC가 직각삼각형이므로
> $a^2+b^2=c^2$에서 $(a+b)^2-2ab=c^2$ …… ㉡
> 이다. ❷ ㉠을 ㉡에 대입하면
> $ab=$ ⎵(나)⎵ 이다.
> a, b를 두 실근으로 가지고 이차항의 계수가 1인 x에 대한 이차방정식은
> $x^2-($⎵(가)⎵$)x+$⎵(나)⎵$=0$ …… ㉢
> 이고 ㉢의 판별식 $D \geq 0$이다.
> 빗변의 길이 c는 양수이므로
> 부등식 ❸ $D \geq 0$의 해를 구하면
> $c \geq$ ⎵(다)⎵ 이다.
> ㉢의 두 실근 a, b는 모두 양수이므로
> 두 근의 합 ⎵(가)⎵ 와 곱 ⎵(나)⎵ 는 모두 양수이다.
> 따라서 빗변의 길이 c의 범위는
> ⎵(다)⎵ $\leq c < 5$이다.

위의 (가), (나)에 알맞은 식을 각각 $f(c)$, $g(c)$라 하고 (다)에 알맞은 수를 k라 할 때, ❹ $\dfrac{k}{25} \times f\left(\dfrac{9}{2}\right) \times g\left(\dfrac{9}{2}\right)$의 값은? [4점]

① $10(\sqrt{2}-1)$　　② $11(\sqrt{2}-1)$　　③ $12(\sqrt{2}-1)$
④ $10(\sqrt{2}+1)$　　⑤ $11(\sqrt{2}+1)$

STEP 01 ❶, ❷, ❸에서 각각 (가), (나), (다)를 구한다.

$\overline{BC}=a$, $\overline{CA}=b$라 하면 삼각형 ABC의 둘레의 길이가 10이고 $\overline{AB}=c$이므로

$a+b=$ ⎵$10-c$⎵ …… ㉠

이다. 삼각형 ABC가 직각삼각형이므로

$a^2+b^2=c^2$에서 $(a+b)^2-2ab=c^2$ …… ㉡

이다. ㉠을 ㉡에 대입하면 $(10-c)^2-2ab=c^2$에서

$ab=$ ⎵$50-10c$⎵ 이다.

a, b를 두 실근으로 가지고 이차항의 계수가 1인 x에 대한 이차방정식은

$x^2-($ ⎵$10-c$⎵ $)x+($ ⎵$50-10c$⎵ $)=0$ …… ㉢

이고 ㉢의 판별식 $D \geq 0$이다.

빗변의 길이 c는 양수이므로 부등식 $D \geq 0$의 해를 구하면

$D=(10-c)^2-4(50-10c)=c^2+20c-100 \geq 0$

에서 $c \leq -10-10\sqrt{2}$ 또는 $c \geq -10+10\sqrt{2}$이고 $c>0$이므로

$c \geq$ ⎵$10(\sqrt{2}-1)$⎵ 이다.

㉢의 두 실근 a, b는 모두 양수이므로 두 근의 합 ⎵$10-c$⎵ 와 곱 ⎵$50-10c$⎵ 는 모두 양수이다.

따라서 빗변의 길이 c의 범위는 $\boxed{10(\sqrt{2}-1)} \le c \le 5$이다.

STEP 02 $f(c)$, $g(c)$, k를 대입하여 ❹의 값을 구한다.

$f(c) = 10 - c$, $g(c) = 50 - 10c$, $k = 10(\sqrt{2}-1)$이므로

$$\frac{k}{25} \times f\left(\frac{9}{2}\right) \times g\left(\frac{9}{2}\right) = \frac{10(\sqrt{2}-1)}{25} \times \left(10 - \frac{9}{2}\right) \times \left(50 - 10 \times \frac{9}{2}\right) = 11(\sqrt{2}-1)$$

---

19 이차함수의 성질　　　　　　정답률 35% | 정답 ⑤

이차함수 ❶ $y = x^2 - 3x + 1$의 그래프와 직선 $y = x + 2$로 둘러싸인 도형의 내부에 있는 점 중에서 x좌표와 y좌표가 모두 정수인 점의 개수는? [4점]

① 6　　② 7　　③ 8　　④ 9　　⑤ 10

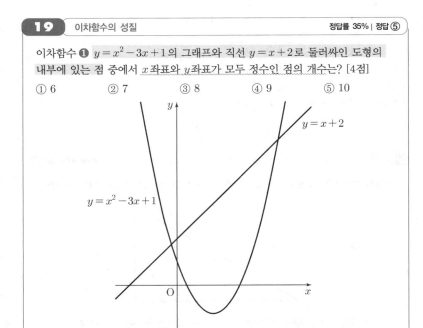

STEP 01 두 그래프의 교점의 x좌표를 구한 후 ❶ 중에서 x좌표가 정수인 x를 구한다.

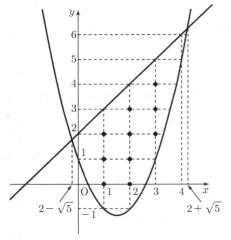

이차함수 $y = x^2 - 3x + 1$의 그래프와 직선 $y = x + 2$의 교점의 x좌표는
이차방정식 $x^2 - 3x + 1 = x + 2$, $x^2 - 4x - 1 = 0$에서 $x = 2 \pm \sqrt{5}$
이차함수 $y = x^2 - 3x + 1$의 그래프와 직선 $y = x + 2$로 둘러싸인 도형의 내부에 있는 점의 x좌표를 p, y좌표를 q라 하면
$2 - \sqrt{5} < p < 2 + \sqrt{5}$ 이다.
$-1 < 2 - \sqrt{5} < 0$이고 $4 < 2 + \sqrt{5} < 5$이므로
$2 - \sqrt{5} < p < 2 + \sqrt{5}$ 를 만족시키는 정수 p의 값은 0, 1, 2, 3, 4이다.

STEP 02 각 x좌표에 대하여 ❶을 만족하는 y좌표를 구하여 만족하는 모든 점의 개수를 구한다.

x좌표와 y좌표가 모두 정수인 점 (p, q)는 다음과 같다.
$p = 0$일 때, $1 < q < 2$이므로 존재하지 않는다.
$p = 1$일 때, $-1 < q < 3$이므로 $(1, 0)$, $(1, 1)$, $(1, 2)$
$p = 2$일 때, $-1 < q < 4$이므로 $(2, 0)$, $(2, 1)$, $(2, 2)$, $(2, 3)$
$p = 3$일 때, $1 < q < 5$이므로 $(3, 2)$, $(3, 3)$, $(3, 4)$
$p = 4$일 때, $5 < q < 6$이므로 존재하지 않는다.
따라서 x좌표와 y좌표가 모두 정수인 점의 개수는 10

★★★ 등급을 가르는 문제!
20 이차방정식의 판별식　　　　　　정답률 33% | 정답 ②

모든 실수 x에 대하여 다항식 $P(x)$가
❶ $\{P(x) + 2\}^2 = (x - a)(x - 2a) + 4$
를 만족시킬 때, 모든 $P(1)$의 값의 합은? (단, a는 실수이다.) [4점]

① -9　　② -8　　③ -7　　④ -6　　⑤ -5

STEP 01 ❶의 우변이 중근을 가질 조건으로 판별식을 이용하여 만족하는 a의 값을 구한다.

$\{P(x) + 2\}^2 = (x - a)(x - 2a) + 4 = x^2 - 3ax + 2a^2 + 4$

x에 대한 이차방정식 $x^2 - 3ax + 2a^2 + 4 = 0$이 중근을 가지므로

이차방정식 $x^2 - 3ax + 2a^2 + 4 = 0$의 판별식을 D라 하면

$D = (3a)^2 - 4(2a^2 + 4) = 0$

$(3a)^2 - 4(2a^2 + 4) = 9a^2 - 8a^2 - 16 = a^2 - 16 = 0$, $a = 4$ 또는 $a = -4$

STEP 02 각 a에 대하여 $P(x)$를 구한 후 $P(1)$의 값을 구한 다음 모든 $P(1)$의 값의 합을 구한다.

(i) $a = 4$인 경우
　$\{P(x) + 2\}^2 = x^2 - 12x + 36 = (x - 6)^2$
　$P(x) + 2 = x - 6$ 또는 $P(x) + 2 = -x + 6$
　$P(x) = x - 8$ 또는 $P(x) = -x + 4$
(ii) $a = -4$인 경우
　$\{P(x) + 2\}^2 = x^2 + 12x + 36 = (x + 6)^2$
　$P(x) + 2 = x + 6$ 또는 $P(x) + 2 = -x - 6$
　$P(x) = x + 4$ 또는 $P(x) = -x - 8$
(i)과 (ii)에 의해 조건을 만족시키는 일차다항식 $P(x)$는 $x - 8$, $-x + 4$, $x + 4$, $-x - 8$이고 모든 $P(1)$의 값은 -7, 3, 5, -9
따라서 모든 $P(1)$의 값의 합은 $(-7) + 3 + 5 + (-9) = -8$

다른 풀이

$\{P(x) + 2\}^2 = (x - a)(x - 2a) + 4$에서 다항식 $P(x)$는 일차식이다.
$P(x) = px + q$ $(p \ne 0)$라 하자.
$(px + q + 2)^2 = (x - a)(x - 2a) + 4$에서
$p^2 x^2 + (2pq + 4p)x + q^2 + 4q + 4 = x^2 - 3ax + 2a^2 + 4$
$p^2 = 1$, $2pq + 4p = -3a$, $q^2 + 4q + 4 = 2a^2 + 4$
(i) $p = 1$인 경우
　$2q + 4 = -3a$, $q^2 + 4q = 2a^2$에서
　$(q - 4)(q + 8) = 0$이므로
　$q = 4$ 또는 $q = -8$
　따라서 $P(x) = x + 4$ 또는 $P(x) = x - 8$
(ii) $p = -1$인 경우
　$-2q - 4 = -3a$, $q^2 + 4q = 2a^2$에서
　$(q - 4)(q + 8) = 0$이므로
　$q = 4$ 또는 $q = -8$
　따라서 $P(x) = -x + 4$ 또는 $P(x) = -x - 8$
그러므로 $P(x)$는 $x + 4$, $x - 8$, $-x + 4$, $-x - 8$
이고 모든 $P(1)$의 값은 5, -7, 3, -9
따라서 모든 $P(1)$의 값의 합은
$5 + (-7) + 3 + (-9) = -8$

★★ 문제 해결 꿀~팁 ★★

▶ 문제 해결 방법
$\{P(x) + 2\}^2 = (x - a)(x - 2a) + 4$의 좌변이 완전제곱식이므로 우변도 완전제곱식이어야 한다.
즉, $x^2 - 3ax + 2a^2 + 4 = 0$이 중근을 가져야 한다.
그러므로 판별식을 이용하면 $a = 4$ 또는 $a = -4$이고 각 a를 준식에 대입하여 정리하면 $P(x)$ 및 $P(1)$을 구할 수 있다.
준식 자체를 전개하여 $P(x)$를 구하려고 하면 문제풀이에 어려움이 있다. 주어진 식의 좌변이 완전제곱식이라는 것에 착안하여 판별식을 이용해서 a를 구하거나 일차식 $P(x)$를 미지수를 이용하여 놓고 전개하여 양변의 계수를 비교하여야 한다. a의 값만 구하면 다음 과정은 큰 무리 없이 답을 구할 수 있다.

---

21 이차함수의 최대, 최소　　　　　　정답률 47% | 정답 ⑤

$1 \le x \le 2$에서 이차함수
❶ $f(x) = (x - a)^2 + b$의 최솟값이 5일 때, 두 실수 a, b에 대하여 옳은 것만을 〈보기〉에서 있는 대로 고른 것은? [4점]

―〈보기〉―
ㄱ. $a = \dfrac{3}{2}$일 때, $b = 5$이다.
ㄴ. $a \le 1$일 때, $b = -a^2 + 2a + 4$이다.
ㄷ. $a + b$의 최댓값은 $\dfrac{29}{4}$이다.

① ㄱ　　② ㄱ, ㄴ　　③ ㄱ, ㄷ　　④ ㄴ, ㄷ　　⑤ ㄱ, ㄴ, ㄷ

STEP 01 ㄱ. $a=\dfrac{3}{2}$을 $f(x)$에 대입한 후 ❶을 이용하여 b를 구하여 참, 거짓을 판별한다.

ㄱ. $a=\dfrac{3}{2}$일 때,

$f(x)=\left(x-\dfrac{3}{2}\right)^2+b$이고 $x=\dfrac{3}{2}$에서 최솟값 5를 가지므로

$f\left(\dfrac{3}{2}\right)=b=5$

∴ 참

STEP 02 ㄴ. $a\le 1$일 때, $f(x)$의 최솟값을 구하여 참, 거짓을 판별한다.

ㄴ. $a\le 1$일 때,

$f(x)$는 $x=1$에서 최솟값을 가지므로 $f(1)=(1-a)^2+b=5$이고

$b=-a^2+2a+4$

∴ 참

STEP 03 ㄷ. a의 범위를 나누어 각 범위에서의 $a+b$의 최댓값을 구한 후 $a+b$의 최댓값을 구하여 참, 거짓을 판별한다.

ㄷ.

(ⅰ) $a\le 1$인 경우

ㄴ에서 $b=-a^2+2a+4$이므로

$a+b=-a^2+3a+4=-\left(a-\dfrac{3}{2}\right)^2+\dfrac{25}{4}$

따라서 $a+b$는 $a=1$에서 최댓값 6을 가진다.

(ⅱ) $1<a\le 2$인 경우

$f(x)$는 $x=a$에서 최솟값 $b=5$를 가지므로

$6<a+b\le 7$이고 $a+b$는 $a=2$에서 최댓값 7을 가진다.

(ⅲ) $a>2$인 경우

$f(x)$는 $x=2$에서 최솟값을 가지고

$f(2)=(2-a)^2+b=5$, $b=-a^2+4a+1$에서

$a+b=-a^2+5a+1=-\left(a-\dfrac{5}{2}\right)^2+\dfrac{29}{4}$이므로

$a+b$는 $a=\dfrac{5}{2}$에서 최댓값 $\dfrac{29}{4}$를 가진다.

(ⅰ), (ⅱ), (ⅲ)에 의하여 $a+b$의 최댓값은 $\dfrac{29}{4}$

∴ 참

이상에서 옳은 것은 ㄱ, ㄴ, ㄷ

---

22 다항식의 계산 　　　　　정답률 85% | 정답 12

다항식 ❶ $(x+2y)^3$을 전개한 식에서 xy^2의 계수를 구하시오. [3점]

STEP 01 ❶을 전개하여 xy^2의 계수를 구한다.

$(x+2y)^3=x^3+6x^2y+12xy^2+8y^3$이므로 xy^2의 계수는 12

---

23 복소수의 계산 　　　　　정답률 87% | 정답 18

❶ $(3+ai)(2-i)=13+bi$를 만족시키는 두 실수 a, b에 대하여 $a+b$의 값을 구하시오. (단, $i=\sqrt{-1}$ 이다.) [3점]

STEP 01 ❶의 좌변을 전개한 후 양변의 계수를 비교하여 a, b를 각각 구한 다음 $a+b$의 값을 구한다.

$(3+ai)(2-i)=(6+a)+(2a-3)i=13+bi$에서

$6+a=13$, $2a-3=b$이므로 $a=7$, $b=11$

따라서 $a+b=18$

---

24 연립이차방정식 　　　　　정답률 85% | 정답 3

연립방정식
$\begin{cases} x-y=-5 \\ 4x^2+y^2=20 \end{cases}$

의 해를 $x=\alpha$, $y=\beta$라 할 때, $\alpha+\beta$의 값을 구하시오. [3점]

STEP 01 연립방정식의 일차식을 변형하여 이차식에 대입한 후 x, y를 구한 다음 $\alpha+\beta$의 값을 구한다.

연립방정식 $\begin{cases} x-y=-5 & \cdots\cdots ㉠ \\ 4x^2+y^2=20 & \cdots\cdots ㉡ \end{cases}$

에서 ㉠을 y에 대해 정리하면 $y=x+5$　　$\cdots\cdots ㉢$

㉢을 ㉡에 대입하면 $4x^2+(x+5)^2=20$, $5x^2+10x+5=0$에서 $x=-1$이고

㉢에 대입하면 $y=4$

따라서 $\alpha+\beta=(-1)+4=3$

---

25 이차방정식의 근과 계수의 관계 　　　정답률 61% | 정답 6

x에 대한 이차방정식 ❶ $x^2-3x+k=0$의 두 근을 α, β라 할 때,

❷ $\dfrac{1}{\alpha^2-\alpha+k}+\dfrac{1}{\beta^2-\beta+k}=\dfrac{1}{4}$을 만족시키는 실수 k의 값을 구하시오.

[3점]

STEP 01 ❶에서 근과 계수의 관계를 이용하여 $\alpha+\beta$, $\alpha\beta$를 구한 후 ❷를 변형한 식에 대입하여 k의 값을 구한다.

α, β는 이차방정식 $x^2-3x+k=0$의 두 근이므로

$\alpha^2-3\alpha+k=0$, $\beta^2-3\beta+k=0$에서 $\alpha^2-\alpha+k=2\alpha$, $\beta^2-\beta+k=2\beta$이고

$\alpha+\beta=3$, $\alpha\beta=k$

따라서 $\dfrac{1}{\alpha^2-\alpha+k}+\dfrac{1}{\beta^2-\beta+k}=\dfrac{1}{2\alpha}+\dfrac{1}{2\beta}=\dfrac{\alpha+\beta}{2\alpha\beta}=\dfrac{3}{2k}=\dfrac{1}{4}$

따라서 $k=6$

---

26 사차방정식 　　　　　정답률 45% | 정답 7

x에 대한 사차방정식 $x^4-(2a-9)x^2+4=0$이 서로 다른 네 실근 α, β, γ, δ $(\alpha<\beta<\gamma<\delta)$를 가진다. ❶ $\alpha^2+\beta^2=5$일 때, 상수 a의 값을 구하시오. [4점]

STEP 01 복이차식의 특징을 이용하여 네 실근의 관계를 파악한 후 근과 계수의 관계에 ❶을 이용하여 a의 값을 구한다.

주어진 사차방정식이 $x=\alpha$를 근으로 가지면 $x=-\alpha$도 근으로 가지므로

양의 실근 2개, 음의 실근 2개를 가짐을 알 수 있고

서로 다른 네 실근을 α, β, $-\beta(=\gamma)$, $-\alpha(=\delta)$ $(\alpha<\beta<0)$로 둘 수 있다.

$x^2=X$라 하면 주어진 사차방정식은

$X^2-(2a-9)X+4=0$이고 두 근은 α^2, β^2이다.

따라서 $\alpha^2+\beta^2=2a-9=5$이므로 $a=7$

★★★ 등급을 가르는 문제!
27 복소수의 성질 　　　　　정답률 36% | 정답 25

100이하의 자연수 n에 대하여

❶ $(1-i)^{2n}=2^n i$

를 만족시키는 모든 n의 개수를 구하시오. (단, $i=\sqrt{-1}$ 이다.) [4점]

STEP 01 ❶의 좌변을 k^n꼴로 정리한 후 양변을 비교하여 n의 조건을 구한 다음 100 이하의 모든 자연수 n의 개수를 구한다.

$(1-i)^{2n}=\{(1-i)^2\}^n=(-2i)^n=2^n(-i)^n$이므로

$2^n(-i)^n=2^n i$에서 $(-i)^n=i$를 만족시키는

$n=4k+3(k=0, 1, 2, \cdots, 24)$이다.

따라서 100이하의 모든 자연수 n의 개수는 25

★★ 문제 해결 꿀~팁 ★★

▶ 문제 해결 방법

$(1-i)^{2n}=\{(1-i)^2\}^n=(-2i)^n=2^n i$이므로 $(-i)^n=i$이다.

$(-i)^3=i$이므로 $n=4k+3$이다. $(\pm i)^n$에서 $i^4=1$, $(-i)^4=1$이므로 주기가 4로 같은 수가 반복되며 각 n에 대하여 반복되는 수를 알아두는 것이 좋다. n에 1부터 4까지 차례로 대입하여 구하면 쉽게 알 수 있다.

★★★ 등급을 가르는 문제!
28 연립이차부등식 　　　　　정답률 15% | 정답 10

x에 대한 연립부등식
$\begin{cases} x^2-(a^2-3)x-3a^2<0 \\ x^2+(a-9)x-9a>0 \end{cases}$

을 ❶ 만족시키는 정수 x가 존재하지 않기 위한 실수 a의 최댓값을 M이라 하자. M^2의 값을 구하시오. (단, $a>2$) [4점]

STEP 01 각 부등식을 풀어 ❶을 만족하도록 하는 a의 범위를 구한 후 M^2의 값을 구한다.

연립부등식
$$\begin{cases} x^2-(a^2-3)x-3a^2<0 & \cdots\cdots \text{㉠} \\ x^2+(a-9)x-9a>0 & \cdots\cdots \text{㉡} \end{cases}$$
에서 이차부등식 ㉠의 해는
$$x^2-(a^2-3)x-3a^2=(x-a^2)(x+3)<0$$
$$-3<x<a^2$$
$a>2$이므로 이차부등식 ㉡의 해는
$$x^2+(a-9)x-9a=(x+a)(x-9)>0$$
$$x<-a \text{ 또는 } x>9$$
$a^2>10$이면 연립부등식의 해에 $x=10$이 포함되므로 정수 x가 존재한다.
그러므로 정수 x가 존재하지 않기 위한 a의 범위는
$a^2\le10$이고 $a>2$이므로 $2<a\le\sqrt{10}$
따라서 a의 최댓값 $M=\sqrt{10}$
$$M^2=10$$

★★ 문제 해결 꿀~팁 ★★

▶ 문제 해결 방법

두 부등식을 풀면 $-3<x<a^2$, $x<-a$ 또는 $x>9$이다. 연립부등식의 정수해가 존재하지 않으려면 $-a\le2$ 또는 $a^2\le10$인데 $a>2$이므로 $2<a\le\sqrt{10}$이다.
부등식을 만족하는 정수 x가 존재하지 않는다고 했고, x에 대하여 정수인지 아닌지를 언급하고 있는데 자칫 a가 정수라고 혼동하여 a의 최댓값을 3으로 잘못 판단하는 일은 없어야 한다. 미지수가 2개 이상일 때 각 미지수의 조건을 정확하게 인지하고 있어야 한다.

★★★ 등급을 가르는 문제!

29 인수정리 　　　　　　　　　정답률 23% | 정답 13

삼차다항식 $P(x)$와 일차다항식 $Q(x)$가 다음 조건을 만족시킨다.

> (가) $P(x)Q(x)$는 $(x^2-3x+3)(x-1)$로 나누어떨어진다.
> (나) 모든 실수 x에 대하여 $x^3-10x+13-P(x)=\{Q(x)\}^2$이다.

$Q(0)<0$일 때, $P(2)+Q(8)$의 값을 구하시오. [4점]

STEP 01 조건 (가)에서 $Q(1)=0$인 경우 두 조건을 만족하는 $P(x)$를 구한다.

(가)에서 $Q(1)=0$인 경우와 $Q(1)\ne0$인 경우로 나눌 수 있다.
(i) $Q(1)=0$인 경우
$Q(x)=a(x-1)$ $(a\ne0)$라 하면 (나)에 의해
$$P(x)=x^3-10x+13-\{Q(x)\}^2=x^3-a^2x^2+(2a^2-10)x+13-a^2$$
이고 (가)에 의해
$x^3-a^2x^2+(2a^2-10)x+13-a^2$이 x^2-3x+3으로 나누어떨어져야 하므로

$$\require{enclose}
\begin{array}{r}
x+(-a^2+3) \\
x^2-3x+3 \enclose{longdiv}{x^3-a^2x^2+(2a^2-10)x+13-a^2} \\
\underline{x^3-3x^2+3x} \\
(-a^2+3)x^2+(2a^2-13)x+13-a^2 \\
\underline{(-a^2+3)x^2-3(-a^2+3)x+3(-a^2+3)} \\
(-a^2-4)x+4+2a^2
\end{array}$$

에서 $(-a^2-4)x+4+2a^2=0$을 만족시키는 a는 존재하지 않는다.

STEP 02 조건 (가)에서 $Q(1)\ne0$인 경우 두 조건을 만족하는 $P(x)$, $Q(x)$를 구한 후 $P(2)+Q(8)$의 값을 구한다.

(ii) $Q(1)\ne0$인 경우
$P(x)$는 x^2-3x+3과 $x-1$을 인수로 가지고
(나)에 의해 $x^3-10x+13-P(x)$는 이차식이어야 하므로 $P(x)$의 최고차항의 계수는 1이다.
$$P(x)=(x^2-3x+3)(x-1)=x^3-4x^2+6x-3$$
(나)에 의해
$$\begin{aligned}\{Q(x)\}^2&=x^3-10x+13-P(x)\\&=x^3-10x+13-(x^3-4x^2+6x-3)\\&=4x^2-16x+16\end{aligned}$$
$\{Q(x)\}^2=(2x-4)^2$이므로
$Q(x)=2x-4$ 또는 $Q(x)=-2x+4$
$Q(0)<0$에서 $Q(x)=2x-4$
따라서 $P(2)+Q(8)=13$

STEP 01의 다른 풀이

(i) $Q(1)=0$인 경우
$Q(x)=a(x-1)$ $(a\ne0)$라 하면 (나)에 의해

$$\begin{aligned}P(x)&=x^3-10x+13-\{Q(x)\}^2\\&=x^3-a^2x^2+(2a^2-10)x+13-a^2\end{aligned} \quad\cdots\text{㉠}$$
(나)에 의해 $x^3-10x+13-P(x)$는 이차식이어야 하므로 $P(x)$는
최고차항의 계수가 1이고
이차식 x^2-3x+3과 일차식 $x-k$를 인수로 가지므로
$$\begin{aligned}P(x)&=(x^2-3x+3)(x-k)\\&=x^3+(-k-3)x^2+(3k+3)x-3k\end{aligned} \quad\cdots\text{㉡}$$
㉠과 ㉡에 의하여
$-a^2=-k-3$, $2a^2-10=3k+3$, $13-a^2=-3k$를 만족시키는 a와 k는 존재하지 않는다.

★★ 문제 해결 꿀~팁 ★★

▶ 문제 해결 방법

조건 (나)에서 $x^3-10x+13-P(x)=\{Q(x)\}^2$의 우변이 이차식이므로 좌변도 이차식이어야 한다. 그러므로 $P(x)$의 최고차항의 계수는 1이다.
조건 (가)에 의하여 $P(x)=(x^2-3x+3)(x-1)$, $Q(x)=ax+b$ 또는
$P(x)=(x^2-3x+3)(x-b)$, $Q(x)=a(x-1)$이다.
두 가지 경우를 조건 (나)에 각각 대입하여 양변을 전개하여 계수를 비교하고 $Q(0)<0$을 만족하는 경우의 두 식을 구하면 된다.
먼저 $P(x)=(x^2-3x+3)(x-b)$, $Q(x)=a(x-1)$인 경우 즉, $Q(1)=0$인 경우는 만족하는 $P(x)$가 존재하지 않는다.
$P(x)=(x^2-3x+3)(x-1)$, $Q(x)=ax+b$인 경우
조건 (나)의 식에 두 식을 대입하여 정리하면 만족하는 $Q(x)$를 구할 수 있다.
가장 중요한 포인트는 조건 (나)에서 $P(x)$의 최고차항의 계수는 1이라는 사실을 빨리 알아채야 한다는 것이다. 만약 $P(x)$의 최고차항의 계수를 미지수로 놓고 식을 풀어나가면 상당한 시간이 소요될 것이다.

★★★ 등급을 가르는 문제!

30 이차함수의 그래프와 이차방정식 　　정답률 7% | 정답 31

두 이차함수 $f(x)$, $g(x)$는 다음 조건을 만족시킨다.

> (가) 모든 실수 x에 대하여 $f(x)\ge f(0)$, $g(x)\le g(0)$이다.
> (나) $f(0)$은 정수이고, $g(0)-f(0)=4$이다.

❶ x에 대한 방정식 $f(x)+p=k$의 서로 다른 실근의 개수와 x에 대한 방정식 $g(x)-p=k$의 서로 다른 실근의 개수가 같게 되도록 하는 정수 k의 개수가 1일 때, 실수 p의 최솟값을 m, 최댓값을 M이라 하자. $m+10M$의 값을 구하시오. [4점]

STEP 01 두 조건에서 두 이차함수의 개형을 파악한다.

(가)에 의해 이차함수 $y=f(x)$의 그래프는 아래로 볼록하고
이차함수 $y=g(x)$의 그래프는 위로 볼록하다.
두 이차함수 $f(x)$, $g(x)$의 대칭축은 각각 $x=0$으로 같고
각각 $x=0$에서 최솟값과 최댓값을 가지며 (나)에 의해 $f(0)$이 정수이므로 $g(0)$도 정수이다.

STEP 02 p의 범위를 나누어 각각 ❶의 두 그래프를 그려 ❶을 만족하도록 하는 p의 범위를 구하여 m, M을 구한 다음 $m+10M$의 값을 구한다.

(i) $0\le p<1$인 경우
$k=f(0)+1$, $f(0)+2$, $f(0)+3$일 때,
두 방정식 $f(x)+p=k$, $g(x)-p=k$의 서로 다른 실근의 개수가 각각 2로 같고
$k\le f(0)$, $k\ge f(0)+4$일 때,
두 방정식 $f(x)+p=k$, $g(x)-p=k$의 서로 다른 실근의 개수는 다르다.

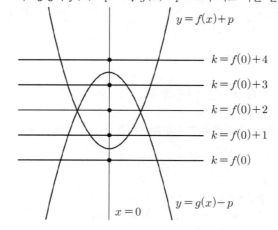

(ii) $1 \le p < 2$인 경우

$k = f(0) + 2$일 때,

두 방정식 $f(x) + p = k$, $g(x) - p = k$의 서로 다른 실근의 개수가 각각 2로
같고

$k \le f(0) + 1$, $k \ge f(0) + 3$일 때,

두 방정식 $f(x) + p = k$, $g(x) - p = k$의 서로 다른 실근의 개수는 다르다.

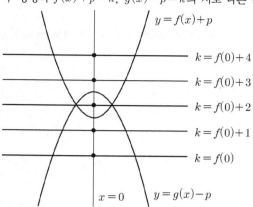

(iii) $p = 2$인 경우

$k = f(0) + 2$일 때,

두 방정식 $f(x) + p = k$, $g(x) - p = k$의 서로 다른 실근의 개수가 각각 1로
같고

$k \ne f(0) + 2$일 때,

두 방정식 $f(x) + p = k$, $g(x) - p = k$의 서로 다른 실근의 개수는 다르다.

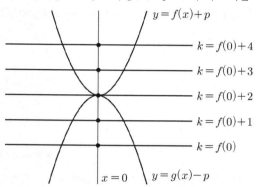

(iv) $2 < p \le 3$인 경우

$k = f(0) + 2$일 때,

두 방정식 $f(x) + p = k$, $g(x) - p = k$의 서로 다른 실근의 개수가 각각
0으로 같고

$k \ne f(0) + 2$일 때,

두 방정식 $f(x) + p = k$, $g(x) - p = k$의 서로 다른 실근의 개수는 다르다.

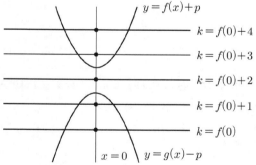

(v) $p > 3$인 경우

모든 실수 x에 대하여 $g(x) - p < f(x) + p$이므로

$g(0) - p < k < f(0) + p$인 정수 k에 대하여 두 방정식 $f(x) + p = k$,

$g(x) - p = k$의 서로 다른 실근의 개수가 각각 같다.

이때 정수 k의 개수는 3이상이다.

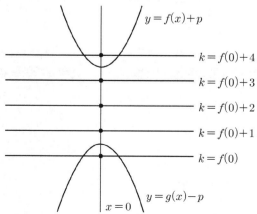

(vi) $p < 0$인 경우

$g(0) - p - \{f(0) + p\} > 4$이므로

$f(0) + p < k < g(0) - p$인 정수 k에 대하여

두 방정식 $f(x) + p = k$, $g(x) - p = k$의 서로 다른 실근의 개수가 같다.

이때 정수 k의 개수는 5이상이다.

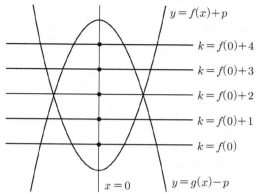

(i) ~ (vi)에 의해

두 방정식 $f(x) + p = k$, $g(x) - p = k$의

서로 다른 실근의 개수가 같게 되도록 하는

정수 k의 개수가 1일 때, 모든 실수 p의 범위는 $1 \le p \le 3$이므로

실수 p의 최솟값은 1, 최댓값은 3

따라서 $m + 10M = 1 + 30 = 31$

다른 풀이

조건 (가)에 의해 이차함수 $y = f(x)$의 그래프는 $x = 0$에서 최솟값을 가지며

이차함수 $y = g(x)$의 그래프는 $x = 0$에서 최댓값을 갖는다.

조건 (나)에 의해 $f(0)$이 정수이므로

$g(0)$도 정수이고 $g(0) = f(0) + 4$이다.

그러므로 $f(x) = ax^2 + c$, $g(x) = bx^2 + c + 4$ (단, $a > 0$, $b < 0$인 실수, c는
정수)라 할 수 있다.

두 방정식 $f(x) + p = k$, $g(x) - p = k$의

서로 다른 실근의 개수가 같게 되도록 하는 정수 k의 개수가 1이려면

$y = f(x) + p$의 최솟값과 $y = g(x) - p$의 최댓값의 차가 2이하이어야 한다.

$f(x) + p = ax^2 + c + p$, $g(x) - p = bx^2 + c + 4 - p$이고

$y = f(x) + p$의 최솟값과 $y = g(x) - p$의 최댓값의 차가 2이하이어야 하므로

$|c + p - (c + 4 - p)| \le 2$

$-2 \le 2p - 4 \le 2$, $1 \le p \le 3$

실수 p의 최솟값은 1, 최댓값은 3

따라서 $m + 10M = 1 + 30 = 31$

★★ 문제 해결 꿀~팁 ★★

▶ 문제 해결 방법

먼저 주어진 조건으로 두 함수의 그래프의 개형을 파악할 수 있어야 한다.

조건 (가)에 의해 이차함수 $y = f(x)$의 그래프는 $x = 0$에서 최솟값을 가지며

이차함수 $y = g(x)$의 그래프는 $x = 0$에서 최댓값을 갖는다.

조건 (나)에 의해 $f(0)$이 정수이므로 $g(0)$도 정수이고 $g(0) = f(0) + 4$이다.

그러므로 $f(x) = ax^2 + c$, $g(x) = bx^2 + c + 4$

(단, $a > 0$, $b < 0$인 실수, c는 정수)라 할 수 있다.

해설의 풀이처럼 p의 범위를 나누어 각각 만족시키는 p의 범위를 구할 수도 있으나 다른풀이처럼 두 방정식 $f(x) + p = k$, $g(x) - p = k$의 서로 다른 실근의 개수가 같게 되도록 하는 정수 k의 개수가 1이 되도록 하는 두 그래프의 위치관계를 파악하여 p의 범위를 구하는 것이 보다 효과적이다.

$y = f(x) + p$와 $y = g(x) - p$의 그래프가 서로 다른 두 점에서 만나는 경우 두 그래프의 최댓값과 최솟값의 차가 2초과이면 서로 다른 실근의 개수가 같게 되도록 하는 정수 k의 개수가 2이상이고,

$y = f(x) + p$와 $y = g(x) - p$의 그래프가 서로 만나지 않는 경우도 마찬가지로 두 그래프의 최댓값과 최솟값의 차가 2초과이면 서로 다른 실근의 개수가 같게 되도록 하는 정수 k의 개수가 2이상이다.

그러므로 $y = f(x) + p$의 최솟값과 $y = g(x) - p$의 최댓값의 차가 2이하이어야 한다.

이 성질을 이용하면 p의 범위를 구할 수 있다.

p의 값을 변화시켜가며 두 그래프의 위치에 따른 서로 다른 실근의 개수가 같게 되도록 하는 정수 k의 개수를 살펴보면 두 그래프의 최댓값과 최솟값의 차에 대한 조건을 파악할 수 있다.

주어진 조건을 만족하도록 그래프의 위치를 변화시켜가면서 조건을 찾아내는 훈련을 하는 것이 문제풀이의 시간을 단축시키는데 많은 도움을 준다.

•정답•

01 ⑤ 02 ② 03 ① 04 ⑤ 05 ③ 06 ③ 07 ④ 08 ② 09 ① 10 ⑤ 11 ① 12 ③ 13 ④ 14 ④ 15 ③
16 ⑤ 17 ② 18 ② 19 ④ 20 ① 21 ⑤ 22 5 23 4 24 22 25 2 26 3 27 24 28 120 29 45 30 38

★ 표기된 문항은 [등급을 가르는 문제]에 해당하는 문항입니다.

---

01 복소수의 계산   정답률 93% | 정답 ⑤

❶ $3i+(1-2i)$ 의 값은? (단, $i=\sqrt{-1}$) [2점]

① $1-3i$ ② $1-2i$ ③ $1-i$ ④ 1 ⑤ $1+i$

STEP 01 복소수의 계산으로 ❶의 값을 구한다.

$3i+(1-2i)=1+(3i-2i)=1+i$

---

02 다항식의 계산   정답률 96% | 정답 ②

두 다항식 ❶ $A=2x^2+3xy+2y^2$,
$B=x^2+5xy+3y^2$에 대하여 $A-B$를 간단히 하면? [2점]

① $x^2+2xy-y^2$ ② $x^2-2xy-y^2$ ③ $x^2-2xy+y^2$

④ $-x^2+2xy+y^2$ ⑤ $-x^2-2xy-y^2$

STEP 01 ❶에서 다항식의 계산으로 $A-B$를 구한다.

$A-B=(2x^2+3xy+2y^2)-(x^2+5xy+3y^2)=x^2-2xy-y^2$

---

03 이차함수와 이차방정식의 관계   정답률 93% | 정답 ①

이차함수 ❶ $y=x^2+4x+a$의 그래프가 x축과 접할 때, 상수 a의 값은? [2점]

① 4 ② 5 ③ 6 ④ 7 ⑤ 8

STEP 01 ❶을 만족하도록 판별식을 이용하여 a의 값을 구한다.

이차함수 $y=x^2+4x+a$의 그래프가 x축과 접하므로

이차방정식 $x^2+4x+a=0$의 판별식을 D라 할 때 $\dfrac{D}{4}=4-a=0$이다.

따라서 $a=4$

●핵심 공식

▶ 이차함수와 이차방정식

포물선 $y=ax^2+bx+c$ (단, $a\neq0$)의 그래프와 x축과의 위치 관계
$ax^2+bx+c=0$ (단, $a\neq0$)의 판별식이 D라 할 때,
① $D>0$: 두 점에서 만난다.
② $D=0$: 접한다.
③ $D<0$: 만나지 않는다.

---

04 절댓값을 포함한 일차부등식   정답률 83% | 정답 ⑤

부등식 ❶ $|x-2|<3$을 만족시키는 정수 x의 개수는? [3점]

① 1 ② 2 ③ 3 ④ 4 ⑤ 5

STEP 01 ❶의 부등식을 풀어 x의 범위를 구한 후 만족하는 정수 x의 개수를 구한다.

부등식 $|x-2|<3$을 풀면

$-3<x-2<3$, $-1<x<5$

부등식을 만족시키는 정수 x의 값은 0, 1, 2, 3, 4

따라서 정수 x의 개수는 5

●핵심 공식

▶ 절댓값 기호를 포함한 일차부등식

절댓값 기호를 포함한 부등식은 다음의 성질을 이용하여 절댓값 기호를 없앤 후 부등식을 푼다.

(1) $|a|=\begin{cases} a \ (a\geq0) \\ -a \ (a<0) \end{cases}$

(2) $0<a<b$에 대하여
① $|x|<a \Rightarrow -a<x<a$
② $|x|>a \Rightarrow x>a$ 또는 $x<-a$
③ $a<|x|<b \Rightarrow a<x<b$ 또는 $-b<x<-a$

---

05 항등식   정답률 88% | 정답 ③

x의 값에 관계없이 등식

❶ $3x^2+ax+4=bx(x-1)+c(x-1)(x-2)$

가 항상 성립할 때, $a+b+c$의 값은? (단, a, b, c는 상수이다.) [3점]

① -6 ② -5 ③ -4 ④ -3 ⑤ -2

STEP 01 항등식의 성질을 이용하여 ❶의 양변에 $x=0$, 1, 2를 대입하여 a, b, c를 구한 후 $a+b+c$의 값을 구한다.

x에 대한 항등식이므로

$3x^2+ax+4=bx(x-1)+c(x-1)(x-2)$에

$x=1$을 대입하면 $a+7=0$, $a=-7$

$x=0$을 대입하면 $4=2c$, $c=2$

$x=2$를 대입하면 $2a+16=2b$, $b=1$

따라서 $a+b+c=-7+1+2=-4$

---

06 복소수의 계산   정답률 90% | 정답 ③

두 복소수 $x=\dfrac{1-i}{1+i}$, $y=\dfrac{1+i}{1-i}$에 대하여 $x+y$의 값은? (단, $i=\sqrt{-1}$) [3점]

① $-4i$ ② $2i$ ③ 0 ④ 2 ⑤ 4

STEP 01 x, y의 분모를 각각 실수화한 후 복소수의 계산으로 $x+y$의 값을 구한다.

$x=\dfrac{1-i}{1+i}=\dfrac{(1-i)^2}{(1+i)(1-i)}=\dfrac{-2i}{2}=-i$

$y=\dfrac{1+i}{1-i}=\dfrac{(1+i)^2}{(1-i)(1+i)}=\dfrac{2i}{2}=i$이므로

$x+y=0$

---

07 곱셈 공식의 활용   정답률 83% | 정답 ④

그림과 같이 ❶ 겉넓이가 148이고, 모든 모서리의 길이의 합이 60인 직육면체 ABCD-EFGH가 있다. $\overline{BG}^2+\overline{GD}^2+\overline{DB}^2$의 값은? [3점]

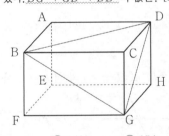

① 136 ② 142 ③ 148 ④ 154 ⑤ 160

STEP 01 직육면체에서 서로 길이가 다른 세 모서리의 길이를 미지수로 놓고 ❶의 식을 세운 후 곱셈공식을 이용하여 $\overline{BG}^2+\overline{GD}^2+\overline{DB}^2$의 값을 구한다.

$\overline{AB}$, $\overline{BC}$, $\overline{BF}$의 길이를 각각 a, b, c라 하자.

직육면체의 겉넓이가 148이므로

$2(ab+bc+ca)=148$ ······ ㉠

모든 모서리의 길이의 합이 60이므로

$4(a+b+c)=60$

$a+b+c=15$ ······ ㉡

곱셈공식 $(a+b+c)^2=a^2+b^2+c^2+2ab+2bc+2ca$에서

$a^2+b^2+c^2=(a+b+c)^2-2(ab+bc+ca)$에

㉠, ㉡을 대입하면 $a^2+b^2+c^2=77$

따라서

$\overline{BG}^2+\overline{GD}^2+\overline{DB}^2=(b^2+c^2)+(a^2+c^2)+(a^2+b^2)=2(a^2+b^2+c^2)=154$

●핵심 공식

▶ 곱셈공식

(1) $(a+b)^2=a^2+2ab+b^2$
(2) $(a-b)^2=a^2-2ab+b^2$
(3) $(a+b)(a-b)=a^2-b^2$
(4) $(x+a)(x+b)=x^2+(a+b)x+ab$
(5) $(ax+b)(cx+d)=acx^2+(ad+bc)x+bd$
(6) $(a+b+c)^2=a^2+b^2+c^2+2ab+2bc+2ca$

08 나머지정리
정답률 81% | 정답 ②

다항식 ❶ $f(x)=x^3+ax^2+bx+6$을 $x-1$로 나누었을 때의 나머지는 4 이다. ❷ $f(x+2)$가 $x-1$로 나누어떨어질 때, $b-a$의 값은? (단, a, b는 상수이다.) [3점]

① 4   ② 5   ③ 6   ④ 7   ⑤ 8

STEP 01 ❶, ❷를 나머지정리에 이용하여 식을 세운 후 두 식을 연립하여 a, b를 구한 다음 $b-a$의 값을 구한다.

다항식 $f(x)$를 $x-1$로 나눈 나머지가 4이므로
나머지정리에 의해 $f(1)=4$
$f(1)=1+a+b+6=4$, $a+b=-3$ …… ㉠
$f(x+2)$를 $x-1$로 나누었을 때의 몫을 $Q(x)$라 하면
$f(x+2)$는 $x-1$로 나누어떨어지므로 인수정리에 의해
$f(x+2)=(x-1)Q(x)$
$x=1$을 대입하면 $f(3)=0$이므로
$9a+3b=-33$, $3a+b=-11$ …… ㉡
㉠, ㉡을 연립하면 $a=-4$, $b=1$
따라서 $b-a=5$

●핵심 공식

▶ 나머지정리
(1) 다항식의 나눗셈
다항식 A를 다항식 B (단, $B\neq0$)로 나누었을 때의 몫을 Q, 나머지를 R이라고 하면
$A=B\cdot Q+R$
이때, R의 차수는 B의 차수보다 낮다. 그리고, 위의 등식은 항등식이다.
(2) 나머지 정리
x에 대한 다항식 $f(x)$를 일차식 $x-\alpha$로 나누었을 때의 나머지는 $f(\alpha)$이다.
(3) 인수정리
x에 대한 다항식 $f(x)$가 $x-\alpha$로 나누어 떨어지기 위한 필요충분조건은 $f(\alpha)=0$이다.
다항식 $f(x)$를 $x-\alpha$로 나눈 나머지가 0이다.
$\Leftrightarrow f(\alpha)=0$
$\Leftrightarrow f(x)=(x-\alpha)Q(x)$
$\Leftrightarrow$ 다항식 $f(x)$는 $(x-\alpha)$를 인수로 갖는다.

09 인수분해
정답률 81% | 정답 ①

❶ $x=-2+3i$, $y=2+3i$일 때, ❷ $x^3+x^2y-xy^2-y^3$의 값은?
(단, $i=\sqrt{-1}$) [3점]

① 144   ② 150   ③ 156   ④ 162   ⑤ 168

STEP 01 ❷를 인수분해한 후 ❶에서 복소수의 계산으로 $x+y$, $x-y$를 각각 구한 다음 ❷에 대입하여 값을 구한다.

$x^3+x^2y-xy^2-y^3=x^2(x+y)-y^2(x+y)=(x+y)^2(x-y)$
$x=-2+3i$, $y=2+3i$에서
$x+y=6i$, $x-y=-4$
따라서 $(x+y)^2(x-y)=(6i)^2\times(-4)=144$

10 이차함수와 직선의 위치 관계
정답률 78% | 정답 ⑤

이차함수 ❶ $y=x^2+6x-3$의 그래프와 직선 $y=kx-7$이 만나지 않도록 하는 자연수 k의 개수는? [3점]

① 3   ② 4   ③ 5   ④ 6   ⑤ 7

STEP 01 ❶을 만족하도록 판별식을 이용하여 k의 범위를 구한 후 만족하는 자연수 k의 개수를 구한다.

이차함수 $y=x^2+6x-3$의 그래프와
직선 $y=kx-7$이 만나지 않으므로
$x^2+6x-3=kx-7$에서
$x^2+(6-k)x+4=0$
이차방정식 $x^2+(6-k)x+4=0$의 판별식을 D라 할 때
$D=(6-k)^2-16$
$=k^2-12k+20$
$=(k-2)(k-10)<0$
$2<k<10$이므로
만족하는 자연수 $k=3, 4, \cdots, 9$
따라서 자연수 k의 개수는 7

●핵심 공식

▶ 이차함수와 이차방정식
포물선 $y=ax^2+bx+c$ (단, $a\neq0$)의 그래프와 직선 $y=mx+n$의 위치 관계
두 방정식을 연립한 이차방정식 $ax^2+bx+c=mx+n$의 판별식을 D라 하면,
(1) $D>0$: 두 점에서 만난다.
(2) $D=0$: 접한다.
(3) $D<0$: 만나지 않는다.

11 판별식과 항등식
정답률 77% | 정답 ①

x에 대한 이차방정식 ❶ $x^2-2(m+a)x+m^2+m+b=0$이 실수 m의 값에 관계없이 항상 중근을 가질 때, $12(a+b)$의 값은? (단, a, b는 상수이다.) [3점]

① 9   ② 10   ③ 11   ④ 12   ⑤ 13

STEP 01 ❶을 만족하도록 판별식을 구한 후 식을 m에 대하여 정리한 다음 항등식의 성질을 이용하여 a, b를 구한다. $12(a+b)$의 값을 구한다.

이차방정식 $x^2-2(m+a)x+m^2+m+b=0$의 판별식을 D라 할 때
이차방정식 $x^2-2(m+a)x+m^2+m+b=0$이 중근을 가지므로
$\dfrac{D}{4}=(m+a)^2-m^2-m-b=0$이고
식을 m에 대하여 정리하면 $(2a-1)m+a^2-b=0$이다.
실수 m의 값에 관계없이 등식이 항상 성립하므로
$2a-1=0$, $a=\dfrac{1}{2}$
$a^2-b=0$, $b=a^2=\dfrac{1}{4}$
따라서 $12(a+b)=9$

●핵심 공식

▶ 항등식의 성질
(1) $ax+b=0$이 x에 대한 항등식 $\Leftrightarrow a=0$, $b=0$
(2) $ax+b=a'x+b'$이 x에 대한 항등식 $\Leftrightarrow a=a'$, $b=b'$
(3) $ax^2+bx+c=0$이 x에 대한 항등식 $\Leftrightarrow a=0$, $b=0$, $c=0$
(4) $ax^2+bx+c=a'x^2+b'x+c'$이 x에 대한 항등식 $\Leftrightarrow a=a'$, $b=b'$, $c=c'$

12 삼차방정식과 근과 계수의 관계
정답률 63% | 정답 ③

삼차방정식 $x^3+x-2=0$의 서로 다른 두 허근을 α, β라 할 때, $\dfrac{\beta}{\alpha}+\dfrac{\alpha}{\beta}$의 값은? [3점]

① $-\dfrac{7}{2}$ ② $-\dfrac{5}{2}$ ③ $-\dfrac{3}{2}$ ④ $-\dfrac{1}{2}$ ⑤ $\dfrac{1}{2}$

STEP 01 $x^3+x-2=0$을 인수분해한 후 이차방정식의 근과 계수의 관계를 이용하여 $\alpha+\beta$, $\alpha\beta$를 구한 다음 $\dfrac{\beta}{\alpha}+\dfrac{\alpha}{\beta}$를 통분한 식에 대입하여 값을 구한다.

삼차방정식 $x^3+x-2=(x-1)(x^2+x+2)=0$이므로
α, β는 $x^2+x+2=0$의 두 허근이다.
근과 계수의 관계에서 $\alpha+\beta=-1$, $\alpha\beta=2$이므로
$\dfrac{\beta}{\alpha}+\dfrac{\alpha}{\beta}=\dfrac{\alpha^2+\beta^2}{\alpha\beta}=\dfrac{(\alpha+\beta)^2-2\alpha\beta}{\alpha\beta}=\dfrac{1-4}{2}=-\dfrac{3}{2}$

다른 풀이

α, β는 $x^2+x+2=0$의 두 허근이므로
$\alpha^2+\alpha+2=0$에서 $\alpha^2=-\alpha-2$이고,
같은 방법으로
$\beta^2=-\beta-2$이다. 따라서
$\dfrac{\beta}{\alpha}+\dfrac{\alpha}{\beta}=\dfrac{\alpha^2+\beta^2}{\alpha\beta}=\dfrac{-(\alpha+\beta)-4}{\alpha\beta}=-\dfrac{3}{2}$

●핵심 공식

▶ 이차방정식의 근과 계수의 관계
이차방정식 $ax^2+bx+c=0$ (단, $a\neq0$)의 두 근을 α, β라고 하면,
$\alpha+\beta=-\dfrac{b}{a}$, $\alpha\beta=\dfrac{c}{a}$

연립방정식 $\begin{cases} 2x-3y=-1 \\ x^2-2y^2=-1 \end{cases}$ 의 해를 $x=\alpha$, $y=\beta$라 할 때, $\alpha+\beta$의 값은?

(단, $\alpha \neq \beta$) [3점]

① 9   ② 10   ③ 11   ④ 12   ⑤ 13

STEP 01 연립방정식에서 일차식을 y에 대하여 정리한 다음 이차식에 대입하여 x를 구한 후 y를 구한다. 조건을 만족하는 해를 찾아 $\alpha+\beta$의 값을 구한다.

연립방정식 $\begin{cases} 2x-3y=-1 \\ x^2-2y^2=-1 \end{cases}$

에서 일차식을 y에 대하여 정리하면 $y=\dfrac{2x+1}{3}$이고, 이를 이차식에 대입하면

$x^2-2\left(\dfrac{2x+1}{3}\right)^2=-1$

$x^2-8x+7=0$이므로 $x=1$ 또는 $x=7$

이를 일차식에 대입하면 $x=1$, $y=1$ 또는 $x=7$, $y=5$

조건에서 $\alpha \neq \beta$이므로 $\alpha=7$, $\beta=5$

따라서 $\alpha+\beta=7+5=12$

---

14 다항식의 연산   정답률 76% | 정답 ④

물체가 등속 원운동을 하기 위해 원의 중심방향으로 작용하는 일정한 크기의 힘을 구심력이라 한다.
질량이 m인 물체가 반지름의 길이가 r인 원의 궤도를 따라 v의 속력으로 등속 원운동을 할 때 작용하는 구심력의 크기 F는 다음과 같다.

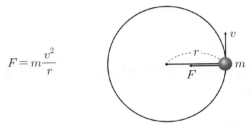

$$F=m\dfrac{v^2}{r}$$

물체 A와 물체 B는 반지름의 길이가 각각 r_A, r_B인 원의 궤도를 따라 등속 원운동을 한다.
❶ 물체 A의 질량은 물체 B의 질량의 3배이고, 물체 A의 속력은 물체 B의 속력의 $\dfrac{1}{2}$배이다. 물체 A와 물체 B의 구심력의 크기가 같을 때, $\dfrac{r_A}{r_B}$의 값은?

[4점]

① $\dfrac{3}{8}$ ② $\dfrac{1}{2}$ ③ $\dfrac{5}{8}$ ④ $\dfrac{3}{4}$ ⑤ $\dfrac{7}{8}$

STEP 01 ❶을 $F=m\dfrac{v^2}{r}$에 대입하고 식을 정리하여 $\dfrac{r_A}{r_B}$의 값을 구한다.

물체 A와 물체 B의 질량을 각각 m_A, m_B라 하고
물체 A와 물체 B의 속력을 각각 v_A, v_B라 하자.
물체 A의 질량이 물체 B의 질량의 3배이므로 $m_A=3m_B$

물체 A의 속력이 물체 B의 속력의 $\dfrac{1}{2}$배이므로 $v_A=\dfrac{1}{2}v_B$

물체 A와 물체 B의 구심력의 크기가 같으므로 $\dfrac{m_A(v_A)^2}{r_A}=\dfrac{m_B(v_B)^2}{r_B}$

$\dfrac{3m_B\left(\dfrac{1}{2}v_B\right)^2}{r_A}=\dfrac{m_B(v_B)^2}{r_B}$이므로 $\dfrac{3\times\dfrac{1}{4}}{r_A}=\dfrac{1}{r_B}$

따라서 $\dfrac{r_A}{r_B}=\dfrac{3}{4}$

---

15 이차함수의 활용   정답률 77% | 정답 ③

그림과 같이 윗면이 개방된 원통형 용기에 높이가 h인 지점까지 물이 채워져 있다.
용기에 충분히 작은 구멍을 뚫어 물을 흘려보내는 동시에 물을 공급하여 물의 높이를 h로 유지한다. 구멍의 높이를 a, 구멍으로부터 물이 바닥에 떨어지는 지점까지의 수평거리를 b라 하면 다음과 같은 관계식이 성립한다.

$$b=\sqrt{4a(h-a)} \ (단, 0<a<h)$$

$h=10$일 때, b^2의 최댓값은? [4점]

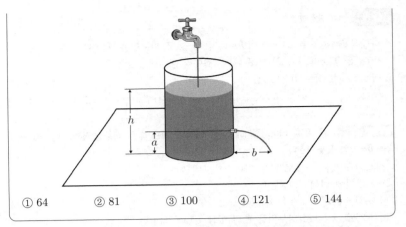

① 64   ② 81   ③ 100   ④ 121   ⑤ 144

STEP 01 $h=10$일 때, b^2을 이차함수의 표준형으로 변형하여 최댓값을 구한다.

$h=10$일 때
$b^2=4a(10-a)\ \ (0<a<10)$
$\quad =-4(a^2-10a)$
$\quad =-4(a-5)^2+100$이므로

b^2은 $a=5$일 때 최댓값 100을 갖는다.

따라서 b^2의 최댓값은 100

---

16 다항식의 나눗셈   정답률 53% | 정답 ⑤

최고차항의 계수가 1인 삼차다항식 $f(x)$가 다음 조건을 만족시킨다.

> (가) $f(0)=0$
> (나) $f(x)$를 $(x-2)^2$으로 나눈 나머지가 $2(x-2)$이다.

$f(x)$를 $x-1$로 나눈 몫을 $Q(x)$라 할 때, $Q(5)$의 값은? [4점]

① 3   ② 6   ③ 9   ④ 12   ⑤ 15

STEP 01 조건 (나)에 의해 미지수를 이용하여 $f(x)$를 놓은 뒤 조건 (가)에 의해 미지수를 구한다. $f(x)$를 인수분해하여 $Q(x)$를 구한 후 $Q(5)$의 값을 구한다.

$f(x)$는 최고차항의 계수가 1인 삼차식이고 조건 (나)에 의하여
$f(x)=(x-2)^2(x+a)+2(x-2)$ (a는 상수)이다.
조건 (가)에 의하여
$f(0)=4a-4=0$에서 $a=1$
$f(x)=(x-2)^2(x+1)+2(x-2)$
$\quad =(x-2)\{(x-2)(x+1)+2\}$
$\quad =(x-2)(x^2-x)$
$\quad =(x-1)\{x(x-2)\}$이므로
$f(x)$를 $x-1$로 나눈 몫 $Q(x)=x(x-2)$
따라서 $Q(5)=15$

다른 풀이

$f(x)$의 최고차항의 계수가 1이고 조건 (가)에 의하여
$f(x)=x^3+ax^2+bx$로 놓을 수 있다. (a, b는 상수)
$f(x)$를 $(x-2)^2$으로 나눈 몫을 $P(x)$라 하면
조건 (나)에서 나머지가 $2(x-2)$이므로
$f(x)=(x-2)^2P(x)+2(x-2)$
$f(x)=x^3+ax^2+bx$이므로
$x(x^2+ax+b)=(x-2)^2P(x)+2(x-2)$ ······ ㉠
$x=2$를 ㉠에 대입하면
$2(4+2a+b)=0$에서
$b=-2a-4$ ······ ㉡
㉡을 ㉠에 대입하면
$x(x^2+ax-2a-4)=(x-2)^2P(x)+2(x-2)$
$x(x-2)(x+a+2)=(x-2)\{(x-2)P(x)+2\}$
$x(x+a+2)=(x-2)P(x)+2$ ······ ㉢
$x=2$를 ㉢에 대입하면
$2(2+a+2)=2$에서
$a=-3$
$a=-3$을 ㉡에 대입하면
$b=2$
$f(x)=x^3-3x^2+2x=x(x-1)(x-2)$이므로
$f(x)$를 $x-1$로 나눈 몫 $Q(x)=x(x-2)$
따라서 $Q(5)=15$

17 이차함수의 최대, 최소
정답률 62% | 정답 ②

그림과 같이 이차함수 $y=x^2-(a+4)x+3a+3$의 그래프가 x축과 만나는 서로 다른 두 점을 각각 A, B 라 하고, y축과 만나는 점을 C 라 하자.

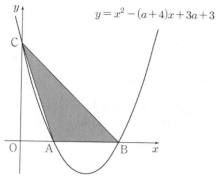

$y=x^2-(a+4)x+3a+3$

삼각형 ABC 의 넓이의 최댓값은? (단, $0<a<2$) [4점]

① $\dfrac{13}{4}$ ② $\dfrac{27}{8}$ ③ $\dfrac{7}{2}$ ④ $\dfrac{29}{8}$ ⑤ $\dfrac{15}{4}$

STEP 01 세 점 A, B, C 의 좌표를 구한 후 삼각형 ABC 의 넓이를 구한다.

이차방정식 $x^2-(a+4)x+3a+3=(x-3)\{x-(a+1)\}=0$의 근은
$x=3$, $x=a+1$이다.
$0<a<2$이므로
A$(a+1, 0)$, B$(3, 0)$, C$(0, 3a+3)$
삼각형 ABC 의 밑변의 길이 $\overline{AB}=2-a$이고 높이 $\overline{OC}=3a+3$
삼각형 ABC 의 넓이는 $\dfrac{1}{2}(2-a)(3a+3)$

STEP 02 삼각형 ABC 의 넓이를 이차함수의 표준형으로 변형하여 최댓값을 구한다.

$\dfrac{1}{2}(2-a)(3a+3)=-\dfrac{3}{2}(a-2)(a+1)=-\dfrac{3}{2}(a^2-a-2)$

$\qquad\qquad\qquad\qquad =-\dfrac{3}{2}\left(a-\dfrac{1}{2}\right)^2+\dfrac{27}{8}$

따라서 $0<a<2$에서 삼각형 ABC 의 넓이의 최댓값은 $a=\dfrac{1}{2}$ 일 때 $\dfrac{27}{8}$

18 항등식을 활용한 나머지의 추론
정답률 57% | 정답 ②

다음은 2022^{10}을 505로 나누었을 때의 나머지를 구하는 과정이다.

> 다항식 $(4x+2)^{10}$을 x로 나누었을 때의 몫을 $Q(x)$, 나머지를 R 라고 하면
> ❶ $(4x+2)^{10}=xQ(x)+R$이다.
> 이때, $R=\boxed{\text{(가)}}$이다.
> 등식 $(4x+2)^{10}=xQ(x)+\boxed{\text{(가)}}$에
> $x=505$를 대입하면
> $2022^{10}=505\times Q(505)+\boxed{\text{(가)}}$
> $\qquad\quad =505\times\{Q(505)+\boxed{\text{(나)}}\}+\boxed{\text{(다)}}$이다.
> 따라서 2022^{10}을 505로 나누었을 때의 나머지는 $\boxed{\text{(다)}}$이다.

위의 (가), (나), (다)에 알맞은 수를 각각 a, b, c라 할 때, $a+b+c$의 값은?
[4점]

① 1038 ② 1040 ③ 1042 ④ 1044 ⑤ 1046

STEP 01 ❶에 $x=0$을 대입하여 (가)를 구한다.

다항식 $(4x+2)^{10}$을 x로 나누었을 때의 몫을 $Q(x)$, 나머지를 R이라 하면
$(4x+2)^{10}=xQ(x)+R$이고 $x=0$을 대입하면
$R=\boxed{1024}$이다.

STEP 02 (가)를 505로 나눈 몫과 나머지를 구하여 (나), (다)를 구한 다음 $a+b+c$의 값을 구한다.

등식 $(4x+2)^{10}=xQ(x)+\boxed{1024}$에
$x=505$를 대입하면
$2022^{10}=505\times Q(505)+\boxed{1024}$
나머지는 505보다 작은 수이므로
$2022^{10}=505\times Q(505)+\boxed{1024}$
$\qquad\quad =505\times Q(505)+505\times 2+14$
$\qquad\quad =505\times\{Q(505)+\boxed{2}\}+\boxed{14}$이다.
따라서 2022^{10}을 505로 나누었을 때의 나머지는 $\boxed{14}$이다.
따라서 $a+b+c=1024+2+14=1040$

19 근과 계수의 관계와 복소수
정답률 52% | 정답 ④

복소수 z에 대하여 $z+\bar{z}=-1$, $z\bar{z}=1$일 때,
❶ $\dfrac{\bar{z}}{z^5}+\dfrac{(\bar{z})^2}{z^4}+\dfrac{(\bar{z})^3}{z^3}+\dfrac{(\bar{z})^4}{z^2}+\dfrac{(\bar{z})^5}{z}$의 값은?
(단, $\bar{z}$는 z의 켤레복소수이다.) [4점]

① 2 ② 3 ③ 4 ④ 5 ⑤ 6

STEP 01 z^3, $(\bar{z})^3$을 구하여 ❶에 대입하고 정리한 후 복소수의 성질을 이용하여 값을 구한다.

$z+\bar{z}=-1$, $z\bar{z}=1$이므로 z, $\bar{z}$는 이차방정식 $x^2+x+1=0$의 두 근이다.
양변에 $x-1$을 곱하면 $x^3-1=0$이므로 $x^3=1$
그러므로 $z^3=1$, $(\bar{z})^3=1$
따라서

$\dfrac{\bar{z}}{z^5}+\dfrac{(\bar{z})^2}{z^4}+\dfrac{(\bar{z})^3}{z^3}+\dfrac{(\bar{z})^4}{z^2}+\dfrac{(\bar{z})^5}{z}=\dfrac{\bar{z}}{z^2}+\dfrac{(\bar{z})^2}{z}+\dfrac{1}{1}+\dfrac{\bar{z}}{z^2}+\dfrac{(\bar{z})^2}{z}$

$\qquad\qquad\qquad\qquad\qquad =\dfrac{2\bar{z}}{z^2}+\dfrac{2(\bar{z})^2}{z}+1=\dfrac{2z\bar{z}}{z^3}+\dfrac{2z^2(\bar{z})^2}{z^3}+1$

$\qquad\qquad\qquad\qquad\qquad =2+2+1=5$

다른 풀이

$z^3=1$, $(\bar{z})^3=1$, $z\bar{z}=1$에서 $\bar{z}=\dfrac{1}{z}$

$\dfrac{\bar{z}}{z^5}+\dfrac{(\bar{z})^2}{z^4}+\dfrac{(\bar{z})^3}{z^3}+\dfrac{(\bar{z})^4}{z^2}+\dfrac{(\bar{z})^5}{z}=(\bar{z})^6+(\bar{z})^6+(\bar{z})^6+(\bar{z})^6+(\bar{z})^6=5(\bar{z})^6=5$

★★★ 등급을 가르는 문제!

20 다항식의 연산
정답률 33% | 정답 ①

그림과 같이 한 변의 길이가 1인 정오각형 ABCDE가 있다. 두 대각선 AC 와 BE가 만나는 점을 P 라 하면 ❶ $\overline{BE}:\overline{PE}=\overline{PE}:\overline{BP}$가 성립한다.

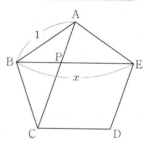

대각선 BE 의 길이를 x라 할 때,
❷ $1-x+x^2-x^3+x^4-x^5+x^6-x^7+x^8=p+q\sqrt{5}$ 이다.
$p+q$의 값은? (단, p, q는 유리수이다.) [4점]

① 22 ② 23 ③ 24 ④ 25 ⑤ 26

STEP 01 정오각형에서 이등변삼각형을 찾아 $\overline{PE}$를 구한 후 ❶을 이용하여 x를 구한다.

정오각형의 한 내각의 크기는 $\dfrac{180\times 3}{5}=108°$이다.

$\triangle ABE$는 이등변삼각형이고 $\angle BAE=108°$이므로 $\angle ABE=36°$이다.
$\triangle BAC$는 이등변삼각형이고 $\angle ABC=108°$이므로 $\angle BAC=36°$이다.
$\angle BAP=\angle ABP=36°$이므로 $\angle APB=108°$이고
$\angle APE=72°$이고 $\angle EAP=72°$이다.
$\triangle APE$는 이등변삼각형이므로 $\overline{PE}=1$이다.
$\overline{BE}:\overline{PE}=\overline{PE}:\overline{BP}$
$x:1=1:(x-1)$, $x^2-x-1=0$
$x>0$이므로 $x=\dfrac{1+\sqrt{5}}{2}$

STEP 02 $x^2-x-1=0$를 이용하여 ❷의 좌변을 정리한 후 p, q를 구한 다음 $p+q$의 값을 구한다.

$x^2=x+1$이므로
$x^3=x(x+1)=x^2+x=2x+1$
$x^4=x(2x+1)=2x^2+x=3x+2$
$x^5=x(3x+2)=3x^2+2x=5x+3$
$x^6=x(5x+3)=5x^2+3x=8x+5$
$x^2-x=1$이므로

$$1-x+x^2-x^3+x^4-x^5+x^6-x^7+x^8$$
$$=1+(-x+x^2)+x^2(-x+x^2)+x^4(-x+x^2)+x^6(-x+x^2)$$
$$=1+1+x^2+x^4+x^6=2+(x+1)+(3x+2)+(8x+5)$$
$$=12x+10=12\times\frac{1+\sqrt{5}}{2}+10=16+6\sqrt{5}$$

$p=16,\ q=6$

따라서 $p+q=22$

★★ 문제 해결 꿀~팁 ★★

▶ 문제 해결 방법

주어진 식의 값을 구하기 위해서는 먼저 $\overline{BE}:\overline{PE}=\overline{PE}:\overline{BP}$ 를 이용하여 x를 구해야 한다. 이때 $\triangle ABE$, $\triangle BAC$가 이등변삼각형임을 이용하여 $\triangle APE$가 이등변각형임을 찾을 수 있어야 한다. 그러므로 $\overline{PE}=1$이다. $\overline{BE}:\overline{PE}=\overline{PE}:\overline{BP}$이므로

$x^2-x-1=0,\ x=\dfrac{1+\sqrt{5}}{2}$이다.

이제 $1-x+x^2-x^3+x^4-x^5+x^6-x^7+x^8$를 정리하면 $1+(-x+x^2)+x^2(-x+x^2)+x^4(-x+x^2)+x^6(-x+x^2)$이고 $x^2-x=1$이므로 위 식은 $1+1+x^2+x^4+x^6$이다. 이 식을 더 이상 간단히 하려고 노력해도 식이 더 이상 간단해질 수가 없다. $x^2=x+1$을 이용하여 x^4와 x^6을 일일이 구해야 한다. x^4과 x^6을 구하여 대입하면 $1+1+x^2+x^4+x^6=12x+10$이고 x를 대입하여 값을 구하면 된다.

---

21 이차방정식과 이차함수   정답률 41% | 정답 ⑤

두 이차함수 $f(x)$, $g(x)$는 다음 조건을 만족시킨다.

> (가) $f(x)g(x)=(x^2-4)(x^2-9)$
> (나) $f(\alpha)=f(\alpha+5)=0$인 실수 α가 존재한다.

〈보기〉에서 옳은 것만을 있는 대로 고른 것은? [4점]

─── 〈보기〉 ───
ㄱ. $f(2)=0$일 때, $g(3)=0$이다.
ㄴ. $g(2)>0$일 때, $f\left(\dfrac{5}{2}\right)<g\left(\dfrac{5}{2}\right)$이다.
ㄷ. x에 대한 방정식 ❶ $f(x)-g(x)=0$이 서로 다른 두 정수 m, n을 근으로 가질 때, $|m+n|=5$이다.

① ㄱ   ② ㄱ, ㄴ   ③ ㄱ, ㄷ   ④ ㄴ, ㄷ   ⑤ ㄱ, ㄴ, ㄷ

STEP 01 두 조건 (가), (나)에 의해 두 이차함수 $f(x)$, $g(x)$를 구한다.

조건 (가)에 의하여 $f(x)g(x)=(x+2)(x-2)(x+3)(x-3)$이고
조건 (나)에 의하여 $f(x)=0$의 두 실근 α, $\alpha+5$
즉, $f(x)=0$의 두 실근의 차가 5이다. 따라서

$\begin{cases} f(x)=a(x-2)(x+3) \\ g(x)=\dfrac{1}{a}(x+2)(x-3) \end{cases}$ 이거나

$\begin{cases} f(x)=a(x+2)(x-3) \\ g(x)=\dfrac{1}{a}(x-2)(x+3) \end{cases}$ (단, $a\neq0$인 실수)

이다.

STEP 02 ㄱ. $f(2)=0$을 만족하는 식에서 $g(3)$을 구하여 참, 거짓을 판별한다.

ㄱ. $f(2)=0$이면

$\begin{cases} f(x)=a(x-2)(x+3) \\ g(x)=\dfrac{1}{a}(x+2)(x-3) \end{cases}$ 이므로

$g(3)=0$이다.   ∴ 참

STEP 03 ㄴ. $g(2)>0$을 만족하는 식에서 $f\left(\dfrac{5}{2}\right)$, $g\left(\dfrac{5}{2}\right)$를 각각 구한 후 대소를 비교하여 참, 거짓을 판별한다.

ㄴ. $g(2)>0$이므로

$\begin{cases} f(x)=a(x-2)(x+3) \\ g(x)=\dfrac{1}{a}(x+2)(x-3) \end{cases}$ 이고, $a<0$인 상수이다.

$f\left(\dfrac{5}{2}\right)=\dfrac{11}{4}a<0,\ g\left(\dfrac{5}{2}\right)=-\dfrac{9}{4a}>0$

따라서 $f\left(\dfrac{5}{2}\right)<0<g\left(\dfrac{5}{2}\right)$ ∴ 참

STEP 04 ㄷ. $f(x)-g(x)$를 구한 후 ❶을 만족하도록 하는 (m,n)의 순서쌍을 구한다. 각 경우에 대하여 만족하는 a가 존재하는지 확인하여 만족하는 m, n을 구한 다음 $m+n$의 값을 구하여 참, 거짓을 판별한다.

ㄷ.

(ⅰ) $\begin{cases} f(x)=a(x-2)(x+3) \\ g(x)=\dfrac{1}{a}(x+2)(x-3) \end{cases}$ (단, $a\neq0$인 실수)인 경우

방정식

$$f(x)-g(x)=\left(a-\frac{1}{a}\right)x^2+\left(a+\frac{1}{a}\right)x-6\left(a-\frac{1}{a}\right)=0$$

이 서로 다른 두 정수 근을 가지므로 $f(x)-g(x)=0$은 이차방정식이다.

그러므로 $a-\dfrac{1}{a}\neq0$, $a\neq\pm1$이다.

$f(x)-g(x)=0$의 양변에 a를 곱하면 $(a^2-1)x^2+(a^2+1)x-6(a^2-1)=0$
근과 계수의 관계에 의해 $mn=-6$이고, m, n이 정수이므로
$(m,n)=(-6,1),\ (1,-6),\ (-3,2),\ (2,-3),\ (-2,3),\ (3,-2),$
$\qquad\qquad (-1,6),\ (6,-1)$
로 8가지 경우이다.

ⅰ) $(m,n)=(-6,1),\ (1,-6)$인 경우

$$m+n=\frac{-a^2-1}{a^2-1}=-5$$

$-a^2-1=-5a^2+5$

$a=\pm\sqrt{\dfrac{3}{2}}$

x에 대한 방정식 $f(x)-g(x)=0$은 $x=-6$, $x=1$을 두 정수 근으로 갖는다.

ⅱ) $(m,n)=(-3,2),\ (2,-3)$인 경우

$$m+n=\frac{-a^2-1}{a^2-1}=-1$$

$-a^2-1=-a^2+1$

만족하는 a의 값은 존재하지 않는다.
x에 대한 방정식 $f(x)-g(x)=0$은 $x=-3$, $x=2$를 두 정수 근으로 가질 수 없다.

ⅲ) $(m,n)=(-2,3),\ (3,-2)$인 경우

$$m+n=\frac{-a^2-1}{a^2-1}=1$$

$-a^2-1=a^2-1$

$a=0$, $a\neq0$이므로 x에 대한 방정식 $f(x)-g(x)=0$은
$x=-2$, $x=3$을 두 정수 근으로 가질 수 없다.

ⅳ) $(m,n)=(-1,6),\ (6,-1)$인 경우

$$m+n=\frac{-a^2-1}{a^2-1}=5$$

$-a^2-1=5a^2-5$

$a=\pm\sqrt{\dfrac{2}{3}}$

x에 대한 방정식 $f(x)-g(x)=0$은 $x=-1$, $x=6$을 두 정수 근으로 갖는다.

(ⅱ) $\begin{cases} f(x)=a(x+2)(x-3) \\ g(x)=\dfrac{1}{a}(x-2)(x+3) \end{cases}$ (단, $a\neq a$인 실수)인 경우

방정식

$$f(x)-g(x)=\left(a-\frac{1}{a}\right)x^2-\left(a+\frac{1}{a}\right)x-6\left(a-\frac{1}{a}\right)=0$$

에서 (ⅰ)과 같은 방법으로 만족하는 순서쌍 (m,n)을 구하면
$(m,n)=(-6,1),\ (1,-6),\ (-1,6),(6,-1)$이다.
따라서 x에 대한 방정식 $f(x)-g(x)=0$이
서로 다른 두 정수 m, n을 근으로 가지면 $|m+n|=5$이다.   ∴ 참

이상에서 옳은 것은 ㄱ, ㄴ, ㄷ

---

22 다항식의 계산   정답률 91% | 정답 5

다항식 ❶ $(x+4)(2x^2-3x+1)$의 전개식에서 x^2의 계수를 구하시오. [3점]

STEP 01 ❶을 전개하여 x^2의 계수를 구한다.

$(x+4)(2x^2-3x+1)=2x^3+5x^2-11x+4$이므로
x^2의 계수는 5

---

23 이차방정식의 근과 계수의 관계   정답률 89% | 정답 4

x에 대한 이차방정식 ❶ $x^2+ax-4=0$의 두 근이 -4, b일 때, 두 상수 a, b에 대하여 $a+b$의 값을 구하시오. [3점]

STEP 01 ❶에서 근과 계수의 관계를 이용하여 a, b를 구한 후 $a+b$의 값을 구한다.

이차방정식 $x^2+ax-4=0$의 두 근이 -4, b이므로
근과 계수의 관계에 의하여
두 근의 곱은 $-4 \times b = -4$, $b=1$
두 근의 합은 $-4+b = -a$, $a=3$
따라서 $a+b=4$

■ **핵심 공식**

▶ 이차방정식의 근과 계수의 관계
이차방정식 $ax^2+bx+c=0$ (단, $a \neq 0$)의 두 근을 α, β라고 하면,
$\alpha+\beta = -\dfrac{b}{a}$, $\alpha\beta = \dfrac{c}{a}$

24 이차부등식 　　　　　　　　　정답률 50% | 정답 22

x에 대한 이차부등식 ❶ $x^2+8x+(a-6)<0$ 이 해를 갖지 않도록 하는 실수 a의 최솟값을 구하시오. [3점]

STEP 01 ❶을 만족하도록 판별식을 이용하여 a의 범위를 구한 후 최솟값을 구한다.

이차방정식 $x^2+8x+(a-6)=0$의 판별식을 D라 할 때,
이차부등식 $x^2+8x+(a-6)<0$이 해를 갖지 않으려면
판별식 $\dfrac{D}{4} = 4^2-(a-6) \leq 0$, $a \geq 22$이어야 한다.
따라서 a의 최솟값은 22

■ **핵심 공식**

▶ 이차함수와 이차부등식
모든 실수 x에 대하여 이차부등식
(1) $ax^2+bx+c>0$ (단, $a \neq 0$)이 성립하려면 $a>0$, $D<0$
(2) $ax^2+bx+c \geq 0$ (단, $a \neq 0$)이 성립하려면 $a>0$, $D \leq 0$
(3) $ax^2+bx+c<0$ (단, $a \neq 0$)이 성립하려면 $a<0$, $D<0$
(4) $ax^2+bx+c \leq 0$ (단, $a \neq 0$)이 성립하려면 $a<0$, $D \leq 0$
(단, D는 이차방정식 $ax^2+bx+c=0$의 판별식)

25 인수분해 　　　　　　　　　정답률 66% | 정답 2

x, y에 대한 이차식 ❶ $x^2+kxy-3y^2+x+11y-6$이 ❷ x, y에 대한 두 일차식의 곱으로 인수분해 되도록 하는 자연수 k의 값을 구하시오.
[3점]

STEP 01 ❶을 x에 대한 내림차순으로 정리한 뒤 상수항을 인수분해한다. ❷를 성립하도록 하는 일차항의 계수를 구하여 k의 값을 구한다.

주어진 이차식을 x에 대한 내림차순으로 정리하면
$x^2+(ky+1)x-3y^2+11y-6 = x^2+(ky+1)x-(3y-2)(y-3)$
x, y에 대한 두 일차식의 곱으로 인수분해 되려면
$(3y-2)-(y-3) = ky+1$
$2y+1 = ky+1$
따라서 $k=2$

다른 풀이

주어진 이차식을 x에 대한 내림차순으로 정리한 이차방정식은
$x^2+(ky+1)x-3y^2+11y-6 = 0$이다.
이때 $(ky+1)^2-4(-3y^2+11y-6) = A$라 하면
$x = \dfrac{-(ky+1) \pm \sqrt{A}}{2}$ 이다.
$x^2+(ky+1)x-3y^2+11y-6$
$= \left\{ x - \dfrac{-(ky+1)+\sqrt{A}}{2} \right\}\left\{ x - \dfrac{-(ky+1)-\sqrt{A}}{2} \right\}$
이때 x, y에 대한 일차식이 되려면 A가 완전제곱식이어야 하므로
이차방정식 $A=0$의 판별식 $D=0$이다.
y에 대한 이차방정식
$(k^2+12)y^2+2(k-22)y+25 = 0$에 대하여
$\dfrac{D}{4} = (k-22)^2-25(k^2+12) = 0$이다.
식을 전개하여 인수분해하면
$6k^2+11k-46 = (k-2)(6k+23) = 0$
따라서 자연수 k의 값은 2

26 이차함수의 최대, 최소 　　　　　　　정답률 41% | 정답 3

이차함수 $f(x) = ax^2+bx+5$가 다음 조건을 만족시킬 때, $f(-2)$의 값을 구하시오. [4점]

(가) a, b는 음의 정수이다.
(나) $1 \leq x \leq 2$일 때, 이차함수 $f(x)$의 최댓값은 3이다.

STEP 01 $f(x)$를 이차함수의 표준형으로 변형한 뒤 조건 (나)를 이용하여 a, b의 관계식을 구한 다음 조건 (가)를 만족하는 a, b를 구한다. $f(-2)$의 값을 구한다.

이차함수 $f(x) = ax^2+bx+5 = a\left(x+\dfrac{b}{2a}\right)^2 - \dfrac{b^2}{4a}+5$

에서 꼭짓점의 x좌표는 $x = -\dfrac{b}{2a} < 0$이고, $a<0$이므로
$1 \leq x \leq 2$에서 이차함수 $y=f(x)$는 감소한다.
이차함수 $y=f(x)$의 최댓값은 $f(1) = a+b+5 = 3$
$a+b = -2$이고, a, b는 음의 정수이므로 $a=-1$, $b=-1$
$f(x) = -x^2-x+5$
따라서 $f(-2) = -4+2+5 = 3$

★★★ 등급을 가르는 문제!
27 복소수의 성질 　　　　　　　정답률 25% | 정답 24

❶ $\left(\dfrac{\sqrt{2}}{1+i}\right)^n + \left(\dfrac{\sqrt{3}+i}{2}\right)^n = 2$를 만족시키는
자연수 n의 최솟값을 구하시오. (단, $i = \sqrt{-1}$) [4점]

STEP 01 ❶의 각 복소수가 1이 되는 n의 값을 구한 후 최소공배수를 구한다.

$z_1 = \dfrac{\sqrt{2}}{1+i}$ 라 하면
$z_1^2 = \left(\dfrac{\sqrt{2}}{1+i}\right)^2 = \dfrac{2}{2i} = -i$,
$z_1^4 = (-i)^2 = -1$, $z_1^8 = (-1)^2 = 1$
$z_2 = \dfrac{\sqrt{3}+i}{2}$ 라 하면
$z_2^2 = \left(\dfrac{\sqrt{3}+i}{2}\right)^2 = \dfrac{1+\sqrt{3}i}{2}$,
$z_2^3 = i$, $z_2^6 = i^2 = -1$, $z_2^{12} = (-1)^2 = 1$
$\left(\dfrac{\sqrt{2}}{1+i}\right)^n + \left(\dfrac{\sqrt{3}+i}{2}\right)^n = 2$를 만족시키려면
$\left(\dfrac{\sqrt{2}}{1+i}\right)^n = 1$, $\left(\dfrac{\sqrt{3}+i}{2}\right)^n = 1$을 동시에 만족시키는 자연수 n을 찾아야 한다.
따라서 자연수 n의 최솟값은 8, 12의 최소공배수인 24이다.

★★ **문제 해결 꿀~팁** ★★

▶ 문제 해결 방법
$\left(\dfrac{\sqrt{2}}{1+i}\right)^n + \left(\dfrac{\sqrt{3}+i}{2}\right)^n = 2$를 만족하려면 $\left(\dfrac{\sqrt{2}}{1+i}\right)^n = 1$, $\left(\dfrac{\sqrt{3}+i}{2}\right)^n = 1$을 성립해야 한다.
$\left(\dfrac{\sqrt{2}}{1+i}\right)^n$은 $n=8$일 때 처음으로 1이 되고, $\left(\dfrac{\sqrt{3}+i}{2}\right)^n$은 $n=12$일 때 처음으로 1이 된다. 그러므로 두 값이 모두 1이 되도록 하는 n의 최솟값은 8, 12의 최송공배수인 24이다. 각 복소수의 거듭제곱을 차근차근 구하여 i 또는 $-i$가 나오면 $i^4 = 1$, $(-i)^4 = 1$임을 이용하면 만족하는 n을 구할 수 있다.

★★★ 등급을 가르는 문제!
28 이차방정식의 근과 계수의 관계 　　　　　정답률 21% | 정답 120

x에 대한 이차방정식 $x^2+2ax-b=0$의 두 근을 α, β라 할 때,
❶ $|\alpha-\beta| < 12$를 만족시키는 두 자연수 a, b의 모든 순서쌍 (a, b)의 개수를 구하시오. [4점]

STEP 01 근과 계수의 관계를 이용하여 $|\alpha-\beta|$를 구한 다음 ❶의 부등식을 세운다.

근과 계수의 관계에 의해 $\alpha+\beta = -2a$, $\alpha\beta = -b$이므로
$(\alpha-\beta)^2 = (\alpha+\beta)^2-4\alpha\beta = (-2a)^2+4b = 4a^2+4b$
$|\alpha-\beta| = 2\sqrt{a^2+b} < 12$ (a, b는 자연수)이므로
$a^2+b < 36$

$a=1$일 때부터 차례로 만족하는 b의 개수를 구한 다음 모든 순서쌍 (a, b)의 개수를 구한다.

$a=1$일 때, $b<35$이므로 순서쌍 (a, b)는
$(1, 1), (1, 2), \cdots, (1, 34)$로 개수는 34
$a=2$일 때, $b<32$이므로 순서쌍 (a, b)는
$(2, 1), (2, 2), \cdots, (2, 31)$로 개수는 31
$a=3$일 때, $b<27$이므로 순서쌍 (a, b)는
$(3, 1), (3, 2), \cdots, (3, 26)$로 개수는 26
$a=4$일 때, $b<20$이므로 순서쌍 (a, b)는
$(4, 1), (4, 2), \cdots, (4, 19)$로 개수는 19
$a=5$일 때, $b<11$이므로 순서쌍 (a, b)는
$(5, 1), (5, 2), \cdots, (5, 10)$로 개수는 10
따라서 구하는 순서쌍 (a, b)의 총 개수는
$34+31+26+19+10=120$

★★ 문제 해결 꿀~팁 ★★

▶ 문제 해결 방법

먼저 근과 계수의 관계를 이용하여 $|\alpha-\beta|$를 구하면 $|\alpha-\beta|=2\sqrt{a^2+b}<12$이고 a, b는 자연수이므로 $a^2+b<36$이다.
이제 $a=1$일 때부터 차례로 부등식을 성립하는 b의 개수를 구하면 된다.
$a=6$이면 부등식을 성립하지 않으므로 $a=5$일 때까지 만족하는 순서쌍 (a, b)의 개수를 구하면 된다. 미지수는 2개이고 식은 1개이므로 a, b가 자연수라는 조건을 이용하여 값을 일일이 구해야 한다.

★★★ *등급을 가르는 문제!*

29 이차함수와 직선의 위치 관계 ⠀⠀⠀⠀⠀ 정답률 10% | 정답 45

두 이차함수 $f(x)=x^2+2x+1$, $g(x)=-x^2+5$에 대하여
함수 $h(x)$를
$$h(x)=\begin{cases} f(x) & (x\le -2\ \text{또는}\ x\ge 1) \\ g(x) & (-2<x<1) \end{cases}$$
이라 하자.
❶ 직선 $y=mx+6$과 $y=h(x)$의 그래프가 서로 다른 세 점에서 만나도록 하는 모든 실수 m의 값의 합을 S라 할 때, $10S$의 값을 구하시오. [4점]

STEP 01 $y=h(x)$의 그래프를 그린 후 ❶을 만족하는 경우를 파악한다.

함수 $h(x)=\begin{cases} f(x) & (x\le -2\ \text{또는}\ x\ge 1) \\ g(x) & (-2<x<1) \end{cases}$
의 그래프를 그리면 아래의 그림과 같다.

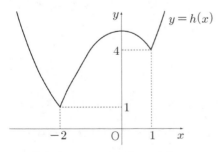

직선 $y=mx+6$의 y절편은 6이다.
y절편이 6인 직선의 기울기를 변화시키며 그래프를 그려 보면

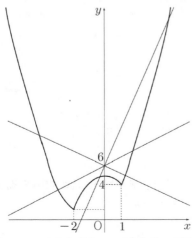

직선 $y=mx+6$과 함수 $y=h(x)$의 그래프가 서로 다른 세 점에서 만나는 경우는 다음 두 가지뿐이다.

STEP 02 각 경우에 대하여 조건을 만족하는 m의 값을 각각 구한 후 합을 구한 다음 $10S$의 값을 구한다.

(i) $y=mx+6$이 점 $(-2, 1)$을 지나는 경우

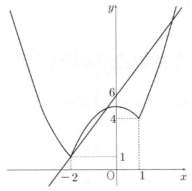

$y=mx+6$에 $(-2, 1)$을 대입하면
$1=-2m+6$, $m=\dfrac{5}{2}$

(ii) $y=mx+6$이 $y=g(x)$에 접하는 경우
이차방정식 $-x^2+5=mx+6$, $x^2+mx+1=0$의 판별식을 D라 하면
$D=m^2-4=0$이므로 $m=\pm2$
 i) $m=2$인 경우
아래의 그림과 같이 직선 $y=2x+6$과
함수 $y=h(x)$의 그래프는 점 $(-1, 4)$를 포함한 서로 다른 세 점에서 만난다.

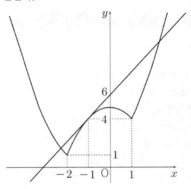

 ii) $m=-2$인 경우
아래의 그림과 같이 직선 $y=-2x+6$과
함수 $y=h(x)$의 그래프는 점 $(1, 4)$를 포함한 서로 다른 두 점에서 만난다.

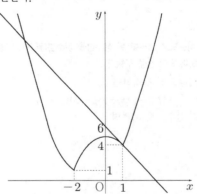

(i), (ii)에 의해 모든 m의 값은 $\dfrac{5}{2}$, 2이다.

$S=\dfrac{5}{2}+2=\dfrac{9}{2}$

따라서 $10S=45$

★★ 문제 해결 꿀~팁 ★★

▶ 문제 해결 방법

먼저 $y=h(x)$의 그래프를 그린 다음 직선 $y=mx+6$를 그려 두 그래프가 서로 다른 세 점에서 만나는 경우를 파악하여야 한다.
직선 $y=mx+6$은 y절편인 6이므로 $(0, 6)$을 지나는 직선을 기울기를 변화시켜 가며 그래프를 그려 보면 조건을 만족하는 경우를 찾을 수 있다. 만족하는 경우는 직선이 $y=h(x)$의 그래프의 모양이 변화하는 점인 $(-2, 1)$을 지나는 경우와 $y=h(x)$와 접하는 경우이다.
처음의 경우는 $y=mx+6$에 $(-2, 1)$을 대입하면 m을 구할 수 있고 두 번째 경우는 $y=mx+6$와 $y=g(x)$를 연립한 방정식의 판별식=0을 이용하면 m을 구할 수 있다.
이때 직선의 기울기<0이면 접점이 $y=h(x)$의 그래프의 모양이 변화하는 점인 $(1, 4)$와 일치하여 두 그래프는 서로 다른 두 점에서 만나므로 조건을 만족하지 않는다.
직선의 기울기를 변화시켜 가며 주어진 조건을 만족하는 경우를 찾을 수 있어야 한다.

30 여러 가지 방정식   정답률 7% | 정답 38

5이상의 자연수 n에 대하여 다항식

$$P_n(x) = (1+x)(1+x^2)(1+x^3)\cdots(1+x^{n-1})(1+x^n) - 64$$

가 $x^2 + x + 1$로 나누어떨어지도록 하는 모든 자연수 n의 값의 합을 구하시오.

                             [4점]

STEP 01 w의 성질을 이용하여 $n=5$일 때부터 $P_n(w)$의 규칙을 찾아 $P_n(w)=0$을 만족하는 n의 값을 구한 다음 합을 구한다.

다항식 $P_n(x)$를 x^2+x+1로 나눌 때 몫을 $A_n(x)$라 하자.

$P_n(x)$가 x^2+x+1로 나누어떨어지므로

$$P_n(x) = (1+x)(1+x^2)(1+x^3)\cdots(1+x^{n-1})(1+x^n) - 64$$
$$= (x^2+x+1)A_n(x)\ \text{이다.}$$

이차방정식 $x^2+x+1=0$의 한 허근을 w라 하면

$w^2+w+1=0$, $w^3=1$이다.

w는 $P_n(x)=0$의 근이므로 $P_n(w)=0$이다.

$Q_n(x) = (1+x)(1+x^2)(1+x^3)\cdots(1+x^{n-1})(1+x^n)$라 할 때,

$P_n(w)=0$이 되려면 $Q_n(w)=64$이어야 한다.

$$Q_5(w) = (1+w)(1+w^2)(1+w^3)(1+w^4)(1+w^5)$$
$$= (-w^2)(-w)2(-w^2)(-w) = 2$$

$Q_6(w) = (-w^2)(-w)2(-w^2)(-w)2 = 4$

$Q_7(w) = Q_6(w) \times (-w^2) = 4 \times (-w^2) = -4w^2$

$Q_8(w) = Q_7(w) \times (-w) = (-4w^2) \times (-w) = 4$

$Q_9(w) = Q_8(w) \times 2 = 4 \times 2 = 8$

같은 원리로

$Q_{12}(w) = 16$

$Q_{15}(w) = 32$

$Q_{18}(w) = 64$

$Q_{19}(w) = -64w^2$

$Q_{20}(w) = 64$

$Q_{21}(w) = 128$

따라서 $n=18$ 또는 $n=20$이고

모든 자연수 n의 값의 합은 $18+20=38$

★★ 문제 해결 꿀~팁 ★★

▶ 문제 해결 방법

$P_n(x)$가 x^2+x+1로 나누어떨어지므로 $P_n(x)$를 x^2+x+1로 나눌 때 몫을 $A_n(x)$이라 하면 $P_n(x) = (x^2+x+1)A_n(x)$이고 $x^2+x+1=0$의 한 허근을 w라 하면 $P_n(w)=0$이다.

한편, $Q_n(x) = (1+x)(1+x^2)(1+x^3)\cdots(1+x^{n-1})(1+x^n)$라 하면

$P_n(x) = (1+x)(1+x^2)(1+x^3)\cdots(1+x^{n-1})(1+x^n) - 64 = Q_n(x) - 64$

이므로 $P_n(w)=0$을 만족하는 n의 값은 $Q_n(w)=64$를 만족한다.

그러므로 $Q_n(w)=64$를 만족하는 n을 구하면 된다.

$x^3=1$의 한 허근을 w라 할 때 $w^2+w+1=0$, $w^3=1$ 이다. 이 성질은 매우 유용하게 쓰이므로 반드시 알아두어야 한다. 아울러 $x^3=-1$의 한 허근을 w'라 할 때 $(w')^2-w'+1=0$, $(w')^3=-1$도 함께 알아두어야 한다.

$Q_n(x) = (1+x)(1+x^2)(1+x^3)\cdots(1+x^{n-1})(1+x^n)$

이고 $n \geq 5$인 자연수이므로

$$Q_5(w) = (1+w)(1+w^2)(1+w^3)(1+w^4)(1+w^5)$$
$$= (-w^2)(-w)2(-w^2)(-w) = 2$$

같은 방법으로 계속 구해보면 $Q_6(w)=4$이고 n이 3의 배수일 때 처음으로 값이 2배가 됨을 알 수 있다. 또한 n이 3의 배수+2일 때 n이 3의 배수일 때와 같은 값을 가진다. $n=6$일 때 $Q_n(w)=4$이므로 $n=18$일 때 $Q_n(w)=64$이고 $n=20$일 때도 $Q_n(w)=64$이다.

$Q_n(w)$의 값을 몇 개만 구해보면 규칙을 쉽게 찾을 수 있다. 이 규칙을 이용하여 값이 64가 되는 n의 값을 구하면 된다.

MEMO

REAL
2024 리얼 오리지널 BOOK LIST
[고1] Line-up

예비 [고1] 전과목

- 반 배치고사+3월 전국연합 모의고사 [30회]
  고등학교 첫 시험 반 배치고사 및 고1 3월 학력평가 대비 실전 연습
  반배치고사 [국어·수학·영어] 9회+3월 학력평가 [전과목] 18회+3월 실전 모의고사 [국어·수학·영어] 3회

- 3월 전국연합 학력평가 4개년 모의고사 [24회]
  중학교 전과정 총정리 및 고1 3월 학력평가 대비 실전 연습
  최신 4개년 고1 3월 전국연합 학력평가 [전과목] 21회+고1 3월 대비 실전 모의고사 [국어·수학·영어] 3회

예비 [고1] 국어·수학·영어

- 반 배치고사+3월·6월 전국연합 모의고사 [11회]
  국어 – 반 배치고사 기출 3회+3월 학력평가 4회+3월 실전 모의고사 1회+6월 학력평가 3회
  수학 – 반 배치고사 기출 3회+3월 학력평가 4회+3월 실전 모의고사 1회+6월 학력평가 3회
  영어 – 반 배치고사 기출 3회+3월 학력평가 4회+3월 실전 모의고사 1회+6월 학력평가 3회

  ※ 반 배치고사와 3월 학력평가(중학교 과정) 및 6월 학력평가(고1 1학기 과정)까지 대비할 수 있는 교재 구성

[고1] 6월·9월 [전과목]

- 6월 전국연합 학력평가 3개년 모의고사 [21회]
  고1 6월 전국연합 학력평가 대비 및 학교시험 1학기 기말고사 대비
  최신 3개년 고1 6월 전국연합 학력평가 [전과목] 18회+고1 6월 대비 실전 모의고사 [국어·수학·영어] 3회

- 9월 전국연합 학력평가 3개년 모의고사 [21회]
  고1 9월 전국연합 학력평가 대비 및 학교시험 2학기 중간고사 대비
  최신 3개년 고1 9월 전국연합 학력평가 [전과목] 18회+고1 9월 대비 실전 모의고사 [국어·수학·영어] 3회

[고1] 통합사회·통합과학

- 전국연합 학력평가 5개년 모의고사 [42회]
  한권의 책속에 고1 통합사회·통합과학을 함께 수록한 기출 문제집
  최신 5개년 학력평가 통합사회 20회+통합과학 20회+고1 3월 대비 실전 모의고사 2회 [총 42회]

  ※ 고1 내신 대비 필수 과목 통합사회·통합과학을 학교 학습 진도에 맞추어 3월·6월·9월·11월 5회분씩 구성

[고1] 국어·수학·영어

- 전국연합 학력평가 3개년 모의고사 [16회]
  국어 – 최신 3개년 학력평가 기출 12회+고1 3월·6월·9월·11월 대비 실전 모의고사 4회 [총 16회]
  수학 – 최신 3개년 학력평가 기출 12회+고1 3월·6월·9월·11월 대비 실전 모의고사 4회 [총 16회]
  영어 – 최신 3개년 학력평가 기출 12회+고1 3월·6월·9월·11월 대비 실전 모의고사 4회 [총 16회]

  ※ 고1 학력평가 및 학교내신 중간·기말고사를 대비해 월별 실전 모의고사까지 풀어 볼 수 있는 프리미엄 구성

[고1] 국어·영어 Light

- 전국연합 학력평가 3개년 모의고사 Light [12회]
  국어 – 최신 3개년 전국연합학력평가 기출 모의고사 [총 12회]
  영어 – 최신 3개년 전국연합학력평가 기출 모의고사 [총 12회]

  ※ 최신 3개년 학력평가 3월·6월·9월·11월 기출문제를 학습 부담 없이 가볍게 풀어 볼 수 있는 라이트 구성

[고1] 영어 독해·영어 듣기

- 전국연합 학력평가 5개년 기출문제집 영어 독해 [20회]
  영어 영역 [독해 28문항]을 회차별로 구성 & 학교내신 대비 필수 교재
  최신 5개년 고1 전국연합 학력평가 영어 독해 20회 [어휘 리뷰 TEST+회차별 영단어 LIST 제공]

- 전국연합 학력평가 6개년 기출문제집 영어 듣기 [24회]
  영어 영역 [듣기 17문항]을 회차별로 구성 & 전국 영어듣기 능력평가 및 학력평가 대비
  최신 6개년 고1 전국연합 학력평가 영어 듣기 24회 [리스닝 딕테이션 TEST+회차별 영단어 LIST 제공]

Believe in yourself and show us what you can do!
자신을 믿고 자신의 능력을 당당히 보여주자.

리얼 오리지널 | 반 배치고사＋3월·6월 전국연합 모의고사 [예비 고1 수학]

발행처 수능 모의고사 전문 출판 입시플라이　**발행일** 2023년 11월 22일　**등록번호** 제 2017-0022호
홈페이지 www.ipsifly.com　**대표전화** 1566-9939　**구입문의** 02-433-9975　**내용문의** 02-433-9979　**팩스** 02-433-9905
발행인 조용규　**편집책임** 양창열 김유 이혜민 임명선 이새봄　**물류관리** 김소희 이혜리　**주소** 서울특별시 중랑구 용마산로 615 정민빌딩 3층

※ 페이지가 누락되었거나 파손된 교재는 구입하신 곳에서 교환해 드립니다. ※ 발간 이후 발견되는 오류는 입시플라이 홈페이지 정오표를 통해서 알려드립니다.